Quentin Crewe

SPEISEN

INTERNATIONAL

Hallwag Verlag Bern und Stuttgart

Der Autor

Quentin Crewe, Schriftsteller und Journalist, Mitarbeiter verschiedener Zeitungen und Magazine wie *Queen* und *Vogue*, ist ein Fachmann auf kulinarischem Gebiet. Immer wieder beauftragt, dieses Thema zu behandeln, wuchs er gleichsam in seine Expertenrolle hinein wie ein Schauspieler, der stets denselben Charakter darstellt. Nebst Mitchell Beazleys *Great Chefs of France* stammen aus seiner Feder aber unter anderem auch zwei Bücher über Japan. Ungeachtet seiner schriftstellerischen Tätigkeit findet der Autor noch Zeit, in Cheshire eine Milchfarm und ein kleines Hotel mitsamt einem ausgezeichneten Restaurant zu betreiben. Mehr als einmal verheiratet, ist Quentin Crewe Vater von fünf Kindern.

Mit einem * gekennzeichnete Gerichte sind Speisen, die der Autor persönlich empfiehlt, oder Gaumenfreuden, die der abenteuerlustige Feinschmecker auf seiner Pirsch nach neuen Erfahrungen sich nicht entgehen lassen sollte.

Übersetzung aus dem Englischen: Marianne Kaltenbach
Bearbeitung: Marianne Kaltenbach und Sonja Kipfer

Umschlaggestaltung: Otto Juditzki

3. Auflage 1987

Satz: Filmsatz Lehmann + Co., Thun/Schweiz
Printed and bound in Great Britain by Purnell Book Productions, Paulton, Bristol

Die englische Originalausgabe ist bei Mitchell Beazley International Limited London, unter dem Titel QUENTIN CREWE'S INTERNATIONAL POCKET FOOD BOOK erschienen

ISBN 3 444 70125 X

Inhalt

Einleitung

Sprachführer mit gezielten Instruktionen für fremdsprachige Touristen geben meines Erachtens meist Anlaß zu Mißverständnissen. Wie perfekt Sie auch Ihre wohlpräparierte Frage: «Können Sie mir versichern, daß ich meine Wäsche, zwei Paar graublaue Unterkleider, einen Pijama und ein gestärktes Abendhemd umfassend, bis Sonnenuntergang zurückbekomme?» formulieren, Sie werden aus der wortreichen Erwiderung des brasilianischen Zimmermädchens kaum klug werden. Sie haben die Gute ja glauben gemacht, daß Sie perfekt Portugiesisch sprechen.

Kaum anders wird es Ihnen mit dem jugoslawischen Kellner ergehen, den Sie um eine Auskunft über ein Detail der Speisekarte gebeten haben. Ihre Verwirrung wird bestimmt noch größer geworden sein. Mit dem Zimmermädchen oder mit einem englischen Taxifahrer können Sie sich zur Not noch mit Zeichen verständigen. Aber versuchen Sie doch mal, etwas über «Leber und Speck» mittels Mimik und Gesten zu erfahren.

So kam es, daß ich mich entschloß, diesen Taschenführer zu verfassen. Damit bewaffnet, werden Sie in irgendeinem Land der Welt stets in der Lage sein, auf der Speisekarte ein Gericht ausfindig zu machen, das Ihnen zusagt. Die Befürchtung, daß es mit Ihrer religiösen Anschauung oder ihrem Magen unvereinbar sein könnte, bleibt Ihnen erspart.

Die Zusammenstellung des Buches war mit erfreulichen und betrüblichen Entdeckungen verbunden. Einerseits scheint in vielen Ländern, vor allem auch auf dem amerikanischen Kontinent, in Indonesien und Jugoslawien eine reiche kulinarische Tradition auch schwierige Zeiten überdauert zu haben. Andererseits gibt es mancherorts nur wenige Überbleibsel früherer renommierter Küchen. In Polen zum Beispiel pflegte man vor dem Krieg stets Waldbeeren und -pilze zu sammeln, um ein Gericht zu beleben. Heute können die jungen Leute kaum mehr eine Pflanze von der andern unterscheiden. Von den meisten Gerichten, die noch vor fünfzig Jahren in einem polnischen Kochbuch figurierten, haben sie nie gehört. Man gibt sich mit Konservenkost zufrieden. Ähnliches gilt auch von andern Ostblockstaaten. Wenn ich in meinem Verzeichnis trotzdem solch selten zubereitete Speisen erwähne, so in der Hoffnung, daß Sie vielleicht doch die eine oder andere irgendwo entdekken.

Natürlich können nicht sämtliche Gerichte eines jeden Landes in einem Taschenführer verzeichnet sein. Ein einziges chinesisches Restaurant kann auf seiner Speisekarte bis zu 400 Gerichte anbieten. Ich möchte Sie mit möglichst vielen klassischen Speisen und Standardgerichten aber auch mit etwaigen Gaumenkitzeln für Abenteuerlustige bekannt machen. Ich mußte eine Auswahl treffen.

Im vorliegenden Taschenführer sind rund zehntausend Speisen registriert. Wie sollte ich da in jedem Fall das haargenaue Rezept im Kopf haben. Die Küche des einen oder andern Landes ist mir besser vertraut, und die eine oder andere mag ich besonders gern. Ich hoffe sehr, daß diese kulinarische Fibel nicht ohne Echo bleibt. Tun Sie mir Ihre Meinung kund, schreiben Sie mir, wenn Sie mit mir nicht einiggehen oder wenn Sie mir Tips für dieses oder jenes Gericht, für diese oder jene Küche geben können. Mit einer Erstauflage ist die Sache meist nicht abgetan, es werden revidierte Auflagen erscheinen. Ich rechne mit Ihrer Unterstützung, für die ich Ihnen zum voraus danke.

Zum Teil sind die Gerichte gesamthaft alphabetisch angeordnet, zum Teil in Untergruppen eingeteilt. Können Sie ein Gericht eventuell nicht finden, konsultieren Sie auch die kurze Liste der gebräuchlichen Ausdrücke.

Die mit einem * versehenen Speisen sind nicht notwendigerweise die vorzüglichsten. Sie sind entweder für die Küche des betreffenden Landes typisch oder erfreuen sich meiner besonderen Gunst. Testen Sie die «Auserwählten». Mögen Sie das Gericht nicht sonderlich, fällt es in die erste Kategorie, finden Sie es ebenfalls unwiderstehlich, können wir uns gegenseitig zu unserm guten Geschmack beglückwünschen!

Dies ist ein Taschenführer über Speisen. Getränke finden daher nur in beschränktem Rahmen Erwähnung. Ich weise auf die Nationalgetränke der Länder und wo nötig auf die besten Weine hin.

Glücklicherweise haben die meisten Nationen ihre kulinarische Eigenart weitgehend bewahrt. In dieser Beziehung scheinen die Menschen recht konservativ zu sein. Ich hoffe, daß Sie mit Hilfe dieses Taschenführers auf Entdeckungsreise gehen und neue Gaumenfreuden kennenlernen können.

Wie ist doch der Menschen Geschmack verschieden,
Was die einen mögen, wird von andern gemieden.
So bereiten Chinesen, ich könnte es nicht,
Gar aus kleinen Vögeln ein festlich Gericht.
Manchenorts aß man die Austern einst gern warm,
Die Omeletts schwer, daß Gott erbarm.
Den Franzosen Schnecken und Frösche wohl munden,
In Siam schmort man das Fleisch von Hunden.
Der Spanier bisweilen, so hab ich gehört,
Auf den Genuß von purem Knoblauchbrot schwört.
Den Touristen dünkt's oft nicht eitel Wonne,
Am table d'hôte unter Italiens Sonne,
Mit Ziegenfleisch bewirtet zu werden,
Das die Guten durch ranziges Öl verderben.
In Maryland, es ist kaum zu fassen,
Pflegt man für Schildkröten Geld zu verprassen.
In Massachusetts, von Buzzards Bay bis Boston,
Müssen Besucher Unmengen von Kuchen kosten,
Mit Rhabarber, gar mit Kürbis bestückt,
Und seufzen die Gäste, nicht eben entzückt,
Gibt's noch was, das ich probieren kann,
Rücken sie mit noch mehr Backwaren an.
Um Tee zu bitten, wär drüben vermessen.
Kein Kannibale würd je mit mir essen.
Uneins ist die Welt, gespalten, zerrissen,
Was uns bekommt, vermeint jeder zu wissen.
Vielstimmig tönt es von allen Seiten,
Denn über Geschmack läßt sich nicht streiten.

Hilaire Belloc «Über Speisen»

Afrika (Süd-, Ost- und Westafrika)

Wo es nicht mehr ans Mittelmeer grenzt, bietet Afrika dem Feinschmecker wenig Interessantes. Der Speisezettel all dieser Länder – mit Ausnahme Äthiopiens – wurde weitgehend von den Essensgewohnheiten der ehemaligen Kolonialherren beeinflußt. Und angesichts des äthiopischen Nationalgerichts *injjera na wat* (eine Art graues, ungesäuertes schaumgummiartiges Brot mit Klumpen eines brennendscharfen Pfeffergerichts) wird kaum jemand bedauern, daß es keine andern Überbleibsel aus vorkolonialer Zeit mehr gibt.

Der Gast wird im Hotel meist Gerichte der internationalen Küche serviert bekommen. In ehemals französischen Kolonialgebieten mögen sie günstigenfalls recht schmackhaft zubereitet sein, in ehemals britischen Hoheitsgebieten wirken sie oft – gelinde gesagt – erheiternd. So tischte man mir unter anderem in Nairobi einen Rindertalg-Pudding, in Blantyre *Irish stew* und in Salisbury einen *Lancashire hotpot* auf. Ungeachtet des heißen Klimas hielten die Engländer stets an der Kost ihrer Kindheit fest.

Das einzige Land dieser Region, in dem man wirklich gut speist, ist Südafrika, obschon man abseits der großen Städte möglicherweise nur dem «Brown Windsor soup»-Syndrom begegnet. Südafrika verfügt über herrliche Naturprodukte und Fische und dürfte bald das letzte Land mit einem Überfluß an Hummer sein.

Da nur die Südafrikaner aus einheimischen Erzeugnissen eigene Gerichte geschaffen haben, zähle ich nachstehend ein paar echt südafrikanische Speisen auf. Vielleicht entsprechen sie nicht gerade Ihrem Geschmack, sind aber typisch burisch.

Das beste Getränk in allen afrikanischen Ländern ist Bier (außer Sie versuchen in Äthiopien den einheimischen Honigwein, *Tej*). Auch hierin bildet Südafrika eine löbliche Ausnahme, da es als einziges Land ausgezeichneten Wein produziert. Achten Sie auf die Namen *Backsberg, Constantia, Grunberger, Montpellier, Paarl, Roodesberg, Rustenberg, Simansulei* und *Verdun*.

Biltong Rindfleischstreifen (manchmal Straußenfleisch), gewürzt, luftgetrocknet, roh gegessen.
Bobotie Eintopf aus gehacktem Fleisch mit Curry, Zitronen, Zucker und Mandeln, mit zerquirlten Eiern angedickt.
Koeksisters Kalt in Gewürzsirup servierte Teigkrapfen.
Mealiepap Porridge aus Maismehl, meist mit Fleisch und Sauce serviert. Mit Milch und Zucker auch ein Frühstücksgericht.
Melktert In einer Form gebackener Milchpudding mit Zimtaroma.
Poffertjies Gebratene kleine Kekse, in Zucker gedreht und heiß gegessen.
Sosaties Lammspieße, über Nacht in Curry-Marinade eingelegt, grilliert und auf Reis mit der eingedickten gekochten Marinade überzogen serviert.
Tomato brede Sehr langsam mit Tomatenschnitzen, Zwiebeln, Chillies, ein wenig Zucker und Wasser geschmorter Schafshals. Die Tomaten werden oft durch Bohnen oder Kohl als Hauptzutat ersetzt.

Arabische Länder

In den endlosen Wüsten Saudi-Arabiens begann ich die Essensgewohnheiten mittelöstlicher Völker besser zu verstehen. Eines Tages schlachteten wir ein Schaf und kochten ein Stück davon. Es war recht zäh. Das am folgenden Tag zubereitete Stück desselben Tieres schmeckte zart und köstlich. Am dritten Tag war das Fleisch halbfaul, und am fünften schillerte es grün und roch widerlich. Zufälligerweise stießen ein paar Fremde zu uns. Das Gesetz der Gastfreundschaft verlangt, daß man ihnen etwas anbietet. Voller Behagen verzehrten die Gäste und meine Beduinen-Begleiter das verfaulende Fleisch. Niemand litt unter Beschwerden. Da es ungefährlich ist, gehört Lamm- oder Schaffleisch zu jeder Wüstenmahlzeit.

Der begrenzte Charakter der Küchen Saudi-Arabiens, Syriens, Jordaniens, des Irak und der Vereinigten Arabischen Emirate beruht darauf, daß noch bis in die jüngste Zeit die Mehrheit der Bevölkerung Nomaden waren. Diese verpflegen sich naturgemäß mit leicht transportablen Lebensmitteln wie Reis und Datteln und dem Fleisch von Schafen und Kamelen.

In den fruchtbareren Küstengegenden von Oman und Jemen gibt es Früchte, Gemüse und Fisch, willkommene Abwechslung vom eintönigen Menü im Landesinnern. Dank Ölreichtum und Lufttransporten klappt heute natürlich der Lebensmittelnachschub weit besser. Die Hotels in den größeren Binnenstädten besitzen Tiefkühlanlagen und können dem Gast jedes internationale Gericht offerien.

Wirklich interessant wird der Speisezettel aber erst in jenen Regionen, wo die arabische Welt ans Mittelmeer grenzt. Die ägyptische und die libanesische Küche vereinen die Kultiviertheit der europäischen Kochkunst mit äußerst pikanten östlichen Gewürzen. Weiter westlich ändert sich die Küche noch deutlicher, weshalb ich Nordafrika ein spezielles Kapitel gewidmet habe.

Als Getränk bietet man in streng moslemischen Ländern nur Obstsaft an, in weniger religiösen Gebieten auch *arrak*, Importwein und Liköre. Die beste Wahl ist meist ein Bier.

Atayef, gatayef oder **katayef** Pfannkuchen mit Füllung aus gehackten Walnüssen, Zucker und Blumenwasser oder geronnener Sahne mit Sirup.

★**Baba ghannoug** (Ägypten) Pürierte gebackene, geschälte Auberginen mit Sesampaste (*tahin*), vermischt mit Zitronensaft, zerstoßenem Knoblauch und Olivenöl.

Falafel Mischung aus gehackten Saubohnen, Petersilie, Koriander, Zwiebeln und Knoblauch, zu Kugeln geformt und schwimmend gebacken. Heiß mit *tahine* gegessen.

Fatayer Mit gehacktem Spinat, Zwiebeln und Olivenöl gefüllte gebackene Teigtaschen.

Fatta (Ägypten) Suppe aus Kalbs- oder Lammfüßen, garniert mit Toastbrot, Kichererbsen und Joghurt.

Fattoush «Bauernsalat» aus Gurken, Tomaten, Petersilie und Minze mit Toastscheiben.

Ferique Ganze Weizenkörner, mit Fleisch oder Tauben gekocht und mit Gewürzen verfeinert.

Fu'l medames (Ägypten) Gekochte braune Bohnen, angemacht mit Zitronensaft, Olivenöl und Knoblauch.

Hamman meshwi Gegrillte Tauben.

★**Hummus bi tahine** Kichererbsenpüree mit Sesampaste, Knoblauch, Zitronensaft und Olivenöl. Mit Brot als Hors d'œuvre gegessen.

Kafta Hackfleisch, Zwiebeln und Petersilie, Gewürze und an Spießen gebraten.

mabrouma Hackfleisch, mit Zwiebeln, Petersilie und Gewürzen gemischt, in Pinienkernen gedreht und gebacken.
Kawareh bil hummus Siehe *fatta.*
Kharouf mehshi Ganzes Lamm, gefüllt mit Reis, Fleisch, Pinienkernen, Mandeln und Gewürzen; nur für Bankette.
Mutabbel (Libanon, Syrien, Jordanien) Siehe *baba ghannoug.*
Salata Salat aus frischen Gurken, Kopfsalat und Tomaten mit einer Sauce aus Zitronensaft und Öl oder angemacht mit Joghurt oder *tahine.*
Samak meshwi Marinierter und über Holzkohle gegrillter Fisch.
Sambousek Kleine Pastetchen, ähnlich den türkischen *börek,*

Die Araber pflegen, so erzählt man sich, dem Ehrengast ein Schafsauge anzubieten. Möglicherweise stellt man aber auch einen ganzen Schafskopf vor Sie hin. Als mir dies passierte, fragte ich meinen Gastgeber, den Emir, ob das Auge eine besondere Delikatesse sei. «Ich glaube nicht», meinte er, quetschte sich eines heraus und steckte es in den Mund. Um ihn abzulenken, riß ich ein Stück Ohr ab, während er bereits am zweiten Auge herumfingerte, um es mir anzubieten. «Das ist gegen meine Religion», wandte ich geistesgegenwärtig ein. «Ja dann», bemerkte er und verschlang genüßlich auch das zweite Auge.

★**Kibbeh** Beliebtes mittelöstliches Gericht mit vielen Varianten. Um einen Kern aus gekochtem, gehacktem Fleisch mit Zwiebeln und Pinienkernen wird eine Masse aus zerstoßenem Weizen (*burghol*), Hackfleisch, Zwiebeln und Gewürzen gegeben und das Ganze schwimmend gebacken. Kann auch roh (*naye*) mit einer Sauce aus Olivenöl, schwarzem Pfeffer und Minze gegessen werden.
Lahm bil ajeen Eine Art arabische Pizza.
Mehshi Heißt «gefüllt». Jede der folgenden Zutaten – Auberginen, Zucchini, Weintraubenblätter oder Kohl – kann mit einer Mischung aus Hackfleisch, Reis und Zwiebeln gefüllt und im eigenen Saft oder einer Tomatensauce geschmort werden.
★**Moulokhiya** (Libanon, Ägypten, Jordanien) Grüne weiche Blätter des *moulokhiya*-Busches, gekocht in Lamm- oder Hühnerbrühe, gewürzt mit Knoblauch und Koriander, serviert auf Reis, Croutons, Hähnchen oder Lammschlegel.
normalerweise gefüllt mit gehackten Zwiebeln, Petersilie und Käse.
Sayyadiya Pochierte oder gebratene Fischfilets auf stark gewürztem Reis mit brauner Zwiebelsauce.
Seleek (Saudi) Lammkeule, geschmort mit Zwiebeln, Milch und Reis.
Sfeeha Mit Hackfleisch, Zwiebeln, Pinienkernen und Gewürzen gefüllter Teig.
★**Shawarma** Lammfleischscheiben, über Nacht mariniert, auf einen Spieß gesteckt und vor (nicht über) dem Feuer gebraten. Das Fleisch wird abgeschabt.
Ta'amiya (Ägypten) Siehe *falafel.*
Tabbouleh (Libanon) Zerstoßene Weizenkörner (*burghol*), eingelegt und gewässert, bevor sie mit gehackten Zwiebeln, Tomaten, Petersilie, Minze, Zitronensaft und Olivenöl gemischt werden. Gegessen auf Salat-, Wein- oder Kohlblättern.

Gebräuchliche Ausdrücke

Aish Brot.
Arrak Anisbranntwein.
Bira Bier.
Bouza dondurma Eiscreme.
Haleeb Milch.
Hisab Rechnung.
Jibn Käse.
Kahwa Kaffee.
Khubz Flachbrot (rund).
Khuḍar Gemüse.
Laban zabadi Joghurt.
Lahm Fleisch.
Lista Menü.
Mai Wasser.
Mezza Hors d'œuvre.
Nibid Wein.
Shai Tee.
Shourba Suppe.
Sukkar Zucker.
Tahine Sesamsamenpaste.
Taklia Knoblauch- und Koriandersauce.
Zubda Butter.

Sohitak! Prosit!
Sahitain! Guten Appetit!

Iran

Im jetzigen Zeitpunkt läßt sich nur schwer sagen, wie man sich im Iran verköstigen kann. Vielleicht wurden Steaks, Bœuf Stroganoff und Hähnchen nach Kiewer Art bereits als unheilig verboten. Andererseits fand man von jeher in den kleinen Restaurants der Seitenstraßen echt iranische Gerichte.

Eis sollten Sie im Iran tunlichst meiden. Es wird meist auf dem Trottoir gestapelt, und die Iraner pflegen mit Vorliebe auf den Boden zu spucken.

Abdug Joghurtgetränk.
Abgusht Suppengericht.
Adas polo Reis mit Linsen, Rind- oder Lammfleisch, Rosinen, Zwiebeln und Muskatnuß.
Ash sak Dicke Suppe mit Fleischbällchen, Joghurt, Spinat, Walnüssen, Petersilie und Dill.
Bastani keshi Eiscreme mit Rosenwasser-Aroma.
Borani chogondar Kalte Joghurtsuppe mit roter Bete.
Chelo Gekochter Reis, meist mit einem Stück Butter und einem Eigelb (*tokhmeh*) in einer Muschel serviert. Auf dem Boden sollte sich eine goldene Kruste bilden.
★kabab Viele Restaurants servieren nur dieses Gericht. Es besteht aus Reis und mariniertem und auf Holzkohle gegrilltem Fleisch – Lamm, Hähnchen oder Wild. Der Reis wird mit den üblichen Beilagen, einer Schale *sumac* (scharfe, saure, eßbare rote Beeren) sowie einer Schale Joghurt serviert.
Dolmeh barg Gefüllte Weintraubenblätter.
kalam Gefüllte Kohlblätter.
Eshkeneh shirazi Joghurtsuppe aus Shiraz mit Zwiebeln und Nüssen.
Fesenjan Geschmorte Ente oder Hähnchen in Walnuß-Granatapfel-Sauce.
Gormeh salzi Eintopf aus Fleisch und Gemüse.
Jujeh kabab Hähnchen-*kebab*.
Khoresh Dünnes Schmorgericht, als Sauce für *chelo* verwendet, zubereitet aus Lammfleisch, Hähnchen, Wild oder Fisch, Gemüse und anderen Zutaten.
Kufteh tabrizi Kugel aus gehacktem Lamm- oder Rindfleisch mit Erbsen, Zimt, Zwiebeln und Zitronensaft und einer Pflaume oder einem harten Ei in der Mitte.
Kuku Eine Art Pfannkuchen aus einer Mischung von verquirlten Eiern, Gemüsen und Kräutern.
Malassol Kaviarart.
Morg polo Köstliches Festessen aus Hähnchen, Rosinen, Reis, Aprikosen und Safran.
Panir Weißer Ziegenmilchkäse.
Polo Reis, gekocht mit vielen Zutaten – Hähnchen, Lamm, Gemüse manchmal Früchten und Nüssen –, gewürzt mit Zucker und dünnen Streifen von Orangen- oder Mandarinenschale. Reis wird oft mit Safran gefärbt.
Rishta Eine Art iranische Teigwaren.
Sabzi polo Reis mit Lammfleisch, Zwiebeln und grünen Gemüsen.
Shir berenj Reispudding, mit Rosenwasser aromatisiert.
Shirini polo Süßer Reis mit Hähnchen, Orangen, Mandeln, Safran, Rosinen und Zwiebeln.
Sholezard Reispudding mit Safran-, Zitronen- und Zimtaroma.

Gebräuchliche Ausdrücke

Abijau Bier.
Chai Tee.
Ekuck, nan Brot.
Gusht Fleisch.
Hesap Rechnung.
Kahveh Kaffee.
Karah Butter.
Ma Wasser.
Mahi Fisch.
Menü Menü.
Sharab Wein.
Sukkar Zucker.

Nordafrika

Trotz der zahlreichen Völker – von den Phöniziern bis zu den Franzosen –, die diesem Gebiet einst ihren Stempel aufgedrückt haben, behielt man im Maghreb, d.h. in Marokko, Nordalgerien und Tunesien, weitgehend den Kochstil der Wüstenvölker bei.

Die Speisezubereitung eines Nomadenvolkes wurde von den verfügbaren Geräten und den vorrätigen Zutaten bestimmt, daher waren ihr von jeher Grenzen gesetzt. Alles hing davon ab, wie viele Töpfe man mit sich führen oder unterwegs aus Tonerde anfertigen konnte. Was in den Topf kam, spielte eine sekundäre Rolle. Das Wort *tajine (tagine)* bezeichnet denn auch sowohl das Gefäß als auch die darin gekochte Speise. Kuskus, das Nationalgericht der Maghrebländer und zufällig auch die einzige im Ausland bekannte Spezialität des Gebietes, kann beispielsweise mit Körnern und Fleisch aller Art, mit Hähnchen oder Gemüse oder beidem zubereitet werden. Rezepte aus dem Maghreb wollen nicht mehr als Skizzen, kulinarische Wegleitungen und keine exakten Formeln sein.

Der Nordafrikaner möchte während des Essens angenehm unterhalten werden. Er mag Festlichkeiten und Zeremonien. Man bereichert das Auftragen der Speisen durch allerlei Schaustellungen, schenkt den Tee eigens von hoch oben ein, damit er wie ein goldener Wasserstrahl in die Teeschale fließt. Tänzerische Darbietungen und Zauberkunststücke, romantische Scharaden und Tausendsassas, die Gläser auf dem Kopf balancieren, gehören ebenso zu den Tafelfreuden wie die aufgetragenen Gerichte selbt.

Die Küche der drei Länder unterscheidet sich nicht wesentlich. Einzig die zum Kuskus gereichten Saucen differieren deutlich von einem Land zum andern. In Marokko, wo das Repertoire am vielfältigsten sein dürfte, serviert man eine Safransauce. In Tunesien, wo man sich besonders gut aufs Würzen versteht, bereitet man die Sauce mit Chili und Ingwer zu. In Algerien begnügt man sich mangels gewisser anderer Zutaten mit einer Tomatensauce.

Eine nordafrikanische Mahlzeit wickelt sich nicht nach einem festen Schema ab. Sie beginnt meist mit einer Suppe oder einer gewürzten Pastete. Es folgt ein Hähnchengericht oder Kuskus, und den Abschluß bildet ein unglaublich süßes und klebriges Dessert. Nach der Mahlzeit trinkt man Pfefferminztee oder Kaffee. Die Zubereitung des Tees geschieht wiederum auf recht spektakuläre Weise. Vielfach werden Rosenblätter, brauner Zucker oder andere Delikatessen beigefügt. In Tanger erbat ich einst einen Löffel der Marmelade, die man am Nebentisch in den Tee gab. Nachdem ich den Tee getrunken hatte, fühlte ich mich recht seltsam – was ich für Marmelade gehalten hatte, war *maajoun*, eine Form von Haschisch gewesen.

Nordafrikanische Speisekarten sind arabisch, französisch oder spanisch abgefaßt, (d.h. in der Sprache, die der Verfasser beherrscht). Mit der Rechtschreibung hapert es meist. Formulierung und Aussprache können differieren; ich habe hier versucht, möglichst konsequent zu verfahren. Bei Gerichten, die ich in einem bestimmten Land entdeckte, habe ich das Land in Klammern vermerkt. Sie werden dasselbe Gericht aber möglicherweise auch anderswo finden.

Assida bil bufriwa (Tun). Dicker Pudding aus Haselnuß und Mehl, mit süßer Eiersauce bedeckt und mit Nüssen garniert.
Baghrir (Alg.) Grießpfannkuchen.
Barkoukess (Alg.) Gedünstetes Grieß mit Saubohnen und Tomatensauce (eigentlich ein Gemüse-Kuskus).
Boufawar (Alg.) Gemüse-Kuskus mit grünen Bohnen und Kartoffeln.
Bouza (Tun.) Haselnußkuchen, sehr klebrig und schwer.
★ **Brik bil lahm** (Tun.) Kleine Pakete, gefüllt mit gehacktem Lammfleisch und einem Ei, eingewickelt in hauchdünnen Teig und in Öl gebacken. Das rohe Ei mit der Füllung einzupacken verlangt viel Geschick und Handfertigkeit. Man achte auch beim Essen darauf, daß einem das Ei nicht am Kinn herunterrinnt.
stellung wird der Inhalt des oberen Pfannenteils auf eine Platte gegeben, Gemüse und Fleisch darüber angerichtet und zuletzt das Ganze mit einer Sauce begossen.
Djeje bilbasla (Mar.) Hühnerfleisch mit Rosinen und Zwiebeln.
bilooz (Mar.) Hühnchen-Eintopf, serviert mit einer Sauce aus Zwiebeln und Mandeln.
m'ammar (Mar.) Gebratenes, mit Karotten und Mandeln gefülltes Hähnchen.
m'faowar (Mar.) Mit Safran geschmortes Hähnchen.
m'qalia (Mar.) Hähnchen, mariniert mit Koriander, Minze und Safran, grilliert und mit dem entstandenen Jus serviert.
ul garagh hamara (Mar.) Hähnchen mit Kürbispüree.
El briouat (Mar.) Halbmondförmiges Gebäck mit Mandelfüllung.

Man hüte sich stets davor zu glauben, daß man in einem fremden Land nicht verstanden werde. Freunde von mir waren einst mit der Bedienung in einem Restaurant von Zagora, einer marokkanischen Wüstenstadt, nicht zufrieden. Der Kellner glich ein wenig einem Pferd. «Gib ihm statt ein Trinkgeld ein Stück Zucker», meinte einer. Der Kellner verbeugte sich und erwiderte in untadeligem Englisch: «Ich hielte dies für eine besondere Ehre. Hierzulande ist es Brauch, daß der Bräutigam der Braut in Würdigung ihrer Schönheit Zucker schenkt. Dieser war ehedem eine kostbare Rarität.»

Chakchouka (Tun.) Geschmorte Pfefferschoten, Zwiebeln und Tomaten, denen im letzten Moment einige ganze Eier beigefügt werden.
Chetit'ha diedi (Alg.) Schmorgericht aus Hühnerfleisch und Kichererbsen.
Chorba beidha (Alg.) Hühnersuppe mit ganz dünnen Nudeln, mit Eigelb angedickt.
frik (Alg.) Lammsuppe mit grünem Weizen.
★ **Couscous** (Kuskus) Dieses Gericht wird in einer Doppelpfanne zubereitet. Fleisch und Gemüse kocht man in der unteren, die Körner in der oberen Hälfte. Durch die Löcher des mittleren Bodens dringt Dampf. Die dadurch gegarten Körner nehmen den Geschmack der unteren Zutaten an. Nach Fertig-
sane bilooz (Mar.) Zungentopf mit Mandeln und würziger Sauce.
Felfel mahchi (Tun.) Mit Fleisch, Zwiebeln, Koriander und Ei gefüllte, in Öl gebratene und mit Tomaten und *harissa*-Sauce servierte milde Pfefferschoten.
Fkoss (Mar.) Süße Brotart, mit Kümmel, Mohn und Anis gewürzt.
Guenaoia (Tun.) Schmorgericht mit Lamm- oder Rindfleischstücken, Zwiebeln, Tomaten, *harissa,* Chillies, Pfefferschoten, Okra und Koriander.
Halwa ditzmar (Alg.) Gehackte Datteln, Feigen, Walnüsse und Anis, mit Honig gebunden.
★ **Hareera, harira** (Mar.) Hühnersuppe mit Reis oder Nudeln und Kichererbsen. In Fès wird sie anstelle von Reis mit

Mehlbrei serviert. *Hareera* wird während des Ramadans bei Sonnenuntergang gegessen.
Harissa Sehr scharfe, rote Pfeffersauce; wird zu den meisten Hauptgerichten serviert.
Hoot, bcharmeela (Mar.) Kurz gebratene Fischsteaks mit scharfer Tomatensauce.
muklee (Mar.) Fisch mit tiefen Einschnitten, gefüllt mit würziger Paste, wird in Mehl und Paprika gewendet und gebraten.
shkfah (Mar.) Gebratener Fisch.
Kabda m'charmla (Alg.) Leber mit Kräutern gebraten und mit Tomatensauce serviert.
Kadi wa djmaatou (Alg.) Geschmortes Hähnchen, in Stücke geschnitten, die, mit je einem Ei belegt, im Ofen gebacken werden.
Kawarma (Mar.) Lammtopf. Das zuerst mit Gewürzen gebratene Lamm wird mit Zwiebelringen geschmort, bis die Zwiebeln dunkelbraun sind.
Kefta, kifta (Alg.) Würzige Fleischkugeln.
Kharchef mahchi (Alg.) Mit gehacktem Fleisch und Gewürzen gefüllte Karden.
Khfaf (Alg.) Grießkuchen.
Kifta bi stumatish (Mar.) Gehacktes Rindfleisch, zu Kugeln geformt, mit Tomaten und scharfen Gewürzen gekocht und mit den mit dem Fleisch pochierten Eiern belegt.
Kotban (Mar.) Zu Paste verarbeitetes Fleisch mit Zwiebeln, Gewürzen, Kräutern und manchmal Chillies, zu kleinen Stücken geformt und am Spieß über Holzkohle grilliert. Meist mit scharfer Sauce serviert.
Koucha (Tun) Ganzes Lämmlein, mit viel Rosmarin in Lehm verpackt und gebacken.
Krafas bil djedj (Alg.) Hühnertopf mit Sellerie, Safran und Kartoffeln.
Lablabli (Tun) Suppe aus Kichererbsen und viel Knoblauch.
Lafdaosh (Mar.) Spaghetti mit Safran.
Lahm el m'qali (Mar.) Mit Zitrone und Oliven geschmortes Lamm.
lhalou (Alg.) Lamm, mit Mandeln und Pflaumen geschmort und mit Zimt und Orangenblütenwasser parfümiert. Wie viele Gerichte im Maghreb ist auch dieses sehr süß.
ma'assel (Mar.) Schaf- oder anderes Fleisch, mit Gewürzen geschmort. Kurz bevor es gar ist, wird Honig beigefügt. Serviert mit geriebenen, gerösteten Mandeln.
Lekleeya dzireeya (Alg.) Geschmorte Tauben mit in letzter Minute im selben Gericht pochierten Eiern.
Mahdjouba (Alg.) Taschen aus Grießteig, gefüllt mit Tomaten und milden Pfefferschoten.
Mah harh (Mar.) Mit Gewürzen gekochte Muscheln.
Makroud (Tun.) Grießkuchen, gefüllt mit Datteln, Zimt und geriebener Orangenschale, mit Sirup getränkt.
el louse (Alg.) Leicht gebackenes Mandelbiskuit, in Sirup getaucht und in Puderzucker gedreht.
Malsouka (Tun.) Hauchdünnes, oblatenähnliches Gebäck.
Markit ommalah (Tun.) Kalbfleisch, Zwiebeln, weiße Bohnen, Chillies und *harissa* langsam geschmort und mit Koriander gewürzt. Vor dem Servieren werden Mixed Pickles und Essig beigefügt.
Masfouf (Alg.) Siehe *mesfouf bil anib.*
★ **Mechoui** (Mar.) Ganzes, am Spieß oder in einem speziellen Ofen gebratenes junges Lamm. Nordafrikaner lieben riesige Picknicks. Heute kann das Wort ganz einfach «gebratenes Lamm» bedeuten.
Mechouia (Tun.) Hors d'œuvre aus grillierten Pfefferschoten, Tomaten und Zwiebeln, gemischt mit Öl, Zitrone, Thunfisch und hartgekochten Eiern.
Mesfouf bil anib (Tun.) Süßer Kuskus mit Rosinen.
Mhalbya (Tun.) Kuchen aus Reis, Nüssen und Geranienwasser.
M'kuli (Mar.) Hähnchen mit Zitrone und Oliven.
Mosli (Tun.) Mit Kartoffeln geschmortes Lamm- oder Rindfleisch.
Mrozeea (Mar.) Fleischpastete.
M'tewam (Alg.) Geschmorte Lammfleischkugeln mit Mandeln.

Pastila (Mar.) Hauchdünne Teigschichten, gefüllt mit Taubenstücken und einer Mischung aus der Kochflüssigkeit der Tauben und rohen Eiern. Gleicht einer knusprigen Teigtasche. Wird mit Zimt und Zucker bestreut.
Oarnoun mahchi (Alg.) Mit gehacktem Fleisch und Zwiebeln gefüllte Artischockenherzen.
Rechta (Alg.) Hühnchentopf mit Nudeln aus Grieß.
Rjla del ranmee (Mar.) Lammbeine, mit würziger Paste bestrichen und geschmort.
Rrumen bjbn (Mar.) Granatäpfel mit Käse und Honig.
Ruzill l'kadi (Mar.) Nudeln, in Honig getränkt, turbanförmig gebacken.
Salatat batata (Tun.) Heißer, scharfer Kartoffelsalat.
*****Samsa** (Tun.) Hauchdünne Teigschichten, abwechselnd mit geriebenen, gerösteten Mandeln und Sesamsamen gebacken und mit Zitronen- und Rosenwassersirup bedeckt.
Schlada Salat. Salate werden oft gekocht und warm serviert. Sie werden aus milden Paprikaschoten, Tomaten und Karotten zubereitet.
Sfanje Pfannkuchen.
Sferia (Alg.) Mit Kichererbsen geschmortes Hähnchen, mit einer Ei-, Zitronen- und Petersiliensauce serviert, garniert mit Kroketten.
Shakshouka Siehe chakchouka.
Shorba bil allouch (Tun.) Suppe aus Lammfleisch und Gemüsen.
Skhina (Mar.) Jüdisches Gericht, das von den Orthodoxen jeden Samstag gegessen wird. Eintopf aus Bohnen mit Kalbsfüßen und -haxen und scharfen Gewürzen.
Sstrmbak (Mar.) Muscheln, mit Gewürzen gekocht und ohne Schale mit viel Zitrone serviert.
Taffah (Mar.) Äpfel, oft geschmort mit Zimt, Zitrone und Orangenblütenwasser.
Tajine Schmorgericht aus beliebigen Zutaten. *Tajine* bedeutet Topf.
dial elkbda (Mar.) Lebereintopf mit schwarzen Oliven.
el dj'ben (Alg.) Gebratene Kugeln aus Käse und Lammfleisch.
es zitoun (Alg.) Kalbfleisch mit Oliven.
j'bin (Tun.) Käse-*tajine,* wie *maadnus,* ohne Spinat zubereitet.
maadnus (Tun.) Spinat-*tajine:* Fleisch, Zwiebeln, Tomaten, Chillies und weiße Bohnen werden langsam gekocht, mit Brotbröseln, Käse, gekochtem Spinat und sechs zerquirlten Eiern gemischt und im Ofen gebacken, dann in Scheiben geschnitten mit dem Fleischsaft serviert.
Tammina (Alg.) Grieß- und Honigkuchen.
Tcharak (Alg.) Hörnchen, gefüllt mit Mandelpaste, bekannt als *cornes de gazelle* (Gazellenhörner).
Temar mahshe (Tun.) Datteln, gefüllt mit Mischung aus Mandeln, Zucker und Rosenwasser, im Zucker gedreht.
Tsfaia (Mar.) Geschmortes Hähnchen mit Sauce aus Zwiebeln und Mandeln.
Torshi (Tun.) In Limonensaft marinierte und mit *harissa* servierte weiße Rüben.
Yahni (Alg.) Brathähnchen.
*****Yo-yo** (Tun.) Krapfen aus Teig mit Orangensaft, schwimmend gebacken und in Honigsirup getaucht.

Gebräuchliche Ausdrücke

Anchouwa Sardellen, Anschovis.
Baklava Süßes Gebäck mit Nüssen und Gewürzen zwischen dünnen Teigschichten, mit Sirup übergossen.
Boukha Brandy, aus Feigen destilliert.
Brewat, briwat Mischung aus Mandelpaste, Reis und Honig für Süßigkeiten.
Diffa Feiertag, Fest.
Djeja Hähnchen.
Etzay Pfefferminztee oder grüner Tee mit Pfefferminzblättern.
Fattura, hissab, Rechnung.
Hout Fisch.
Kaki Biskuit aus Mehl und Salz, ähnlich einer Brezel.
Kemoun Kümmel.
Kesra(h), ksra Flachbrot (rund).
Khobz Brot.
Kleowee Nieren.
Lahmoun Fleisch.
Merguez Kleine, ölige, gewürzte Würste.
Mhammes Pastetchen (süß).
Mogh Hirn.
Msir Konservierte Zitronen.
Mslalla Eingelegte Oliven.
Pita Eine Art Flachbrot.
Quadid Trockenfleisch.
Roze Reis.
Shorba Suppe.
Zitoun Oliven.

Ala sahatik! Prosit!
Chaha likom! Chaha tayiba! Guten Appetit!

Australien und Neuseeland

Die Australier verfügen über großartige Produkte – vortreffliches Rind- und Lammfleisch, herrliche Fische, erstklassige Gemüse und exotische Früchte. Doch diese vielbeschäftigten Demokraten kümmerten sich nie sonderlich um ihre Kost. Es gab keine einheimische Küche, von der man ausgehen konnte. Als Nomaden begnügten sich die Ureinwohner mit halbgebratenen und bluttriefenden Känguruhs. Die Einwanderer ihrerseits steckten bis zum Hals in ihrer Aufbauarbeit und sorgten einzig und allein für eine solide Kost, die ihnen Arbeitskraft verlieh. Im Gefolge der neuen Einwanderungswelle nach dem Krieg haben sich die Dinge allerdings etwas geändert.

Das einzige berühmte Gericht Australiens ist das *carpet bag steak,* ein riesiges Rumpsteak, das in der Mitte aufgeschlitzt, mit Austern gefüllt und mit Zitronensaft, Salz und Pfeffer gewürzt gebraten wird. Probieren Sie in Neusüdwales die riesigen Sidney-Rock-Austern und in Queensland Krebse. In Südaustralien sind vor allem Schnapper (Barsche) ausgezeichnet. Man bäckt sie oft gefüllt. Im Westen koste man Barramundi-Fisch.

Steaks und gebratenes Lamm sind in der Regel sehr gut. Man wird Ihnen überall Pêche Melba anbieten, das in England von Escoffier für die berühmte australische Sopranistin Melba entworfene Dessert. Sie werden auch häufig die zu Ehren von Anna Pawlowa kreierte Meringue-Passionsfrucht-Torte sehen.

Weinetiketten in Australien strotzen von Informationen, und es lohnt sich, sie zu studieren. Achten Sie auf folgende Namen: *Bilyara, Brand, Brown Brothers, Leo Buring, Chateau Tahbilk, Gramp, Kaiser Stuhl, Lake's Folly, Lindeman, McWilliams, Mildara, Morris, Penfold's, Reynella, Rothbury Estate, Saltram, Smith's Yalumba, Tyrell* und *Wynns.*

Anders als die Australier haben es die Neuseeländer verstanden, die eher monotone Kost der weniger begüterten englischen Haushaltungen mit Elementen der originelleren Tradition der Ureinwohner zu beleben.

Wenn frisch (und nicht gekühlt und um die halbe Welt verschifft), sind ihre Produkte ebenfalls vorzüglich, besonders Milchprodukte und Lammfleisch. Wie in Australien schmeckt es einfach zubereitet am besten.

Dem Einfluß der Maori verdankt die neuseeländische Küche manch interessanten Aspekt. Marinierter roher Fisch zählt zur Alltagskost. *Paua* (Abalone), *pipis* (schmeckt wie Herzmuscheln) und *toheroas* (wie Venusmuscheln) sind ausgezeichnete Schalentiere. Breitlinge in Ausbackteig munden vorzüglich. Die Maori essen recht ungewöhnliche Gemüse – *puha* und *rauriki* (eine Distelart) erinnern an Spinat, und *kumara* ist eine süße Kartoffel.

Die Maori kochen Fisch, Fleisch und Wurzelgemüse in einem Erdofen oder *hangi.* Man gräbt ein Loch in den Boden, wickelt die Zutaten in Flachsblätter und legt sie auf Feuersteine auf *manuka* oder Teebaumholz, das dem Gericht seinen besonderen Geschmack verleiht. Man gießt Wasser hinein, damit Dampf entsteht, und schließt den Ofen mit Matten und Erde hermetisch ab. Ein paar Stunden später ist das Essen fertig.

Dank dem Klima gedeihen zahlreiche Früchte, die exotischsten sind Kiwifrucht (chinesische Stachelbeere), *tamarillos* (Baumtomaten) und Passionsfrucht.

Belgien und Luxemburg

Belgische Kost empfinden viele, besonders Leute mit einem gesegneten Appetit, als eine wahre Wohltat. Obschon keine so ernste Sache wie in Frankreich, kocht man in Belgien doch mit mehr Finesse als in Holland und Deutschland. Die belgische Küche ist auch vielseitiger. Das Land beherbergt nicht nur zwei verschiedene Völker – Flamen und französischsprachige Wallonen –, sein südlicher Teil stand auch zweihundert Jahre unter spanischem Zepter. In Belgien gibt es oft Sprachschwierigkeiten. Obschon im nördlichen Belgien die Speisekarten flämisch und französisch sind, wollen die Flamen oft weder Französisch noch Deutsch verstehen. In diesem Falle konsultiert man am besten die Kapitel über Frankreich oder Holland – Flämisch und Holländisch sind einander sehr ähnlich.

Ansonsten werden Sie Ihren Belgienaufenthalt sicher genießen, denn die Belgier aller Regionen sind keine Kostverächter. So bedeutet denn auch in Belgien die Redensart «sein Beefsteak verteidigen» soviel wie «seine Interessen wahren».

Machen Sie sich im Restaurant auf eine längere Wartezeit gefaßt. Jedes Gericht wird nur auf Bestellung zubereitet. Rechnen Sie mit ungefähr zwei Stunden für eine Mahlzeit.

Normalerweise trinkt man Bier, doch werden in den meisten Restaurants auch deutsche und französische Weine angeboten. Neben einem starken und sauren Bier, dem aus Weizen und *queuze lambic* hergestellten *faro*, wird sehr starkes Faßbier aus einer Weizen- und Gerstenmischung gebraut. *Kriekenlambic* ist Bier mit Kirschenaroma.

★ **Anguilles au vert** Frühlings- und Sommergericht aus jungem Aal, in Butter gebraten mit Sauerampfer, Pfefferminze, Eisenkraut, Salbei und anderen Kräutern, dann in Weißwein und noch mehr Kräutern geschmort. Die Flüssigkeit wird mit Eigelb zu einer Sauce gebunden. Kalt oder warm serviert.

à l'escavèche Gebratener eingelegter Aal, in Aspik kalt serviert.

en matelote In Fischbrühe und Weißwein gegarter Aal, in weißer Sauce serviert.

Asperges à la flamande Gekochter Spargel mit einer Sauce aus gehackten harten Eiern und brauner Butter.

Bifteck et frites Schnitzel und gebackene Kartoffelscheiben.

Boudin de Liège Pikante Wurst mit Kräutern.

★ **Carbonnade à la flamande** In Bier mit Zwiebeln, braunem Zucker und Kräutern geschmortes Rindfleisch. Zuletzt wird oft mit Senf bestrichenes Brot der Sauce beigefügt oder obenauf gelegt und überbacken.

Chicorée Siehe *witloof*.

et volaille bruxelloise Mit Geflügelfleisch gefüllte, in Schinken gewickelte Chicorée, bedeckt mit Sahnesauce.

Choesel au madère Kleine Fleischstücke wie z.B. Ochsenschwanz oder Kalbsbries werden mit Speckfett, Schweinsohren und -füßen in einer Madeirasauce gekocht und mit Zwiebeln und Pilzen serviert.

Civet de lièvre Hase, mit Zwiebeln und Kräutern in Wein und Hasenblut geschmort.

à la flamande oder **du pays de Liège** Hasenpfeffer wie vorstehend, aber mit Pflaumen.

Couques de Dinant Ingwerbrot.

Ecrevisses à la liégeoise In Fischbrühe gegarter Hummer, die Brühe mit Sahne oder Butter gebunden und mit Petersilie gewürzt.

Escavèche Mit Kräutern marinierter gebratener Fisch.

Estouffat de marcassin à la bière Junges mariniertes und in Bier gekochtes Wildschwein.

Filet de sole St. Arnould Gebratene Seezunge mit Hopfen und getoasteten Brotscheiben.

Fricadelles bruxelloises Wurst-

förmige Teigkrapfen, gefüllt mit gehacktem Schweine- oder Rindfleisch, mit Kräutern und Gewürzen.
Gaufres In gußeisernen Formen gebackene Waffeln.
Gense hutsepot Eintopf aus Flandern mit einheimischen Fleischarten und Gemüsen.
★**Grives à la liégeoise** Geschmorte, mit Wacholderbeerenbutter gefüllte Drosseln, mit Croutons serviert.
Hochepot oder hutsepot gantois Eintopf aus Gent.
Jambon d'Ardennes Geräucherter Schinken aus den Ardennen.
Kletskoppen Makronen.
Konijn met pruinen oder **lapin à la flamande** Mit Speck und Zwiebeln geschmortes Kaninchen, serviert mit in Brandy eingelegten Rosinen und Pflaumen.
Loose-tinken Dünne Rindfleischtranchen, um eine Speckscheibe gerollt, in Bier mit Zucker und Zwiebeln geschmort.
Marcassin Junges Wildschwein.
Mokkes Makronen mit Zimt.
★**Moules à l'anversoise** In Weißwein mit Schalotten, Zwiebeln, Petersilie und Kerbel pochierte Muscheln.
Nœuds Gezuckerte Kekse.
★**Oie à l'instar de Visé** Mit Knoblauch und Gemüsen gekochte Gans. Aufgeschnitten, gebraten, mit einer Sauce aus Sahne, Butter und Knoblauch.
Pain à la grecque Eine Art Brot.
Paling in't groen Flämischer Name für *anguilles au vert.*
Remondou Scharfer, auch *fromage piquant* genannter Käse.
Rognons de veau à la liègeoise Gebratene Kalbsnieren mit Wacholderbeeren und einem Schuß Gin.
Salade liégeoise Fleischgericht mit grünen Bohnen, Kartoffeln, Zwiebeln und Speck.
Saucisson d'Ardennes Salami.
Soupe à l'ardennaise Suppe aus Chicorée, Lauch und Kartoffeln.
Tarte al djote Kuchen aus Mangoldblättern und Käse als Nachspeise.
Truite à l'escavèche Mit Kräutern pochierte und mit Aspik bedeckte Forelle.
Vlaamse karbonaden Flämischer Name für *carbonnade à la flamande.*
★**Waterzooi (waterzootje)** Suppe; Karpfen, Aal, Barsch und Hecht, in Weißwein mit Thymian, Lorbeerblättern, Salbei und Petersilie gegart.
à la gantoise Hühnersuppe mit Gemüsen und Gewürzen. Die Brühe wird mit Sahne eingedickt und mit Zitronensaft abgeschmeckt.
Witloof Chicorée oder Brüsseler Endivie.

Luxemburg

Die Luxemburger verfügen über einen teutonischen, durch eine gewisse französische Finesse gemilderten Appetit. Sie sind ein arbeitsames Volk und müssen daher auch ausgiebig essen. Sie halten aber nichts von Mahlzeiten mit mehreren Gängen.

Ein Großteil ihrer Nahrung stammt aus den Flüssen oder Wäldern – Forellen, Hechte, Krebse, Hasen und Wildschweine. Sie essen im Sommer gern im Freien, am liebsten in der Nähe eines Blasorchesters.

Die Speisekarte ist normalerweise in französischer Sprache abgefaßt und manchmal durch deutsche Hinweise ergänzt. Halten Sie Ausschau nach *Geheck* (einer Suppe aus Schweinefleisch, Kalbslunge und Pflaumen) und *tarte au quetsch* (einem unbedeckten, mit kleinen blauen Pflaumen oder Zwetschgen belegten Kuchen). Das üblichste Getränk in Luxemburg ist ein relativ seichtes Bier, doch gibt es auch einige einheimische Weine – eine fruchtige Art Moselwein und Schaumweine. Die Branntweine aus Pflaumen – Quetsch, Mirabellen und Prünellen – sind gut und werden zum Bier oder nach dem Essen getrunken. In Beaufort wird ein Likör aus schwarzen Johannisbeeren (Cassis) erzeugt.

China

Keine Speisekarte der Welt ist so verwirrend wie die chinesische. Ich bildete mir lange Zeit ein, irgendwie müßten sich all diese Nummern auf einen Nenner bringen lassen, so daß Nummer 14 stets Frühlingsröllchen, Nummer 256 nur «Acht-Juwelen-Ente» wäre, ob man die Bestellung in Wigan oder in Valparaiso aufgibt.

Doch das Ganze ist viel zu kompliziert, die Vielfalt zu groß. Schon vor 4000 Jahren wurde über die chinesische Küche, die man stets für eine Kunst hielt, geschrieben. Die im Laufe dieser langen Tradition zubereiteten Gerichte würden Bände füllen.

Ein anderes Problem bildet Chinas Ausmaß. In diesem unermeßlichen Land variiert das Klima von einer Provinz zur andern. Das Repertoire der Rezepte ist daher mindestens so

bunt und mannigfach wie dasjenige Europas von Skandinavien bis Spanien und hinüber zur Türkei.

Allerdings sind von der Bodenfläche Chinas nur rund 11 Prozent bebautes Kulturland. Man könnte nun annehmen, daß dies im Vergleich zur Übernutzung Frankreichs und Italien eine beschränkende Wirkung hätte. Doch das Gegenteil trifft zu. Der Not gehorchend zeichnet sich die chinesische Küche durch besonderen Erfindungsreichtum aus. Nirgendwo sonst kocht man Schwimmflossen von Wasservögeln, Bärenpfoten, Schlangen, Hunde und Mäuse.

Da sie preiswert ist, vermochte die chinesische Küche allerorten Eingang zu finden, wobei die Gerichte jeweils dem Geschmack des betreffenden Landes angepaßt wurden. Ein klassisches chinesisches Gericht wird in Indien ganz anders gewürzt sein als in New York, so daß sich die beiden kaum mehr vergleichen lassen. Das wohl berühmteste chinesische Gericht – *chop sue* – stammt ursprünglich nicht aus China, sondern aus Amerika.

Das Entziffern einer chinesischen Speisekarte wird noch dadurch erschwert, daß ein Gericht bereits in ein- und derselben Sprache mehrere Namen haben kann.

Doch sollte sich niemand durch diese Schwierigkeiten abschrecken lassen. Chinesische Kost ist einen Versuch wert. Sie werden es bestimmt nicht bereuen!

Verständlicherweise kann ich nicht Anspruch darauf erheben, daß meine Liste vollständig sei. Sie umfaßt aber zumindest die wichtigsten Elemente des chinesischen Speisezettels und vermittelt Einblick in die Charakteristik der chinesichen Küche. Sie ermöglicht es Ihnen zudem, ein ansprechendes Gericht ausfindig zu machen und zu bestellen.

Regionale Stile wurden in den Verzeichnissen nicht berücksichtigt. Nur wenige Restaurants halten sich streng an eine bestimmte Kategorie. Zudem wird manch ein Gericht des einen Gebietes im andern meist mit nur minimalen Abweichungen zubereitet.

Es lassen sich drei große Gruppen unterscheiden. Kantonesische Gerichte sind üblicherweise gedünstet; die Zutaten werden manchmal kurz vorgekocht und danach in leichtem Öl gebraten. Zu jeder Mahlzeit gehört Reis. Gerichte aus dem Norden (oft als Peking-Kost bezeichnet) sind meist nahrhaft und häufig schwimmend gebacken. Man legt Wert auf knusprige Beschaffenheit, wie das Beispiel der Peking-Ente beweist. Es wird mit viel Wein und Gewürzen gekocht. Brot, gebacken, gedünstet oder gebraten, ersetzt oftmals den Reis. Shanghai-Kost wiederum ist stärke- und fettreicher. Man brät mit Öl, insbesondere Sesamöl. Ob gedünstet oder geschmort, die Speisen werden länger gekocht.

In der Mandschurei und der Inneren Mongolei ißt man mehr Fleisch, vor allem Lamm, das weiter südlich selten auf den Tisch kommt. Szechuan ist bekannt für stark gewürzte Kost, die zur Zeit im Westen sehr beliebt ist.

Ich führe meist die kantonesischen Namen an (Normalschrift), weil diese am besten bekannt sind. Wenn nötig vermerke ich daneben (Kursivschrift) die Mandarin-Bezeichnungen. Die Reihenfolge entspricht den kantonesischen Namen, ausgenommen in Fällen, wo die Mandarin-Bezeichnung geläufiger oder gar kein kantonesischer Name vorhanden ist. Da man in China die Gerichte umschreibt, kann die Wortfolge variieren. Sollten Sie eine Speise unter dem ersten Wort nicht finden, schauen Sie unter den folgenden Ausdrücken nach.

Suppen

In China beginnt man eine Mahlzeit nicht mit der Suppe. Bei einem einfachen Mahl kommt sie sogar erst am Schluß. Es können aber auch zwei Suppen zu einer Mahlzeit gehören, die erste möglicherweise eine Spezialität wie Haifischflossen- oder Vogelnestersuppe als zweiter Gang serviert. Bei den meisten Suppen handelt es sich um klare Brühe, in der Fleisch und Gemüse gekocht wurden.

Baak choy tang, *bai tsai tang* Kohlsuppe mit Schweinefleisch und Ingwer.
Bart jun dow foo gung Dicke Suppe aus Fleisch, Gemüse und Bohnenquark.
Bart jun dung gua lup tang, *ha jen dung gua la tang* Melone, Fleisch und Gemüse in klarer Suppe.
Bow yu ghuy peen tang, *bao yu ji pian tang* In Scheiben geschnittenes Hühnerfleisch, Abalone und Gemüse in klarer Suppe.
Bow yu tang, *bao yu tang* Abalone-Suppe mit chinesischen Pilzen und Sellerie.
Ching dun hua gu tang Langsam geschmorte Pilzsuppe.
Ching jeng ya-z tang Klare Entensuppe.
Ching tong yu to, *ching tang yu du* Entenbrühe mit luftigen «Brötchen» aus gebackenen Fisch-Innereien.
Cho goo ghuy peen tang Dünn geschnittenes Hühnerfleisch und Pilze in klarer Brühe.
Chuen gnau peen tang, *juan niou pian tang* Dünn geschnittenes Rindfleisch und Gemüse in klarer Brühe.
Dan hua tang Klare Brühe mit zerquirltem Ei.
Doong gwaah hoong, *dung gua jung* Wintermelonensuppe aus Hühnerbrühe.
Dou fu bo tsai tang Suppe aus Bohnenquark und Spinat.
Dung bakk gup, *dun bai ge* Taubenbrühe mit Wintermelonen und chinesischen Pilzen.
Dung goo ngarp jeong tang Entenschwimmflossen und Pilze in klarer Brühe.
***Dung gu ji pian tang,* dung goo ghuy peen tang** Dünn geschnittenes Hühnerfleisch und Pilze in klarer Brühe.
For toi dung gwa tang, *huo tuei dung gwa tang* Dünn geschnittener chinesischer Schinken und Melone in klarer Brühe.
Fung jau dung goo tang, *feng gua dung gu tang* Gedünstete Hühnerfüße und Pilze in klarer Brühe.
Ghuy tong wun tun, *ji tang hun tun* *Wun tun* in fetter Hühnerbrühe mit Pilzen und Sellerie, oft als ganzes Mittagessen serviert, nicht zu verwechseln mit *wan-ton-*, *wan-tan-* oder *wun-tun-*Suppen, in Restaurants im Westen serviert.
Ghuy yoong low sun tang, *ji yung lu sun tang* Spargelsuppe mit gehacktem Hühnerfleisch, angedickt mit Eiweiß.
Ghuy yoong sook mai tang Gehacktes Hühnerfleisch in Maissuppe.
Ghuy yoong yien wan, *ji yen wo tang* Vogelnester in Hühnerbrühe.
Ghuy yung yuen tow tang Gehacktes Hühnerfleisch und grüne Bohnen in klarer Brühe.
Guy gon tang, *ji gan tang* Geflügelleber, Muskelmagen und Herz in Kohlsuppe.
Gwaah jee choy tang, *gua-z tsai tang* Suppe aus chinesischer Wasserkresse mit gehacktem Schweinefleisch und Ingwer, mit Ei gebunden.
High par dung gwa yung Dicke Suppe aus Krebsfleisch und Melonen.
High yuk dow foo gung, *hsieh rou dou fu geng* Krebse, Gemüse und Bohnenquark in dicker Suppe.
Hsieh rou yu jr tang Haifischflossensuppe mit Krebsfleisch.
Huang gua juan ji tang Suppe aus Hühnerfleisch und Gurke.
***Hwang yu geng,* wong yu gung** Dicke Suppe aus gelbem Klippdorsch und Bohnenquark.
***Ja tsai ju sih tang,* jar choi yuk see tang** Schweinefleisch und

Szetschuan-Pickle in klarer Brühe.
Jarp kum dung gwa lup tang, ***shr jin dung gua la tang*** Ähnlich wie *bart jun dung gua lup tang.*
Jarp kum sar wor Verschiedene Fleischarten und Gemüse in Suppe, im Topf serviert.
Jeng bai tsai duan Suppe aus gedämpftem Tientsin-Kohl mit Schinken.
Ji ju Hühnersuppe mit darin gekochtem Reis.
Ji pian tang, **ghuy peen tang** Dünn geschnittenes Hühnerfleisch und Gemüse in klarer Brühe.
Juh gerk fooh jook tang, ***ju jiao fu ju tang*** Suppe mit Schweinsfüßen und Bohnenquark, mit Austern und Wein abgeschmeckt.
Ko mo dou fu tang Suppe aus Pilzen und Bohnenquark.
Kuo mu guo ba tang, **how mor wor bar tang** Suppe aus Peking-Pilzen mit knusprigem Reis.
Lien ngow tang, ***lien ou tang*** Lotuswurzelnsuppe mit Mandarinenschalen, Rindfleisch und getrockneten chinesischen Datteln.
Rou szu tsai tang Suppe aus geschnetzeltem Schweinefleisch und grünen Gemüsen.
Rou wan-z tang Ziemlich klare Suppe mit Fleischkugeln und wenig Wein.
Saang choy yu tang, ***shen tsai yu tang*** Suppe aus Fisch und Lattich.
San hsien tang Suppe aus Hühnerfleisch, Pilzen und Bambussprossen.
Sarm see tang, ***san sih tang*** Dünn geschnittenes Hühnerfleisch, Abalone und Garnelen in klarer Brühe.
Shuet choi dung sun tang, ***shueh tsai dung sun tang*** Bambussprossen und gesalzenes Gemüse in klarer Brühe.
Sook muy daahn faah tang, ***su mi tang*** Maissuppe mit Zwiebeln, Knoblauch und Ingwer und gebunden mit Eiern.
Sook my low shun tang Spargel- und Maissuppe.
Suan la tang, shuen lart tang Dicke «scharfe und saure Suppe» aus geschnetzeltem Fleisch, Bohnenquark, Gemüsen und Pilzen, mit Essig, Pfeffer und Chili.
Tang mian Nudelsuppe mit Pilzen, Hühnerfleisch, Schweinefleisch, Schinken, Bambussprossen und Wasserkresse. Als Vollmahlzeit oder Zwischenverpflegung gegessen.
Tong, ***tang*** Suppe.
Tsing done but goo tang, ***ching dun bei gu tang*** Pilze in klarer Suppe.
Tsu jiao yu pian tang, **cho jiu yu peen tang** Dünn geschnittener Fisch, kurz gekocht und in klarer Suppe mit Pfeffer und Essig serviert.
Ya she tang Entenzungensuppe aus Fleischbrühe und Wein.
Yim seen tong, ***yen hsien tang*** Geschnetzelter Fisch und gesalzenes Schweinefleisch in klarer Bambussprossensuppe.
Yu jr tang Haifischflossensuppe.
Yuk peen choi sum tang, ***rou pian tsai shin tang*** Dünn geschnittenes Schweinefleisch und Gemüse in klarer Brühe.
Yuk peen harm darn tang, ***rou pian hsien dan tang*** Schweinefleisch, in Salzlauge eingelegte Enteneier und Gemüse in klarer Brühe.

Neben den üblichen Suppen gibt es noch die mit Fondues vergleichbaren Heißtopfgerichte. Ein Topf mit leise kochender Brühe wird auf einem Rechaud in die Tischmitte gestellt. Jeder Gast erhält eine Auswahl verschiedener Zutaten. Mit Stäbchen wird das Gewünschte in die heiße Brühe gehalten und gegart, in eine Sauce getaucht und gegessen. Am Schluß der Mahlzeit erhält jeder der Gäste eine Schale der nun außerordentlich gehaltvoll gewordenen Brühe. Danach werden in den noch im Topf verbleibenden Rest Nudeln und Gemüse gegeben und als letzter Gang serviert. Praktisch kann alles auf diese Weise zubereitet werden. Ich führe nur eine kleine Auswahl, d.h. drei solche Gerichte an, um zumindest eine Idee der vielfältigen Möglichkeiten zu vermitteln.

Ju hua guo Chrysanthemen-Topf. In einer gewöhnlichen Hühnerbrühe werden dünne Scheiben von Hühner-, Schweine- und Rindfleisch, Garnelen, Seezungenfilets und Austern gegart. Dazu kommen Gemüse wie Spinat, Kohl und Bohnenquark. Dazu werden Sojasauce, Sesamsamenöl, Wein und Eier gereicht.

Shih jin nuan guo «Zehn-Möglichkeiten-Topf». Alle Hauptzutaten – Rind- und Schweinefleisch, Schinken, Garnelen-Kugeln, Bambussprossen, Pfannkuchen-Rouladen mit Schweinefleischfüllung, Spinat, Kohl und Nudeln – werden in den Topf gegeben und die Brühe darüber gegossen. Das Ganze wird für kurze Zeit aufgekocht, und die Gäste nehmen sich die gewünschten Stücke heraus. Dazu gehören Sojasauce und Sesamsamenöl.

Shua yang rou Mongolen-Topf. Hühnerbrühe mit Ingwer, Zwiebeln, Knoblauch und Petersilie. Hauptzutaten sind Lammfleisch und Spinat. Dazu gibt es Sojasauce, Sesamsamenöl, Zucker, Erdnußbutter, zerdrückter, gegorener Bohnenquark, Cayennepfeffer und gedämpfte Sesam-Brötchen.

Reis und Nudeln

Baak faahn, *bai fan* Gekochter Reis.

Cha shieu chao mien Gebratene Nudeln, gebratenes Schweinefleisch, Kohl und Bambussprossen in gehaltvoller Sauce.

Cheung sao mien Gebratene Nudeln mit Gemüsen, Hühner- und Schweinefleisch.

Chow fan, *chao fan* Gebratener Reis.

Hsia ren chao mi fen Rasch gebratene Nudeln mit Sellerie und Garnelen.

Huo tuei dan chao fan Gekochter Reis, rasch mit Eiern, gewürfeltem Schinken und Erbsen gebraten.

Ieh fooh mien Gebratene Fadennudeln mit Schweinefleisch und Tomaten.

Ja jiang mian Gekochte Eiernudeln an schmackhafter Sauce mit gehacktem Schweinefleisch und kleingeschnittenen Gemüsen.

Juh yook jook, *ju rou tso* Gekochter Reis, mit gehacktem Schweinefleisch, Zwiebeln und eingelegtem Kohl geschmort.

Sieu ngaap jook, *shao ya tso* Reis geschmort mit Ente, getrockneten Kammuscheln und Frühlingszwiebeln.

Tong mien, *tang mian* Nudeln in Hühnerbrühe mit Hühnerfleisch, Pilzen, Spinat und Schinken.

Eier

Cha yeh dan Hartgekochte Eier in rundum zerbrochener Schale, während langer Zeit in Wasser mit Anissamen, Sojasauce, Teeblättern und Salz gekocht. Sie sehen hübsch aus, wenn sie geschält werden.

Chien ji dan jie Kleine, mit gehacktem Rindfleisch gefüllte Pfannkuchen.

Dan juan Gerollte Pfannkuchen mit Schweinefleischfüllung, mit Wein aromatisiert. Kalt, in schräge Streifen geschnitten, serviert.

Foo yoong tan Kleine Pfannkuchen, mit Schweinefleisch (oder anderem Fleisch oder Fisch), Frühlingszwiebeln, Pilzen und Erbsenkeimlingen gebraten.

Fu rung hsieh rou Krabben-Pfannkuchen.

Fun see juh yook (daahn), *fen tse ju rou chao dan* Leicht gerührte Eier mit Schweinefleisch, Schinken, Gemüsen,

wenig Zucker und einer Handvoll pulverisierter Seide (*fun see*).
Ghuy tan gow Kleine Omeletts, fast wie Pfannkuchen, gefüllt mit Schweinefleisch, Frühlingszwiebeln und Ingwer, gedämpft und mit Austernsauce bedeckt.
Haw bow (daahn) In der Mitte gefaltete Spiegeleier.
High yuk foo yung tan Kleine, mit Garnelen gefüllte Omeletts.
Hsun dan Gekochte Eier mit etwas weichem Eigelb, in Sojasauce, Sesamsamenöl, Zucker und Hickorysalz mariniert.
Jeng ji dan Zerklopfte, rohe Eier, über Wasser mit Bouillon und Wein gedämpft, manchmal mit Spinat, Rind- oder Schweinefleisch.
Ji dan chao hsi hung shr Tomaten-Omelett.
Jing (daahn), ***jeng dan*** Gedämpfte Eiercreme, wie glattes Rührei, mit Fleischbrühe und Sojasauce.
Liou huang tsai Eier gemischt mit gehackten Pilzen, Krabben, Wasserkastanien, Schinken und Maismehl mit viel Schweinefett zu glattem puddingähnlichem Gericht pfannengerührt.
Muk sui yuk Omelett mit geschnetzeltem Schweinefleisch.
Pay tan, ***pi dan*** «Tausendjahr-Eier»; Enteneier drei Monate in einer Paste aus Föhren-, Kohlen- und verschiedenen Holzaschen, Limonen und Salz, gebunden mit starkem Tee, eingelegt. Meines Erachtens sehen sie schrecklich aus – das Weiß rotbraun und durchsichtig, das Gelb ein schmutziges Grün-Braun. Aber ihr Aussehen ist geradezu herrlich im Vergleich zu ihrem Geschmack!
Woon dow chow tan, ***wan dou chao dan*** Rührei mit Erbsen und Schinken.

Fische und Muscheltiere

Baak faahn yu, ***bai fan yu*** «Weißer, verkehrt gebratener Fisch», Hering, überall mit Eigelb bedeckt und auf einer Seite mit Eiweiß, gebraten.
Baak yu, ***bai yu*** Hering.
Bao yu tsai hsien Rasch gebratener Kohl mit Abalone und Sojasauce in Hühnerbrühe.
Bark cheuk har Pochierte Krabben mit gehacktem Knoblauch, Zwiebeln, Chili und Sojasauce serviert.
Bark fa yeung high kim Schwimmend gebackene Krebsscheren mit Krabben- und Schweinefleischfüllung.
Bau yu dung goo, ***bao yu dung gu*** Kalter Abalone mit Pilzen.
Been yu Brassen.
Bi yu shan hu «Grüne Jade und rote Koralle», Krebseier mit Stücken von grünen Gemüsen gebraten.
Bor lay har kow Rasch gebratene Garnelen-Kugeln.
Bow yu, ***bao yu*** Abalone.
Cha sung shu yu Gebratener Mandarinfisch mit süß-saurer Sauce.
Chao haah look Pfannengerührte Krabben mit Frühlingszwiebeln in süß-saurer Sauce.
Chao hsia ren Garnelen, rasch gebraten, mit Erbsen.
Chao lung hsia Siehe *dow see loong haah*.
Chao shan hu, **chow seen woo** Rasch gebratener entgräteter Aal mit einer Knoblauch-Soja-Sauce.
Chao yu pian Seebrassen-Filets, rasch gebraten mit Ingwer und Zwiebeln.
Chao yu sung Gebratener gehackter Fisch auf gebratenen, gehackten Rüben, garniert mit gemahlenen Erdnüssen.
Chieh yu, ***jie yu*** Alse.
Chien hsia bing Krabben-Fischkuchen mit Wasserkastanien und Ingwer, mit gebratenem Kohl serviert.
Chien yu bing Fischkuchen aus gemischten Fischen und Krabben, gebraten mit Pilzen und Schinken.
Ching chao hsia ren, **tsing chow har yan** Schnell gebratene Süßwasser-Krabben.
Ching dou hsia ren, **tsing dow har yan** Schnell gebratene Süßwasser-Krabben mit Erbsen.
Ching jing doong gwooh, ***ching jeng dong gu*** Gehackter Fisch, gedämpft mit chinesischen Pilzen.

Cho kiu yu tang, *suan jiao yu tang* Gebratener ganzer schwarzer Karpfen, geschmort in Suppe mit Essig.
Choi yuen har kow Schnell gebratene Garnelen mit gebratenem Grünkohl.
Chow bow yu pien, *chao bao yu pian* Abalone, geschmort mit Kohl, Schinken, Ingwer und anderen Gemüsen.
Chow yu, *chao yu* In der Bratpfanne gebräunter Fisch, dann mit Ingwer, Frühlingszwiebeln und wenig Wein geschmort.
Chun cheung yu, *jin chiang yu* Eine Art Thunfisch.
Daai haah, *da hsia* Garnelen.
Daai tao yu, *da tou yu* Katzenfisch, Wels.
Dou shr hsia ren Garnelen gebraten mit fermentierten schwarzen Bohnen.
Ingwer und gehackten Zwiebeln.
Ghuy yau sarm bark, *ji yiou san bai* Gedämpfter, in Scheiben geschnittener Abalone, Spargeln und Tientsin-Kohl in weißer Hühner-Sauce.
Ghuy yow lay yu, *ji yiou li yu* In Hühnerfett gebratener Karpfen mit Chili, Austernsauce, Ingwer und Frühlingszwiebeln, dann geschmort in Hühnerbrühe und serviert mit Bohnenquark-Kuchen.
Gon yiu chee Kammuscheln.
Gone siu yee sung Kammmuscheln, gekocht und zerkleinert zusammen mit Brokkoliblättern schwimmend gebacken.
Gup ghaai, *ge li* Venusmuscheln.
Gwuy yu, *gua yu* Flußbarsch.
Haah, *hsia* Garnele.

Sie mögen es seltsam finden, daß in chinesischen Restaurants alles aus der gleichen Schale gegessen wird, unabhängig davon, was vorher darin war. Es ist seltsam. In China besteht ein Service für 10 Personen aus 148 Teilen.

Dou shr jeng hsien yu Meerbarsch, gedämpft mit fermentierten schwarzen Bohnen.
Dow see loong haah Hummer, gebraten mit gehacktem Schweinefleisch und fermentierten schwarzen Bohnen.
Dung yu Weißer Fisch, gedämpft mit Wein, Zwiebeln und Ingwer, kalt in seinem Gelee serviert.
***Fan jie hsia ren guo ba,* farn care har yan wor bar** Schnell gebratene Süßwasserkrabben, in Tomatensauce gedünstet, auf heißem knusprigem Reis serviert.
Feng wei hsia Große Garnelen samt Schwänzen in Eierteig gebraten.
Fu yung har yan Schnell gebratene Süßwasserkrabben mit Eiweiß.
Gan saho hsia ren Garnelen, schnell gebraten mit scharfem rotem Pfeffer und gedünstet in Wein, Sojasauce, Tomatenmark und Maisstärke.
Gan shao yu Gebratener Meerbarsch, geschmort in scharfer Bohnensauce und süß-saurer Knoblauch-Ingwer-Sauce.
Geong chung guk high Gebratener Krebs, geschmort mit
Haw lo yu, *he yu* Flußbarsch.
Heung wat san yu kow Schnell gebratene Süßwasserfisch-Kugeln mit zerkleinerten Gemüsen.
High par sin goo Krebsfleisch und gedämpfte Pilze an Eiweiß-Sauce.
Ho, *mu li* Austern.
Ho yow bow yu pien, *chao bao yu pian* Geschmorter Abalone mit Austernsauce.
Hoong yu, *hung yu* Roter Schnapper.
Hoy lo yu, *hai yu* Meerbarsch.
Hoy sum, *hai shen* Meerschnecken.
Hsieh rou ban huang gua Krebsfleisch und Gurkensalat mit Sesamsamenöl, Sojasauce und Essig.
Hsieh rou dou fu Schnell gebratener Bohnenquark, geschmort mit Krebsfleisch in Hühnerbrühe.
Hsien gan bei yao hua Schnell gebratene Kammuscheln und Schweinsnieren.
Hsun yu Marinierter Fisch – wurde früher geräuchert – schwimmend gebacken und in Brühe mit Sojasauce und Zucker

geschmort, bis alle Flüssigkeit verdunstet ist.
Hung shao duei hsia Gebratene Garnelen mit in feine Streifen geschnittenem Ingwer und Zwiebeln, geschmort in Soja-Wein-Sauce.
Hung shao guei yu Gebratener Mandarinenfisch, mit Pilzen, Schweinefett und Bambussprossen in Fleischbrühe geschmort.
Hung shao yu Gebratene Seebarsche mit feinen Ingwer- und Zwiebelstreifchen, geschmort in Soja-Weinsauce, manchmal gefüllt mit Schweinefleisch.
Hung siu bau chee Haifischflossen, geschmort in Fleisch- und Sojasauce.
Ja hsia chiu Gebratene Garnelenkugeln.
Jiem yu Seezunge.
Jing jeng shr yu Alse, gedünstet mit Schinken, Schweinefett, Pilzen, Bambussprossen und Wein.
Jing yu, *jeng yu* Gedünstete Seezunge mit in feine Streifchen geschnittenen Pilzen, goldenen Nudeln (*gum jum*), Datteln und Schinken.
Keh jup chow haab kow Garnelenkugeln, geschmort mit milden Pfefferschoten und Tomatenfleisch.
Kung bau ming har, *gung pao ming hsia* Schwimmend gebackene Krabben, geschmort in einer Soja-Chili-Sauce.
Lay faah yu, *li hua yu* Mandarinenfisch.
Lay yu, *li yu* Karpfen.
Lo yu, *min yu* Dorsch, Kabeljau.
Loong haah, *lung hsia* Hummer.
Ngaah choy chow haah, *ha tsai chao hsia* Garnelen, geschmort mit Zuckererbsen und Erbsenkeimlingen.
Ngun yu Weißfisch, Breitling.
Ngung lao yu, *wu liou yu* «Fünf-Weiden-Fisch». Gekochter Rotbarsch mit in feine Streifchen geschnittenen Gurken, Karotten, Ingwer und süßen Pickles (mit Essig eingelegt).
Ping jee yu Steinbutt.
Pong haai, *pang* Krebs.
Rang hai ge li Gehackte Venusmuscheln und Schweinefleisch in Muschelschalen mit Ingwer, Zwiebeln und Sojasauce.
Saah mun yu, *sha men yu* Lachs.
Sai kun sin yau Schnell gebratener Tintenfisch mit Sellerie.
Sar wor yu tau, *shao guo shr-z tou* Fischköpfe, Bambussprossen, Bohnenquark und Pilze gedünstet in Sojasauce.
Sieu waung gwaah yu, *shiao hwang gua yu* Elritze (kleiner gelber Melonenfisch).
Sung shu yu Gebratener Meerbarsch, serviert mit süß-saurer Gemüse-Sauce (siehe *cha sung shu yu*).
Szu tu yu Gekochter Meerbarsch, bedeckt mit Sauce aus Zwiebeln, Ingwer, Knoblauch und Sojasauce sowie Schweinefett.
***Tang tsu hwang yu,* tong cho wong yu** Schwimmend gebackene ganze Gelbfische in süß-saurer Sauce.
Tiem shun yu, *tian suan yu* Süß-saurer Fisch, siehe *ngung lao yu*.
Tsing jing sek barn Barsch, gedämpft mit Ingwer und Zwiebeln.
Waung faah yu, *hwang hua yu* Meeräsche.
Wu liou yu Siehe *ngung lao yu*.
Wu liu guei yu Geschmorter Mandarinenfisch mit süß-saurer Ingwersauce.
Wuy waung yu Stör.
Yang chow haah kow Kugeln aus gehackten Garnelen, gebunden mit Schweinefett und Eiweiß und schwimmend gebacken; ein Musterbeispiel dafür, wie viele Stunden die Zubereitung von chinesischen Gerichten erfordert. Um die drei Zutaten zu vermischen benötigt man mindestens eine halbe Stunde.
Yau pau dai ji Schnell gebratene Kammuscheln mit Gemüsen.
Yeung gwaar, *rang gua* Kürbis mit gehacktem Fisch, gebraten und mit wenig Wein geschmort.
Yeung yu, *rang yu* Enthäuteter Fisch, gemischt mit Garnelen, Wasserkastanien, Pilzen, Schinken und Frühlingszwiebeln, in die Fischhaut zurückgegeben und gebraten. Mit Ingwer-Wein-Sauce serviert.
Ying chong yu Gebratene und geräucherte Brachsenmakrele.

Yu chee, *yu chr* Haifischflossen.
Yu pien choi yuen Siehe *chao yu pian.*
Yu sun wor bar Gedämpfte Fischlippen an weißer Sauce, auf Reis serviert.
Yu yeung fooh gwaah, *yu niao gu gua* Bittere Melonen, gefüllt mit gehacktem Fisch, gebraten und geschmort mit zerstoßenen schwarzen Bohnen.
***Zao liou hwang yu,* chow lo wong yu** Kleine Stücke von Gelbfisch, in Fett gebraten und in Wein geschmort.
***Zao liou yu pian,* cho lau yu peen** Siehe *zao liou hwang yu.*

Geflügel

Ba bao ya «Acht-Schätze-Ente»; entbeinte Ente, gefüllt mit Reis, Schweinefleisch, Garnelen, Pilzen, Wasserkastanien, *Gingko*-Nüssen und Kastanien und gebraten. In acht Stücke geschnitten serviert.
Baak ghuy, *bai ji* Kaltes, zerschnittenes Hähnchen, in mundgerechten Stücken serviert.
Baak jaahm ghuy, *bai tsan ji* Hähnchen in Wein gekocht, mit Sesamsamenöl eingerieben, in Stücke gehackt und mit Ingwer-Sesamsamenöl-Sauce serviert.
Bei jing kao ya «Peking-Ente»: die Ente wird aufgeblasen, so daß sich die Haut vom Körper trennt, wird im Wind getrocknet und anschließend mit Honig eingerieben, wiederum getrocknet und dann gebraten. Mit Gurkenscheiben, Frühlingszwiebeln, *Hoisin*-Sauce und kleinen Pfannkuchen serviert. Zum Essen werden die Entenstücke und Gemüse in mit Sauce bestrichene Pfannkuchen eingerollt und von Hand gegessen.
***Bei jing tien ya,* buck kin teen ngaap** Siehe *bei jing kao ya.*
Chang cha hsiung ya Mit Kampfer, Holz und Tee geräucherte Ente.
Chao ji gan Schnell gebratene Entenleber und Zuckererbsen.
Chao sarm seen, *chao san hsien* Schnell gebratene Hähnchenscheiben, Abalone, Krabben und Gemüse.
Chao shui ya pian Wildentenbrüste, gebraten mit Pilzen und Bambussprossen.
Chao ya gan Mit Bambussprossen und Pilzen pfannengerührte Entenleber.
Ching jew chow ghuy pien, *ching jiao chao ji pian* Geschmortes, dünn geschnittenes Hähnchenfleisch, milde Pfefferschoten, Frühlingszwiebeln und rote Bohnensauce, serviert mit Sojasauce.
Ching jiao ji sih Siehe *tsing jiu ghuy see.*
Ching jing baak gup, *ching jeng bai ge* Tauben, gedämpft mit goldenen Nudeln (*gum jum*), Pilzen, roten Datteln, Ingwer und Frühlingszwiebeln.
Choi pay ghuy Schnell gebratenes Hähnchen, gehackt und mit *hua jiao yen* serviert.
Choi yuen chow ghuy pien Siehe *ching jew chow ghuy pien.*
Choi yuen geong chung ghuy Mit Ingwer und Zwiebeln gedünstetes Hähnchen, zerhackt und mit Grünkohl serviert.
Dung gu pa ya Gebratene Ente und gebratene Pilze, mit Ingwer und Frühlingszwiebeln geschmort.
Fu yung pian Gehackte Hühnerbrüste, mit Eiweiß, Zucker und Wein zu einer Art Teig gemischt, schnell gebraten mit Wasserkastanien und Bohnenkeimlingen.
Fung gone choi darm Schnell gebratene Hühnerleber und Gemüse.
Fung gone gup peen Schnell gebratene Hühner- und Taubenleber mit Gemüsen.
Gaah heung ngaap, *jia hsiang ya* Entbeinte Ente gefüllt mit Zwiebeln, Knoblauch, Ingwer und Pilzen, angebraten und geschmort, mit gedünstetem Spinat serviert.
Ge-z sung Grob gehackte Taube, mit Wasserkastanien gebraten, serviert auf dünnen gebratenen Nudeln.
Geong chung dow see ghuy Schnell gebratene gehackte Hähnchen mit Ingwer und schwarzer Bohnensauce.

Ghuy gwat jeung, ***ji gu jiang*** Kleine Hühnerstücke, gedünstet mit Sojasauce und Zucker.
Ghuy see dow mew Siehe *yin ya ji tsu.*
Gow far ghuy, ***jiao hua ji*** Hühnchen, gefüllt mit Fleisch und Gemüsen, in Lotusblätter verpackt und in Lehm gebraten.
Guo shao ji Gekochtes Hühnchen, entbeint, mit Paste aus Maismehl, Sojasauce und Wein bestrichen und schwimmend gebacken.
Gwai gei ghuy, ***guei fei ji*** Schnell gebratenes Hühnerfleisch mit Bambussprossen, in Sojasauce mit Zucker geschmort.
Haap to ghuy, ***he tao ji*** Gebratenes Hühnerfleisch mit Schinken und Walnüssen.
Hao yu ge sung Gehackte Taube, schnell gebraten mit Austernsauce, Pilzen und Erbsen. Zum Essen in Lattichblatt gerollt.
Har yee kai «Bettler's Hühnchen»; ganzes Hühnchen, gefüllt mit Pilzen, eingelegtem Kohl, Gewürzen und Zwiebeln, eingepackt in Lotusblätter und in Lehm gebacken. Der Ehrengast zerbricht den Lehmmantel mit einem Hammer.
He tao ji ding Siehe *haap to ghuy.*
He yeh ju ji Zerteiltes Hühnchen, gebraten und geschmort mit Wein, Tomaten und Sojasauce, mit Sauce aus *faah jiu,* Frühlingszwiebeln und Ingwer bedeckt, in Lotusblätter eingepackt und gebraten.
Hsiang gu chun ji Hähnchen, mit Pilzen gedünstet.
Hsinag su ya «Knusprige und aromatische Ente»; Ente, mit Gewürzen, Zwiebeln und Ingwer eingerieben, ruhen gelassen, dann mit Sojasauce und *heung new fu* eingerieben. Gedünstet, abgebürstet und wieder liegengelassen. Dann schwimmend gebacken, in Stücke zerteilt und mit gebratenen Pfefferschoten, Salz und Brötchen serviert.
Hua sheng-z ji In Würfel geschnittene Hühnerbeine, schnell gebraten mit Erdnüssen, *faah jiu* und Chili.
Hueng so chuen ghuy, ***hsiang tsu chuan ji*** Mariniertes Hühnchen, dreimal schwimmend gebacken.
Hueng so chuen ngaap, ***hsiang tsu chuan ya*** Marinierte, dreimal gebackene Ente.
Hueng so ghuy toi, ***hsiang su ji tuei*** Marinierte Hühnerbeine, schwimmend gebacken.
Hung par teen ngaap Gebratene Ente, mit Sojasauce und Zucker geschmort.
Hung shao pa ya «Sojageschmorte Ente», mit Ingwer, Sesamsamenöl, Zwiebeln und Pilzen zubereitet.
Jaah baak gup, ***chao bai ge*** Schwimmend gebackene Taube.
Ja ba kwai, **ja bart fie** In acht Stücke zerteiltes mariniertes Hühnchen, schwimmend gebacken, serviert mit trockener Mischung aus gebratenen, zerstoßenen chinesischen roten Pfefferschoten und über der Hitze gebräuntem Salz (*hua jiao yen*).
Ja bai ge Schwimmend gebackene Taube, siehe *jaah baak gup.*
Ja la-z ji ding, **chow lart ji ghuy deng** Schnell gebratene Würfel von Hühnerfleisch und grünen Pfefferschoten, mit Soja-Chili-Sauce.
Jar chun gone, ***ja jen gan*** Schwimmend gebackene Hühnermägen und Entenlebern mit Gemüsen.
Jee bow ghuy, ***jr bao ji*** «In Papier gewickeltes Hühnchen». Scheiben von Hühnerfleisch und Schinken in Zucker, Sojasauce, Maisstärke, Öl und Wein getaucht, in Papier gewickelt und gebraten.
Jeung bau gai deng Siehe *jian bao ji ding.*
Jeung bau hup to ghuy deng, ***jiang pao he tai ji ding*** Siehe *haap to ghuy.*
Ji yiou ba huo tuei tsai shin, **ghuy yao pa for toi choi sum** Gedünsteter Tientsien-Kohl mit gehacktem Hühnerfleisch und Schinken und mit Hühnerfett bestrichen.
Ji yiou jin bai, **ghuy yao jun bark** Gedünsteter Tientsien-Kohl mit Hühnersauce.
Jian bao ji ding Pfannengerührte Hühnerfleischwürfel (manchmal mit Nüssen) in Hoisin- und Gelbbohnen-Sauce (typisches Pekinger-Gericht).
Jiang yu ji Hühnchen geschmort

in einer traditionellen roten Sauce auf Sojabasis.
Jiao ma ji Gekochte Hühnerbrüste, in Scheiben geschnitten und mit Sesamsamenöl und Weinsauce serviert.
Jin chiang ji «Goldmünzen-Hähnchen»; Runde Stücke von Hühnerfleisch, Schinken, Pilzen und Schweinefleisch auf Spieß gesteckt gebraten oder Hühnerbein ohne Knochen mit Schinken gefüllt gedünstet, mit Eiweiß und Mehl bestrichen gebraten und in runde Scheiben geschnitten.
Jing jiang ya, **ging jeung ngaap** «Hausgemachte Ente», wie oben mit zusätzlich roter Bohnensauce in der Füllung. Peking-Saucen-Ente im Gegensatz zur Peking-Ente.
Ju hua ji shun In Wein mariniertes Hähnchen, gebraten und in Sesamsamenöl und Chilisauce getaucht.
Kao rang ji Entbeintes Hähnchen, gefüllt mit Schweinefleisch, Ingwer und Zwiebeln und gebraten.
Kay jee ghuy Hühnerfleischwürfel, Schinken, Pilze und Bambussprossen, in Schweinsdarm gefüllt und gebraten. Die lange, schmackhafte, fette Wurst wird in dünne Scheiben geschnitten.
Kung bao ji ding, **kung po ghuy deng** Kurz gebratene Hühnerfleischwürfel mit Sojasauce und Chili.
La yu ji ding Hühnerfleisch und Spinat, pfannengerührt und mit gebratenen scharfen, kleinen Pfefferschoten.
Li zu men ji Gebratenes Hühnerfleisch mit Kastanien.
Low han pa ngaap Geschmorte Ente in Sojasauce mit Gemüsen.
Lung yan ya chuan Gerollte Entenbrüste mit Paprika, gedünstet und mit grünen Gemüsen serviert.
Ma yiou ji, **ma yau ghuy** Schwimmend gebackenes Hähnchen, zerstückelt, mit Sesamsamenöl-Sauce serviert.
Maw gwoo mun baak gup Taube, geschmort mit Schinken,

Was machen die Chinesen nicht alles in ihrer Freizeit? Sie essen Krebse, trinken Tee, probieren Quellwasser, singen Opernarien, lassen Drachen steigen, spielen Federball, vergleichen Grashalme, falten Papierschachteln, lösen komplizierte Zusammensetzspiele, spielen Mahjong, spielen um Geld und versetzen ihre Kleider, schmoren Ginseng, verfolgen Hahnenkämpfe, balgen mit ihren Kindern herum, bewässern ihre Blumen, pflanzen Gemüse, züchten Obst, spielen Schach, nehmen Bäder, führen Gespräche, halten Vögel in Käfigen, machen ein Nachmittagsschläfchen, nehmen drei Mahlzeiten anstelle von einer, machen Fingerspiele, üben sich in der Handlesekunst, besuchen die Oper, schlagen Trommeln und Gongs, spielen Flöte, üben sich in schöner Handschrift, kauen Entenmägen, salzen Karotten ein, lassen Adler fliegen, füttern Brieftauben, streiten mit dem Schneider, machen Pilgerfahrten, besuchen Tempel, besteigen Berge, verfolgen Bootsrennen, veranstalten Stierkämpfe, nehmen Aphrodisiakum, rauchen Opium, versammeln sich an Straßenecken, schreien Flugzeuge an, wettern über die Japaner, wundern sich über die Weißen, kritisieren ihre Politiker, lesen buddhistische Klassiker, machen Atemübungen, veranstalten buddhistische Sitzungen, befragen Wahrsager, spielen Kricket, essen Melonenkerne, spielen um Mondkuchen, führen Laternenwettbewerbe durch, verbrennen seltene Räucherstäbchen, essen Nudeln, lösen literarische Rätsel, ziehen Topfpflanzen auf, senden einander Geburtstagsgeschenke, verbeugen sich voreinander, produzieren Kinder und schlafen.
Lin Yutang

Pilzen, Zucker und *heung new fun*. Mit Zuckererbsen serviert.
Maw gwooh chow ghuy pien, *mo gu chao ji pian* In dünne Scheiben geschnittenes Hühnerfleisch mit Pilzen und Knoblauch gebraten, bekannt als «Samt-Hühnchen».
Mo gu ji pian Kurz gebratene Hühnerbrüste mit Pilzen und Zuckererbsen.
Sai kun chow gup peen Kurz gebratenes, in Scheiben geschnittenes Taubenfleisch und Sellerie.
San chao gup peen, *sheng chao ge pian* Kurz gebratenes, in Scheiben geschnittenes Taubenfleisch und Bambussprossen.
See jew ghuy peen Kurz gebratenes, in Scheiben geschnittenes Hühnerfleisch und Gemüse in Chili und schwarzer Bohnensauce.
Shwun ji Über brennendem Zucker und Tee in versiegeltem Topf geräuchertes Hähnchen. Warm oder kalt serviert.
Sieu ghuy, *shao ji* Gebratenes Hähnchen.
Sieu ngaap, *shao ya* Gebratene Ente.
Siu guk yu gup In Stücke geschnittene Taube, gebraten und gebacken.
Sung-z ji tsu Geschnetzelte Hühnerbrüste, kurz gebraten, mit scharfen, kleinen Pfefferschoten, bedeckt mit gerösteten Pinienkernen, serviert mit Lattichblättern. Wird in die Blätter gehüllt von Hand gegessen.
Tiem shun ghuy gon, *tien suan ji gan* Gebratene Hühnerlebern, -herzen und -mägen, mit Gemüsen geschmort.
Tsing jiu ghuy see, *ghing jiao ji sih* Kurz gebratenes geschnetzeltes Hühnerfleisch und grüne Pfefferschoten.
Tsui ghuy, *tsui ji* «Betrunkenes Hähnchen»; in Brühe gekochtes Hähnchen, zerteilt, stark gesalzen und zwei bis drei Tage in der mit Wein vermischten Brühe stehen gelassen. Kalt serviert.
Tsui pi ya-z «Knusprige-Haut-Ente», langsam geköchelt mit Zwiebeln, Knoblauch, Ingwer und Anissamen, dann schwimmend gebacken.
Waaht ghuy, *jing tsen ji* Hähnchen-Eintopf mit Pilzen, Wolkenohren (*wun yee*) und goldenen Nudeln (*gum jum*). Bekannt als geschmortes «Satin-Hähnchen».
Wang bao ji Mit Ingwer, Frühlingszwiebeln, Wein, Gewürznelken usw. mariniertes Hähnchen, in Fettnetz gebraten.
Yim guk ghuy «Salzgebackenes Hähnchen», serviert in kleinen Stücken.
Yin ja ji tsu Geschnetzelte Hühnerbrust, kurz gebraten, mit Bohnensprossen.
Yiu lin ji Hähnchenstücke in Ingwer, Wein und Sojasauce mariniert und stetig mit Öl begossen gebraten. Vor dem Essen in scharfe Pfeffersauce (*lah jew jeong*) mit Knoblauch und Sojasauce tauchen.
Yu lang ji Geschmortes kleingeschnittenes Hähnchen, lagenweise mit Schinken angerichtet und mit Brokkoli gegessen.
Yum yeung ghuy Hühnerfleisch und Schinken an Spießchen gebraten.

Fleisch

Chaah gwaah jing juh yook, *cha gua jeng ju rou* Mit Teemelonen gedünstetes, feingeschnittenes Schweinefleisch.
Chaah sieu, *cha shao* Mit Gewürzen mariniertes Schweinsfilet, mit Wein und Sojasauce eingestrichen und gebraten, in Scheiben geschnitten serviert.
Chao ju gan Kurz gebratene, in Scheiben geschnittene Leber mit Zwiebeln und Spinatblättern sowie einer Soja-Wein-Sauce.
Cha yao hua Schwimmend gebackene Nieren, serviert mit gebratenen Pfefferschoten und Salz.
Choi sum see ji tau Siehe *see jee tau*.
Choi yuen hoy au ngau yuk, *tsai ba hao yu niou rou* Kurz gebratenes geschnetzeltes Rindfleisch mit Gemüsen und Austernsauce.
Chow kun choi ngau yuk see, *gwang dung chao niou rou szu*

Geschnetzeltes Rindfleisch, mit Sellerie und Zwiebeln schwimmend gebacken und mit Soja-Wein-Sauce gemischt.

Chow ngau yuk see yeung chung, ***chao niou rou sih yang tsung*** Kurz gebratenes geschnetzeltes Rindfleisch mit geschmorten Zwiebeln in Sojasauce.

Chow yook soong, ***chao rou sung*** Gehacktes Schweinefleisch, mit zerkleinerten Wasserkastanien und anderen Gemüsen geschmort und mit gerösteten Erdnüssen bestreut.

Chung sik ngau lau «Chinesisches Beefsteak»; in Scheiben geschnittenes Steak kurz gebraten mit Soja-Tomatensauce und Gemüsen.

Dou shr pai gu Brustspitz, geschmort mit fermentierten schwarzen Bohnen.

Dow chow yuh yook, ***dou shao ju rou*** Geschmorte Saubohnen mit Schweinefleischwürfeln.

Dow gock chow juh yook, ***dou jia chao ju rou*** In Scheiben geschnittenes, geschmortes Schweinefleisch mit Bohnen.

Dung shun harm choi yuk see Kurz gebratenes, in Scheiben geschnittenes Schweinefleisch, geschmort mit Bambussprossen und anderen Gemüsen, in Sojasauce.

Dung sun yuk see, ***dong sun rou sih*** Kurz gebratenes geschnetzeltes Schweinefleisch mit Bambussprossen.

Dung yang rou Lammfleisch in Gelee.

Faahn gwaah chow ngow yook, ***hsiang gua chao niou rou*** In Scheiben geschnittenes Rindfleisch mit zerstoßenen schwarzen Bohnen, geschmort mit Gemüsekürbis.

Fu ju rou pian Kurz gebratenes Schweinefleisch, geschmort mit Pilzen und Bohnenquark.

Gaai laan chow chaah sieu, ***jie lan chao cha shao*** Gebratenes Schweinefleisch mit gedünstetem Brokkoli.

Gan shao niou rou tsu Kurz gebratenes geschnetzeltes Rindfleisch mit grünen Pfefferschoten und Glasnudeln.

Geong chung ngau yuk Kurz gebratenes Rindfleisch mit Ingwer und Zwiebeln.

Gone giu ngau yuk see, ***gan chao niou rou sih*** Kurz gebratenes geschnetzeltes Rindfleisch mit Chilisauce.

Goo lo yuk «Süß-saures Schweinefleisch»; Schweinefleischwürfel in Teig mit süßsaurer Sauce, mit milden Pfefferschoten und Ananas.

Guo shao niou rou Gekochtes Rindfleisch mit Zwiebeln, Anissamen, Ingwer usw., in Maismehl und Ei gewendet und schwimmend gebacken.

Ho yau ngau yuk, ***hao yiou niou rou*** In dünne Scheiben geschnittenes Rindfleisch, mariniert in Wein, Öl und Maismehl, kurz gebraten und mit Austernsauce serviert.

Hoong sieu juh yook, ***hung shao ju rou*** Eintopf aus in Würfel geschnittenem Schweinefleisch, Lauch und Zwiebeln, angerichtet auf gedünstetem Spinat.

Hua jiao rou wan-z Schwimmend gebackene Kugeln aus Schweinefleisch mit Gewürzen und Wein.

Hung men wu hua ju rou Siehe *ngung faah yook mun sun.*

Hung shao du-z Geschmorte Kutteln mit Alaun, kurz gebraten mit grünen Gemüsen und mit einer Sauce aus Wein, Sojasauce und Zucker serviert.

Hung shao niou rou Rindshaxe geschmort, mit Sojasauce und Wein.

Hung shao ti bang Geschmorte Schweineschulter mit Sojasauce, Anis, Wein und Pilzen.

Hung siu yuen tai, ***hung shao yu pian*** Siehe *yuen taai.*

Hup toe yuk deng, ***he tao rou ding*** Kurz gebratene Schweinefleischwürfel mit Walnüssen.

Jaak taai Schweinsfüße, gefüllt mit Schweinefleisch und geschmort mit Knoblauch, Ingwer, Anis und *heung new fun,* mit Spinat serviert.

Jap kum ping poon, ***shr jin bing pen*** Gemischte, in Scheiben geschnittene kalte Fleischsorten mit kalten Gemüsen.

Jar yuen ji, ***ja wan-z*** Kurz gebratene Schweinefleischbällchen, serviert mit gebratenen Pfefferschoten und Salz (*hua jiao yen*).

Jarp kum sar wor Siehe Suppen.

Jen ju rou wan Kugeln aus Schweinefleisch mit Ei, Sojasauce, Ingwer, Pilzen, Wasserkastanien und Zwiebeln, in Reis gedreht und gedünstet.
Jeung ngau yuk yau bau har, *jiang niou rou yiou* Rindfleisch in Scheiben, in Sojasauce mit Zucker und Anis gedünstet und gemischt mit kurz gebratenen Süßwassergarnelen. Kalt serviert.
Jiang bao rou ding Pfannengerührte Schweinefleischwürfel in Sojabohnenpaste (*min seeh*).
Jiang rou Große Schweinefleischbrocken, geschmort mit Wein, Ingwer, Anis, Zimt, *gwaah pay*, Nelken und Sojasauce. Ohne Sauce serviert.
Jiu yim pai gwat, *jiao yen pai gu* Schwimmend gebackene Schweinefleischwürfel, serviert mit gebratenen Pfefferschoten und Salz.
Kao pai gu Siehe *sieu pi gwut*.
Keh chow juh yook, *chieh chao ju rau* In Scheiben geschnittenes Schweinefleisch, geschmort mit Gewürzen und Auberginen.
Schweinenieren mit Gewürzen. Kalt serviert.
Mi fen rou Schichten von dünn geschnittenem Schweinefleisch, gemahlenem gebratenem Reis, Soja und Sesamsamenöl, Zwiebeln und Ingwer mit Ingwer und Zwiebeln gedämpft.
Mooi choy jing yook bang, *mai tsai jeng rou bing* Gehacktes Schweinefleisch, gedünstet mit eingelegtem Kohl, Wasserkastanien und Pilzen.
Mu hsu rou Geschnetzeltes Schweinefleisch, kurz gebraten mit Eiern, Frühlingszwiebeln und *wun yee*, mit den gleichen Pfannkuchen serviert wie Peking-Ente.
Ng heung ngau yuk, *wu hsiang niou rou* Getrocknetes Rindfleisch, gedünstet mit Sojasauce und Zucker. Kalt serviert.
Ngaah choy chow juh yook, *ya tsai shao ju rou* In Scheiben geschnittenes Schweinefleisch, kurz gebraten und dann geschmort mit Zuckererbsen, Bohnensprossen, Sellerie und *wun yee*.

Regeln aus dem klassischen chinesischen «Knigge» (1000 v. Chr.)

1. Forme aus deinem Reis keine Kugeln.
2. Schlinge dein Essen nicht hinunter.
3. Schlürfe deine Suppe nicht.
4. Schmatze nicht.
5. Zerbeiße keine Knochen.
6. Lege bereits versuchte Fisch- oder Fleischstücke nicht auf die Platte zurück.
7. Wirf dem Hund keine Knochen vor.
8. Greif nicht mit beiden Händen zu.
9. Breite deinen Reis nicht aus, um ihn zu kühlen.
10. Sauge keine Bissen aus der Suppenschale.
11. Füge der Gemeinschaftssuppe keine Gewürze bei.
12. Stochere nicht in den Zähnen.

Kun choi ngau yuk see, *gwang dung chao niou rou sih* Siehe *chow kum choi gnau yuk see*.
Laat jew jeung, *la jiao jiang* Milde Pfefferschoten und getrocknete Garnelen, geschmort mit scharfen Pfefferschoten.
Law baak chow ngow yook, *lo bo chao niou rou* Rindfleisch und weiße Rüben, geschmort mit Knoblauch, Ingwer und Frühlingszwiebeln.
Liang ban yao pian In Scheiben geschnittene und kurz gebratene
Ngung faah yook mun sun, *wu hua rou men sun* In Scheiben geschnittenes Schweinefleisch, geschmort mit Bambussprossen.
Niou rou jiang la jiao Grüne Pfefferschoten, gefüllt mit gehacktem Rindfleisch.
Pa jou-z Schweinefleisch, in verschlossener Bratpfanne gekocht und mit Sojasauce serviert.
Rou sih chao ching jiao In Scheiben geschnittenes Schweinefleisch kurz gebraten,

mit Soja-Wein-Sauce zu kurz gebratenen grünen Pfefferschoten gegeben und zusammen geschmort. Auf diese Weise werden alle Fleisch- und Gemüse-Gerichte zubereitet.
Sai kun ngau yuk, *shi ching niou rou* Siehe *chow kun choi ngau yuk see.*
Sai kun yuk deng Kurz gebratene Schweinefleischwürfel mit Sellerie.
San chow pai gwat, *sheng chao pai gu* Gebratene Schweinsrippe in süßsaurer Sauce.
Sar wor see ji tau, *shao guo shih-z tou* Siehe *see jee tao.*
See jee tao, *shr-z tou* «Fleischkugeln aus Löwenköpfen», zubereitet aus fettem und magerem Schweinefleisch, Pilzen, Zwiebeln, Ingwer und Wein und gekocht mit Kohlherzen; oft mit Krebsen oder Krabben oder vor dem Schmoren gebraten; vielfältig variierbar.
See jiu ngau yuk Kurz gebratenes, in Scheiben geschnittenes Rindfleisch mit Chili und brauner Bohnensauce.
Shen hsien rou Schweinefleischwürfel gedünstet mit Sojasauce und Wein und ohne Beilage serviert.
Sieu juh, *shao ju* Gebratenes Schweinefleisch.
Sieu pi gwut, *shao pai gu* Am Stück und im Freien gebratene Schweinsrippchen.
Tang tsu pai gu Süßsaure Schweinsrippchen. Beschweren Sie sich, wenn das Fleisch nicht knusprig oder die Sauce nicht mit roten Mehlbeeren (*shan cha ping*) zubereitet ist.
Tiem shun jug gerk, *tian suan ju jiao* Süßsaure Schweinshaxen.
Tiem shun pi gwut, *tien suan pai gu* Süßsaure Schweinsrippchen.
Tien suan gu lao rou Siehe *tang tsu pai gu.*
Tong cho lay jek Schwimmend gebackene Schweinefleischwürfel mit Chillies und Tomatensauce.
Tsing jar lay jek Kurz gebratene Schweinefleischwürfel, mit geröstetem Pfeffer und Salz serviert.
Tsing jiu yuk see, *ching jiao rou sih* Siehe *rou sih chao ching jiao.*
Tsung bao yang rou Kurz gebratenes Schaffleisch mit Frühlingszwiebeln.
Wan dou jiang Mit Sojasauce und Mehl überzogenes Schweinefleisch, kurz gebraten und mit Erbsen serviert.
Wu hsiang niou rou Rindfleisch mit Fünfgewürz geschmort.
Wui war yuk, *hui guo rou* Mit Chillies und Sojasauce kurz gebratenes Schweinefleisch.
Yang tsung pai gu Schweinekoteletten mit gehackten Zwiebeln.
Yiu gwor yuk deng Mit Cashew-Nüssen kurz gebratenes Schweinefleisch in Sojasauce.
Yuen taai, *yuan ti* In Scheiben geschnittene Schweinshaxen, langsam in Sojasauce und Wein geschmort, auf mitgekochtem Seetang angerichtet.

Gemüse

Bai jr wo sun Gekochte Wasserbambussprossen, von Sauce bedeckt mit gehacktem Schinken serviert.
Chao dou ya tsai Bohnensprossen, pfannengerührt mit Pilzen und Sellericherzen.
Chao hsueh dou Kurz gebratene Erbsen, Pilze und Bambussprossen.
Chao jie lan tsai Kurz gebratener Senfkohl und Kresse.
Chao jie tsai Kurz gebratene Brokkoli.
Chao ou pian Kurz gebratene Scheiben von Lotuswurzeln, geschmort mit Pilzen und Bambussprossen.
Chao sih ji dou Kurz gebratene grüne Bohnen und Wasserkastanien.
Chow to jiu pai tsai Kurz gebratene grüne Bohnen und geschmorter Tientsin-Kohl.
Fei tsui geng Gehackter, kurz gebratener Spinat, serviert mit gehacktem Hühnerfleisch.
For tor nye yau choi sum, *huo tuei nai yiou tsai shin* Gedünstete Gemüse mit cremiger Sauce, garniert mit gehacktem Schinken.

Ghuy yau choi sum, ***ji yiou tsai shin*** Gedünstete gemischte Gemüse, bedeckt mit weißer Sauce aus Hühnerfett.
Gone siu dung sun, ***gan shao dung sun*** Gebratene Bambussprossen und gesalzene Gemüse.
Gone siu yee dung, ***gan shao er dung*** Pilze und Bambussprossen gekocht und kurz gebraten.
Ho yau sin goo Geschmorte Pilze mit Austernsauce.
Ho yow dow fooh, ***hao yiou do fu*** Gebratener Bohnenquark mit Austernsauce.
Hsien tsai tsan dou Gebratene Saubohnen, Senfkohl und Kresse, in Hühnerbrühe geschmort.
Hui kou mo yiou Pilze, geschmort mit Kohlherzen und Bambussprossen.
Hui wan dou Erbsen, geschmort mit Pilzen, Bambussprossen und etwas Schinken.
Hung shao dou fu, **hung siu dow foo** Geschmorter Bohnenquark mit Sojasauce.
Hung shao jie-z Siehe *jie-z hsiang.*
Hung shao li tzu bai tsai Pfannengerührte Tientsin-Kohl-Herzen, Pilze und Kastanien.
Hung siu bark kwan In Sojasauce geschmorte Pilze.
Ji yiou jin bai, **ghuy yau jun bark** Gedünsteter Tientsin-Kohl, bedeckt mit weißer Sauce aus Hühnerfett.
Jie-z hsiang Auberginenscheiben, schwimmend gebacken mit Bambus, Hähnchen, Garnelen und Schinken, bedeckt mit Soja-Wein-Sauce und garniert mit Nüssen und Mandeln.
La bai tsai Gebratener Kohl, in süß-saurer Sauce geschmort, kalt serviert.
Lo bo hsien ge Gebratener weißer chinesischer Rettich.
Ma po pou fu Mit dicker Sojasauce und scharfen Pfefferschoten geschmorter Bohnenquark, vermischt mit gehacktem Schweinefleisch und Pilzen.
Men yiou tsai Gebratene Kohlherzen, Pilze und Bambussprossen.
Nai yiou tsai hsin Kurz gebratener Tientsin-Kohl, geschmort in weißer Sauce aus Hühnerbrühe und serviert mit Sauce aus Milch und Bohnenmehl.
Nye yau jun bark Geschmortes gemischtes Gemüse in weißer Sauce.
Nye yau par sin goo, ***hai yiou ba hsien gu*** Geschmorte Pilze und Gemüse in cremiger Sauce.
Po jup guk say so Gebackener Spargel, chinesische Endivie und Bambussprossen, serviert mit aromatischer Sauce.
So jap kum Gebratene, gemischte Gemüse, in Sojasauce geschmort.
Suan la bai tsai Tientsin-Kohlherzen und Chillies in Fett gebraten, in welchem vorher *faah jew* gebraten wurde.
Wu hsiang dou Saubohnen, gekocht mit «Fünfgewürz» und *faah jew.*
Yiou men sun Bambussprossen, in Sojasauce, Wein und Zucker geschmort.

Süßspeisen

Die Chinesen essen selten Desserts, was mich keineswegs überrascht. Die wenigen chinesischen Süßspeisen sind wirklich nicht nach jedermanns Geschmack. Bei einem chinesischen Menü werden bereits die meisten Speisen mit recht viel Zucker zubereitet, es umfaßt daher normalerweise keine Nachspeise. Eine solche wird nur bei Fest- oder Bankettmenüs aufgetischt, die man gelegentlich in traditionellen Restaurants anbietet.

Ba tsu tu dou Gebratene Kartoffelküchlein, in heißem Sirup aus Zucker und Erdnußöl serviert.
Ba tsu ping guo Apfelküchlein, mit Zuckerbröseln überzogen.
Baat bo faahn, ***ba bao fan*** «Acht-Schätze-Reis»; Schichten aus klebrigem Reis und Rinderfett, Lotussamen, Datteln, Kirschen, Pflaumen und getrockneten Früchten.

Cha yang wei Süße Gebäckkugeln, mit geschlagenem Ei umhüllt und schwimmend gebacken.
Chuy mow faah Teig aus Mehl, Rinderfett und Zucker, zu Bändern geschnitten, zu Knoten geformt und schwimmend gebacken.
Hsing ren dou fu Quark mit süßen und bitteren Mandeln und Reis, bedeckt mit Sirup und garniert mit Kirschen.
Jieh maah bang, *jr ma bing* Sesamsamenkeks.
Li-z dan gao Meringues, bedeckt mit gemahlenen Kastanien, die manchmal aber auch auf geschlagener Sahne statt Meringues serviert werden und auch als «Peking-Staub» bekannt sind.
***Mei guei guo ja,* mei kuei kuo cha** Mehl, Ei und Zucker zu einem Teig gemischt, schwimmend gebacken und mit Rosenzucker bestreut. Dazu gehört Rosenblättersirup.
San bu jan Gebratener Eigelb-, Mehl- und Zuckerteig.
Wan dou huang Mischung aus gekochten Erbsen, Zucker und Mehl, nach dem Erstarren in Würfel geschnitten und kalt serviert.
Zao ni hun tun Schwimmend gebackene *wun tun* mit Füllung aus Datteln, Walnüssen und Orangenschale.

Dim sum

Eine Anzahl Spezialitäten aus Kanton, unter dem Sammelnamen *dim sum* bekannt, werden nur mittags, als Zwischenverpflegung oder vor dem Zubettgehen gegessen. In China werden sie nie zu den Hauptmahlzeiten serviert, doch hat ihre Beliebtheit im Westen manch ein Restaurant veranlaßt, von dieser Regel abzuweichen.

Dim sum bedeutet «kleines Herz». Meist handelt es sich bei diesen Gerichten um kleine Klöße mit den verschiedensten Füllungen, die in runden, aufeinandergeschichteten Holz- oder Bambusgefäßen aufgetischt werden. In Hongkong haben sich gewisse Restaurants ausschließlich auf *dim sum* spezialisiert. Kellnerinnen bieten die Spezialitäten auf Tabletts an und rufen deren Namen aus. Der Gast kann die *dim sum* direkt bei ihnen bestellen und am Schluß gesamthaft bezahlen. Nachstehend die wichtigsten *dim sum* und einige andere Appetithappen.

Cha chu kuen Gebratene Frühlingsröllchen.
Cha shao pao Heiße Brötchen mit Schweinefleischfüllung.
Fen kuo Krebsklößchen.
Fun gwor Gemüse- und Krabbenklößchen.
Ham sui kok Gebratene Klöße.
Har kau Krabbenklöße.
Hsia jen tu ssu Schwimmend gebackener Hummerkrabben-Toast.
Kai bau tsai Heiße Brötchen mit Hühnerfleischfüllung.
Ngau yuk mai Gedünstete Rindfleischkugeln.
Pai kwat Gedünstete Schweinsrippchen.
Shiu mai Schweinefleischklöße.
Tsing fun kuen Gedünstetes kleingeschnittenes Hühnchen.
Tsing ngau yuk Gedünstete Rindfleischkugeln in Lotusblättern.
Tung ku nidng jou Geschmorte Pilze gefüllt mit Schweinefleisch und Wasserkastanien.
Woo kok Gebratenes Taro-Gebäck. Taro ist eine eßbare Wurzel.

Es gibt auch einige süße *dim sum;* zum Beispiel:
Daan tat Kleine Küchlein mit Eiercremefüllung.
Ma lai goe Biskuit-Kuchen.
Ma tai goe Gebratene Wasserkastanien-Spieße.
Ma yung bau Heiße Sesambrötchen.

Shui tsing gou Süße Klöße mit weißen Pilzen.
Tou sha pao Heiße Dattelbrötchen.
Tse chup goe Rollen aus Zuckerrohrsaft.
Yeh chup goe Kokosnuß-Pudding.

Wein

Chinesische «Weine» variieren vom schärfsten Schnaps, der schon beim ersten Schluck bis zu den Fußsohlen hinunter brennt, bis zum delikatesten Wein mit Blumenaroma.

Der schärfste stammt aus dem Hohen Norden und heißt *Kaoliang.* Er wird aus *sorghum* gebrannt und ist noch stärker als russischer Wodka, obwohl er manchmal mit Rosenblättern aromatisiert wird. Aus Zentralchina stammt *Shaoshing,* ein «Wein» normaler Stärke (obwohl destilliert) aus Reis. *Shaoshing* ist der populärste chinesische «Wein». Im Süden wird *Liao pan* hergestellt, was «halbstark» bedeutet. Er enthält manchmal Orangenblüten. Chinesischer Wein wird warm serviert.

Reiswein ist heute verhältnismäßig rar, und sogar die Chinesen kochen häufig mit Sherry. Sherry ist vermutlich auch das naheliegendste Ersatzgetränk, das zu einer chinesischen Mahlzeit getrunken werden kann. Es gibt die verschiedensten Empfehlungen, was man zu einer chinesischen Mahlzeit trinken soll. Sie reichen vom Chablis bis zum schweren Burgunder. Ich trinke beide gern, aber häufig wähle ich gutes Bier, speziell zu kantonesischen Gerichten.

Gebräuchliche Ausdrücke

Baak gup, ge Taube.
Bark choy, *bai tsai* Chinesischer weißer Kohl.
Bart gok Chinesischer Sternanis.
Bing pen Die ersten vier kalten Gerichte einer Mahlzeit.
Bow yu, *bao yu* Abalone.
Chaah gwaah, *cha gua* Teemelone.
Chao tsai Die vier pfannengerührten Gerichte nach dem kalten Hors-d'œuvre.
Char, *cha-z* Gabel.
Choong, *tsung ya* Zwiebeln, die Chinesen verwenden meistens Frühlingszwiebeln.
Chow, *chao* pfannengerührt.
Daahn, *dan* Ei.
Ding heung Nelke (Baum).
Doo, *dao-z* Messer.
Doong gwooh, *dung gu* Der übliche getrocknete chinesische Pilz mit schwarz-braunem Hut.
Dow ngaah, *dou ya* Bohnensprossen.
Dow Siehe schwarze Bohnen-Sauce.
Dung gu Getrocknete Winterpilze.
Dunn, *dun* Kochen in einem Topf mit Einsatz.
Faah jew (oder jiu) ***hua jiao*** Roter Pfeffer aus der Provinz Szechuan, sowohl aromatisch als auch scharf.
Faahn gwaah Gemüsekürbis.
Faai jee, *kuai-z* Eßstäbchen.
Faat choy Haarige Gattung Seetang.
Fooh gwaah Balsambirne oder Bittermelone.
Gar fair, *ka fei* Kaffee.

Der beste grüne Tee (*chang*) kommt von Fukien. Er heißt *Wu I Ch'a.* Die besten schwarzen Tee-Arten (*hoong*) sind *Keemun, Liu-an, Wu-loong* und *Po-erh.* Geben Sie nie Milch oder Zucker in richtigen China-Tee.

Geong, ***jiang*** Ingwerwurzel.
Ghuy, ***ji*** Hähnchen.
Gnapp, ***ya*** Ente.
Gon yu chee Getrocknete Kammuscheln.
Gum jum, ***jin jen*** Getrocknete Lilienblüten, bekannt als «goldene Nadeln».
Gwaah jee choy Chinesische Wasserkresse. Die Blätter haben die Form von Melonenkernen und einen leichten Essiggeschmack.
Gwaah pay Getrocknete Mandarinenschale.
Haw laahn dow Zuckerschoten.
Heung new fun Gewürz der fünf Wohlgerüche: Anis, Nelke, Fenchel, Zimt und chinesischer roter Pfeffer.
Ho see Getrocknete Austern.
Hoong joe Chinesische Datteln.
Hoy sieu jeung, ***hoi sin jiang*** Rote Bohnensauce.
Hua gu Getrocknete Winterpilze.
Hua jiao yen Gerösteter Pfeffer und Salz.
Jeong yow, ***jiang yiou*** Sojasauce.
Ji'aah, ***ja*** schwimmend backen.
Jien anbraten.
Jing, ***jeng*** dünsten.
Jook sun, ***ju sun*** Bambussprossen.
Ju, ***ju*** Schweinefleisch.
Ju kuai-z Bambuseßstäbchen.
Jup Sauce (auch: die Toten aufbahren, weshalb die Zimperlichen das Wort *wu-suey* vorziehen: Leimwasser).
Kao braten.
Kao lu Im Ofen braten.
Kuo mo Champignons, frisch oder getrocknet.
Lah jew jeong, ***la jiao jiang*** Scharfe Chilisauce.
Lien jee, ***lian mi*** Lotussamen, wie kleine Nüsse.
Lien ngow Lotus-Stengel.
Maah tuy, ***ma tie*** Wasserkastanien, wörtlich «Pferdehufe».
Maw gwooh, ***kuo mo*** Champignons.
Mei jing Monosodim Glutamat, ein weißes kristallines Salz, betont den Geschmack eines Gerichtes, wird von Gesundheitsfanatikern abgelehnt.
Min seeh, ***hwang jiang*** Sojabohnen-Marmelade.
Ming lu Am offenen Feuer kochen.
Mun, ***men*** schmoren.
My dan, ***jang dan*** Rechnung.
Naahm yu Leuchtend roter Bohnenquark-Käse.
Ngaah choy Erbsensprossen, von vielen für Bohnensprossen gehalten.
Ngow, ***niou*** Rindfleisch.
Po, ***ao*** sachte schmoren.
Saang see jeung, ***hei dou jiang*** Sauce aus aromatischen roten Bohnen.
Shao Siehe *kao.*
Shui, ***shoei*** Wasser.
Tan dan, ***tsai dan-z*** Speisekarte.
Tien wan, ***yen wo*** Vogelnest, eigentlich das Nest einer kleinen Mauersegler- oder Schwalbenart, das von den Vögeln mit ihrem Speichel gemacht wird. Die Suppe stammt aus dem Shanghai- und Küstengebiet.
Tsao gu Getrocknete schwarze Stroh- oder Graspilze.
Tse gan, ***chr-z*** Löffel.
Wok Allzweck-Kochtopf aus dünnem Metall mit ausladenden Seiten.
Wong dzao, ***mi jiou*** Gelbfarbiger Reiswein.
Wooi heung Fenchel.
Wun tun, ***hun tun*** Feine Teigtaschen, gefüllt mit Hühner- oder Schweinefleisch, Krabben und Petersilie oder Spinat mit Frühlingszwiebeln, Sojasauce und Ingwer; sollten wie dünne Fische aussehen.
Wun yee, ***yun er*** Zuchtpilze, bekannt als Wolkenohren.
Yeung, ***gong gi*** Hahn.
Yeung, ***yang*** Schaf.
Yien say, ***hsiang tsai*** Chinesische Petersilie, weniger stark gekräuselt und weniger grün als bei uns.
Yook gwuy Zimt.

Deutschland und Österreich

Erstaunlicherweise wird von der deutschen Küche kaum viel Aufhebens gemacht. Zu Unrecht, wie mir scheint, denn sie kann sich durchaus eines vielfältigen Repertoirs rühmen. Doch nach Eigenheiten deutscher Kost befragt, weiß der Ausländer meist nur Sauerkraut und Frankfurter Würstchen zu nennen. Dabei muß man doch in einem Lande, in dem man so gern ißt, daß vier Mahlzeiten an der Tagesordnung sind, auf Auswahl und Abwechslungen sehr bedacht sein.

Das Problem mag darin liegen, daß die Deutschen in Sachen Küche eine besondere Einstellung haben. Während man in andern Ländern auf zunehmende Verfeinerung der Gerichte

Wert legte, bemühten sich die Deutschen, ihren mittelalterlichen Kochstil, das Erbe des antiken Roms, möglichst zu wahren.

Die Deutschen mögen Kontraste. Sie bereiten zahlreiche süß-saure Speisen zu, mischen Früchte, Fleisch, Fisch, Essig, Zucker und Gemüse. Auch heiß und kalt wird kombiniert: Eiscreme übergießt man mit heißen Fruchtsaucen. Zudem bevorzugt man kräftige Farben. All dies waren Merkmale der einstigen römischen Küche. Auch die Selbstversorgung hat seit jeher eine bedeutsame Rolle gespielt. Man beschränkte sich weitgehend auf Eigenprodukte (Schweinefleisch, Kartoffeln und Kohlgemüse) und achtete vor allem auf die Qualität der Zutaten. Die Deutschen verstehen sich glänzend auf das Variieren der Hauptnahrungsmittel – es gibt eine Unmenge von Nudeln, Knödeln, Würsten und Pfannkuchen. Naturprodukte sind begehrt und deutsche Wildgerichte – wenn nicht zu lange gekocht – die besten der Welt. Der ausländische Besucher wird an deutscher Kost sehr bald Gefallen finden, vor allem an süddeutscher, die weitgehend der österreichischen gleicht.

Was Österreichs Küche anbelangt, so haben die Österreicher manches mit ihren Nachbarn gemein, mit den Jugoslawen im Süden, den Ungarn im Osten, den Deutschen und Tschechoslowaken im Norden. Dies ergibt sich unter anderem schon aus geschichtlichen Gründen – man denke an die einstige Österreich-Ungarische Monarchie. Ich behandle der Ähnlichkeit der beiden Küchen und der gleichen Sprache halber Deutschland und Österreich im selben Kapitel.

Von Ungarn erhielt die etwas fade deutsch-österreichische Küche die nötige Würze, von Böhmen die Finesse. Die Wiener bereicherten den österreichischen Speisezettel mit ihren herrlichen Kuchen und Torten. Ich habe das Gebäck gesondert behandelt.

Für den deutschsprachigen Leser selbstverständliche Begriffe und Namen wie beispielsweise einzelne Fisch-, Frucht- und Gemüsesorten usw., die nicht in einem besonderen Zusammenhang von Interesse sind, werden nicht speziell erörtert oder aufgezählt. Im übrigen wurden die Texte und Verzeichnisse zum Teil von der Übersetzerin erweitert.

Mahlzeiten

Um zu entscheiden, wo man in Deutschland essen will, muß man den Tagesplan der Mahlzeiten kennen. Das *Frühstück* umfaßt meist Kaffee, Brot und Konfitüre, manchmal auch Fleisch, Wurst und Käse. Das am Vormittag eingenommene *zweite Frühstück,* ursprünglich eine durch das Frühaufstehen bedingte bäuerliche Gewohnheit, besteht aus Aufschnitt, geräuchertem Fisch, Würsten und Bier. Bekannt ist auch das sogenannte *Katerfrühstück* mit Hering und Gulaschsuppe. Zum *Mittagessen,* der Hauptmahlzeit des Tages, werden meist mindestens drei Gänge aufgetischt. Um vier Uhr gibt es *Kaffee und Kuchen.* Wen wundert es, daß das *Abendessen* oder *Abendbrot* nur aus einem Gang besteht, wobei auch hier Fleisch, Wurst, Fisch, Käse und Salat gegessen werden.

Die Speisekarte

In den meisten Restaurants gibt es neben der Speisekarte noch die Tageskarte mit den Tagesmenüs oder Tagesplatten. Während es sich bei der Tageskarte um eine einfache Liste handelt, ist die Speisekarte mit echt deutscher Gründlichkeit gestaltet und meist in mindestens 15 Kategorien unterteilt: Vorspeisen, Suppen, Eier- und Mehlspeisen, Hauptgerichte (Fische, Wild und Geflügel, Fleischgerichte, kalte Speisen, belegte Brote,

Wurstgerichte), Spezialitäten des Hauses, Gemüse, Beilagen, Nach- oder Süßspeisen, Käse.

Möglicherweise haben Sie es mit einem besonders pingeligen Wirt zu tun, dem diese Einteilung noch zu vage ist. Er unterscheidet daher noch verschiedene Untergruppen. Da gibt es unter anderem Schnitten, fertige Speisen, Kalbfleischgerichte, Kompotte usw.

Wo essen?

Es gibt folgende Möglichkeiten:

Gaststätte oder **Restaurant** Komplette Mahlzeiten; Standard-Menü mit Variationsmöglichkeiten.
Ratskeller oder **Rathauskeller** Kellerlokal, oft in alten Rathäusern, wo traditionelle oder regionale Spezialitäten serviert werden. Ursprünglich Studentenlokale, heute öffentliche Lokale, die gutes Essen zu vernünftigen Preisen anbieten.
Gasthof oder **Gasthaus** Bescheidene Mahlzeiten, von Einheimischen besuchte Lokale.
Bierstube Eigentlich Bierlokale, die aber auch Snacks oder Mahlzeiten anbieten, sehr oft auch Katerfrühstück!
Weinstube Das Wein-Gegenstück zur Bierstube. Die Wasserscheide (wenn man so sagen kann) für Wein- und Biertrinker bildet der Main. Nördlich davon wird mehr Bier, südlich davon mehr Wein getrunken.
Bierhalle Großes, hohes Lokal, wo vor allem Bier getrunken, aber auch warm und kalt gegessen wird.
Beisl Kleines gemütliches Lokal, wo man eine Kleinigkeit essen kann.
Kaffeehaus (Café) Kaffee und Gebäck.
Konditorei Ursprünglich Feinbäckerei, oft kombiniert mit Nebenraum, wo man Kaffee, heiße Schokolade und Gebäck konsumieren kann.
Schnellimbiß Snack-Bar.
Würstchenstand Straßenkiosk, wo man Würste und Brot essen kann.

Vorspeisen

Ursprünglich spielten Vorspeisen und Hors-d'œuvre in der deutschen Küche kaum eine Rolle, sind aber heute in Deutschland wie andernorts in Europa allgemein üblich.

Austern Werden meist roh gegessen.
Bismarckhering Eingelegter Hering.
Blätterteigpastete Pastetenhaus, gefüllt mit Kalbfleisch und oder Pilzen an Rahmsauce.
Bratheringe Gebratene, dann marinierte Heringe, kalt serviert.
Bündnerfleisch Luftgetrocknetes Rindfleisch, papierdünn geschnitten.
Fischmayonnaise Fischsalat aus kaltem, gekochtem Fisch und Mayonnaise.
★ **Frittaten** Pfannkuchen mit verschiedenen Füllungen (z.B. Bries).
★ **Gebackene Champignons** Mittelgroße Champignons, paniert, schwimmend gebacken, mit Tartarsauce serviert.
★ **Gebackene Gansleber** Fingerdicke Gansleberstücke, gemehlt, paniert, im heißen Fett gebacken.
★ **Gebackenes Kalbshirn** Panierte, im heißen Fett gebackene Kalbshirnscheiben.
Geflügelleberpastete Pastete (ohne Teigkruste) aus Geflügelleber.
Geflügelsalat Kleingeschnittenes Geflügelfleisch in Mayonnaise, mit Äpfeln und Sellerie.
Gemüsesalat Salat aus gekochtem Gemüse.
Grüner Hering Ungesalzener, frischer Hering.
Handkäse mit Musik Sauermilchkäse mit Essig, Öl und Zwiebeln.
Heringsalat Eingelegte zerkleinerte Heringe, mit Randen, Äpfeln, Kartoffeln und Zwiebeln an Sauerrahm-Salatsauce.
★ **Hirnpofesen** In Butter mit Petersilie gebratenes Kalbshirn auf gebackenen Semmelscheiben, durch verklopftes Ei gezogen und gebacken.
Holsteiner Katenschinken Geräucherter Rohschinken.
Kieler Sprotten Kleine,

geräucherte Heringart.
Königinpastete Blätterteigpastete, gefüllt mit Geflügel- und Pilzragout.
★ **Krenfleisch** Gekochter Schweinskopf oder Schweinsstelzen, mit Sud und Wurzelwerk angerichtet, mit geriebenem *Kren* bestreut.
Leberkäs Bayrischer Fleischkäse.
★ **Liptauer** Mischung aus schaumig gerührter Butter, Schafquark, Senf, Sardellenfilets, Kapern, Schnittlauch, Kümmel und Paprika. Dazu Vollkornbrot.
Marinierter Hering Eingelegter Hering.
Matjeshering Frischgefangene Heringe.
Ochsenmaulsalat Feingeschnittenes Ochsenmaul an pikanter Essig-Kräuter-Sauce.
Ragout fin Feingeschnittenes Kalbfleisch an Kräuter-Rahmsauce, meist in Blätterteigpastete serviert.
Räucherlachs Geräucherter Lachs.
Rollmops Eingerolltes Heringsfilet, gefüllt mit Zwiebeln, Gewürzgurke, in Essig, Gewürzen und Kräutern mehrere Tage mariniert.
Rührei In Butter gerührte Eier.
Rundstück warm Toast mit Roastbeef oder Schweinsbraten, warm serviert.
Setzei, Spiegelei Gebratenes Ei.
Strammer Max Schinkensandwich mit ein bis zwei Spiegeleiern.
Sülze Gallerich.
Westfälischer Schinken Geräucherter Rohschinken, dünn geschnitten.
Würste Siehe Spezialverzeichnis.
Wurstsalat Salat aus Cervelat-Würsten mit Zwiebeln.

Suppen

Deutsche Suppen sind, vor allem im Norden, oft aufwendige Gerichte aus Gemüsen und Früchten, die mit entgrätetem Aal gekocht werden. In Bayern und Süddeutschland enthalten die Suppen meist Fleischbrühe und Knödel (Klöße), oft auch Bier. In Bremen wird die Brühe separat gegessen, dann erst der Aal und die Klöße.

In Österreich gibt es vor allem helle und dunkle Rindssuppe mit den verschiedensten Einlagen, dann auch dicke Suppen aus Kartoffeln, Pilzen, Gemüsen Erbsen oder Bohnen, *Hühnerklein,* oft auch Brot. Diese dicken Suppen werden häufig an Freitagen oder in der Fastenzeit als Hauptgericht serviert.

Bauernsuppe Deftige Suppe aus Gemüse, weißen Bohnen und Speck, mit Kräutern abgeschmeckt.
Beetensuppe Aus Randen, Rindfleisch, Markbeinen, Gewürzen und saurer Sahne.
Biersuppe Heiße Biersuppe ist eine bayrische Spezialität. Sie wird mit Nelken und Zimt gewürzt und mit Eigelb gebunden oder auch kalt als Bierkaltschale serviert. Letztere enthält Gewürze, Dörrfrüchte und Panierbrot, welche in kaltes Bier eingelegt werden. Die Leipziger Biersuppe ist eine heiß servierte Variante, die mit Milch und etwas Mehl gebunden wird.
Blumenkohlsuppe Gebundene Suppe aus Blumenkohl.
Bohnensuppe Aus weißen Bohnen.
Brotsuppe Süß-saure Suppe je zur Hälfte mit Weiß- und Schwarzbrot, zuvor in Apfelwein eingelegt und mit Rosinen, Wein und Gewürzen zubereitet.
Metzelsuppe Suppe, die beim Kochen von Fleisch und Würsten anläßlich des Schlachtens entsteht; mit gerösteten Zwiebeln garniert.
Erbsensuppe Mit gelben Erbsen zubereitet. Meist werden Schweinsohren mitgekocht.
 mit Speck Erbsensuppe mit Speckwürfelchen.
Fischsuppe Spezialität, in deutschen Hafenstädten serviert. Die Hamburger Variante besteht aus frisch gefangenen Fischen

und Schalentieren der Nord- und der Ostsee.

Flädlesuppe Fleischsuppe mit Pfannkuchenstreifen.

Fleischbrühe, Fleischsuppe Klare Fleischsuppe, nature oder mit Nudeln, Klößen, Pfannkuchenstreifen (Flädle) oder Eierstich serviert.

★ **Frittatensuppe** Siehe Flädlesuppe.

Fruchtkaltschale Kalte Fruchtsuppe, vor allem beliebt in Norddeutschland. Aus Birnen, Pflaumen, Aprikosen, Erdbeeren oder Kirschen.

Frühlingssuppe Aus jungen Rüben (Karotten), grünen Erbsen, Blumenkohl, Spargel und Fleischbrühe.

Gaisburger Marsch Eintopfgericht, nach dem Stuttgarter Vorort Gaisburg benannt. Mischung von Kartoffeln, und Spätzle mit Fleischbrühe aufgefüllt; oft auch mit Rindfleischstücken, mit gerösteten Brotwürfelchen oder gerösteten Zwiebeln abgeschmeckt.

★ **Graupensuppe mit Hühnerklein** Gerstensuppe mit grob zerkleinerten Hühnermägen und -herzen.

Grießnockerlsuppe Fleischbrühe mit kleinen Grießklößchen.

Grüne Bohnensuppe Gebundene Suppe aus frischen grünen Bohnen.

Grüne Erbsensuppe Gebundene Suppe aus grünen Erbsen, meist mit gerösteten Brotwürfelchen serviert und mit Rahm verfeinert.

Kartoffelsuppe Gebundene Suppe aus Kartoffeln und Porree.

Gulaschsuppe Zu Suppe verdünntes Gulasch, als Abendessen oder Zwischenmahlzeit serviert.

Helgoländer Hummersuppe Hummersuppe mit Garnelen.

Hirnsuppe Gebundene Suppe mit passiertem Hirn.

Hühnerbrühe mit Nudeln Hühnerbrühe mit kleingeschnittenem Hühnerfleisch und Nudeln.

Kaltschale Siehe Fruchtkaltschale.

Kartoffelsuppe Oft mit Gurken oder wie in Schwaben mit Nudeln gemischt. Im Schwarzwald mit Speckwürfeln oder gerösteten Brotwürfeln. In der Pfalz mit Leber- oder Blutwurst und einem Schuß Essig.

Kerbelsuppe Fleischbrühe mit feingehacktem Kerbel und saurer Sahne.

Knödelsuppe Fleischbrühe mit Semmel-, Speck-, Petersilie- oder Leber- oder Tirolerknödeln.

Königinsuppe Hühnerbrühe mit Reis.

Kraftbrühe Klare Fleischsuppe.

Krautsuppe Kohlsuppe mit Kümmel.

Leberknödelsuppe Fleischbrühe mit Knödeln aus feingehackter Rindsleber, Brotkrumen, Eiern und Kräutern, mit etwas Mehl gebunden. Oft werden Knödel als Hauptgericht mit Sauerkraut serviert (bayrische Spezialität).

Linsensuppe Dicke, mit braunen Linsen zubereitete Suppe, mit regionalen Würsten serviert.

★ **Nockerlsuppe** Klare Fleischbrühe mit Grießklößchen.

Obstsuppe nach Hamburger Art Püree aus Beerenfrüchten.

Stoß-Suppe Steyrische Kartoffelsuppe mit Sauermilch und Kümmel.

Wellfleischsuppe Klare Suppe aus Kochsud von Schweinswürsten und Schlachtfleisch.

Wurstsuppe Gebundene Suppe mit Wursträdchen.

Zwiebelsuppe Aus Zwiebeln, Milch, wenig Kartoffeln oder Brot.

... ich mach jetzt die Aalsuppe, sei nicht so zimperlich... Aale gibt es, basta, mit Milch, Senf, Petersilie und Salzkartoffeln und ein Lorbeerblatt kommt dran und ne Nelke... ich kauf doch die Aale nicht umsonst, werden ja sauber ausgenommen und gewässert, nein, nein, das werden wir ja sehen, wenn die erst mal auf dem Tisch stehen, wolln wir mal sehen, wer ißt und wer nicht ißt.

Günter Grass *Die Blechtrommel*

Würste

Es soll, so sagt man, in Deutschland Aberhunderte von Wurstsorten geben. Selbst Kleinstädte oder Dörfer haben ihre Spezialwürste. Sie werden aus Schweine-, Kalb- oder Rindfleisch oder einer Mischung derselben hergestellt. Die einen werden gekocht, die andern roh aufgetischt. Man ißt sie zu jeder Tageszeit, sei es in Suppen, als Hauptgericht, in Form von Sandwiches oder als Straßenimbiß, am Wurststand gekauft. Hier die wichtigsten Wurstsorten. Probieren Sie auf alle Fälle auch regionale Wurstspezialitäten aus.

Aufschnitt In dünne Scheiben aufgeschnittene Würste.
Bierwurst Fette Wurst mit dunkelbrauner Haut, aus gehacktem Schweine- und Rindfleisch und Speck.
Blaue Zipfel Nürnberger Bratwürste gekocht in gewürztem Essigsud mit Zwiebelringen.
Blutwurst Aus Blut, Gewürzen oft auch Schweinespeck und Schwarten; gekocht oder gebraten. Auch in Ringe geschnitten erhältlich.
Blutzungenwurst Wie Blutwurst, aber mit Zungenstückchen.
Bratwurst Aus gut gewürztem Schweinsbrät oder zum Teil auch Kalbsbrät (z.B. Thüringer Bratwurst), gebraten oder geschmort und mit Begleitsaucen; an Wurstbuden auch gegrillt serviert.
Debrecziner Österreichisch-ungarische, pikant gewürzte Schweinswürstchen, gekocht.
Extrawurst Aus feinem Kalbsbrät, Wein und Muskatnuß hergestellt.
Frankfurter Würstchen Geräucherte Würstchen, heiß mit Brot und Senf serviert. Vorläufer des Hot dog.
Frankfurter Platte Sauerkraut mit verschiedenen Würsten.
Gänseleberwurst Aus Gänseleber, oft mit Trüffeln gespickt.
Himmel und Erde Wursteintopf aus Kartoffeln, Äpfeln, gebratenen Speckwürfeln und Zwiebeln, mit Blutwurst garniert. Den «Himmel» symbolisieren die Äpfel, die «Erde» die Kartoffeln.
Katenwurst Dunkle Rauchwurst aus Schleswig-Holstein.
Knackwurst Kleine Wurst, wie Frankfurter, aber dicker und kürzer. Wird auch kalt gegessen.
Krazauer In Deutschland beliebte polnische Schinkenwurst.
Landjäger Lange, dunkle, harte Rauchwurst, roh gegessen.
Leberwurst Aus frischer Leber, manchenorts gemischt mit Schweinefleisch; gekocht oder gebraten. Auch geräucherte Streichleberwurst aus Kalbs- oder Schweinsleber, kalt auf Brot gegessen.
Lyonerwurst Aus fein gehacktem Kalb-, Rind- oder Schweinefleisch, oft mit Pistazien oder Schinkenstückchen gespickt; heiß oder kalt gegessen.
Mettwurst Aus fein oder grob gehacktem Schweinefleisch, geräuchert.
Milzwurst Aus Milz, Bries und Kalbfleisch. Meist heiß in Fleischbrühe serviert.
Plockwurst Aus Rind- und Schweinefleisch, dem Salami ähnlich, dünn geschnitten kalt gegessen.
Regensburgerwurst Kurze, dicke Wurst aus Schweinefleisch, oft gemischt mit Rindfleisch.
Rostbratwurst Feine Schweinsbratwurst, mit Muskatnuß und Kümmel gewürzt, meist auf Holzkohlenfeuer gegrillt.
Schlachtplatte Platte mit Schweinefleisch und Würsten.
Stadtwurst Weiße oder rote Schweinswurst bester Qualität, oft auf Sauerkraut serviert.
Sülz, Sülze Erstarrte Fleischsülze, oft gefüllt mit Fleisch, hartgekochten Eiern, Gemüse usw.
Weißwurst Kleines weißes Würstchen aus Kalbfleisch, Wein und frischer Petersilie, oft zum Frühstück gegessen; bleibt nur einige Stunden frisch. Münchner Spezialität, mit süßem Senf serviert.

Wiener Würstchen Wie Frankfurter.
Wurstbrötchen Frische Semmeln mit Wurstscheiben gefüllt.
Wurstsalat Feingeschnittene Regensburger- oder Cervelatwurst mit Zwiebeln an Salatsauce. Münchner Gericht.

Fisch

Deutschlands Fischgründe an der Nord- und Ostsee sind nicht sehr ausgedehnt. Der am häufigsten gefangene Fisch ist der Hering, gefolgt von Aal, Heilbutt und Makrelen. Eingelegt, gesalzen oder geräuchert wird der Hering in alle Welt exportiert. Zu den beliebten Süßwasserfischen im Süden zählen vor allem Forellen aus dem Rheinland, Bayern und dem Schwarzwald. Auch Barsch, Karpfen, Schleien und Hecht findet man auf deutschen Speisekarten.

Österreichs Fischangebot ist relativ bescheiden. Es beschränkt sich auf einige Teich- und Flußfische, in seereichen Gegenden auf Forellen und gewisse Fische aus der Familie der Barsche. Hervorragend sind die Bachforellen aus dem frischen, klaren Wasser der Gebirgsbäche.

Aal Im Norden und Osten Deutschlands sehr verbreitet, wird auf verschiedenste Art zubereitet: in der Suppe; geschmort, gesülzt, geräuchert und gekocht. Berliner Art: frischer Aal, in Bier gedünstet mit Zwiebeln, Lorbeer, Pfefferkörnern und Zitronensaft, Sauce gebunden mit geriebenem Graubrot.
grün An Kräutersauce.
Alse Großer Heringsfisch.
Austern Meist roh gegessen.
Barsch Auch Egli genannt.
Brachse Brasse; großer Weißfisch.
Brathering Gebratener Hering, warm oder kalt serviert.
Dorsch Junger Kabeljau, Ostsee-Kabeljau.
Dorschrogen Kabeljau-Eier.
Fischpastete Hamburger Art Schüsselpastete aus kleingeschnittenem Heilbutt, Seezunge, Garnelen, Spargeln an Kräutersahnesauce (mit Blätterteigdeckel).
Fischragout Fischstücke an Sauce.
Fischrouladen Plattfischfilets mit Füllung aus Speck, Zwiebeln und Pilzen, aufgerollt und in Wein und Butter gedünstet.
Flunder Plattfisch.
★ **Fogas, auch Fogasch** Zander.
Forelle blau In Wein- oder Essigsud pochiert, mit zerlassener Butter serviert.
in Gelee Gesülzt (Aspik).
nach Müllerin-Art In Mehl gewendet und in Butter gebraten.
Garnelen Krabben, Krevetten.
Hecht auf badische Art Mit feingehackter Zwiebel, saurer Sahne, wenig Käse und geriebenem Weißbrot bestreut im Ofen gebacken.
Heilbutt Vorwiegend gekocht oder gebraten.
Hering Als Vorspeise, Hauptgericht, in Form von Salat oder Sandwiches, auch als Bestandteil eines Katerfrühstücks serviert.
Kabeljau Gekocht, gedünstet, pochiert, in Weißweinsauce mit Kräutern oder gebacken mit Pilzen zubereitet.
nach Hamburger Art In Weißwein pochiert mit Austernsauce.
mit Schnittlauch und Zwiebel Gebacken mit Zwiebeln und mit Schnittlauch bestreut. Norddeutsches Gericht.
Karpfen In Deutschland seit dem Mittelalter populär. Es gab in vielen Klöstern Karpfenteiche. In Deutschland traditionelles Weihnachtsgericht, meist nach polnischer Art zubereitet: in Wein- oder Biersud gesimmert, an Buttersauce mit Gewürzen, feingeriebenen Lebkuchen, Mandeln und Rosinen serviert. Der Karpfen wird vor dem Kochen nicht entgrätet. Nach altem Brauch werden jeweils einige Gräte als Glücksbringer

für das kommende Jahr aufbewahrt. In Österreich wird der Weihnachtskarpfen in Scheiben geschnitten, paniert gebacken und mit Zitrone und Kartoffelsalat serviert.
Lachs Salm. Im Rhein gab es früher viel Lachs; heute ist er infolge der Rheinverschmutzung selten. Lachs gebraten am Stück: in Butter und Zitronensaft gedünstet, an Sauerrahmsauce serviert.
Paprikakarpfen In Scheiben gebacken an Paprikasauce.
Räucheraal Meist mit Roggenbrot oder Rührei serviert, oft auch in Eierkuchen.
Salat von geräuchertem Aal Mit kleingeschnittenen Äpfeln, Kartoffeln, Kopfsalat, Kräutern und Salatsauce gemischt.
Schellfisch Wird gekocht oder gedünstet mit Butter oder Salzkartoffeln oder geräuchert serviert.

Man kann sie (die Heringe) frisch verwenden, einsalzen, räuchern oder marinieren. Man kann sie kochen, braten, backen, dünsten, filetieren, entgrätet füllen, um Gürkchen rollen, in Öl, Essig, Weißwein, sauren Schmand legen. In Salzwasser mit Zwiebeln gekocht, schmeckten sie zu Amanda Woykes Pellkartoffeln. Auf Speckscheiben gelegt und mit Reibbrot überstreut, hat Sophie Rotzoll sie in die Backröhre geschoben. Die kochende Nonne Margarete Rusch liebte es, in mit Wacholderbeeren schmorendem Sauerkraut zum Schluß kleine entgrätete Ostseeheringe, auch Strömlinge genannt, mitziehen zu lassen. Zarte Filets, in Weißwein gedünstet, tischte Agnes Kurbiella als Schonkost auf. Übliche, in Mehl gewälzte Bratheringe setzte Lena Stubbe ihrem ersten und zweiten Ehemann vor.

Günter Grass *Der Butt*

Matjeshering Junger Hering, meist mild gesalzen serviert als Zwischengericht oder Hauptmahlzeit mit Kartoffeln.
Hausfrauen Art Eingelegt mit Zwiebelringen, Äpfeln, Wacholderbeeren in Sauerrahm.
Meefischli Fingerlange Weißfische aus dem Main. Paniert und gebacken. Werden mit «Köpf und Schwänz» von Hand gegessen, Spezialität Unterfrankens (Würzburg).
in Weißwein mit Champignons Pochiert in Weißwein, serviert mit *sauce hollandaise,* Pilzen und Spargeln. Rheinländer Spezialität.
Miesmuscheln Hauptsaison September bis April; meist gekocht in Weißwein mit gehackten Zwiebeln.
Schill Zander aus der Donau.
Scholle Goldbutt meist gebraten oder gebacken.
Schwarzfisch Pochierter Karpfen an gehaltvoller Sauce aus Mandeln, Dörrzwetschgen, Rosinen und Lebkuchen.
Seebutt Glattbutt, Schollenfisch, dem Steinbutt ähnlich.
Seezunge Edelster Plattfisch mit äußerst zartem, schneeweißem Fleisch.
Steinbutt Turbot, Plattfisch mit zartem, festem weißem Fleisch.
Stör Wird mild gesalzen und kalt geräuchert und wie Räucherlachs in dünnen Scheiben serviert. Störrogen = Kaviar.
Zander auch Fogasch und Schill genannt. Süßwasserfisch mit milchzartem, weißem Fleisch. Donau-Zander ist besonders schmackhaft. Wird oft an Weißweinsauce serviert.

Fleisch

Die Deutschen gelten als große Fleischesser. Jedenfalls enthalten viele klassische Gerichte der deutschen Küche große Mengen Fleisch. Das Sonntagsessen besteht in der Regel aus

Schweine- oder Kalbsbraten. Die Portionen sind reichlich bemessen und von dicken, gewürzten Saucen begleitet. Beliebt sind in Deutschland auch Eintopfgerichte, die preiswertes Fleisch und viel Gemüse und Kartoffeln enthalten. Es sind sparsame, deftige Gerichte, deren Rezepte vielfältig und regional verschieden sind.

Österreich, vor allem Wien ist bekannt für sein hervorragendes Rindfleisch und seine Schlachtplatten. Etwas vom Besten ist ohne Zweifel der Tafelspitz, ferner der Lungenbraten und der Wiener Rostbraten.

Bauernfrühstück Kleingeschnittener Bauchspeck mit gebratenen Kartoffelscheiben, Schinkenwürfeln und Schnittlauch, zu einem Eierkuchen gebacken.
Bauernschmaus Schweinefleisch mit Sauerkraut, Würsten, Knödeln und Kartoffeln.
Bauernspeck Geräucherter Tirolerschinken.
Beefsteak Tatar Roh gehacktes Rindfleisch, gemischt mit Ei, Zwiebeln, Gewürzen und Kapern.
Berliner Eintopf Verschiedene Fleischstücke, Kartoffeln, Bohnen und Kohl.
★**Beuschel** Schmorgericht aus Kalbslunge und -herz, Gemüse, Sardellen, Kapern, Senf, Sauerrahm, mit Knödeln serviert.
Birnen, Bohnen und Speck Deftiges süß-saures Gericht aus Schleswig-Holstein.
Bouletten Kleine Kugeln aus Hackfleisch, Semmeln, Zwiebeln, mit Ei gebunden und allseitig gebraten; meist kalt gegessen. Berliner Thekengericht mit Senf.
★**Debrecziner Gulasch** Gulasch mit Debrecziner Wurststückchen.
Deutsches Beefsteak Hackbeefsteak (Hamburger) aus Hackfleisch, Brot, Eiern und Gewürzen; mit Spiegelei gekrönt.
Dicke Bohnen mit Rauchfleisch Westfälisches Gericht: enthülste dicke Bohnen mit Speck oder geräuchertem Schweinefleisch an Mehlschwitze.
Edelgulasch Kalbsgulasch mit Rahm-Paprikasauce.
Eingemachtes Kalbfleisch Kalbfleischstücke an delikater weißer Rahmsauce.
Eintopf Schmorgericht aus Fleisch oder Fisch, Gemüse und Kartoffeln.
Eisbein Mild gepökeltes Schweinedickbein, gekocht in Gewürzsud. Berliner Spezialität. Wird meist mit Sauerkraut oder Erbsenpüree serviert.
★**Esterhazy Rostbraten** Gebratene Scheibe aus Zwischenrippenstück (Entrecôte) mit gerösteten Zwiebel- und Gemüsestreifen, mit Paprika gewürzt, in saurer Sahne weichgeschmort und mit Kapern und Zitronenscheiben garniert.
★**Faschierter Braten** Hackbraten aus Rind-, Kalb- und Schweinefleisch, warm oder kalt gegessen.
Fleischklöße Hackfleischknödel.
Frikadellen Gebratene, runde, abgeplattete Hackbeefsteaks aus Fleisch, Brot, Ei und Gewürzen, oft paniert.
Gaisburger Marsch Schwäbischer Eintopf aus Rindfleisch, Kartoffeln, Zwiebel, Spätzle in Fleischbrühe gekocht.
G'selchtes Bayrischer geräucherter Schinken oder Speck mit Sauerkraut gekocht.
Gulasch Österreichisches Gericht mit ungarischem Einschlag. Meist aus Rindfleisch. In vielen Variationen erhältlich, oft mit Kartoffeln, Pilzen, Bohnen oder Fisch.
Hämmchen mit Sauerkraut Eisbein, gegrillt oder gekocht mit Sauerkraut und Kartoffeln.
Hammelbraten Schafsbraten.
Hammelkeule mit Senf Gebratene Keule, zuvor drei Tage in Senf mariniert. Wird mit Kartoffeln und Klößen serviert.
Hammelkeule sauer eingelegt Westfälisches Gericht: vor dem Braten wird die entbeinte Hammelkeule einige Tage in einer Marinade aus Buttermilch, Essig, Möhren, Zwiebeln und Gewürzen eingelegt, im Backofen geschmort, mit Sahnesauce und Preiselbeeren serviert.

Hirn Kalbshirn; in Österreich paniert und gebraten.
★ **Hirnpalatschinken** Pfannkuchen mit Hirnfüllung.
Holstein-Schnitzel Gebratenes Kalbsschnitzel, mit Spiegelei, Pfeffergurken, Perlzwiebeln und roter Rübe garniert; dazu kleine Weißbrotscheiben, mit Butter bestrichen und mit Kaviar, Hummer, Räucherlachs oder Sardellen belegt. Soll nach Friedrich von Holstein, Ratgeber Bismarcks benannt worden sein. Korrekt heißt es «à la Holstein».
Holsteiner Schnitzel Paniertes Schweinsschnitzel. Nicht zu verwechseln mit dem Kalbsschnitzel «à la Holstein».
★ **Husarenbraten** Rindfleisch (meist Roastbeef) mit Speck umwickelt, in Fett gebraten, eingeschnitten und mit Brotmasse gefüllt. Mit Rotweinsauce angerichtet.
★ **Kaiserfleisch** Gepökeltes und geräuchertes Schweinskarree mit Sauerkraut und Semmelknödeln.
★ **Kaiserschnitzel** Kalbskotelett an Sahnesauce.
★ **Kaiserschlegel** Fleischstücke von der Nuß, entbeint, gespickt, gerollt und im Ofen gebraten. An Rahmsauce mit Sardellen, Kapern und Petersilie serviert.
★ **Kalbskopf gebacken** Panierte Kalbskopfstücke, schwimmend ausgebacken.
Kalbsmilcher Bries, Milken.
Kalbsnierenbraten Kalbsrollbraten mit Kalbsnieren gefüllt.
Kalbsrollbraten, Kalbsrolle Aufgerolltes Kalbfleisch, gebraten.
Kalbsrouladen oder **-röllchen** Kalbsschnitzel, gefüllt mit Bratwurstfleisch, aufgerollt und in der Pfanne gebraten.
Kalbsschnitzel Aus der Keule, dem Karree oder der Nuß geschnitten. Meist gebraten, paniert oder an Sahnesauce serviert.
★ **Kalbsstelze** Kalbshaxen, meist im Ofen gebraten.
Kaldaunen Kutteln.
Kasnudeln Kärntner Spezialität: Nudeln mit Fleisch geschmort. Mit Pilzen und Käse als Hauptgericht oder mit Früchten oder Mohnsamen als Nachspeise.
Kasseler Rippenspeer, Rippe, Rippenspeer, Ripperl Gepöckeltes und geräuchertes Schweinsrippenstück, auf dem Herd oder im Ofen gebraten, serviert mit Kartoffelpüree oder Klößen, Rotkohl und Äpfeln oder Sauerkraut mit Erbsenpüree. Der Kasseler Rippenspeer ist eine Erfindung des Fleischermeisters Kassel aus Berlin. Es ist keine hessische Spezialität, wie viele Kasseler haben möchten.
★ **Kesselfleisch** Vermutlich gekochte Kalbsrippe mit Meerrettich. Lieblingsessen von Kaiser Franz Joseph I.
Kohlrouladen Rotkohlblätter, gefüllt mit gehacktem Schweinefleisch, im Ofen geschmort.
Königinpastete Siehe Vorspeisen.
Königsberger Klöpse Lieblingsgericht des Philosophen Kant: Klöße aus gut gewürztem Hackfleisch, Zwiebeln, Salzhering oder Sardellen, mit Ei gebunden, in Salzwasser gekocht und in Sahne-Kapernsauce angerichtet.
★ **Krenfleisch in Wurzelsud** Gekochtes, junges Schweinefleisch (Bauchfleisch oder Kopf, zuweilen auch Schweinsfüße) mit geriebenem Meerrettich.
Labskaus «Seemanns Eintopf»; Gemisch aus passierten Kartoffeln und gesalzenem, durch den Fleischwolf getriebenem Rindfleisch, gedünsteten Zwiebeln und geraffelten roten Rüben, garniert mit Salzgurke und Spiegelei.
Lammfleisch mit Rüben Rheinischer Eintopf mit Kartoffelscheiben und weißen Rüben.
Leberkäse Bayrischer Fleischkäse aus Leber, Schweinefleisch und Speck. Heiß serviert in Fleischbrühe, kalt mit Salat.
Leberknödel Knödel aus Kalbs- oder Rindsleber. Bayrische und zugleich auch Wiener Spezialität. Wird in Fleischbrühe serviert oder in München auch zu Sauerkraut.
★ **Lüngerl mit Semmelknödeln** Kalbslunge in Streifen geschnitten, in Essig gekocht und an brauner Sauce mit Semmelknödeln serviert. Oft Lunge mit Herz gemischt oder beides gehackt und zu Kugeln geformt.
★ **Majoranfleisch** Rindfleisch mit Zwiebeln, wenig Essig und

Majoran weichgeschmort.
Maultaschen Schwäbische Spezialität: mit Hackfleisch und Spinat gefüllte Teigtaschen. Traditionelles Gründonnerstagsgericht (dann fleischlos, nur mit Spinat gefüllt). Mit Zwiebelschwitze übergossen oder kleiner geformt in Fleischbrühe serviert.
★ **Naturschnitzel** Kalbsschnitzel (unpaniert) in Butter gebraten und mit Zitronensaft abgeschmeckt.
Ochsenschwanz In Form von Ragout oder als Suppe.
Ochsenmaul, Ochsenzunge Meist gepökelt. Nach Dürkheimer Art: mit Käse überbacken oder nach Thüringer Art an Rosinen- und Mandelsauce.
★ **Paprikaschnitzel** Kalbsschnitzel an Paprika-Sahne-Sauce.

wird die Sauce mit Zitronensaft abgeschmeckt und mit saurer Sahne gebunden. In Norddeutschland kommt Ingwerbrot in die Sauce. Zu Sauerbraten gibt es meist Knödel, Rotkohl und Apfelpüree oder Preiselbeeren.
Saure Leber Gebratene kleingeschnittene Rinds- oder Schweinsleber mit etwas Mehl bestäubt und mit Essig abgeschmeckt.
Saure Nieren Schweinsnieren, ähnlich wie saure Lebern zubereitet, Sauce ab und zu mit saurer Sahne. Meist mit Kartoffelpüree und Apfelmus serviert. In der Gegend um Köln beliebt.
Schinken im Brotteig Nach schlesischer Art in Brotteig gebacken. Oft mit Madeirasauce und Spargel serviert.

Wer ißt mit mir Fleck Kutteln Kaldaunen? Die machen friedlich, ebnen den Zorn des empörten Mannes, lullen die Todesfurcht ein und erinnern an Kutteln, Fleck und Kaldaunen aus früherer Zeit, als immer der Topf halbvoll auf dem Herd stand.

Günter Grass *Der Butt*

Pfefferpothast Westfälischer Eintopf aus Rindfleisch, Zwiebeln, Pfeffer und Reibbrot, mit Zitronensaft abgeschmeckt.
Pichelsteiner Eintopf in verschiedenen Abwandlungen, stammt ursprünglich aus dem Bayrischen Wald. Mischung aus verschiedenen geschmorten Fleischsorten und Gemüse.
Pökelfleisch Gesalzenes Fleisch.
Rinderbrust Meist gekocht, mit Meerrettich serviert.
★ **Rostbraten** In Österreich: Zwischenrippenstück, kurz gebraten mit gerösteten Zwiebeln, oft noch in Sahne geschmort.
Rouladen Gefüllte Rindsplätzchen.
Sauerbraten Bratenstück aus der Rinderkeule, mehrere Tage mariniert, dann geschmort. Marinade: Weißwein, Essig und Gewürze oder, je nach Gegend, Buttermilch oder Bier. Im Rheinland wird das Fleisch in Wein eingelegt und die Sauce enthält Lebkuchen, oft Pumpernickel, Rosinen und Mandeln. In Bayern

★ **Schinkenfleckerl** Kleine, gekochte Nudelstücke, vermischt mit gehacktem Selchfleisch, Eierguß, Rahm und Eischnee, mit Bröseln bestreut im Ofen überbacken.
Schinkenknödel Knödel aus gehacktem Schinken.
Schinkenpfanne Rohe Kartoffelscheiben, mit gehacktem Schinken in Bratpfanne zu flachem Kuchen gebraten.
Schinkenröllchen Aufgerollte Schinkenscheiben, gefüllt, oft mit Spargel.
Schlachtplatte Siehe Vorspeisen.
Schlesisches Himmelreich Räucherspeck geschmort mit Dörrfrüchten, Zimt und Zitrone. Dazu Semmelknödel.
Schwärtelbraten Sonn- und Festtagsbraten in Schlesien: Jungschweinskeule mit Schwarte im Ofen gebraten; mit Sauerkraut und Kartoffelklößen serviert.
Schweinsbauch Meist gefüllt mit Dörrobst, gebraten und an

Biersauce serviert.
Schweinsbraten Wird mit verschiedenen Beilagen serviert. In Schlesien würzt man das Fleisch mit Knoblauch und Kräutern, dazu gibt es eine Fleischsauce mit Tomatenpüree. In Schwaben serviert man Nudeln zum Braten und fast überall gehören Rotkohl, Knödel oder Klöße und Apfelmus dazu.
Schweinsbrust Meist entbeint, gefüllt und gerollt gebraten.
Schweinshaxe Siehe Eisbein.
Schweinsohren Meist gepökelt, gekocht mit Sauerkraut.
Selchfleisch Gepökeltes Schweinefleisch.
Snuten und Poten Hamburger Gericht: Sauerkraut mit Schweinsschnauze.
Spanferkel Junges, noch säugendes Schwein, meist in Bier gebraten.
Sülzkoteletten Kotelettförmiger Aspik, gefüllt mit Fleisch und Gemüse oder gepökeltem Schweinskotelett.
★**Szegedinergulasch** Wiener Schweinsgulasch mit Sauerkraut und saurer Sahne. Ursprünglich ungarische Spezialität.
★**Tafelspitz** Schwanzstück (Tafelstück) aus der Rindshüfte, gekocht und heiß serviert mit geriebenem Meerrettich, Apfelkren oder Schnittlauchsauce. Lieblingsgericht von Kaiser Franz Joseph I, ist heute noch ein typisches Mittagsgericht der Wiener. Wichtig ist die Qualität des Fleisches, hängt vom richtigen Schnitt ab, der nur in Österreich üblich ist.
Tellersülze Schweinskopfsülze.
Topfbraten Bäuerlicher Eintopf aus Schweineschnauze, -ohren, -herz, -nieren und magerem -bauch, Zwiebeln an Sauce, die mit Lebkuchen und Pflaumenmus gewürzt wird. Thüringer Spezialität.
Töttchen Ragout aus Kalbskopf, -lunge und -herz, scharf gewürzt.
Westfälischer Schinken Leicht geräucherter Rohschinken, dünn aufgeschnitten. Mit Roggenbrot oder Pumpernickel und Butter serviert.
★**Wiener Schnitzel** Große, dünn geschnittene Kalbsschnitzel, paniert in Butter oder Schmalz gebacken, mit Zitronenscheibe garniert.
Würzfleisch Ragout aus Schweinefleisch und -nieren, gehacktem Speck, Zwiebeln und Pfifferlingen.
★**Zigeunerbraten** Geräuchertes Fleisch in Brotteig auf offenem Feuer gebacken.
★**Zigeunerspieß** Fleischwürfel mit Zwiebeln und Paprikaschoten am Spieß gebraten.
★**Zwiebelfleisch** Zartes Rinder- oder Schweinefleisch mit Zwiebeln geschmort an saurer Sahnesauce, gewürzt mit Knoblauch, Kümmel und Majoran.

Geflügel und Wild

★ **Backhendl** Backhuhn, Wiener Spezialität: Hähnchenteile, in Mehl, Ei und Panierbrot paniert im heißen Schmalz ausgebacken, mit Zitronenaplaten garniert.
Fasan in Speck In Speck gewickelt, gebraten und mit Rotkohl und Kartoffelpüree serviert.
  mit weißen Bohnen Geschmort mit weißen Bohnen.
Gans Traditionelles Weihnachtsgericht, wenn mit Rotkohl, Kartoffelklößen serviert. Üblicherweise mit Äpfeln, Zwiebeln, Rosinen und Nüssen oder Kastanien gefüllt.
Gänseschmalz Als Brotaufstrich verwendet.
Gänsehals Gefüllt mit zerkleinerter Gänseleber, -magen oder Schweinehackfleisch, oft angereichert mit Trüffeln, Mandeln, Kräutern und etwas Madeira. Die gefüllten Hälse werden in Butter knusprig gebraten oder gegrillt. Wird heiß mit Kohl oder auch kalt mit Weißbrot und Butter gegessen.
Gänseklein Gänsehals, -kopf, -flügel, -füße, -herz und -magen, gekocht mit Wurzelwerk, an weißer Sahnesauce angerichtet und mit Zitronensaft abgeschmeckt.
Gänsepastete Aus Gänselebern hergestellt, oft mit Trüffeln gespickt.
Hahn, Hendl in Weinteig In einem mit Wein angesetzten

Fritureteig gebackene Hahnteile.
Gänseschenkel in Schmorkohl Mit Zwiebeln und Kohl geschmort, mit Zucker und Essig abgeschmeckt. Norddeutsches Gericht.
Geflügelklein Innereien, Kopf, Hals, Kamm usw. von Geflügel.
Hasenpfeffer In Wein- oder Essigbeize eingelegte Hasenstücke, in der Marinade geschmort. Sauce mit Sahne oder Blut abgebunden.
Hasenrücken Sattelstück.
Kapaun Junger, kastrierter und gemästeter Hahn.
Königinpastetchen Siehe Vorspeisen.
★ **Paprikahendl, Paprikahuhn** Hähnchen oder Hühnchen, geschmort mit Zwiebeln, Tomaten, an gehaltvoller Paprika-Sahne-Sauce.
Pute, Puter Truthahn.
Rehbraten Meist Keule.
Rehrücken Sattelstück.
Schwarzwälder Art In Weinbeize mariniert, gebraten, an Weinbrand-Sahne-Sauce, serviert mit Preiselbeeren und Spätzle.
Rehschnitzel Meist an Sahnesauce, mit Preiselbeer-Apfel garniert.
Rehschulter Gebraten oder als Rehpfeffer.
Schwarzsauer Gänseklein geschmort mit Backobst, (Birnen, Pflaumen und Äpfeln).
Vierländer Poularde Gefüllt mit Äpfeln, Rosinen und Panierbrot, gebraten und an Sahnesauce serviert. Dazu Rotkohl und Kartoffeln. Hamburger Gericht, oft auch mit Mastente zubereitet.

Beilagen

Apfelmus und Rotkohl Rotkohl gekocht mit dünngeschnittenen Apfelscheiben. Paßt gut zu Schweinebraten.
Artischockenherzen Innerer Teil der Artischocke.
Auberginen Eierfrüchte. Werden oft gefüllt als Hauptgericht serviert.
Blindhuhn Hat nichts mit einem Huhn zu tun! Westfälische Spezialität: Eintopf aus weißen Bohnen, Bauchspeck, grünen Bohnen, Mohrrüben, Kartoffeln, Zwiebeln und Äpfeln.
Chicorée mit Schinken und Käse Brüsseler Endivien gedämpft, mit Schinken und Käse bestreut und kurz überbacken.
★ **Eierschwammerl** Pfifferlinge. Oft mit Wild serviert.
Erbsenbrei, -püree Gekochte und pürierte grüne oder gelbe Erbsen.
★ **Erdapfel** Kartoffel.
★ **Fisolen** Grüne Bohnen.
Füllsel-Kartoffeln Rheinländische Kartoffelspezialität: gebraten mit Zwiebeln, gemischt mit gehacktem Schweinefleisch (Reste von Spanferkel), gewürzt mit Muskatnuß und Majoran.
★ **Gebackene Schwammerl** Panierte und ausgebackene Champignons.
Gelbe Erbsen Getrocknete Erbsen.
Grüne Erbsen Frische, grüne Erbsen.
Grüne Zwiebeln Frühlingszwiebeln.
Grüner Salat Frischer Blattsalat.
Grünkohl Winterkohlart; für Suppe oder als Beilage zu Bratwurst.
★ **Häuptlsalat** Kopfsalat.
Himmel und Erde Siehe Wurstverzeichnis.
★ **Karfiol** Blumenkohl.
★ **nach Wiener Art** Mit weißer Sauce und Semmelbrösel überbacken. Ab und zu enthält die Sauce auch Kalbsbries.
Kartoffelklöße, -knödel Zu Kugeln geformter Kartoffelteig, in Salzwasser gargekocht.
Kartoffelpuffer Auch Reibekuchen oder Reiberdatschi genannt, je nach Gegend. Kartoffelpfannkuchen aus rohen Kartoffeln, Ei, Mehl und Milch.
Kartoffelsalat Lauwarme oder kalte, gekochte Kartoffelscheiben an Salatsauce oder saurer Sahne.
Kohlrouladen Mit Hackfleisch und Brot gefüllte Kohlblätter.
Krautsalat Feingeschnittener Kohl an Sauce aus Öl, Essig, mit gerösteten Speckscheibchen, oft mit Kümmel gewürzt.
Kren Meerrettich.
Leipziger Allerlei Verschiedene

Gemüse (grüne Bohnen und Erbsen, Karotten, Spargel und Blumenkohl) an einer Krebsbutter-Sahnesauce, oft angereichert mit Krebsen oder Krebsschwänzen.
Linsen
auf schwäbische Art Linsen geschmort mit Zwiebeln, Speck und Fleischresten. Dazu Würste und Spätzle. Sehr nahrhaft!
Möhren, Mohrrüben Karotten.
★ **Paradeiser** Tomaten.
Pellkartoffeln In der Schale gekochte Kartoffeln.

Heute essen wir: mehlige Salzkartoffeln, rohe Kartoffeln gerieben, in krauser Knochenbrühe gekocht, Petersilienkartoffeln oder nur Pellkartoffeln mit Quark. Wir kennen Kartoffeln mit Zwiebeln gedämpft oder in Senfsoße, Butterkartoffeln, mit Käse überkrustet, gestampfte, in Milch gekochte, in Folie gebackene, winterliche Lagerkartoffeln, Frühjahrskartoffeln. Oder solche in grüner Soße. Oder Kartoffelmus mit verlorenen Eiern. Oder thüringische, vogtländer, hennebergische Kartoffelklöße in weißer Soße mit Semmelbröseln. Oder in Jenaer Glas mit Käse oder, wie es die Brüder Nostiz taten, mit Krebsbutter überbacken. Oder (in Kriegszeiten) Kartoffelmarzipan, Kartoffeltorte, Kartoffelpudding. Oder Kartoffelschnaps. Oder die Hammelkartoffeln meiner Amanda, wenn sie (auf Feiertage) zu Hammeldüngung, in Nierentalg angebraten, geviertelte Bulwen tat, mit Wasser auffüllte und so lange kochte, bis der Sud eingekocht war. Jetzt erst löschte Amanda die Hammelkartoffeln mit Braunbier. Oder ihre Kartoffelsuppe, die das Gesinde der königlich-preussischen Staatsdomäne Zuckau alltäglich am Abend löffelte, wenn der Himmel seine Tinte ausgoß und der Wald näher- und näherrückte.

Günter Grass *Der Butt*

Pfifferlinge Eierschwämme, Eierschwammerl.
Reibkuchen Pfannkuchen aus rohen Kartoffeln.
Rosenkohl Brüsseler Kohl.
Rösti Schweizer Spezialität aus rohen oder gekochten, geraffelten Kartoffeln, in Butter wie ein Pfannkuchen gebacken.
Röstkartoffeln Im Ofen gebackene Kartoffeln.
Röstzwiebeln Gebackene Zwiebeln.
Rotkohl Blaukraut. Wird nirgends besser zubereitet als in Deutschland und ist eines der weltbesten Gemüsegerichte. Die Zubereitung des Rotkohls ist vielfältig. Meist wird er süß-sauer zubereitet: in Wein geschmort, mit Essig, Zucker, Zwiebeln, Gewürzen und feingeschnittenen Äpfeln abgeschmeckt. Deshalb oft die Bezeichnung Apfelrotkohl oder Rotkohl mit Äpfeln. Paßt gut zu Schweinebraten und Kartoffelklößen.
Rotkohlrouladen Mit gehacktem Fleisch gefüllte Rotkohlblätter.
Rotkohlsalat Feingeschnitten mit gehacktem, gebratenem Speck und saurer Sahne.
Sauerkraut, Sauerkohl Gehobelter Weißkohl, eingesalzen und gegärt. In Deutschland sehr beliebt. Goethe soll es zwar verabscheut haben. Sauerkraut ist ein Bestandteil vieler deutscher Spezialitäten und eine ebenso beliebte Beilage, angefangen bei Austern bis zu den verschiedensten Würsten. Bereits die Römer kannten die Sauerkrautzubereitung, die dann lange Zeit in Vergessenheit geriet. Im 13. Jahrhundert durch die Mongolen nach Österreich gebracht. Sowohl in Deutschland als auch in Österreich kocht man Sauerkraut mit verschiedenen Zutaten wie Äpfeln, Kartoffeln, Gewürzen, Ananas und ab und zu auch mit Sekt.
Saure Gurke In Essig und Gewürze eingelegt.

Schwammerl Pilze.
Schwemmkartoffeln Gekochte Kartoffeln.
Spargel Stangenspargel. Saison: Mitte April bis 21. Juni (längster Tag des Jahres). In Deutschland gibt es Spargelgegenden, z.B. Schwetzingen, wo Restaurants aus dem Spargelangebot eine Industrie machen. Ganze Familien, vollbesetzte Cars und Gourmets fahren jeweils viele Kilometer weit, um dort Spargel zu genießen, der meist mit Sauce hollandaise oder mit Rohschinken serviert wird. In Deutschland gibt es gekochte Kräuterkartoffeln oder je nach Gegend Pfannkuchen dazu.
Speckkartoffeln Mit gehacktem Speck gebraten.
Spinat Meist gedünstet oder gehackt, mit Sahne.
Stampfkartoffeln Frischgekochte, passierte Kartoffeln.
Steinpilz Herrenpilz mit braunem Hut und nußartigem Geschmack.
Tomaten In Österreich Paradiesapfel genannt.
Trüffeln In Deutschland ist vor allem die schwarze Sorte bekannt.
Weinkraut Sauerkraut in Wein gekocht.
Zwiebelkuchen Hessische Spezialität: gehackte Zwiebeln mit Speck und Eierguß, saurer Sahne und Kümmel auf Teigboden, im Ofen gebacken.

Die Kartoffel ist in Deutschland sehr beliebt und überall verbreitet. Es scheint unglaublich, daß sie dort noch nicht beheimatet war, als die Tartarenhorden einfielen. Tatsache ist, daß sie in Deutschland später bekannt wurde als im übrigen Europa. Als Friedrich der Große im Rahmen seiner Landwirtschaftsreform 1744 unentgeltlich Kartoffelknollen verteilen ließ, zeigten sich die Bauern davon gar nicht begeistert. Der Preußenkönig mußte den Anbau durch Soldaten überwachen lassen.

Auch in Österreich sind Kartoffeln sehr geschätzt. Meist verarbeitet man sie zu den beliebten Knödeln oder Mehlspeisen.

Süßspeisen, Früchte und Eiscreme

In Deutschland ißt man nachmittags zum Kaffee gern Kuchen, legt dafür auf süße Nachspeisen weniger Wert. Im Restaurant werden zum Dessert oft Früchte mit oder ohne Sahne oder Rahmeis, manchmal auch mit heißer Fruchtsauce übergossen, angeboten.

In Österreich kennt man zahlreiche, meist etwas üppige Desserts. Torten und Gebäck aller Art sind ebenfalls sehr geschätzt.

Apfelkuchen Mit und ohne Eierguß oder mit Teigkruste gedeckt.
Apfelpfannkuchen Pfannkuchenteig, vermischt mit kleingeschnittenen Äpfeln, in der Pfanne gebacken.
Apfelreis Reispudding mit Äpfeln.
Aprikosen In Österreich Marillen genannt.
Arme Ritter Brotscheiben, in Eier oder Pfannkuchenteig gewendet, in Butter gebraten und mit Zimtzucker bestreut. Mit Apfelmus serviert.
Auflauf Soufflèteig mit oder ohne Obst, im Ofen gebacken.
Backobstkompott Gekochtes Dörrobst.
Backpflaume Dörrpflaumen.
Baiser Eiweiß mit Zucker steifgeschlagen und im Ofen getrocknet oder als Dekoration auf Torten und Kuchen (Meringues).
Berliner Hefeteigkugeln mit Marmelade gefüllt und schwimmend ausgebacken.
Blaubeeren Heidelbeeren.
Böllebauschen Kugeln aus

Hefeteig, schwimmend ausgebacken und in Zucker gewälzt.
Bratafpel Im Ofen geschmorter Apfel.
Dampfnudeln Kugeln aus Hefeteig, in Milch im Ofen gebacken, mit Vanillesauce serviert.
★ **Germknödel** Mit Powidl gefüllte Hefeteigknödel.
Dresdener Eierschecke Blechkuchen aus Hefeteig, gefüllt mit Belag aus saurer Sahne oder Quark mit Eiern, Rosinen und Mandeln.
Eierschaum Weinschaumcreme.
Frankfurter Kranz Biskuitring, gefüllt mit Buttercreme und garniert mit Aprikosenmarmelade und gehobelten Haselnüssen.
Grießtorte Gebackener Grießpudding, gefüllt mit Aprikosenmarmelade.
Haselnußcreme Creme aus Ei, Milch, Zucker und geriebenen Haselnüssen.
Hefekranz Kranzförmiger Hefekuchen.
★ **Kaiserschmarrn** Österreichische Mehlspeise: in Streifen geschnittene Rosinen-Pfannkuchen, mit Zucker in Butter gebraten. Oft mit Fruchtsauce übergossen. Beliebte Süßspeise von Kaiser Franz Josef I.
★ **Kasnudeln** Kärntner Spezialität: Mehlspeise mit Früchten und Mohnsamen. Als Hauptgericht auch mit Fleisch gefüllt.
Königskuchen Cake; in Kastenform gebacken.
Krapfen Gefüllte Teigtaschen.
Kronsbeeren Preiselbeeren.
Lebkuchen Traditionelle Honig-Gewürzkuchen, die seit Jahrhunderten in Deutschland hergestellt werden, speziell zur Weihnachtszeit. Die Lebkuchenbäcker hießen ursprünglich Lebküchner. Sie wetteiferten miteinander um die schönsten Lebkuchendekorationen. Nürnberg war das Zentrum der Lebkuchenbäckerei, weil es gleichzeitig der größte Gewürzhandelsplatz des Landes war. Die Stadt ist heute noch für ihre Lebkuchen bekannt.
★ **Marillen** Aprikosen.
Monstriezel Geflochtenes Hefegebäck mit Mohnsamenfüllung.
Mohr im Hemd Im Wasserbad gekochter Schokoladepudding, mit Schlagobers (Schlagsahne) garniert.
Mohrenkopf Kugel aus Schokoladebaiser, mit Schokoladeglasur überzogen.
★ **Palatschinken** Beliebte österreichische Süßspeise: Süße Pfannkuchen, gefüllt mit Obst oder Topfen (Quark), gerollt und überbacken.
Pampelmuse Grapefruit.
Pfannkuchen Mehlomelette.
Pfefferkuchen Scharf gewürzte Lebkuchen, Ingwerbrot.
★ **Powidl** Österreichisches, ohne Zucker eingedicktes Pflaumenmus. Wird meist für Füllungen verwendet.
Reineclauden Grüne Pflaumensorte.
Reisauflauf Süßer Reispudding, im Ofen gebacken.
Rosinen Getrocknete Weinbeeren.
Rote Grütze Fruchtspeise aus Beeren, mit kühler Sahne serviert.
Rumtopf In Rum mariniertes Obst.
★ **Salzburger Nockerln** Eiweiß-«Schneebälle» auf Vanillesauce, überbacken.
Schlagobers Schlagrahm, Schlagsahne.
★ **Schneenockerln** Eiweiß-Kugeln mit Eisauce, kühl serviert.
Schwarzwälder Kirschtorte Schokoladebiskuit mit Kirsch, gefüllt mit roten Kirschen und Schlagsahne.
Streuselkuchen Hefeteigkuchen mit Bröselbelag aus Mehl, Zucker, Butter und Zimt.
★ **Topfenknödel** Quarkknödel.
★ **Topfenpalatschinken** Mit Quark gefüllte Pfannkuchen.
Weinchaudeau Ähnlich wie Zabaglione, aber mit Wein zubereitet.
Weingelee Gelierter Wein, lagenweise mit Obst eingefüllt.
★ **Zwetschgendatscherl** Österreichisch-böhmisches Gebäck, gefüllt mit Powidl (Pflaumenmus).
★ **Zwetschgenknödel** Knödel aus Kartoffel- oder Brühteig, gefüllt mit Zwetschgen.

Gebäck

★ **Apfelstrudel** Papierdünn ausgerollter Strudelteig, gefüllt mit geraffelten Äpfeln, Zucker, geriebenen Nüssen oder Brotkrumen, Rosinen, Zitronenschale und Rum, eingerollt, mit Butter oder Sahne bestrichen und im Ofen gebacken.

Bischofsbrot Österreichisches Gebäck aus Eiern, Mehl, Zucker, Mandeln, Weinbeeren und Zitronat.

Biskotten oder Biskuitschnitten Löffelbiskuits.

Biskuitroulade Biskuitteig, gefüllt mit Marmelade oder Creme und aufgerollt.

★ **Buchteln** Österreichisches Hefegebäck, gefüllt mit Marmelade, warm mit Vanillesauce serviert.

★ **Busserl** «Kuß»; österreichisches Kleingebäck.

★ **Cremeschnitten** Blätterteigschnitten, gefüllt mit Vanillecreme oder Schlagsahne.

★ **Demeltorte** Biskuittorte, gefüllt mit kandierten Früchten.

★ **Dobosschnitten** Biskuitschnitten, lagenweise gefüllt mit Schokoladecreme, mit Karamelglasur überzogen.

★ **Dobostorte** Wie Dobosschnitten, aber in runder Tortenform gebacken.

★ **Erdbeerschifferl** Kleine schifförmige Tarteletts, gefüllt mit frischen Erdbeeren, Gelee und Schlagsahne.

Faschingskrapfen Wiener Karnevalsgebäck. Hefekrapfen, gefüllt mit Aprikosenmarmelade, beidseitig schwimmend gebacken, so daß in der Mitte ein heller Rand bestehen bleibt. Warm oder kalt serviert, werden die Krapfen während des Faschings in großen Mengen konsumiert. 1815, im Jahr des Wiener Kongresses, sollen über zehn Millionen Faschingskrapfen gegessen worden sein.

Gugelhupf Gugelhopf, Kugelhupf, Napfkuchen, Hefeteig- oder Biskuitgebäck in Gugelhupfform gebacken.

★ **Ischlertörtchen** Runde Mürbeteigplätzchen, mit Marmelade gefüllt.

Johannisbeerkuchen Biskuitboden, belegt mit roten Johannisbeeren.

Kanzlertorte Schokoladetorte.

★ **Kipferl** Hörnchen.

Kokosbusserl Kleine runde Plätzchen aus Kokosnuß, Eiweiß, Zucker, mit Honig, Zimt und Zitronenschale gewürzt.

★ **Linzertorte** Gewürzter Haselnußkuchen, gefüllt mit Himbeer- oder Johannisbeermarmelade und gitterartig verziert.

Mandelbögen Kleine Mandelhörnchen.

Marmorgugelhupf Gugelhupf aus hellem und dunklem Teig marmoriert.

★ **Mohnbeugel** Hefeteighörnchen, gefüllt mit Mohnsamen.

★ **Mohnkipferl** Hörnchen mit Mohnsamen.

★ **Monstrudel** Strudel, mit Monsamen und Weinbeeren.

★ **Mozartkugeln** Schokoladekugeln, gefüllt mit Rum-Mandelmarzipan.

★ **Nußbeugel** Hefeteighörnchen mit Nußfüllung.

Pischingertorte Mit Schokoladecreme gefüllte Oblatentorte (Oblaten = hauchdünne papierähnliche Scheiben aus ungesäuertem Teig).

★ **Polsterzipfe** Dreieckiges Blätterteiggebäck, gefüllt mit Marmelade.

★ **Powidlkolatschen** Böhmisches Hefeteiggebäck, gefüllt mit Powidl (eingedicktem Pflaumenmus).

★ **Rehrücken** In Spezialform gebackenes längliches Biskuit, meist mit Schokoladeglasur überzogen und mit geschälten Mandeln garniert. Der Rehrücken verdankt seinen Namen der Backform, die an einen Rehsattel erinnert.

★ **Ribiselkuchen** Johannisbeerkuchen.

★ **Sachertorte** Üppige Schokoladentorte, gefüllt mit Aprikosenmarmelade und mit Schokoladeglasur überzogen, die vom Chefkoch des Fürsten von Metternich Franz Sacher kreiiert wurde. Das Originalrezept enthält 18 Eiweiß und 14 Eigelb. Die Sachertorte ist wahrscheinlich der einzige Kuchen, der Gegenstand einer gerichtlichen Auseinandersetzung war. Der Prozeß zwischen dem Hotel Sacher und der Konditorei Demel hielt ganz Wien während sieben Jahren im Atem, bis entschieden wurde, wer die Originalsachertorte anbieten dürfe. Das Gericht entschied zugunsten des Hotel Sacher. Die Torte von Demel ist ungefüllt, nur mit Aprikosenmarmelade überzogen, aber ebenfalls mit Schokolade glasiert.

★ **Schaumrollen** Blätterteigrollen, gefüllt mit gesüßter Schlagsahne.

★ **Spanische Windtorte** Baisertorte (Meringuetorte), gefüllt mit gesüßter Schlagsahne.

★ **Stangerl** Kleines Gebäck in Stangenform.

★ **Vanillekipferl** Wiener Spezialität: kleine Hörnchen aus zartem Mandelteig, mit Vanillezucker bestreut.

Käse

Allgäuer Das Allgäu (Bayern) ist das Zentrum der deutschen Käseindustrie. Es werden dort nicht nur echte deutsche Käsesorten hergestellt, sondern auch Kopien aus andern Ländern, z.B. Allgäuer Emmentaler.

Altenburger Milder Ziegenweichkäse.

Bergkäse Spezialität der bayrischen Alpen, Hartkäse mit dunkelgelber Rinde.

Berliner Kuhkäse Kleiner gelber Magerkäse.

Bierkäse Limburger Variante mit weißer, wachsartiger Flora.

Frühlingskäse Österreichische Zwischenverpflegung, bestehend aus Sahnekäse, Paprika und Kümmel auf Schwarzbrot.

Graukäse Tiroler Spezialität: scharfer, gepreßter Quarkkäse mit graugrünem Schimmelpilz.

Handkäse Sauermilchkäse aus Sauermilchquark hergestellt; verschiedene Varianten.

Handkäse mit Musik In Hessen wird Handkäse mit Zwiebelringen in süß-saurer Salatsauce serviert.

Harzer Handkäsevariante. Oft mit Brot und Gänseschmalz serviert.

Käseteller Platte mit verschiedenen Käsesorten.

Limburger Rechteckiger scharfer Rotschmierkäse, der ursprünglich aus Belgien stammt, aber heute in großen Mengen in Deutschland produziert wird.

Olmützer Olmützer Quargel: Mischung aus ganz kurz und lang gereiftem Quark. Handkäse, der in Ziegelform oder in Scheiben verkauft wird.

Quark Speisequark, Topfen, Weißkäse, Glumse, Matz, Schotten. Frischkäse mit säuerlichem Geschmack. Quark ist vielseitig verwendbar für kalte und warme Gerichte und für Gebäck.

Räucherkäse Geräucherter Käse.

Romadur Ähnlich wie Limburger, aber mit mildem Aroma.

Schichtkäse In Schichten hergestellter, erfrischender Frischkäse.

Schnittkäse Milder, leicht säuerlicher Käse.

Spitzkäse Handkäse mit Kümmel.

Steinbuscherkäse Halbhartkäse aus Kuhmilch. Milder, goldgelber Schnittkäse.

Tilsiter Goldgelber, cremiger Halbhartkäse mit kleinen Löchern und hellbrauner Rinde.

★ **Topfen** Quark.

Weißlackerkäse Bayrischer Schnittkäse mit scharfem Aroma.

Wilstermarschkäse Limburger-Variante. Paßt gut zu Bier.

Wein

Wer ein deutsches Weinetikett entziffern will, muß über den Verstand eines Mathematikers oder zumindest die Akribie eines Kreuzwortspezialisten verfügen. Es kommt nicht darauf an, welche Sorte Sie zum Essen trinken. Beim deutschen Wein mit seinem feinen und fruchtigen Aroma besteht keine so enge regionale Beziehung zur Küche einer bestimmten Gegend wie dies beim französischen Wein der Fall ist.

Am besten lassen Sie sich vom Kellner beraten. Er soll Ihnen die Flasche zeigen, bevor er sie entkorkt, da Sie der Weinkarte, wie ausführlich sie auch abgefaßt ist, kaum die nötigen Informationen entnehmen können. Bringt er Ihnen eine Flasche mit dem sentimentalen Bild einer netten alten Dame, die in Pforzheim in einem Badestuhl spazierengeführt wird, lehnen Sie ab.

Ist die Flasche mit einem normalen Etikett versehen, kann die Entschlüsselung beginnen. Ziemlich sicher wird es sich um Weißwein handeln. Zuoberst steht der Ortsname mit dem Zusatz -er, darunter der Name der *Einzellage* – eines einzelnen Weinbergs – oder der *Großlage* – einer Gruppe einander benachbarter Einzellagen, die denselben Wein produzieren. Wein von einer Einzellage (es gibt etwa 3000 solche in Deutschland) ist meist besser als derjenige einer Großlage, wo es möglicherweise bessere und schlechtere Weinberge gibt. Als drittes kennt man den *Bereichsnamen* – meist ein berühmter Tropfen. So heißt zum Beispiel der Wein aus dem ganzen Mittelmosel-Gebiet Bernkastel.

Danach folgt vermutlich die Bezeichnung der Traubensorte (meist Riesling) und des Reifegrads – in aufsteigender Reihenfolge: *Kabinett, Spätlese, Auslese, Beerenauslese, Trockenbeerenauslese.* Grundlage des deutschen Weingesetzes ist der Reifegrad der Trauben. Trockenbeerenauslese ist der Maximal-Reifegrad mit dem höchsten natürlichen Zuckergehalt. Die erwähnten Bezeichnungen gelten nur für Wein ohne Zuckerzusatz. Man markiert sie zudem als Qualitätswein mit Prädikat (QmP). Nebst diesen Spitzenprodukten gibt es noch den Qualitätswein bestimmter Anbaugebiete (QbA), ebenfalls gute Weine, aber mit Zuckerzusatz. Haben Sie noch nicht resigniert? Nun folgt die amtliche Prüfungsnummer, die Ihnen gar nichts sagt. Was den Duft und Geschmack anbelangt, ist Kabinett der trockenste, Trockenbeerenauslese der süßeste Wein. Weine ohne den Vermerk QmP oder QbA sind Tafelweine, nach der Ortschaft oder der Region benannt. Verlangen Sie ausdrücklich deutschen Tafelwein.

Ist die Flasche braun, der Wein golden, handelt es sich um Rhein-, Nahe- oder Pfälzerwein. Ist die Flasche grün, der Wein blaßgelb-grünlich, handelt es sich um Mosel-Saar-Ruwer-Wein. Bringt man Ihnen anstelle einer schlanken, hohen Flasche eine flache, breite, kolbenförmige *Bocksbeutel*-Flasche, ist es Frankenwein, ebenfalls weiß und trocken.

Meiden Sie ganz generell Namen, die Ihnen vertraut erscheinen. In Deutschland und Österreich trinkt praktisch niemand Liebfrauenmilch. Goldener Oktober ist ein Verschnitt von Rheingau- und Moselwein. Vielleicht sollte man aber zu deutscher Kost am besten Bier trinken.

Bier

Altbier Obergäriges, braunes, würzig-herbes Bier aus dem Rheinland.
Berliner Weiße Obergäriges Bier aus Weizen- und Gerstenmalz, hell und erfrischend.
mit Schuß Mit einem Schuß Himbeersaft.
Bock Starkbier mit 18% Stammwürze, hell oder dunkel.
Doppelbock Extrastarkes Bockbier. Der stärkste Doppelbock wird in Kulmbach bei Bayreuth gebraut (Kulminator).
Dortmunder Export Leichtes goldenes Lagerbier.
Kölsch Kölner Spezialität: mittelstarkes helles obergäriges Bier.
Kreusenbier Leichte Biersorte, die nur in Bremen erhältlich ist.
Kupferbier Kupferfarbenes Malzbier aus der Gegend von Nürnberg.
Lager Österreichische Bezeichnung für gewöhnliches, leichtes, helles Bier.
Märzenbier Bernsteinfarbenes, mittelstarkes Bier, nach alter Tradition im März gebraut. Dazu gehört auch das Wiesenbier, etwas stärker. Wird am Oktoberfest in München ausgeschenkt. Ähnlich ist das Canstatt Wasen in Stuttgart.
Münchner Traditionelles, dunkles Malzbier.
Oktoberfestbier Siehe Märzenbier.
Pils, Pilsener Berühmtes, untergäriges Bier aus der tschechischen Stadt Pilsen (Pilsner Urquell). Diese Bezeichnung wurde im letzten Jahrhundert von vielen deutschen Brauereien für Biere, die nach Pilsner Art gebraut wurden, übernommen. Helles Lagerbier.
Rauchbier Aromatisches Bier mit Rauchgeschmack, das in Bamberg gebraut wird.
Spezial Österreichischer Ausdruck für Märzenbier.
Weißbier Leichtes, helles, obergäriges bayrisches Sommerbier. Wird oft mit einer Zitronenscheibe serviert.
Weizenbier Spritziges, mittelstarkes bayrisches Getreidebier.
Weizengold Weizenbier aus der Gegend von Salzburg.

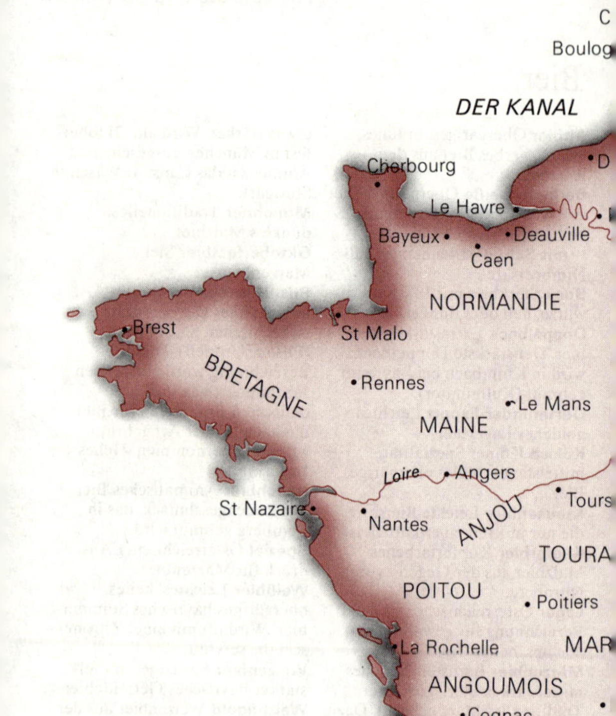

Es sind mehrere Faktoren, die bei der Entwicklung der französischen Küche zur weltbesten eine Rolle gespielt haben. Der geographischen Lage verdankt das Land die überreiche Vielfalt der Produkte und politischen Fügungen die Wahrung einer gesunden Wertschätzung bäuerlicher Kultur trotz großangelegter Industrialisierung. Und nicht zuletzt trug auch das französische Temperament das seine dazu bei.

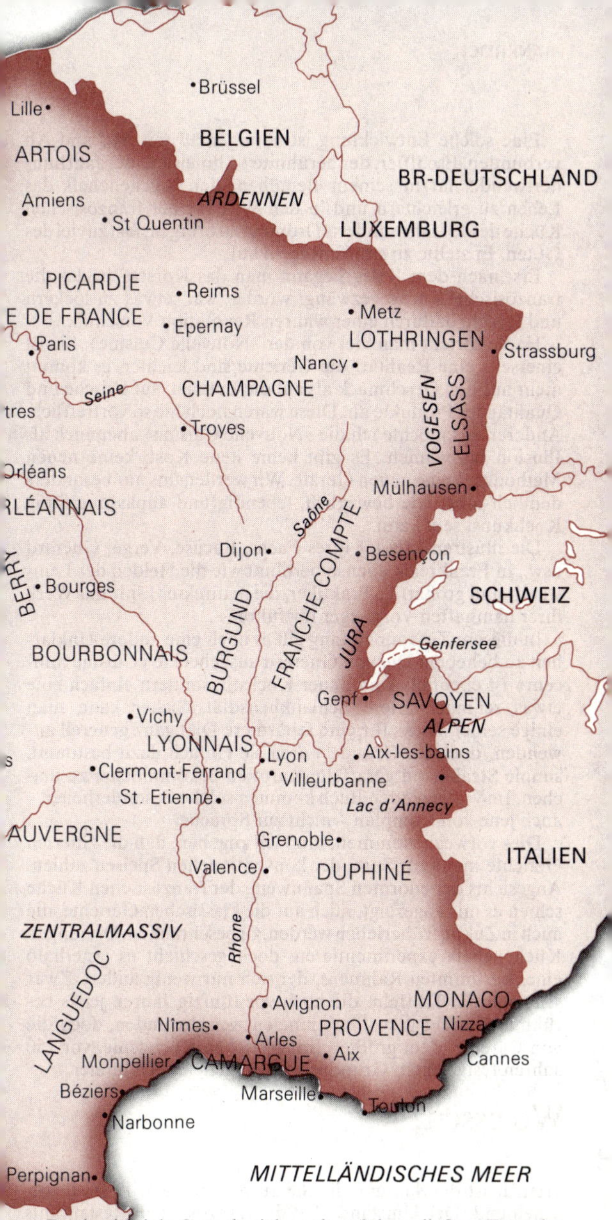

Doch wie viele Gründe sich auch anführen ließen, Tatsache ist, daß Frankreich als einziges westliches Land Essen zur Kunst erhob. In althergebrachter Tradition wurzelnd, läßt die französische Küche der Phantasie genügend Spielraum. Neben rein gesundheitlichen Gesichtspunkten trägt man sowohl den Veränderungen als auch den Konstanten menschlicher Bedürfnisse und Verhaltensweisen Rechnung.

Eine solche Entwicklung ist naturgemäß mit Auf und Ab verbunden. Escoffier, der berühmte «Altmeister» der Jahrhundertwende, tat in seinem Bemühen, den Küchenchefs das Leben zu erleichtern und in den Wirrwar der französischen Küche des 19. Jahrhunderts Ordnung zu bringen, fast zuviel des Guten. Er stellte zu straffe Regeln auf.

Erst nach dem Krieg begann man das Korsett, in das die französische Küche gezwängt worden war, etwas zu lockern und leistete dadurch einer wahren Revolution Vorschub.

Heute spricht man viel von der «Nouvelle Cuisine». Sie ist einerseits eine Realität: die Gerichte sind leichter, es kommt mehr auf den Geschmack als auf die Zutaten, auf Frische und Qualität der Produkte an. Diese waren noch nie so vortrefflich. Andererseits möchte ich die «Nouvelle Cuisine» aber auch als Illusion bezeichnen. Es gibt keine neue Kost, keine neuen Methoden, keine neuen Geräte. Wir werden uns nur besonders deutlich inne, wie beweglich, lebendig und anpassungsfähig Kochkunst sein kann.

Die illustren Meister ihres Fachs, Bocuse, Vergé, Guérard usw., in Frankreich ebenso berühmt wie die Helden der Leinwand, sind großartige Praktiker, die in direkter Linie das Werk ihrer namhaften Vorgänger fortführen.

In diesem Zusammenhang gilt es noch eine andere Unklarheit zu beheben. Die von Guérard ausgeheckte «Cuisine minceur» ist ebenfalls kein neuer Kochstil, sondern einfach eine etwas schmackhaftere Schlankheitsdiät. Sicher kann man einige seiner Tricks für eine fettärmere Diät ganz generell anwenden, doch im Grunde waren sie einfach dazu bestimmt, simple Steaks und geraffelte Karotten bekömmlicher zu machen. Im vorliegenden Buch kommen solche Besonderheiten – auch jene von Complan – nicht zur Sprache.

Dies vorweggenommen, muß ich zugeben, daß die zitierten Gerichte mehr zur Sorte der konventionellen Speisen zählen. Angesichts der enormen Spannweite der französischen Küche schien es mir angezeigt, mich auf die klassischen Gerichte, die auch in Zukunft überleben werden, zu beschränken. Die jungen Küchenchefs experimentieren, doch geschieht es innerhalb eines bestimmten Rahmens, der sich nur wenig ändert. Zwar scheinen die Trüffeln, die noch vor fünfzig Jahren jedes berühmte Gericht vervollkommneten, verschwunden, doch die von Carème, dem größten französischen Kochgenie, vor 150 Jahren festgelegten Grundprinzipien gelten noch immer.

Wo essen?

Hierfür ist die Summe, die Sie auszugeben gewillt sind, entscheidend. Der Umstand, daß die französischen Restaurants neben der Eingangstür ihre Menüs anzuschlagen pflegen, wird Ihnen die Sache erleichtern. Die Franzosen unterscheiden zwischen der *carte,* der Speisekarte, und dem *menu,* der Menükarte, auf der die fertigen Menüs und deren Preis verzeichnet sind. Oft stehen drei preislich unterschiedliche Menüs zur Wahl, in der Regel inklusive einer halben Karaffe Wein. Sie werden zwar manchmal, nachdem Sie das Restaurant betreten haben, konstatieren müssen, daß das billigste Menü (das Sie hineinlockte) nur an gewissen Tagen vor 12.30 Uhr usw. serviert wird. Wenn Sie nach der *carte* bestellen, wird Sie das Essen weit teurer zu stehen kommen. In einer *brasserie* haben Sie die Möglichkeit, nur ein Gericht zu essen. In gewissen etwas verschlafenen Provinzstädten werden Sie in kleineren Passantenhotels immer noch den wirklichen *table d'hôte* vorfinden, wo Sie für eine bescheidene Summe alles offeriert bekommen, was die Familie ißt.

Mahlzeiten

Petit déjeuner (Frühstück) Kaffee, Hörnchen, Butter und Marmelade. Bestellen Sie *café complet.*
Déjeuner (Mittagessen) Die Franzosen bewältigen zwei Hauptmahlzeiten.
Dîner (Abendessen) Eine seriöse Angelegenheit. Trotzdem besteht kein Kleiderzwang.

Speisekarte

In Frankreich gibt es neben der einfach gestalteten Speisekarte noch eine Menükarte, auf der die Menüs beschrieben sind. Diese bestehen meist aus Vorspeise, Hauptgericht und Käse als Dessert – in der niedrigsten Preiskategorie. Bei teureren Menüs stehen in der Regel drei Vorspeisen und Hauptgerichte zur Wahl, gefolgt von Käse und Süßspeisen. Die *carte,* die Speisekarte, gliedert sich in folgende Speisekategorien: *hors-d'œuvre, potages, poissons, volaille, viandes, gibier, légumes, fromages* (die man vor den Süßspeisen ißt) und *entremets* (Süßspeisen). Die Überschrift *entrées* (falls eine solche vorkommt) bedeutete ursprünglich Vorspeisen, gilt heute aber für Hauptgerichte. In den meisten Restaurants offeriert man eine *plat du jour,* ein Tagesgericht, oft das interessanteste Angebot, da es aus den frischen Zutaten des betreffenden Morgens zubereitet wird. In feineren Restaurants werden meist *spécialités de la maison,* Spezialitäten des Küchenchefs, empfohlen.

Hors-d'œuvre

Artichauts à la vinaigrette Artischocken mit Essig- und Ölsauce. Kalt serviert.

Asperges froides en buisson Spargel in Schinkenscheiben eingerollt, überzogen mit gesulzter Mayonnaise. Mit Spinatsaft dekoriert.

Avocat Fermont Halbierte, heiße Avocadobirnen, gefüllt mit verlorenem Ei, serviert mit *sauce béarnaise.*

Beignets de laitances Küchlein aus Fischrogen.

soufflés à la hongroise Zwiebelküchlein.

Bœuf en salade Rindfleischsalat.

Bouchées aux truffes Trüffelscheiben in Madeira gedünstet, in kleinen Blätterteighüllen serviert.

Boulettes de viande Kleine, gebackene Fleischkugeln.

Boutargue siehe *Poutargue.*

★ **Cèpes marinés** Frische Steinpilze, einige Tage mariniert in Öl, Knoblauch, Kräutern und Gewürzen.

Chou-fleur pimprenelle Marinierter kalter Blumenkohl, serviert in Senfrahmsauce.
Choux au fromage Käse-Windbeutel.
Cœurs de palmier Palmherzen. Werden in Frankreich mit verschiedenen warmen oder kalten Saucen oder mit *sauce vinaigrette* serviert.
Coquilles Saint-Jacques Siehe Fisch und Meeresfrüchte.
Cou d'oie farci Gänsehals, gefüllt mit Schweinsbrät, Gänsefleisch, Gänseleber und Trüffeln, in Gänseschmalz gekocht und aufbewahrt.
Crabe froid à l'anglaise Krabbe im Sud gekocht, kalt serviert.
Croque-Monsieur Heißer Käse-Schinken-Toast.
Croquettes de volaille Kroketten aus gehacktem Geflügelfleisch, Schinken, Trüffeln, Pilzen, Eigelb und *sauce veloutée,* paniert und schwimmend ausgebacken.
Croustade bressane Teigkruste, gefüllt mit Mischung aus Pouletbrustfilets, Trüffeln und Pilzen an Rahmsauce, abgeschmeckt mit Madeira oder Portwein.
Croûte landaise Gebackene Brotscheibe, belegt mit einer Scheibe *foie-gras,* überzogen mit *sauce mornay* und gebacken.
Croûte savoyarde Schinkenscheibe auf gebackenem Blätterteig, mit Käsesauce nappiert, gebacken.
Crudités Verschiedene rohe, gescheibelte Gemüse, oft mit *sauce vinaigrette.*
Cuisses de grenouilles frites Froschschenkel, paniert und gebraten.
Escabèche de sardines Gebratene Sardinen, mariniert in Wein, Zwiebeln, Karotten, grünen Paprikaschoten, Thymian und Petersilie. Kühl serviert.
★ **Escargots à la bourguignonne** Schnecken, in Wein gekocht, wieder in die Schalen eingefügt. Mit Burgunderbutter (Butter, Schalotten, Knoblauch, Petersilie) aufgefüllt und erhitzt.
Fonds d'artichauts à la grecque Artischockenböden mit Karotten und Zwiebeln in Wein und Olivenöl gekocht. Kühl serviert.
★ **Fromage de tête** Galantine aus Schweinskopf, Schweins- und Kalbsschulter, Schweineschwarte und Zunge, kalt serviert.
Galantine Entbeintes Geflügel, Fleisch oder entgräteter Fisch, gefüllt mit dem eigenen gehackten Fleisch, verschiedenen Zutaten und Gewürzen. Die Original-Galantine besteht aus Geflügelfüllung. Meist mit Sülze garniert und kalt serviert.
★ **Gâteau de foies blonds de poulardes de Bresse au coulis de queues d'ecrevisses** Feiner Schaum aus Hühnerlebern mit Sauce aus Krebsschwänzen. Delikat.
Grenouilles Frösche, siehe *cuisses de grenouilles* und *nymphes à l'aurore.*
Mosaïque de légumes Gemüseterrine aus Schichten von gehacktem Schinken, Karotten, grünen Erbsen; kalt serviert.
Mouclade Im Dampf gegarte Miesmuscheln an mit Ei gebundener Zitronensauce.
Moules marinière Siehe Fisch und Meeresfrüchte.
★ **Nymphes à l'aurore** Froschschenkel in Weißwein pochiert, mit rosa *sauce chaud-froid* nappiert, mit Gelee aus Moselwein überzogen gestürzt serviert, mit Estragon garniert.
Œil d'anchois Rohes Eigelb, garniert mit gerollten Sardellen und feingeschnittenen Zwiebeln.
Paillettes aux anchois Blätterteigstengelchen mit Sardellen.
Pâté Jedermann weiß, was eine Pastete ist. Handelt es sich wirklich um eine Pastete, sollte die Fleisch-, Fisch- oder Geflügelmischung (mit der eigenen Leber) in einer Teigkruste gebacken werden.
Guillaume Tirel Zarte Füllung aus gehacktem Fischfleisch, Eiweiß und Sahne. Schichtweise eingefüllt in mit Spickspeck ausgelegte Form, mit Filets von Petersfisch, Eischeiben, Estragon, Petersilie, Sahnesauce und Spargel, mit Speck abgedeckt und im Wasserbad gekocht. Warm oder kalt serviert.
Pieds de porc panés Gekochte Schweinsfüße, paniert und gebacken; mit *sauce hollandaise.*
Pissaladière Pizzaähnliches

Gebäck ohne Käse (Südfrankreich).

Poutargue Getrocknete Rogen von Meeräsche oder Thunfisch, an *sauce vinaigrette* serviert.

Quiche lorraine Kuchen, belegt mit Speckstreifen und Eiguß. In modernen Rezepten mit etwas Käse.

Ramequins au fromage Tarteletts, gefüllt mit Käsecreme.

Ratatouille In Olivenöl geschmortes Gericht aus Zwiebeln, roten Paprikaschoten, Tomaten und Zucchetti.

Rillauds, rillons Siehe *rillettes.*

Rillettes d'oie Schweinefleisch, in Schweinefett gegart und in Steinguttöpfen eingemacht.

Rissoles Schwimmend ausgebackene Teigkrapfen.

Rôties galloises Käseschnitten.

Salade Salat. Die Franzosen machen die verschiedensten Salate, vom zufällig gepflückten Unkraut bis zur komplizierten Kombination von Fisch, Fleisch und Gemüse.

brésilienne Reis und Ananassalat an Sauce aus Sahne und Zitronensaft.

Café de Paris Lattich und kleingeschnittenes Hühnerfleisch an leichter *sauce mayonnaise,* mit Sardellen, Oliven und hartgekochten Eiern.

catalane Salat aus Reis, Zwiebeln und roten Paprikaschoten mit Sardellen an *sauce vinaigrette.*

demi-deuil Kartoffelsalat mit Trüffeln an Sahnesenfsauce.

des midinettes Reis mit grünen Erbsen in *sauce vinaigrette,* mit Kerbel und Estragon.

monégasque Pochierte *nonats* (siehe Fische) mit Tomaten auf Reis.

niçoise Vielfältige Salatmischung, enthält unter anderem meist Tomaten, Zwiebeln, grüne Bohnen, Thunfisch, Kartoffeln, Sardellen, Oliven und Kräuter.

Otero Salat aus roten Paprikaschoten, Tomaten, Sardellen und Zwiebeln in *sauce vinaigrette* mit Senf.

quimperloise Fischsalat mit Garnelen, Krabben, hartgekochten Eiern, Kapern und Kräutern an tomatisierter Mayonnaise.

Réjane Reis, Gurken, zerkleinerte Pouletbrustfilets mit Trüffelscheiben an *sauce vinaigrette.*

riche Salat aus Spinatblättern und kurz gebratener Gänseleber, mit Öl und Essig beträufelt.

russe Russischen Salat gibt es in vielen Variationen. Meist ist es eine Mischung kleingewürfelter gekochter Bohnen, weißer Rüben, Kartoffeln, Karotten, Gurken, Sellerie und Pilzen, gebunden mit *sauce mayonnaise.*

Saucisson chaud à la lyonnaise Heiße Lyonerwurst mit Kartoffelsalat.

Soufflé d'écrevisses Léopold de Rothschild Soufflé aus Krebsen, Krebsbutter und schwarzen Trüffeln.

de jambon Alexandra Soufflé aus Schinken, Parmesan, Trüffeln und Spargelspitzen.

Tarte aux oignons Zwiebelkuchen.

Terrine Ein irdenes, rechteckiges, rundes oder ovales Geschirr mit Deckel, in dem Fleisch, Wild oder Fisch gekocht wird. Das Wort bezeichnet auch das im Gefäß zubereitete Gericht, d.h. eine Pastete aus gehacktem Fleisch, Geflügel oder Geflügelleber, gemischt mit feingehacktem Speck, Gemüse, Gewürzen und Kräutern. Meist mit Wein oder Cognac abgeschmeckt. Im Wasserbad gekocht und kalt serviert.

Thon à l'huile Thunfisch in Olivenöl, garniert mit Kopfsalat und hartgekochten Eiern.

Tomates à l'antiboise Tomaten, gefüllt mit Thunfisch, Kapern, Mayonnaise und Kräutern.

Tourte des gastronomes Kuchen aus Kalbsbries und Pilzen, serviert mit Madeirasauce.

★ **Truffes sous la cendre** Trüffel mit dünnen Speckscheiben und mit 6 Lagen Papier umwickelt, in Terrine gelegt und in heißer Asche gegart. Sobald die äußere Papierschicht karbonisiert ist, sind die Trüffeln gar.

Truites tyroliennes Gebackene Forellen mit *sauce tyrolienne.*

Potages et Soupes – Suppen

Auf einer französischen Speisekarte figurieren unter dem Begriff *potages* Suppen aller Art. Eine *consommé* ist stets eine klare Brühe, eine *potage* war meist eine deftige Angelegenheit aus Fleisch und Gemüse. Heute versteht man darunter eine gebundene Suppe (im Gegensatz zur *potage clair*). *Soupe* bedeutet eine nahrhafte, meist rustikale Suppe, oft über Brotscheiben angerichtet.

Bisque Suppe aus Schalentieren. *Bisque de homard* (aus Hummer) ist die beste, wenn die Schalen dazu verwendet werden.

★ **Bouillabaisse** Die genaue Beschreibung dieses Gerichtes würde mehr als drei Seiten füllen. Das wichtigste ist, daß die dazu verwendeten Fische (*rascasse, Saint-Pierre, lotte, vive,* oder andere Sorten) absolut frisch sind, daß die Fischbouillon gut zubereitet und nur diskret gewürzt wird. Gutes Olivenöl, etwas Knoblauch, Tomaten, Safran und Aal gehören hinein, aber nicht unbedingt Languste. Allerdings gibt es unzählige Variationen.

Bourride Provençalische Suppe aus verschiedenen Fischen, und Kartoffeln, mit *aïoli* gebunden.

Consommé Klare Brühe.

Borghèse Geflügelconsommé mit Spargelspitzen und Streifen von Geflügelfleisch.

brunoise Consommé mit Karotten, Porree, weißen Rüben und Sellerie.

Célestine Consommé mit Pfannkuchen, Kerbel und Petersilie.

Colbert Wie *printanier,* aber mit pochiertem Ei.

double Consommé, stark konzentriert, mit Sherry oder Madeira abgeschmeckt.

en gelée Consommé, geliert.

julienne Consommé mit gemischten Gemüsestreifen.

madrilène Consommé mit Tomaten, stark konzentriert.

printanier Consommé aus Geflügel mit feingeschnittenem Gemüse.

à la royale Consommé gebunden mit Tapioca und *royale.*

de volaille Geflügelconsommé. Für die klassische Zubereitung wird ein ganzes Huhn und das Gerippe eines zweiten benötigt. Eine Extravaganz, die sich nur Franzosen leisten können.

Cotriade de maquereaux Fischsuppe aus Kartoffeln und Makrelen.

Crème Cremesuppe.

Agnès Sorel Hühnersuppe mit Pilzen und Zungenstreifen.

d'Argenteuil Spargelcremesuppe.

Fontanges Cremesuppe aus grünen Erbsen mit Sauerampfer.

Germiny Consommé mit Eigelb gebunden mit Sauerampfer.

à la reine Geflügelconsommé mit gewürfeltem Eierstich und Streifen von Hühnerfleisch.

à la soissonnaise Suppe aus weißen Bohnen.

Croûte-au-pot Consommé mit Gemüse aus einem Pot-au-feu.

Ferrecapienne Fischsuppe, meist aus Wittling zubereitet, mit Rahm. Der Fisch wird vor der Zubereitung in Thymian, Zitronensaft und Öl mariniert.

Garbure béarnaise Dicke Gemüsesuppe gekocht mit Schinken oder geräuchertem Schweinefleisch.

Gratinée lyonnaise Siehe *soupe à l'oignon.*

Miques du Périgord Dicke Suppe oder Eintopfgericht aus Gemüsen, mit Schinken oder geräuchertem Schweinefleisch und Maisklößen.

Le moutaïrol Suppe aus dem Périgord aus Hühnerbrühe mit Safran und Brot.

Ouillat Suppe aus den Pyrenäen mit Tomaten, Zwiebeln, Knoblauch und Gänsefett, über Brotscheiben angerichtet.

Panade Suppe aus Brot und Milch, gebunden mit Eigelb.

Petite marmite (Henri IV) Fleischbrühe mit Hühner- und Rindfleisch, Markbein und

Gemüse, meist passiert serviert mit dem kleingeschnittenen Kohl und Fleisch.
Potage Crème Saint-Germain Suppe aus pürierten, frischen grünen Erbsen und Hühnerbrühe.
aux abatis Suppe mit Gänseklein.
à l'ambassadeur Suppe aus Erbsen und Sauerampfer, gebunden mit Reis.
d'Artois Suppe aus weißen Bohnen und Gemüse.
Bagration Kalbssamtsuppe, garniert mit Makkaroni oder Fischsamtsuppe, garniert mit Fischklößchen und Krebsschwänzen.
Balvet Grünerbssuppe mit andern Gemüsen.
Billy By Muschelcremesuppe, heiß oder kalt serviert.
à la bonne femme Suppe aus Kartoffeln, Porree und Gurken.
Condé Suppe aus roten Bohnen.
Conti Pürierte Linsensuppe.
Crécy Karottensuppe, püriert.
Dubarry Dicke Blumenkohlsuppe.
fréneuse Püree aus weißen Rüben und Kartoffeln.
mimosa Consommé, garniert mit grünen Erbsen und grobgesiebtem hartgekochtem Eigelb.
Parmentier Kartoffelsuppe mit Porree und Sahne.
Pierre-le-Grand Peter der Große war ein Hüne mit gesundem Appetit. Es wurden gleich drei Suppen nach ihm benannt: eine Pilzsuppe, ein Püree von Haselhuhn, vermischt mit Champignonvelouté und eine Selleriesuppe.
Saint-Cloud Suppe aus Grünerbsen und Kopfsalat.
Potée toulousaine Eintopfgericht aus Gemüse, Schweinefleisch und Würsten aus Toulouse.
à l'ail Knoblauchsuppe.
ardennaise Suppe aus Endivien, Porree und Kartoffeln. Über Brotscheiben angerichtet.
auvergnate Dicke Suppe aus Porree, Karotten, weißen Rüben, Kartoffeln, Kohl, Linsen und kleingeschnittenem Schweinskopf.
champenoise Deftige Suppe aus Kartoffeln und Sellerie mit Gemüsestreifen, in der Champagne zur Erntezeit gegessen.
dieppoise Fischsamtsuppe, mit Muscheln und Fischstückchen.
fermière Suppe aus Porree, Kohl, weißen Rüben und Kartoffeln. Über Brotscheiben angerichtet.
au gras-double Kuttelsuppe mit Gemüse, über Brotscheiben angerichtet.
limousine au pain de seigle Gemüsesuppe, über Roggenbrotscheiben angerichtet. Gemüse separat serviert.
ménagère Gemüsesuppe nach Hausfrauenart mit Speck, über Brotscheiben angerichtet.
nîmoise Gerstensuppe mit Gemüse und Basilikum.
normande Gemüsesuppe, meist aus Porree und Kartoffeln.
à l'oignon Zwiebelsuppe, garniert mit gerösteten Brotscheiben, mit Käse bestreut und vor dem Servieren überbacken.
à l'oseille Sauerampfersuppe.
paysanne Gemüsesuppe aus Porree, Kohl und Kartoffeln, über geröstetem Brot angerichtet.
au pistou Gemüsesuppe aus grünen Bohnen, Tomaten oder Kürbis, Saisongemüse und Makkaroni, gewürzt mit im Mörser zubereiteter Paste aus Knoblauch, Basilikum und Olivenöl.
à la queue de bœuf Ochsenschwanzsuppe.
savoyarde Suppe aus Porree, Sellerie und Kartoffeln, über Brotscheiben angerichtet.
tourangelle Suppe aus Porree, Kohl, Erbsen und Hühnerfleisch.
aux truffes Jedermann kopiert die Trüffelsuppe mit *foie-gras,* welche Paul Bocuse für den Präsidenten Giscard d'Estaing zubereitete. Serviert in kleiner Suppenterrine mit Blätterteighaube.
Tortue claire Schildkrötensuppe.
Tourin blanchi Knoblauchsuppe, mit Thymian parfümiert, über Brotscheiben angerichtet.
à la bordelaise Zwiebelsuppe, gemischt mit konzentrierter Kraftbrühe.
toulousain Knoblauchsuppe, mit Gänsefett und Ei zubereitet.

Velouté aurore Rahmsuppe mit Geflügel und Tomaten.
de volaille Geflügelcremesuppe.
Xavier Geflügelcremesuppe, vermischt mit Reiscreme, gewürfeltem Hühnerfleisch und *royale* (Eierstich).
Vichyssoise Kalte Lauch-Kartoffelsuppe.

Œufs – Eiergerichte

Cromesquis d'œufs Kugeln aus gewürfeltem hartgekochtem Ei, Champignons, Trüffeln und dicker weißer Sauce, in Teig gebacken.
Œufs à l'alsacienne Verlorene Eier mit *sauce chaud-froid* auf Mousse von *foie-gras*, mit Streifen aus Trüffeln und Hühnerfleisch garniert.
à l'andalouse Verlorene Eier mit Tomatensauce und Peperonistreifen auf gebratenen Auberginenscheiben.
à la d'Aumale Verlorene Eier auf Schinkenmousse, in *sauce chaud-froid* mit Safran und Trüffelstreifen.
Bercy Spiegeleier, garniert mit Würstchen und Tomatensauce.
Borgia Verlorene Eier auf gebackenen Tomaten, überzogen mit *sauce béarnaise*.
brouillés Verlorene Eier.
châtelaine Verlorene Eier auf Maronenpüree, überzogen mit Geflügelrahmsauce.
Cluny Spiegeleier mit Geflügelkroketten.
en cocotte à la crème Eier im Näpfchen, im Wasserbad mit Sahne gekocht.
à la coque Weichgekochte Eier.
à la diable Spiegeleier mit Senf und Essig.
durs Hartgekochte Eier.
frits en aumônière Gebackene Eier auf kleinen, runden gerösteten Brotscheiben, mit kleinen Pfannkuchen, gefüllt mit Käse und Schinken.
frits Cavour Gebackene Eier auf gebackenen Tomaten und Risotto.
en gelée Kalte verlorene Eier auf Schinkenscheiben, mit Gelee überzogen.
en meurette Verlorene Eier mit Rotweinsauce und Schinkenstreifen, auf Knoblauch-Butter-Croûtons angerichtet.
Meyerbeer Spiegeleier, mit Lammnierenscheiben und *sauce périgueux*.
Mireille Im Dampf gegarte Eier mit Trüffeln und Sahne.
au plat, sur le plat Spiegeleier, Setzeier.
pochés Verlorene Eier.
pochés bénédictine Verlorene Eier auf Stockfischpüree, oft in kleinen Tarteletts mit Sahnesauce und Trüffeln serviert.
pochés à la bretonne Verlorene Eier mit Schinken und Artischockenböden.
pochés grand-duc Verlorene Eier mit Spargelspitzen und Krebsschwänzen.
pochés Henri IV Verlorene Eier auf Artischockenböden.
pochés à la d'Orléans Verlorene Eier auf gewürfeltem Geflügelfleisch in Tarteletts, mit *sauce suprême*.
pochés à la reine Verlorene Eier auf Makkaroni mit Trüffel*julienne* und *sauce béchamel*.
à la poêle Gebackene Eier.
à la tripe Hartgekochte Eischeiben in *sauce béchamel* mit Zwiebelmus.
★ **à la Villeroy** Verlorene Eier an *sauce Villeroy*, paniert und schwimmend ausgebacken.
Omelette Sollten Sie dieses Gericht nicht schätzen, dann haben Sie noch nie ein französisches Omelett versucht.
chasseur Omelett mit gebratenen Geflügellebern und Champignons.
à l'espagnole Omelett mit Zwiebeln und Tomaten.
aux fines herbes Omelett mit Schnittlauch, Petersilie, Kerbel und Estragon.
grand'mère Omelett mit gerösteten Brotwürfeln und gehackter Petersilie.
au lard Omelett mit kleinen Speckwürfelchen.
limousine Omelett mit gerösteten Kartoffel- und

Schinkenwürfelchen, Pilzen und Petersilie.

lorraine Omelett mit Sahne, Speck, Greyerzerkäse und Schnittlauch.

à la ménagère Omelett mit Makkaroni oder anderen Teigwaren.

mousseline Luftiges Omelett.

Pipérade Baskische Spezialität: Mischung aus zerkleinerten Paprikaschoten, Tomaten, Zwiebeln, Schinkenwürfelchen und Eiern wie ein Omelett in Olivenöl gebacken.

Soufflé Erwarten Sie keine vernünftige Erklärung dieser Bezeichnung. Das Wort *souffler* heißt blasen oder aufblasen. Ein Soufflé ist eine Mischung aus Eigelb und steifgeschlagenem Eiweiß, oft angereichert mit einem Püree aus Gemüse, Obst oder Käse in Porzellanformen im Ofen gebacken. Es sollte wundervoll aufgehen. Soufflés glacés: Halbgefrorenes in kleinen Souffléformen. Das beste *soufflé glacé* der Welt gibt es in Monsieur Pics Restaurant in Valence. (Siehe Desserts.)

Symphonie d'œufs Omelett mit gehackten hartgekochten Eiern und verlorenen Eiern.

Poissons et Crustaces – Fische und Meeresfrüchte

Aiglefin Schellfisch.

Alose de l'Adour Alse, gefüllt mit Sauerampfer, gegrillt oder gebacken, serviert auf gehacktem Schinken mit Sauerampferblättern.

Anchois Sardellen.

Anguille Aal.

à la flamande dite «au vert» Aalstücke, gedünstet in Butter mit Zwiebeln, Sellerie und Kräutern, serviert im eigenen Saft, abgebunden mit Eigelb und Sahne.

Barbeau Flußbarbe.

Barbillon Kleine Barbe.

Barbue Glattbutt.

Baudroie Seeteufel.

Bigorneaux Große Meerschnecke.

Blanchailles Breitling oder andere Fische schwimmend gebacken.

Bouillabaisse Siehe Suppen.

★ **Brandade de morue** Püree aus gesalzenem und getrocknetem Kabeljau, gemischt mit Knoblauch, Olivenöl, Milch, bis die gewünschte Konsistenz erreicht ist. Spezialität aus der Camargue.

Brème Brachsen.

Brochet Hecht. Siehe *quenelles de brochet.*

à l'orléanaise Gebratener Hecht, serviert mit Sauce aus Essig und Schalotten.

Cabillaud à la ménagère Kabeljau, gebacken mit neuen Kartoffeln und Zwiebeln, mit Petersilie bestreut.

Capoum Rotbarsch.

Carpe à la juive Karpfen, kalt serviert in gelierter Weißweinsauce.

farcie à l'ancienne Karpfen, gespickt mit gesalzenem Schweinefleisch und Trüffelstreifen, gefüllt mit Mischung von zerriebenem Wittling, Brotkrumen, Fischrogen, Weinbrand, Butter, Eier und Sahne, meist gedünstet.

Carrelet Scholle, meist filetiert und gebacken.

Colin Seehecht, Hechtdorsch.

Congre Meeraal.

Coques Herzmuscheln.

Coquilles d'écrevisses cardinal Muschelschale, gefüllt mit Langustenfleisch, *sauce béchamel,* Krevettenbutter, Trüffelscheiben; mit Käse bestreut und überbacken.

Coquilles Saint-Jacques Jakobsmuscheln, meist gekocht in Wein, Zitronensaft und Butter mit Champignonscheiben.

★ **Saint-Jacques havraise** Jakobsmuscheln in Butter sautiert mit gehackten Schalotten, serviert an Weißweinsahnesauce mit Wermuth, garniert mit Garnelen.

Saint-Jacques landaise Jakobsmuscheln, mit Pinienkernen sautiert, abgeschmeckt mit wenig Essig und Petersilie.

★ **Coulibiac de saumon** Russische Pastete aus Brioche- oder Blätterteig, gefüllt mit

Lachs, Reis oder Grießkascha, Vesiga und hartgekochten Eiern.
Crabe Taschenkrebs.
Crevettes Garnelen, Krevetten.
grises Kleine graue Garnelen.
roses Rosafarbene Garnelen.
Darne de saumon Lachstranche.
Daurade oder **dorade** Meerbrasse.
Ecrevisses à la bordelaise Sautierte Krebse mit Gemüsen, Cognac und Wein.
en buisson Krebse im *court-bouillon* (Sud) gekocht, auf Spezialgestell in Buschform aufgehängt und mit Petersilie garniert.
Eperlans Stint, meist fritiert.
Escalope de saumon à l'oseille des frères Troisgros Dünne Lachsscheiben mit Schalotten in Butter rasch gedünstet, serviert mit Sauerampfer-Rahmsauce und Weißwein.
Escargots Schnecken.
Espadon Schwertfisch.
Esturgeon Stör. Selten erhältlich.
Filets de sole cardinal Seezungenfilets, gefüllt mit Fischfarce und Hummerbutter, gefaltet und pochiert, belegt mit Hummermedaillon und Trüffelscheibe, übergossen mit *sauce béchamel.*
de sole châtelaine Seezungenfilets, kurz gebraten, serviert auf einer Mischung von Teigwaren, Parmesan, Trüffelscheiben und *sauce béchamel.*
de sole Doria Seezungenfilets, gebraten, mit gedünsteten Gurken.
de sole homardine Seezungenfilets, pochiert in *fumet* mit Weißwein, serviert übergossen mit *sauce à l'américaine* mit Hummerfleisch, Rahm und *sauce hollandaise.*
★ **de sole Marguery** Pochierte Seezungenfilets, mit Muscheln und Garnelenschwänzen, an Weißweinsauce.
de sole Orly Seezungenfilets in Teig fritiert, serviert mit Tomatensauce.
de sole en paupiettes Seezungenfilets, gefüllt mit Fischfarce, oft auch mit Trüffeln, gerollt und pochiert.
de sole Véronique Pochierte Seezungenfilets, garniert mit Traubenbeeren, mit dem eingekochten Fischfond überzogen.
de sole Walewska Seezungenfilets pochiert, belegt mit Langustinen- oder Hummerfleisch und Trüffelscheiben und *sauce mornay.*
Flétan Heilbutt.
Fruits de mer Verschiedene Schalentiere.
Goujonnettes In Streifen geschnittene Fischfilets oder Fischscheiben, gemehlt und schwimmend gebacken.
★ **Gratin de queues d'écrevisses Fernand Foint** Eines der berühmtesten Gerichte der neuen französischen Küche: Krebsschalen, gemahlen und zusammen mit Zwiebeln, Karotten, Cognac, Weißwein, Tomatenpüree, Estragon und Cayennepfeffer zu einer Sauce verarbeitet. Krebsschwänze und -scheren in Butter mit Cognac, Rahm und Trüffelscheiben gedünstet, mit der Sauce und etwas *sauce hollandaise* übergossen und anschließend leicht überbacken.
Grenouilles Frösche, siehe Hors-d'œuvre.
Grondin Seehahn, Knurrhahn.
Harengs Heringe.
Homard Hummer.
à l'américaine oder **à l'armoricaine** Die Bezeichnung dieses Gerichtes war lange Zeit umstritten. War es nicht ein altes Gericht aus dem Languedoc (Armorica), also *à l'armoricaine?* Curnonsky entschied die Bezeichnung, indem er das Gericht als Erfindung dem Küchenchef Fraisse zuschrieb, der es für spät eintreffende Gäste improvisierte. Da er unmittelbar vorher in Amerika gewesen war, nannte er das Gericht *homard à l'américaine.* Es handelt sich um Hummerstücke in Öl und Butter mit Zwiebeln und Schalotten sautiert, mit Cognac flambiert, mit Weißwein abgelöscht, mit Fischfond, Tomatenstückchen ergänzt. Der Fond wird nach dem Garen des Hummers eingekocht, mit Hummermark gebunden und mit Butter aufmontiert. Am besten paßt Butterreis dazu. Es gibt viele Varianten.
Clarence Hummer ähnlich wie *à l'américaine* zubereitet, aber mit Currypulver und Rahm.

à la Newburg Hummerstücke an Sherry, gebunden mit Eigelb und Rahm.

au porto Hummerhälfte, kurz gebraten, mit Portwein abgelöscht, an Butter-Rahmsauce mit Eigelb.

Thermidor Hummer gekocht, längs gespalten, in Scheiben geschnitten und wieder in die Schalen gefüllt. Nappiert mit *sauce bercy* (Schalotten-Buttersauce) und vermischt mit *sauce béchamel* und wenig Senf, mit Käse überbacken.

Huîtres Austern.

de Marennes Ausgezeichnete Austernsorte, grün (*vertes*) oder gräulich-weiß (blanches) erhältlich.

Laitance Fischmilch.

Lamproie à la bordelaise Der arme, Neunauge genannte Fisch wird lebend ausgeblutet, das Blut in einer Pfanne aufgefangen und mit *Sauternes*- oder Rotwein gemischt. Dann erst wird der Fisch getötet, gekocht und serviert an einer Sauce aus Porree, Zwiebeln, Schalotten, Knoblauch, Sellerie, Karotten und geräuchertem Schinken. Die ganze Prozedur dauert mindestens 10 Stunden.

★ **Langouste grillée aux deux sauces** Gegrillte Languste, serviert mit *sauce choron* und *sauce américaine.*

Langoustines Seekrebs des Mittelmeers.

à la valencienne Langustine, serviert auf gekochtem Reis, Schinken- und Peperonistreifen und Erbsen.

Limande Kliesche, rauhe Scholle.

Lotte Aalraupe, Trüsche. Dorschartiger Süßwasserfisch. Alain Chapel bereitet aus der Leber dieses Fisches hervorragende Gerichte zu.

Lotte de mer Siehe *Baudroie.*

Loup (de mer) Wolfsbarsch, Seebarsch.

Maquereau Makrele. Traditionell mit Stachelbeersauce serviert.

Matelots de petits Saint-Pierre Ragout aus kleinen Petersfischchen, serviert an *court-bouillon* mit Wein, mit Petersilie und Croûtons.

Merlans frits en colère «Zornige Wittlinge», so benannt, weil mit dem Schwanz im Maul gebacken. Mit *sauce tartare* serviert.

Morue à l'anglaise Gesalzener Kabeljau, pochiert und serviert mit Salzkartoffeln und Rahmsauce mit hartgekochten Eiern.

à la bénédictine Gesalzener Kabeljau, pochiert, gehackt und vermischt mit passierten Kartoffeln, Öl und Milch und gebacken.

Moules Miesmuscheln.

★ **marinière** Muscheln, gekocht mit Weißwein, gehackten Schalotten, Petersilie, Lorbeer und Thymian; verfeinert mit Butter und Petersilie.

Mousse de merlan Schaumbrot aus Wittlingsfleisch, Doppelrahm und Eiweiß: alle Zutaten werden gehackt, durch ein Sieb passiert, in kleine Formen, mit Trüffelscheiben ausgelegt, gefüllt und im *bain-marie* gekocht.

Mulet Meeräsche, Meerbarbe.

Nonats Mittelmeerfischchen, meist fritiert.

★ **Omble chevalier** Saibling, Rötel aus dem Lac d'Annecy.

Oursin Seeigel.

Palourdes Sandmuscheln.

Perche Barsch (Egli).

Plie Siehe *carrelet.*

Poulpe Krake, Meerpolyp.

Praires Kleine Muschelart.

★ **Quenelles de brochet** Hechtklößchen: Hechtfleisch gestoßen und passiert, gemischt mit *panade* und Ei, zu ovalen Klößchen geformt und pochiert.

Raie Rochen.

Rascasse Rotbarsch.

Rouget Rotbarbe, Meerbarbe, auch *rouget-barbet* genannt. Der *rouget-grondin* (roter Knurrhahn) wird für Fischsuppen verwendet.

★ **à la nantaise** Gegrillte Rotbarben, serviert mit würziger Sauce aus ihrer Leber, Schalotten, Wein, Fleischsülze, Butter und Petersilie.

Royans Große Mittelmeersardinen.

Saint-Pierre Petersfisch.

Sardines Sardinen. Am besten schmecken sie gegrillt oder gebacken. Escoffiers Freund Vaillat schrieb ein Buch mit 150 Sardinenrezepten.

antiboises Frische, panierte Sardinen, gebacken, serviert auf

Tomatenwürfeln, geschmolzen mit Zwiebeln, Knoblauch und Weißwein.

Saumon Lachs. In Frankreich wird der Lachs aus Skandinavien jenem aus Schottland vorgezogen. Ihr Räucherlachs ist nicht unbedingt erstklassig.

Sole Seezunge. In Frankreich ist leider die unglückliche Seezunge oft mehr eine Ausrede für eine Sauce denn für einen interessanten Fisch. Es existieren ungefähr 400 Varianten für Seezungenzubereitungen, inbegriffen die *tante Claire*-Rezepte eines jeden Chefs. Ich führe hier nur einige meiner Lieblingsrezepte auf.

arlésienne Pochierte Seezunge in einer Sauce aus gehackten Zwiebeln, Tomaten, Petersilie, Zitronensaft, Weißwein und eingekochtem Fischfond.

Bercy Seezunge pochiert in Weißwein und Fischfond mit Schalotten und Zitronensaft.

au Chambertin Seezunge pochiert in Chambertinwein mit gehackten Schalotten und Petersilie.

Colbert Seezungen längs eingeschnitten, paniert, schwimmend gebacken, entgrätet und gefüllt mit *beurre maître d'hôtel*.

Dominique Seezunge gefüllt mit Fischfarce, Pilzen, Sahne, Kräutern, Eiweiß und *sauce mornay*. In Wein und Fischfond gedünstet.

★ **Dugléré** Seezunge, in Weißwein mit Schalotten, Butter, Tomaten und Petersilie gedünstet.

hermitage Seezunge, am Rücken entgrätet, gefüllt mit Brotkrumen, Butter, Ei, Schalotten und Kräutern. Serviert an Sauce aus eingekochtem Fond mit Butter und Sahne.

Lutèce Seezunge gebraten, auf Blattspinat, garniert mit Zwiebelringen und Artischockenstreifen.

Murat Seezunge in Butter gebraten und garniert mit gebratenen Artischocken- und Kartoffelwürfelchen.

Saint-Germain Seezunge paniert in Butter gebraten, garniert mit kleinen gebratenen Kartoffelkugeln. Dazu *sauce béarnaise*.

sautés aux pignons Seezunge mariniert in Bier und Anis-Likör, sautiert mit Pinienkernen.

Tanche Schleie.

Thon Thunfisch.

Truite au bleu Forelle, pochiert in *court-bouillon*.

de rivière Bachforelle.

saumonée Lachsforelle.

Ttoro Baskisches Fischragout aus verschiedenen Fischen und Muscheln, mit Zwiebeln, Knoblauch, Paprikaschoten, Chillies und Tomaten.

Turbot braisé Maurice Chevalier Steinbutt in Champagner braisiert, serviert mit *sauce hollandaise*, angereichert mit Eiern.

Richelieu Pochierter Steinbutt, garniert mit gekochtem Hummer, serviert an *sauce normande* mit Champignons, Trüffeln, gehacktem Hummerfleisch und Krebsbutter. Serviert mit Salzkartoffeln.

rôti aux primeurs Steinbutt, mit Speckscheibe umwickelt auf Gemüsebett gebraten. Serviert mit jungen, glacierten Karotten, Porree, Zwiebeln und Kartoffeln.

★ **soufflé** Nicht etwa Soufflé au turbot, sondern ganzer, mit Fischmousse (meist aus Hecht oder Wittling) gefüllter Steinbutt. Im Ofen pochiert mit mildem Weißwein, serviert an Rahmsauce, mit Hummerbutter verfeinert.

Turbotin Junger Steinbutt, sehr delikat.

à l'amiral Junger Steinbutt, pochiert in Sauternes-Wein und Fischfond mit gehackten Schalotten, bedeckt mit *sauce normande* mit Krebsbutter, garniert mit Krebsschwänzen, Trüffelscheiben und Austern.

Vive Petermännchen, vor allem für Fischsuppen verwendet.

Volaille – Geflügel

Abatis de volaille Innereien von Geflügel.
Aiguillettes de canetons Montmorency Entenbrüstchen, kurz angebraten in Butter, mit Cognac flambiert, in Streifen geschnitten und serviert an Sauce aus Portwein, Orangensaft, Fleischfond, Johannisbeergelee und sauren Kirschen.
Ailerons Hühnerflügel.
★ **Ballottines de volaille Curnonsky** Entbeinte Hühnerstücke, gefüllt mit gehacktem Kalb- und Schweinefleisch, Schinken, *foie-gras* und Trüffeln, aufgerollt, mit entbeinten Hühnerschenkeln belegt und in Schweinsnetz zu Paket gebunden, dann gebraten und mit Gemüse, Wein und wenig Geflügelfond geschmort. Vor dem Servieren wird das Schweinsnetz entfernt und jede Roulade auf einem Croûton angerichtet, mit Bratsaft begossen und mit Artischockenböden und Kartoffeln garniert.
Blanc de volaille Siehe *suprêmes de volaille.*
de volaille Angeline Pochierte Hühnerbrüstchen auf Grießschnitten, mit Trüffelscheibe garniert, in *sauce béchamel* mit Paprika.
de volaille Mireille Pochierte Hühnerbrüstchen, garniert mit Trüffelscheiben, lagenweise mit Spinat in feuerfester Form mit *sauce béchamel* und Käse grilliert.
Blanquette de volaille à la bourgeoise Hühnerstücke, gedünstet mit Zwiebeln und Champignons, serviert an Rahmsauce mit Eigelb.
Canard Ente.
Claude Jolly Scheiben von Entenfleisch, gekocht in Geflügelfond und Rotwein, glaciert mit eingedicktem Fond und garniert mit Entenleber, vorgängig in Portwein mariniert und kurz gebraten, ebenfalls mit dem gelierten Fond überzogen.
à la Margaux Ente, gedünstet in Château Margaux, im eingedickten Sud erkaltet, gefüllt mit einer Mousse aus gehacktem Entenfleisch, Entenleber und Butter. Brustfleisch-Scheiben mit Mousse wieder auf Ente «geklebt». Alles dekoriert mit Mousserosetten, mit Gelee überzogen und gekühlt.
à la suédoise In Salzlake 5 Tage marinierte Ente, dann pochiert in Brühe mit Karotten, Porree und Sellerie.
à l'orange Ente, in leichter sauce *demi-glace* und Orangensaft geschmort, garniert mit Orangenscheiben.
rouennais à la presse Die Jungente wird gebraten, die Keulen abgetrennt und die Brüstchen entfernt und in Streifen geschnitten. Das Gerippe wird zerkleinert, in eine spezielle Entenpresse gegeben, mit Wein beträufelt, dann ausgepreßt. Die zubereitete Sauce wird mit Cognac verfeinert und über die noch blutigen Bruststreifen angerichtet.
Cassoulet languedocien Siehe Fleischgerichte.
Chapon Kapaun.
de Bresse gros sel Trüffelscheiben werden unter die Haut eines Kapaun aus der Bresse geschoben. Dieser wird ganz in Salz eingepackt und im Ofen gegart. Die Salzkruste wird aufgebrochen und der Kapaun kommt wundervoll parfümiert und mit knuspriger Haut aus seiner Umhüllung.
Confit d'oie Eingemachtes Gänsefleisch.
Coq à la bière Hühnchen in dunklem Bier brasiert mit wenig holländischem Gin, Rahm und Champignons.
au vin à la bourguignonne Hähnchenstücke, gebraten mit Speckstreifen, Perlzwiebeln, Champignons und Knoblauch, dann in rotem Burgunderwein geschmort. Die Sauce wird zuletzt angereichert mit der pürierten Hähnchenleber, dem Blut des Geflügels und wenig Cognac. Oft werden Buttercroûtons zugegeben. Im Jura wird eine Version dieses Gerichtes mit «gelbem» Wein zubereitet, der *Coq au vin jaune.*
Crêtes et rognons Souvaroff Hähnchenkämme und -nieren gehören zu den ältesten

französischen Gerichten. Sie wurden von Catherine de Medici bevorzugt. Hähnchenkämme mit Karotten und Zwiebeln braisiert, dann rasch gedünstet mit Trüffelscheiben, Madeira, Fleischsülze und *sauce demi-glace*. Die Nieren werden separat kurz gebraten und den Hähnchenkämmen zugefügt. Serviert mit Reis und etwas Püree aus *foie-gras*.

Emincé de volaille In Scheibchen geschnittenes Geflügelfleisch.

de volaille Maintenon In Scheibchen geschnittenes, gekochtes Brustfiletfleisch, erhitzt in Butter mit Champignons und Trüffelscheiben, an *sauce allemande*.

Foies de volaille Geflügellebern.

Fricassée de poulet à l'angevine Kleingeschnittenes Pouletfleisch gedünstet mit Zwiebeln, Champignons und trockenem Anjou-Wein, serviert an Rahmsauce.

de poulet vallée d'Auge Pouletstücke gekocht in Geflügelfond mit Champignons und Perlzwiebeln, abgebunden mit Eigelb und Sahne, garniert mit Croûtons.

Oie à l'alsacienne Gans gefüllt mit Bratwurstfleisch, gebraten. Serviert mit Sauerkraut und Schinken.

Oison Junggans.

Pascalines de poulet Klöße aus gehacktem Pouletfleisch, Käse und Brühteig, oval geformt und pochiert. Auf dünner Schicht *sauce béchamel* serviert, überzogen mit Trüffelscheiben und noch mehr Sauce.

Poularde Masthuhn oder Bratpoulet.

Albuféra Masthuhn gefüllt mit Pilawreis, vermischt mit *foie-gras*- und Trüffelwürfeln, in Geflügelfond pochiert; serviert mit *sauce allemande*, mit Rahm und Fleischjus, garniert mit Champignons, Hahnenkämmen, Hühnerklößchen und Trüffelperlen.

à l'aurore Masthuhn gefüllt mit Kalbfleischfarce, vermischt mit Tomatenpüree, pochiert und nappiert mit *sauce aurore*.

belle aurore Masthuhn-Stücke, pochiert in Weißwein, serviert an mit Ei gebundener Zitronenrahmsauce.

au blanc Masthuhn pochiert in Geflügelfond, serviert in *sauce veloutée*, mit Eigelb und Rahm angereichert.

de Bresse truffée en vessie Jean Nandron Entbeinte Poularde mit Trüffeln unter der Haut, gefüllt mit gehacktem Kalbfleisch und Rahm, mit Gemüse in einer Schweinsblase in Geflügelfond pochiert.

chanteclair Masthuhn gefüllt mit gewürztem Reis, serviert mit Artischocken, Spargelspitzen und *sauce allemande*.

châtelaine Masthuhn in Butter gebraten, serviert mit Artischockenböden, gefüllt mit *sauce soubise* Kastanien und dem mit Cognac aromatisierten Bratensaft.

dauphinoise Masthuhn mit Trüffelscheiben unter der Haut, gefüllt mit seiner Leber, *foie-gras*, Cognac und Madeira, in Schweinsblase in Geflügelfond gekocht.

demi-deuil Masthuhn pochiert mit Trüffelscheiben unter der Haut, serviert in *sauce suprême*.

Derby Masthuhn gefüllt mit Reis, Trüffeln und *foie-gras*, gebraten und serviert in Madeirasauce mit Croûtons, belegt mit *foie-gras*.

Diva Masthuhn gefüllt wie *Derby*, pochiert und serviert mit Paprika-*sauce veloutée*.

favorite Masthuhn gefüllt wie *Derby*, pochiert in Geflügelfond. Garniert mit Hahnenkämmen und -nieren und Trüffelscheiben, überzogen mit *sauce suprême*.

au gros sel Masthuhn pochiert mit Karotten, Zwiebeln und Lauch in Geflügelfond. Serviert mit Meersalz.

impératrice Masthuhn pochiert, serviert mit *sauce suprême*, gedünstetem Lammbries (-milken), Kalbshirnscheiben und Perlzwiebeln.

à l'indienne Masthuhn pochiert, überzogen mit *sauce indienne*, serviert mit Reis.

Joinville Entbeintes Masthuhn mit intakten Flügeln und Keulen, gefüllt mit gehacktem Geflügelfleisch, Rahm und Eiweiß, gehackten Hahnenkämmen, gescheibelten Kalbsbrieschen und schwarzen Trüffeln. In Butter gebraten mit wenig gehacktem Schinken und Zwiebeln. Serviert mit dem Bratensaft, abgeschmeckt mit Verbenalikör und Cognac.

maréchal Masthuhn gefüllt mit Lammbries, Kalbshirn, Champignonköpfen, gebunden mit *sauce veloutée,* pochiert und serviert an *sauce suprême.* Garniert mit Geflügelklößchen, Hahnenkämmen und -nieren.

Nantua Pochiertes Masthuhn. Serviert an *sauce suprême,* angereichert mit Krebsbutter, garniert mit *quenelles,* Krebsschwänzchen, mit *Mirepoix* und Trüffelscheiben gedünstet.

aux perles de Périgord Masthuhn gefüllt mit Trüffeln, in Cognac und Weißwein gedünstet.

poêlée châtelaine Masthuhn in Butter gedünstet, umgeben von pochierten Kastanien.

régence Masthuhn pochiert, garniert mit *quenelles* aus Geflügelfleisch, Trüffeln, Champignons und *foie-gras*-Stückchen.

sauce yvoire Masthuhn pochiert, serviert an *sauce suprême* mit Fleischjus, dazu Reis und in Butter gedünstete Gurken.

Tosca Masthuhn gefüllt mit Reis, auf *croûtons* mit Fenchelgemüse serviert.

Véronique Masthuhn pochiert, mit *sauce béchamel* überzogen, garniert mit Kalbsbries, Lammhirn, pflaumenweich gekochten Eiern und Trüffelscheiben.

Victoria Masthuhn gefüllt mit *foie-gras* und Trüffelwürfeln, in Kasserolle gebraten, in Madeira und Fond mit Kartoffelwürfeln geschmort.

Poule au pot Suppenhuhn gekocht mit Karotten, Porree, Sellerie, gespickter Zwiebel, ungeschälten gerösteten Zwiebeln. Ohne Zwiebeln mit Meersalz serviert.

Poulet Junges Huhn.

aux aromates Pouletstücke mit Estragon, Basilikum und Rosmarin, Zwiebeln und Champignons in Butter gebraten.

de Bresse en soupière Bressepoulet mit Gemüse in Tonform geschmort und mit Blätterteighaube überbacken.

en cocotte bonne femme Poulet in Butter gebraten mit Speckwürfeln, Perlzwiebeln und kleinen Kartoffeln.

de grain grillé à l'américaine Kleines Poulet, geöffnet und plattgedrückt, auf Rost gebraten, garniert mit gegrillten Speckscheiben und Tomaten.

de grain grillé à la diable Kleines Poulet, geöffnet, plattgedrückt, mit Senf, Cayennepfeffer und Brotkrumen bedeckt gegrillt. Mit Zitronenschnitzen und *sauce diable* serviert.

grand'mère Poulet gefüllt mit Speck, Zwiebeln, Geflügellebern, Brot und Gewürzen, mit Speckwürfeln, Perlzwiebeln und Kartoffeln gebraten.

Marceron Entbeintes Poulet mit ganzen Flügeln und Keulen, gefüllt mit Farce aus Schinken, Geflügellebern und Cognac, wieder zusammengefügt und auf Gemüsebett geschmort.

à la reine Mittelgroßes Poulet auf dem Rost gebraten.

sauté Beaulieu Poulet sautiert, in Weißwein, Kalbsjus und Zitronensaft gegart, mit Tomaten, Artischockenböden, Kartoffeln und Oliven.

sauté bordelaise Sautiertes Poulet, garniert mit Kartoffelscheiben, Artischockenböden, Steinpilzen, Zwiebeln, Petersilie.

sauté bourguignonne Mit Speckwürfelchen kurzgebratenes Poulet, serviert an *demi-glace,* mit Perlzwiebeln und Champignonsvierteln.

sauté à la bressane Poulet kurz gebraten, mit gehackten Zwiebeln und Hahnenkämmen in Weißwein und Rahm fertiggeschmort, angerichtet mit pochierten Krebsschwänzen.

sauté à la florentine Kurzgebratenes und mit Madeira abgelöschtes Poulet, auf Trüffel-*risotto* serviert; trotz «*florentine*» ohne Spinat.

sauté à la grenobloise Pouletstücke sautiert mit Knoblauch, fertiggegart mit Wein und Tomaten.

sauté à la hongroise Poulet mit Zwiebeln und Paprika kurz gebraten, mit Tomaten fertiggegart und mit saurem Rahm verfeinert.

sauté Marengo Kurzgebratenes Poulet, mit Weißwein, Champignons, Trüffeln, Tomatenpüree und *demi-glace* gegart, garniert mit Krebsen, *croûtons*, gebackenen Eiern, und Petersilie.

sauté à la mode d'Auvergne Poulet kurz gebraten, garniert mit Kastanien und kleinen Würstchen, an Weißweinsauce aus Zwiebeln, Tomaten und *demi-glace*.

sauté Belle-Otero Poulet, sautiert mit Champignons und Schalotten, serviert an Portwein-Rahmsauce mit gebackenen Taubeneiern auf Toasts.

vauclusienne Pouletstücke in Kasserolle zubereitet mit gehacktem Speck, Zwiebeln, Tomaten, Knoblauch, Petersilie und Weißwein, garniert mit Oliven und gebackenen Auberginenscheiben.

vivandière Poulet, gefüllt mit *boudin blanc*, in Butter kurz gebraten, mit Calvados und Sahne begossen. Serviert mit Apfelsauce.

Poussin Kücken.

à la bohémienne Kücken, gefüllt mit Farce aus Brot, der eigenen Leber, Kräutern und Paprika. In Butter mit Zwiebeln gebraten, mit Paprika gewürzt und serviert an Weißwein-Sahnesauce mit *foie-gras*.

cendrillon Kücken, geöffnet, plattgedrückt, entbeint, in Butter gebraten, gewürzt, beidseitig mit Kalbfleischfarce und gehackten Trüffeln belegt, in Schweinsnetz gehüllt, paniert und grilliert.

châtelaine Kücken, geschmort mit Zwiebeln, Speckwürfeln, Karotten, Kartoffeln und feingeschnittenem Kopfsalat und Erbsen.

hermitage Kücken, geöffnet, plattgedrückt, in Ei und Brotkrumen paniert und in Butter gebraten, überzogen mit getrüffelter *sauce chasseur* und garniert mit Kartoffelkugeln.

Véronique Kücken in Kasserolle gebraten, serviert an einer mit Fleischjus angereicherten Rahmsauce, garniert mit Traubenbeeren.

à la viennoise Kücken halbiert, plattgedrückt, in Ei und Brotbröseln paniert und in klarifizierter Butter gebacken.

Salmis de canard Ente im Ofen fast gar gebraten, gehäutet, mit Trüffelscheiben fertiggebraten; mit *sauce salmis* serviert.

Steaks de canard Entenbrüstchen in Butter gebraten, serviert an Sauce aus Schalotten, Armagnac und rotem Burgunder.

Suprêmes de volaille Geflügelbrüstchen von jungen Masthühnern oder Poulets. Es gibt für dieses zarte Fleischstück mehr als 250 Zubereitungsarten. Ich erwähne nur die bekanntesten und interessantesten Variationen. Meist werden die Geflügelbrüstchen in Butter kurz gebraten oder gedünstet. Wichtig ist die Sauce, manchmal identisch mit jener der *poularde*. Bei Abweichungen führe ich beide Gerichte an. *Suprêmes* werden oft auch *blanc de volaille* genannt.

de volaille Antonin Carême Getrüffelte Pouletbrüstchen in Butter gebraten, serviert auf *pommes Anna* mit kleinen Trüffeln und einer Portwein-Sahne-Sauce.

de volaille favorite Geflügelbrüstchen serviert auf kurzgebratenen Scheiben von *foie-gras* mit Spargelspitzen und getrüffelter, leichter *sauce demi-glace*.

de volaille Françoise Geflügelbrüstchen in Butter gedünstet, serviert an Sahnesauce, mit Spargelspitzen.

de volaille à l'hongroise Geflügelbrüstchen an Paprika-Buttersauce, auf Pilawreis mit geschmolzenen Tomaten.

de volaille Jeannette Pochierte Hühnerbrüstchen, gekühlt, mit *sauce chaud-froid* und Estragonblättchen, auf Gänseleberparfait und umgeben von zerstoßenem Eis serviert. Escoffier soll dieses Gericht nach dem Nordpol-Forscherschiff «La Jeannette» benannt haben, das 1881 im Eis steckenblieb.

Timbale châtelaine *Timbale*, gefüllt mit gekochten Makkaroni, gedünstetem Kalbsbries, Hahnenkämmen, Trüffelscheiben, geriebenem Käse, *sauce demi-glace* und Madeira.

Maréchal Foch *Timbale*, gefüllt mit einer Mischung aus

Trüffelscheiben, *foie-gras* und Parmesan an tomatierter *sauce demi-glace.* Dazwischen eine Lage gescheibelter gebratener Kapaunbrüstchen.

Volaille au vinaigre Pouletstücke in Butter kurz gebraten, in Weißwein mit Tomatenpüree gedünstet.

Viandes – Fleisch

In Frankreich behandelt man Fleisch besonders sorgfältig. Rindfleisch schmeckt mehr nach Rind, Lammfleisch mehr nach Lamm usw. Dies mag darauf beruhen, daß die Franzosen Fleisch blutiger konsumieren als allgemein üblich. Sie lieben auch Innereien und wissen weniger kostspielige Fleischstücke schmackhaft zuzubereiten.

Agneau Lamm.
de lait Milchlamm.
de pré salé Junges Lamm, am Meeresufer aufgezogen.
Alouettes sans tête à la brumaire Dünne Kalbsschnitzel, gefüllt mit gehacktem Kalb- und Schweinefleisch und Schinken, gerollt, gebraten und an Madeirasauce serviert.
Aloyau Rindslendenstück.
Amourettes Tosca Pochiertes Kalbsmark, gemischt mit Makkaroni, Butter, Parmesan, Krebssauce und Krebsschwänzchen.
★ **Andouilles, andouillettes** Spezialwurst: Schweinsdarm gefüllt mit Streifen von Schweinsmagen und -eingeweiden. Meist kalt serviert.
Bifteck Steak. Verlangen Sie es «*bleu*» (fast roh), «*saignant*» (blutig) oder «*à point*» (medium oder rosa), auf keinen Fall *bien cuit* (gut gekocht).
Blanquette de veau Kalbfleischwürfel mit Gemüsen, serviert an weißer Champignonsauce mit Perlzwiebeln.
Bœuf à l'arlésienne Geschmorte Rindfleischwürfel an *sauce demi-glace* mit Tomaten, gebackenen Zwiebelringen und Auberginenscheiben.
★ **à la bourguignonne** Rindfleisch mariniert mit Zwiebeln, Karotten und Kräutern in Rotwein, geschmort mit Zwiebeln, Knoblauch, Speck und Champignons.
à la ficelle Rumpsteak, in Gemüsebrühe gekocht mit Karotten und weißen Rüben. Meist serviert mit grünen Bohnen und gedämpften Kartoffeln.
★ **à la mode** Gespicktes Rindfleisch, mariniert in Wein und Cognac, langsam geschmort mit Gemüse, Kalbsfüßen und Speckschwarte. Serviert mit Karotten und Perlzwiebeln.
à la tyrolienne Scheiben von gekochtem Rindfleisch, kalt serviert in Zwiebel-Tomatensauce.
Boudins Blutwürste; weiße (*blancs*) aus Schweinefleisch und -fett oder anderem Fleisch, *foie-gras*, Zwiebeln und Rahm; schwarze (*noirs*) aus Schweinsblut, Schweinefett, Zwiebeln und Rahm. Beide Sorten werden gebraten.
Carbonnade à la flamande Rindfleischscheiben mit Zwiebeln geschmort in Bier, serviert an brauner Fleischsauce mit braunem Zucker.
Carré d'agneau Lammkarree.
d'agneau Mireille Lammkarree gebraten auf Kartoffelscheiben und Artischockenböden. Heißt *mistral*, wenn Trüffelscheiben dabei sind.
★ **Cassoulet languedocien** Eintopf aus weißen Bohnen, Speck, geräuchertem Schweinefleisch, Knoblauchwürsten, Zwiebeln, Knoblauch und Tomaten. Die Zutaten variieren je nach Zubereitungsort. Oft wird auch Schaffleisch, gepökeltes Schweinefleisch, Rebhuhn und *confit d'oie* (eingemachtes Entenfleisch) verwendet.
Servelas Schweinswürste.
Cervelle Hirn.
Béatrice Pochiertes Kalbshirn, gemischt mit Trüffeln, *foie-gras* und *sauce béchamel.* Zu Kugeln geformt, paniert und schwimmend gebacken.
à la génoise Kalbshirn kurz in

Butter gebraten, mit Parmesankäse und Tomatensauce.

royale Püriertes Kalbshirn gemischt mit Eigelb und Rahm, in *cocotte* (Töpfchen im Wasserbad) gegart.

Chateaubriand Doppeltes Lendensteak.

Choucroute à la strasbourgeoise In Weißwein und Fleischbrühe mit Gänsefett, Karotten, Zwiebeln, Wacholderbeeren, meist auch Speck und gepökeltem Schweinefleisch gekochtes Sauerkraut. Serviert mit Würsten.

Cochon de lait St. Fortunat Gebratenes Spanferkel gefüllt mit einer Mischung aus Gerste, Kräutern, Leber des Spanferkels, Kastanien und kleinen Cipolata-Würstchen.

Côte de bœuf Rinderkotelett, aus dem Rippenstück.

Côtelettes Koteletts.

d'agneau Tosca Gebratene Lammkoteletts, belegt mit Püree aus *foie-gras* und Schinkenstreifen, in Ei und Brotbröseln paniert, gebacken. Mit Spargelspitzen und Trüffelscheiben serviert.

Champvallon Lammkoteletts mit Zwiebel- und Kartoffelscheiben in Bratenfond gegart.

Maintenon Sautierte Lammkoteletts, bedeckt mit einer Mischung aus *sauce béchamel, sauce soubise,* Eigelb und Champignonstreifen (*julienne*). Im Ofen leicht überbacken. Serviert mit *sauce périgueux* mit Trüffeln.

Côtes de porc charcutière Gebratene Schweinskoteletts, serviert in Weißwein-Schalotten-Sauce mit Essig, *demi-glace,* Senf und gehackten Cornichons.

de porc à la limousine Gebratenes Schweinskotelett, mit geschmortem Rotkohl.

de veau bordelaise Kalbskotelett, gebraten, belegt mit Rindermark, mit *sauce bordelaise.*

de veau grand'mère Großes Kalbskotelett in Kasserolle zubereitet mit Champignons, Speckwürfeln, Perlzwiebeln und Madeira.

★ **de veau mariquise** Gebratenes Kalbskotelett an Madeirasauce, mit Trüffeln, Sahne und *foie-gras.*

de veau Pojarski Gehacktes Fleisch von Kalbskoteletts gemischt mit in Sahne eingeweichtem Brot, wieder zu Kotelett geformt, in klarifizierter Butter gebraten.

Couronne de côtelettes rôties Gebratene Lammkrone.

Crépinettes Flache Würstchen.

Cul de veau à la mode du vieux presbytère Oberer Teil des Kalbsstotzens, in Weißwein und Fleischfond geschmort, an Morchelsauce, mit Curry und Estragon gewürzt und mit Ei und Sahne abgebunden.

Culotte de bœuf Rinderhüfte.

Daube à l'avignonnaise Wie unten aber mit Schafskeule.

à la provençale Gespickte Rindfleischwürfel mariniert in Weißwein, Cognac und Olivenöl, anschließend mit Gemüsen, Speckwürfeln und Knoblauch in Tonform geschmort.

★ **Entrecôte marchand de vin** Grilliertes Zwischenrippenstück mit *beurre marchand de vin* serviert.

Mirabeau Grilliertes Zwischenrippenstück kreuzweise mit Sardellenfilets, Oliven und Estragonblättchen belegt. Serviert mit Sardellenbutter.

Porteneuve Grilliertes Zwischenrippenstück mit gehackten Schalotten bedeckt, serviert mit *sauce béarnaise.*

Epaule d'agneau farcie landaise Gebratene Lammschulter gefüllt mit einer Mischung aus gehacktem Kalb- und Schweinefleisch, Geflügellebern, Brotkrumen, Petersilie und Cognac.

de veau Kalbsschulter.

Epigrammes d'agneau Lammkoteletts und entbeinte geschmorte Lammbrust in Kotelettform, in Ei und Brotkrumen paniert, in Butter gebraten.

Escalope savoyarde Gebackene Kalbsschnitzel, bedeckt mit Sahne-Morchelsauce mit Cognac und Madeira, bestreut mit geriebenem Käse, kurz überbacken.

vallée d'Auge Gericht aus der Normandie: Kalbsschnitzel kurzgebraten an Calvados-Sahne-Sauce, garniert mit dünnen Apfelscheiben.

de veau Brillat-Savarin In Butter kurzgebratene Kalbsschnitzel, mit Cognac flambiert, nappiert mit Champignon-Cremesauce, kurz überbacken.

de veau à la viennoise In Butter gebratene panierte Kalbsschnitzel.

Filet de bœuf régence In Madeira mariniertes Rinderfilet, mit in Butter gedünsteten Gemüse- und Schinkenstreifen bedeckt, in Speck eingewickelt und in Rheinwein braisiert.

de bœuf Richelieu Gespicktes und gebratenes Rinderfilet, garniert mit Tomaten, gebratenen Kartoffeln, gefüllten Champignons und Lattich.

de bœuf sarladaise Rinderfilet gespickt mit Spickspeck und Trüffeln, auf Karotten mit Madeira, mit *sauce périgueux.*

mignon Kleine, dreieckförmige Rindsfiletscheiben in weicher Butter und Brotkrumen gewendet und gegrillt.

Foie de porc Schweinsleber.

de veau à l'étuvée Gespickte Kalbsleber braisiert mit Zwiebeln, Karotten, Knoblauch und Cognac.

de veau à la vénitienne Kalbsleber gebraten mit Speck, Petersilie, Schalotten und Champignons, mit Brotkrumen bestreut kurz überbacken.

Fricandeau Kalbsschnitzel (von der Nuß) gespickt und geschmort.

Fricassée de veau Kurz gedünstete Kalbfleischwürfel an weißer Sauce aus der Kochflüssigkeit, Rahm, Ei, Zitronensaft und Muskatnuß.

Fritots d'amourettes Marinierte Markscheiben in Teig gebacken.

Fromage de tête de porc Galantine aus Schweinskopf.

Gigot Lammkeule (*d'agneau* wird meist weggelassen).

d'agneau en chevreuil Marinierte und im Ofen gebratene Lammkeule, mit *sauce poivrade* serviert.

d'agneau aux primeurs Mit Butter bestrichene und im Ofen gebratene Lammkeule, mit Brotkrumen und *fines herbes* bestreut fertiggebraten. Serviert mit Frühlingsgemüse.

Gras-double Kutteln.

Grenadine Dicke Kalbsschnitzel.

Hachis Gehackte Bratenreste.

Haricot de mouton Geschmorte Schaffleischwürfel mit Speck, Perlzwiebeln und Bohnen.

Jambon à la crème de Saulieu Schinkenscheiben in Sahnesauce mit Champignons, Tomaten und Käse.

au foin Es scheint unwahrscheinlich, doch der Schinken wird mit Heu gekocht. Er ist sehr aromatisch, vielleicht auch dank der beigefügten Wacholderbeeren und Gewürzen.

persillé Burgundergericht aus Schinken, in gewürztem Sud gekocht, kleingeschnitten und lagenweise mit *persillade* (aus gehackten Schalotten, Knoblauch, Petersilie, Kerbel, Estragon und Butter) in Terrine gefüllt und mit Sülze aus Schinkensud, Weißwein oder Cognac begossen. Hat in Scheiben geschnitten grün-rotes Muster; schmeckt wundervoll.

Jarrets de veau Kalbhaxen.

Langue de bœuf Rinderzunge.

Longe de veau Kalbsleber.

Lonzo Gepökeltes und getrocknetes Schweinsfilet in Wursthaut (Korsika).

Médaillon de veau Alexandre Kleine runde Kalbfiletscheiben, in Butter kurz gebraten, garniert mit Trüffelscheibe und Artischockenboden, gefüllt mit Morcheln an Sahnesauce. Serviert an Cognac-Marsala-Sauce.

Mignonnettes Wie *noisettes.*

Mouton Schaffleisch.

Museau de bœuf Kalbsschnauze.

Navarin printanier Ragoût aus Schaffleisch und Frühlingsgemüse.

Noisettes Kleine runde Filetscheiben, meist kurz gebraten.

de pré-salé à la dauphine Aus dem Rücken eines *pré-salé*-Lamms geschnittene *noisettes,* in Butter kurz gebraten, auf Croûtons mit Weinsauce und *pommes dauphine* serviert.

des tournelles Kurz gebratene Lammchops, bedeckt mit Zwiebelpüree, kurz überbacken, serviert mit Wermut-Sherry-Sauce.

Noix de veau Kalbsnuß.

Pain de... Fleischpastete.

Palais de bœuf Ochsenmaul.

Paupiettes Kleine dünne Schnitzel, gefüllt mit Hackfleisch, aufgerollt, mit Speck umwickelt, gebraten oder mit Gemüse geschmort.
Petit salé Gepökeltes Schweinefleisch.
Pièce de bœuf à la mode Gespickter in Rotwein marinierter Rindsbraten, geschmort in Marinade mit Cognac, Kalbsfüßen, Zwiebeln, Karotten und Speck.
de bœuf à la royale Gespickter Rindsbraten, flambiert mit Cognac, dann in Champagner und Fleischbrühe mit Kalbsfüßen, Tomaten und Knoblauch geschmort. Kalt in Sülze serviert.
Pieds de porc Schweinsfüße.
de veau Cendrillon Entbeinte Kalbsfüße, klein gewürfelt, gemischt mit feingeschnittenen Trüffeln und Bratwurstfleisch, zu Koteletts geformt, paniert und gegrillt.
de veau farcie Gascogne Kalbsbrust gefüllt mit Bratwurstfleisch, Brotkrumen, Eiern, Sahne und *fines herbes,* mit Thymian abgerieben in Kasserolle mit Gemüse geschmort.
de veau farcie niçoise Kalbsbrust gefüllt mit feingehacktem gepökeltem Schweinefleisch und Geflügelleber, Reis, Brotkrumen, gehacktem Spinat, geriebenem Käse, Eigelb und Kräutern, geschmort auf Gemüsebett. Kalt serviert mit Tomaten und schwarzen Oliven.
Porc Schweinefleisch.
★ **Queue de bœuf à l'auvergnate** Ochsenschwanz in Weißwein braisiert, serviert mit in Consommé gegarten Kastanien und Zwiebeln.
Quasi de veau bourgeoise Kalbfleischstück mit Gemüse, Kalbsfüßen und Schweinskruste in Kasserolle gekocht.
Ragoût de mouton au riz à la française Schaffleischwürfel mit Zwiebeln in Butter gebraten, dann mit Tomaten in Fleischbrühe geschmort. Zuletzt wird Reis beigefügt.
Ris d'agneau Lammbries.
de veau bonne maman Lammbries, auf Gemüsebett mit Kalbsbrühe braisiert.
de veau poêlé Gespicktes Lammbries braisiert mit Zwiebeln, Karotten, Speckschwarte. Serviert auf Buttercroûtons, garniert mit Gemüse.
de veau Régence Gespicktes Kalbsbries, braisiert, garniert mit kleinen Geflügelklößchen, Hahnenkämmen, *foie-gras,* Champignonsköpfen und Trüffeln. Dazu *sauce parisienne* mit Trüffelessenz.
de veau Taillevent Kalbsbries, gedünstet mit *julienne* aus Karotten, Champignons, Trüffelscheiben und Weißwein, an Sauce aus Kochflüssigkeit und Sahne, heiß serviert in Blätterteighülle.
Rognons d'agneau Lammnieren.
★ **sautés Turbigo** In Butter kurz gebratene, halbierte Rindsnieren, in *timbale* serviert mit kleinen Champignons und Chipolatawürstchen an tomatierter *sauce demi-glace.*
Rosbif Roastbeef.
Rôti de bœuf à l'anglaise Roastbeef nach englischer Art.
Rouelle de veau Kalbsroulade gespickt mit Sardellenfilets, in Essigbeize mariniert, gebraten und im eigenen Saft mit Zitrone serviert.
Saucisses Würste.
Saupiquet du Morvan Warme Schinkenscheiben, bedeckt mit *sauce béarnaise* mit Madeira und Trüffeln.
Sauté d'agneau à la navarraise Lammwürfel kurz gebraten mit Zwiebeln, abgelöscht mit Essig, mit Paprikaschoten geschmort, gewürzt mit Pfefferschoten und Knoblauch.
★ **de veau Marengo** Geschmorte Kalbfleischwürfel mit Knoblauch, Schalotten, Champignons, Tomaten, Zwiebeln und Weißwein. Garniert mit grünen Oliven und herzförmigen Buttercroûtons.
Selle d'agneau rôtie Mirabelle Gebratener Lammrücken garniert mit bunten kleinen Gemüsen.
Judic Mit Trüffel gespickter und gebratener Lammrücken, garniert mit Lattich, mit Reis gefüllt, getrüffelter *foie-gras* und kurzgebratenem Lammbries.
Orloff Gebratener Lammrücken – Fleisch vom Knochen

gelöst und in Scheiben geschnitten – mit *sauce soubise* und Trüffelscheiben wieder zur ursprünglichen Form zusammengesetzt, im Ofen mit Sauce und Parmesan glasiert.

de veau Metternich Braisierter Kalbsrücken, in Scheiben geschnitten mit *sauce béchamel* mit Paprika.

Soufflé de jambon Alexandra Soufflé aus feingehacktem Schinken, *sauce béchamel,* Eigelb und Eischnee in Souffléform mit Spargelspitzen und Trüffelscheiben gebacken.

Steak aux œufs au miroir Hackbeefsteak, mit Spiegelei.

au poivre Rindssteak mit zerdrückten Pfefferkörnern, rasch in Butter gebraten.

tartare Rohes, gehacktes Rinderfilet gemischt mit rohem Ei, Kapern, gehackten Zwiebeln und Petersilie. Das Gericht soll seinen Namen den Tartarenhorden verdanken, die Fleischstücke unter den Sattel legten, um sie zarter zu machen.

Subrics de cervelle Gekochtes Kalbshirn gemischt mit gehacktem Spinat und Pfannkuchenteig, löffelweise schwimmend ausgebacken.

Tête d'aloyau Rumpsteak.

Tête de veau à l'anglaise Gekochter Kalbskopf, serviert mit gekochtem Schinken und Petersiliensauce.

Tournedos Rinderfiletscheibe aus dem Mittelteil.

cordon rouge Rinderfiletscheibe gespickt mit Parmaschinkenstreifen, gefüllt mit *foie-gras* kurzgebraten. Auf Croûton serviert, kreuzweise garniert mit Streifen von roten Paprikaschoten, an Sauce aus Cognac und Portwein.

★ **Curnonsky** Benannt nach dem bekannten Gastronomen: kurzgebratenes Tournedos mit gegrillten Tomaten und Rindermark, serviert an Cognac-Portwein-Sauce mit wenig Trüffeln.

Henry IV Gegrillte Tournedos auf Croûtons angerichtet, garniert mit *sauce béarnaise* und gebratenen Kartoffeln in Artischockenböden.

tourangelle Tournedos gebraten, garniert mit Dörrzwetschgen, mit *foie-gras* gefüllt, an Madeira-Pfeffer-Sauce mit Trüffeln.

★ **Tripes à la mode de Caen** Kutteln geschmort mit Zwiebeln und Kalbsfüßen (während mindestens 6 Stunden), weitergekocht mit Knoblauch, Nelken Karotten, Poree, Petersilie, Thymian, Lorbeerblatt, Apfelwein und Calvados. Etwas aufwendig, doch das beste Kuttelgericht der Welt.

Veau Kalbfleisch.

★ **Vol-au-vent de ris de Veau financière** Braisiertes in Scheiben geschnittenes Kalbsbries, gemischt mit *quenelles,* Champignons, Hahnenkämmen und Nieren, Trüffelscheiben und Oliven, an Madeirasauce, mit Trüffelessenz. Serviert in Blätterteighüllen.

Gibier – Wildgerichte

Franzosen essen Wildfleisch frischer und blutiger als andere Nationen. Sie sind der Meinung, daß Wild nicht lange abgehangen werden soll. Bestellt man es länger gekocht, wird es meist zäh und ausgetrocknet sein.

Alouettes Lerchen.

Bécasse Waldschnepfe.

Bécassine Sumpfschnepfe.

Becs-figues Feigendrossel.

Biche Hirschkuh.

Canard sauvage Wildente.

★ **Caille** Wachtel.

Brillat-Savarin Wachtel mit Gemüse, mit Speck und Kalbfleisch angebraten, dann kurz mit Trüffelscheiben, *foie-gras,* Cognac, Kalbsfond und Wein gedünstet. Mit Reis serviert.

à la Stanislas Entbeinte Wachteln gefüllt mit *foie-gras* und Trüffeln, mit wenig Madeira parfümiert, in Teig im Ofen gebacken.

Cerf Hirsch.
Chevreuil Reh.
Civet de lièvre Hasenpfeffer.
de lièvre à la lyonnaise Hasenpfeffer mit Kastanien.
Coq de bruyère Auerhahn.
Daim Damhirsch.
Faisan à la bohémienne Fasan, gefüllt mit getrüffelter, paprizierter *foie-gras* und der eigenen Leber, mit Speck umwickelt in Butter in Kasserolle gebraten, mit Cognac flambiert und mit reduziertem Wildfond nappiert.
à la mode de Gascogne Fasan gefüllt mit Geflügelleber, mariniert in Portwein mit Trüffeln. Mit Butter in Marinade geschmort und mit Trüffeln garniert.
★ **à la Sainte-Alliance** Fasan mit Schnepfenfleisch, Speck, Ochsenmark, Trüffeln, Gewürzen und Kräutern gefüllt gebraten. Auf Croûtons mit Bitterorangen serviert.
à la vigneronne Fasan in Butter gebraten. Serviert auf Croûtons, bestrichen mit Mischung aus Cognac, Fasanleber, *foie-gras* und Butter. Dazu Sauce aus Elsässer Wein, Cognac und Sahne, mit weißen und schwarzen Traubenbeeren.
Filets de levraut La Vallière Junghasenfilets kurz gebraten, serviert in *sauce chasseur* mit Trüffeln und Estragon.
de levraut Mornay Junghasenfilets in Butter gebraten und an getrüffelter Madeirasauce serviert.
Gelinotte Haselhuhn.
Grive Wacholderdrossel, Krammetsvogel. Wird meist in Form von *paté* oder *terrine* serviert; auch einfach gebraten. Siehe Belgien.
Laperaux Junge Kaninchen.
Lapin Hase (Kaninchen).
de garenne Wildkaninchen.
en gibelotte Ragout aus Kaninchen, Pilzen, Zwiebeln, Speck und Weißwein.
Levraut, Junger Wildhase.
★ **Lièvre à la royale** Entbeinter Wildhase, gefüllt mit Mischung aus Niere, gehackter Leber, Herz und Lunge des Tieres, Kalbfleisch, Schweinefleisch, Schinken, Geflügellebern, *foie-gras;* zu *ballotine* geformt, mit wenig Weißwein und Cognac in Sauce gebunden und mit Hasenblut braisiert.
★ **Marcassin** Junges Wildschwein.
Mauviettes Ältere Lerchen.
Merles Amseln.
Ortolan Ortolan (Fettammer).
Palombe Wildtaube.
Perdreau Rebhuhn.
à la bourguignonne In Rotwein geschmort mit Perlzwiebeln und Champignonköpfen. Einreduzierte Sauce mit *demi-glace.*
de grand'mère Rebhuhn gefüllt mit seiner Leber und Trüffeln, in Butter gedünstet, halbiert und kurz mit Trüffelscheiben in Wein, Cognac und Kalbsjus gedünstet.
à la limousine Rebhuhn, gefüllt mit Steinpilzen und Geflügellebern, in Kasserolle mit Steinpilzen gedünstet.
Pigeonneaux Junge, zarte Tauben, meist für die Tafel gezüchtet.
aux concombres Frühlingsgericht aus jungen Tauben, in Butter gebraten und mit karamelisierten, gekochten Gurken und Zwiebeln garniert. Serviert an Sauce mit Wermut und Sahne.
crapaudine Halbierte, plattgedrückte Tauben, mit Butter bestrichen und gegrillt. Serviert mit *sauce diable.*
à la polonaise Junge Tauben gefüllt mit ihrer gehackten Leber, Geflügellebern, Zwiebeln und Schalotten, paniert in Butter gebraten.
prince Rainier III Wundervolles Gericht aus entbeinten Jungtauben, gefüllt mit Mischung aus Trüffeln, *foie-gras,* Leber und dem Herz des Tieres, gebraten und serviert auf Croûtons an Wein-Cognac-Sauce mit *demi-glace.*
Pilet Spießente.
Pintade, pintadeau Perlhuhn.
Pluvier Regenpfeifer.
Râble de lièvre Hasenrücken.
de lièvre à la cauchoise Hasenhinterviertel, in Weißwein mit Kräutern mariniert, gebraten und serviert an einer Calvados-Sahne-Sauce mit Senf, garniert mit gebratenen Äpfeln.
de lièvre en saupiquet

Gebratener Wildhasenrücken, serviert mit Sauce aus Hasenleber und -blut, Schalotten, Essig, *Bouquet garni* und Rotwein.
Sanglier Wildschwein.
Sarcelle Krickente, Knäkente.
Selle de chevreuil grand veneur Rehrücken mariniert, dann gebraten. Serviert mit *sauce poivrade,* gemischt mit Marinade, Doppelrahm und Kastanienpüree.
★ **de chevreuil Saint-Hubert** Marinierter Rehrücken, gebraten und serviert an *sauce poivrade,* gemischt mit Traubenbeeren und Mandeln.
Timbale de pigeonneaux La Fayette Timbale Aus Pastetenteig, lagenweise gefüllt mit Krebsen, Trüffelscheiben, Makkaroni und *sauce béchamel.*
Tourterelles Turteltauben.
Train de lièvre rôti Rehrücken mit Hinterschenkeln, in Speck gehüllt in Butter gebraten.
Venaison Wildbret.

Légumes – Gemüse

Ail Knoblauch. Man nimmt vielfach an, daß die Franzosen für alle Gerichte Knoblauch verwenden. Doch abgesehen von den Bewohnern der Provence gehen sie damit eher sparsam um, haben aber keinerlei Abneigung gegen dieses Gewürz. Lang genug gekocht, verliert Knoblauch seine Agressivität.
★ **Artichauts à la barigoule** Ganze Artischocken, gefüllt mit gehackten Schalotten, Magerspeck, Champignons und Petersilie, geschmort in Weißwein und Fleischbrühe auf einem Bett von gehackten Zwiebeln und Karotten.
Asperges Spargeln.
Aubergines Auberginen (Eierfrüchte).
à l'égyptienne Halbierte ausgehöhlte Auberginen, gefüllt mit Auberginenfleisch, Brotkrumen, Tomatensauce und Knoblauch, im Ofen überbacken.
Betterave Rote Beete, Randen.
Brionne Kürbisart (auch *chayote* genannt). Von November bis Ende Februar erhältlich; wie Gurken zubereitet.
Brocoli Brokkoli.
Cardons Karden.
Carottes à la Vichy Gekochte Karotten, glasiert mit Butter und Zucker und mit Petersilie bestreut.
Céleri Sellerie.
Céleri-rave Knollensellerie.
Cèpes (*Boletus edulis*) Steinpilze. Dunkelbraune Pilze mit weichem Fleisch, die man im Frühjahr und Herbst findet.
Champignons Pilze. Dieser Ausdruck gilt allgemein für Pilze, meist sind aber in der französischen Küche damit die weißen *Champignons de Paris* gemeint.
Chanterelles (*Cantharellus cibarius*) Pfifferlinge, Eierschwämme.
Chayotes Dasselbe wie *bironnes.*
Chicorée Gekrauste Endivie.
Chou Kohl.
rouge à la limousine Rotkohl gekocht mit Kastanien.
vert farci en ballottine Grünkohlblätter, lagenweise mit Hackfleisch zu rechteckigen Bündeln gebunden, geschmort.
Choucroute Sauerkraut.
Chou-fleur Blumenkohl.
Chou-rave Kohlrabi.
Choux-brocoli Brokkoli.
de Bruxelles Rosenkohl.
Choux-navets Weiße Rüben.
Ciboules Frühlingszwiebeln.
Concombre Gurke.
Courge Kürbis.
Cresson Kresse.
Duxelles Gehackte Champignons, mit Zwiebeln und Schalotten in Butter gedünstet.
Echalotes Schalotten.
Endive Chicorée.
Epinards Spinat.
Fenouil Fenchel.
Feuilles de vigne Rebenblätter.
Fèves Puffbohnen.
Flageolets Kernbohnen.
Fonds d'artichauts Artischockenböden.
Gâteau au chou vert Gebackene Teigkrapfen, gefüllt mit gehacktem Kohl.
Girolles Siehe *chanterelles.*
Gombos Okra.
Gratin dauphinois Dünne Kartoffelscheiben, in Milch und

Rahm gebacken, gewürzt mit wenig Knoblauch und Muskatnuß.

languedocien Gedünstete Auberginenscheiben und Tomaten lagenweise in ofenfester Form, mit Brotkrumen, Petersilie und Olivenöl bedeckt gebacken.

Haricots blancs Weiße Bohnen.

d'Espagne Spanische Bohnen.

panachés Mischung aus französischen grünen Bohnen und Kernbohnen.

rouges Rote Bohnen.

vert Französische grüne Bohnen.

Jardinière de légumes Gemischtes Gemüse.

Laitue Lattich, Kopfsalat, meist braisiert.

Lentilles Linsen.

Macédoine de légumes Gemischte, kleingeschnittene Gemüse.

Mâche Feldsalat.

Mais Süßmais.

Mango-tout Kefen, Schneeerbsen.

Marrons Kastanien.

Morilles (*Morchella esculenta*) Morcheln (nur im Frühjahr).

Mousserons (*Tricholoma georgii*) Maispilz, Moosschwamm.

Navets Weiße Rüben.

Oignons Zwiebeln.

Oronges (*Amantia caesarena*) Kaiserpilz (Spätsommer und Herbst).

Oseille Sauerampfer.

Panais Pastinak.

Patates douces Bataten (süße Kartoffeln).

Petits-pois Grüne Erbsen.

pois princesse Wie *mange-tout*.

Piments doux Paprikaschoten.

Pissenlits Löwenzahn, oft als Salat gegessen.

Poireaux Lauch, Porree.

Pois Erbsen.

cassés Aufgebrochene Erbsen.

chiches Kichererbsen.

à la française Grüne Erbsen, Lattich (Kopfsalatsorte), Perlzwiebeln und Petersilie, glasiert mit wenig Zucker und Butter.

Poivrons Wie *piments doux*.

Pommes (de terre) Kartoffeln, meist nur *pommes* genannt. Nicht mit Äpfeln verwechseln!

Anna Lagen dünngeschnittener roher Kartoffeln, mit Butter und Salz gebacken.

Byron Gebackene Pellkartoffeln, aus der Schale gelöffelt, passiert, in Fladenform in Butter gebacken, mit Sahne und Käse bedeckt glaciert.

château Kartoffeln olivengroß zugeschnitten, gewürzt, in klarifizierter Butter goldgelb gebraten.

chips Dünne rohe Kartoffelscheiben schwimmend ausgebacken.

à la crème Pellkartoffel-Scheiben mit Sahne verfeinert.

dauphine Gestampfte Kartoffeln, mit Butter und *pâte à choux* (Brühteig) vermischt, zu Kroketten geformt, mit Eigelb bestrichen gebacken.

duchesse Gestampfte Kartoffeln, vermischt mit Ei und Eigelb, mit Muskatnuß gewürzt, zu Kugeln geformt und gebacken.

fondantes Kartoffeln, olivenförmig zugeschnitten, in Butter gebraten.

au four Im Ofen gebackene Pellkartoffeln.

frites Gebackene Kartoffelstäbchen.

frites alumettes Streichholzdünne Kartoffelstäbchen gebacken.

Macaire Gebackene Pellkartoffeln, ausgehöhlt; Püree mit Butter, Salz und Pfeffer gut vermischt wieder in die Schalen gefüllt und nochmals überbacken.

maître-d'hôtel Kartoffelscheiben, in Fleischbrühe gekocht, mit Butterflocken und Petersilie bestreut.

noisettes Haselnußgroße Kartoffelkugeln in Butter goldgelb gebraten.

paille Dünne Kartoffelstreifen, schwimmend ausgebacken.

Pont-Neuf Gebackene daumendicke Kartoffelstäbchen.

purée Kartoffelpüree.

en robe des champs Pellkartoffeln.

á la sarladaise Roh in Scheiben geschnittene Kartoffeln, in Butter sautiert, mit Trüffelscheiben und oft etwas *foie-gras*.

à la savoyarde Wie *gratin dauphinois*, aber in Fleischbrühe geschmort statt in Milch.

soufflées Schwimmend gebackene dickgeschnittene Kartoffelscheiben. Damit sie sich aufblähen, werden sie fritiert, abgekühlt und nochmals ins heiße Öl gegeben.
vapeur Im Dampf gegarte Kartoffeln.
voisin Wie *Anna* aber mit Käse.
Potiron Kürbis.
Radis Radieschen.
Ratatouille Siehe Hors-d'œuvre.
Rutabaga Kohrübe.
Salsifis Schwarzwurzeln.
Scarole Endivie.
Surbric d'épinards Nocken aus gehacktem Spinat, gemischt mit Pfannkuchenteig, löffelweise gebacken.
Topinambourg Erdartischocke.
Truffes Trüffel; unterirdisch wachsender Pilz aus der Gattung der Schlauchpilze mit rauher, oft warziger Haut. Wichtiger Bestandteil der klassischen französischen Küche. Trüffel vermitteln den übrigen Zutaten nicht nur ihr eigenes Aroma, sie verstärken auch den spezifischen Geschmack. Es ist sehr schwer, selbst Trüffeln zu finden, aber es lohnt sich, wenigstens einmal im Leben davon zu essen. Die besten Trüffeln sind:
au champagne In Champagner und Fleischbrühe gedünstet, serviert im reduzierten Kochsud. Wird der Champagner durch Madeira ersetzt, heißt das Gericht *truffes à la serviette.*
sous la cendre Siehe Hors-d'œuvre.

Fromages – Käse

Eine französische Käseplatte ist eine der herrlichsten Komponenten eines Mahles. Es gibt über vierhundert verschiedene Käsesorten und man kann täglich eine neue entdecken. In Frankreich wird Käse vor dem Dessert gegessen.

Banon Weichkäse aus der Provence aus Kuhmilch mit Bohnenkraut und Marc parfümiert, in Kastanienblätter gewickelt.
Bondon, *Bonde* Zylinderförmiger Kuhmilchkäse aus der Normandie.
Bleu d'Auvergne Flachzylindrischer Blaukäse aus Kuhmilch aus der Auvergue.
Bleu de Bresse Zylinderförmiger weicher Schimmelkäse, blau geädert, aus pasteurisierter Kuhmilch.
Boursin Industriell hergestellter kleiner Sahnekäse. Oft mit Pfeffer oder Kräutern angereichert.
Brie Flacher rezenter Edelpilzweichkäse.
Brillat-Savarin Runder flacher Sahnekäse aus der Normandie.
Camembert Vollfetter, weicher Edelpilzkäse aus der Normandie, etwas weniger delikat als Brie. Reifer Camembert hat hellgelben Teig und sollte nicht «zerfließen».
Carré de l'Est Viereckiger, kleiner Weichkäse mit leichtem Pilzaroma.
Chabichou Pikanter Ziegenkäse in Zylinderform.
Chèvre Allgemeine Bezeichnung für Ziegenkäse.
Coulommiers Sehr weicher Kuhmilchkäse mit feinem haselnußähnlichem Geschmack.
Demi-sel Kleiner rechteckiger Frischkäse aus der Normandie aus Kuhmilch.
Fourme d'Ambert Marmorierter zylinderförmiger, aromatischer Schimmelkäse.
Gérômé Flachzylindrischer, mit Kümmel gewürzter Weichkäse mit roter Rinde. *Gérômé anisé* enthält Anis.
Livarot Scharfer kleiner, runder Magermilchkäse, mit Riedgras umwickelt.
Maroilles Viereckiger Weichkäse mit kräftigem Geschmack, vor etwa tausend Jahren von den Mönchen von Maroilles erfunden.
Monsieur Kleiner runder vollfetter Weichkäse mit pikantem Geschmack.
Mont d'Or Kleiner runder flacher Käse aus Ziegen- oder Kuhmilch mit blauer Rinde aus der Umgebung von Lyon.

Munster Pikanter Weichkäse aus Kuhmilch mit rötlicher Rinde, ab und zu mit Kümmel gewürzt.
Neufchâtel Siehe *Bondon*.
Olivet Weichkäse aus Kuhmilch mit blauer Rinde.
Petit-suisse Kleinzylindrischer ungesalzener Frischkäse in ganz Frankreich hergestellt, oft mit Zucker bestreut gegessen.
Pont-l'Evêque Weichkäse aus Kuhmilch mit gelblicher Rinde und elastischem Teig.
Port-Salut Halbfetter gepreßter runder und milder Käse aus Vollmilch.
Reblochon Kleiner runder leicht gepreßter Weichkäse aus Kuhmilch; hat geschmeidige Konsistenz und mildes Aroma.
Roquefort Edelpilzkäse aus Schafmilch, in Felshöhlen gereift; einer der ältesten Käse der Welt.
Saint-Marcellin Kleiner runder Weichkäse aus Kuhmilch mit blau-grauer Rinde. Früher Ziegenmilchkäse.
Tomme Tommes gibt es in unzähligen Varianten, einige aus Ziegen- und Schafmilch hergestellt, vor allem im Südosten Frankreichs.
Vacherin Weicher Sahnekäse aus Kuhmilch, in runden Spanschachteln verpackt. Mehrere Varianten, alle mit würzigem Aroma.

Entremets – Desserts, Glaces – Eiscreme, Fruits – Früchte, Pâtisserie – Gebäck, Noix – Nüsse

Ich beschränke mich im Verzeichnis der Nachspeisen auf eine Auswahl. In französischen Restaurants werden die Desserts meist auf einem Servierwagen präsentiert, so daß der Gast sie in Augenschein nehmen und nach Belieben auswählen kann.

Abricots Condé Pochierte Aprikosenhälften auf Vanilleeis dressiert, mit heißer Aprikosensauce überzogen.
Amandes Mandeln.
Avelines Haselnüsse, auch *noisettes*.
Babas au rhum *Savarin* (Hefebiskuitring) getränkt mit Zuckersirup und Rum, überzogen mit Aprikosenmarmelade.
Bavaroise Creme aus Eigelb, Zucker, Milch, Vanille, aufgelöster Gelatine, vermengt mit steifgeschlagener Sahne, in Formen gefüllt, nach dem Erstarren gestürzt und mit Fruchtsauce serviert.
Beignets Gebackene Küchlein oder Krapfen.
favoris Mit Aprikosenmarmelade zusammengefügte Makronen, durch Teig gezogen und schwimmend ausgebacken.
Bombe Eis in Halbkugelform gefroren, meist aus verschiedenen Eissorten.
cardinal Bombe aus Himbeer-Johannisbeereis, gefüllt mit Vanilleeis mit Pralinen.
★ **favorite** Bombe aus Vanilleeis und Füllung aus Erdbeermousse. Garniert mit Erdbeeren.
Monte-Carlo Bombe aus Vanille-Rahmeis, gefüllt mit Erdbeermousse, getränkt mit Likör.
Nelusko Bombe aus Schokolade-Rahmeis, gefüllt mit Vanillemousse.
Brugnons Nektarinenpfirsich.
Cassis Schwarze Johannisbeeren.
Cerises Kirschen.
Charlotte de pommes Apfelcharlotte. Warme Apfelsüßspeise in einer mit Brotscheiben ausgelegten Form im Ofen gebacken.
à la russe Charlotte aus Löffelbiskuits und Vanille-Sahne-Pudding.
au citron Charlotte mit Zitronenpudding.
Clafoutis Kirschentorte.
Coing Quitte.
Coupe Adelina Eisbecher aus Vanilleeis, garniert mit in Weinbrand eingelegten Kirschen und *crème Chantilly*.

Clo-clo *Marrons glacés* getränkt mit Maraschino und gemischt mit Vanille-Rahmeis, garniert mit Erdbeerpüree und *crème Chantilly.*

favorite Würfel aus frischer Ananas, in Likör mariniert, bedeckt mit Vanille-Rahmeis. Garniert mit kleinen *baisers* (Meringues), mit Ananas-Eis gefüllt. Das Ganze überzogen mit Erdbeerpüree und *crème Chantilly.*

Jacques Frische kleingewürfelte, in Likör marinierte Früchte, bedeckt mit Zitronen- und Erdbeer-Eis, garniert mit frischen Pfirsichschnitzen und Erdbeeren.

Crème anglaise Vanillecreme (englische Creme).

Chantilly Gesüßte, steifgeschlagene Sahne, mit wenig Vanille parfümiert.

renversée au caramel Gestürzte Vanillecreme, mit Karamelsirup überzogen.

Crêpes Suzette Kleine, sehr dünne Pfannkuchen, mit Orangenlikör flambiert und an heißer Orangensauce serviert.

Dattes Datteln.

Eclairs Blitzkuchen. Brandteigstreifen, längs halbiert, gefüllt mit Schlagsahne und Creme, mit Glasur überzogen.

Figues Feigen.

Flan aux pommes Jérôme Kuchen gefüllt mit Apfelmus, parfümiert mit Kirsch, belegt mit dünnen Apfelschnitzen, gebacken.

Fraises des bois Walderdbeeren.

Romanoff Erdbeeren getränkt mit Orangensaft und Curaçao, überzogen mit *crème Chantilly.*

Framboises Himbeeren.

Friandises Siehe *petits fours.*

Galette Flache Kuchen, oft aus Blätterteig.

Gâteau Kuchen.

St. Honoré Torte mit rundem Boden aus Mürbeteig mit aufgesetztem Rand, gefüllt mit *crème St. Honoré,* dekoriert mit kandierten Früchten.

Gaufres Waffeln.

Génoise Leichter Biskuitteig.

Glace Speiseeis.

Alhambra Mit Erdbeerschaum gefüllte Form aus Vanilleeis.

Carmen Eis mit drei verschiedenen Schichten: Himbeer, Mokka und Vanille.

Diane Mit Kirsch parfümierte Kastanienmousse eingehüllt in Vanilleeis.

Madeleine Vanilleeis gemischt mit kandierten Früchten, zuvor in Kirsch eingelegt, und *crème Chantilly.*

Granités Wassereis aus Fruchtsaft. Sieht wie gesplittertes Eis aus.

Grenades Granatäpfel.

Groseilles Johannisbeeren.

à maquereau Stachelbeeren.

Jalousies Kleine rechteckige Kuchen aus Blätterteig.

Kaki Kakipflaume.

Langues de chat Katzenzünglein: Dünne Biskuits aus Eiweißteig.

Macédoine de fruits Fruchtsalat.

Madeleines Kleine ovale Biskuits mit gezacktem Rand.

★**Marjolaines** Vier Böden aus zartem Mandel-Haselnuß-Teig, zusammengefügt mit Schokolade-Buttercreme, überzogen mit Schokoladeglasur.

Mille-feuilles Blätterteigschnitten; dünne Blätterteiglagen, gefüllt mit Schlagsahne und Konfitüre oder dicker Vanillecreme.

★**Mont-Blanc** Kastanienpüree, bergartig angerichtet, bedeckt mit *crème Chantilly.*

Mûres Brombeeren.

Myrtilles Heidelbeeren.

Nèfles Mispeln.

★ **Œufs à la neige** Eiweißkugeln pochiert in kochender Milch, serviert auf Vanillecreme.

Omelett norvégienne oder **surprise** Biskuitboden, mit Likör getränkt, mit Glace bedeckt, in Meringue eingehüllt, blitzschnell im Ofen überflämmt, damit das Eis nicht schmilzt.

Pain perdu (Arme Ritter) *Brioche* oder Toastbrot, durch Milch und Eigelb mit Vanille-Aroma gezogen und gebacken.

Poires Hélène Birnen in Vanillesirup pochiert, auf Vanilleeis dressiert, mit kandierten Veilchen bestreut. Dazu heiße Schokoladensauce.

Madeleine Gekochte Birnen und Aprikosenmarmelade, in *savarin* geschichtet, bedeckt mit *crème Chantilly.*

Richelieu Gekochte Birnen-

viertel auf Puddingsockel mit kandierten Früchten dressiert, mit *crème frangipane*, zerstoßenen Makronen und *crème Chantilly*.
Pommes Äpfel.
Profiteroles Kleine Windbeutel (*choux*) in Pyramidenform aufeinandergeschichtet, mit heißer Schokoladensauce nappiert.
Pruneaux Dörrzwetschgen.
Prunes Pflaumen, Zwetschgen.
Raisins Trauben.
Reine-claude Reineclaude, grünliche Pflaumenart.
Rhubarbe Rhabarber.
Riz à l'impératrice Kalter, mit Eigelb gemischter Milchreis, vermischt mit in Likör mazerierten, kandierten Früchten, bayrischer Vanillecreme und Schlagsahne, in zylindrische Form gefüllt. Serviert mit Himbeerpüree oder Aprikosensauce.
Savarin Ringförmiges Biskuit aus *savarin-Teig*, mit Rum und Zuckersirup getränkt.
Sorbet Wassereis, meist aus Fruchtsaft und Zucker hergestellt.
Soufflé Siehe Eiergerichte.
dame blanche Soufflé zubereitet aus Mandelmilch und gerösteten gehobelten Mandeln.
Martine Orangensoufflé, vermischt mit Löffelbiskuits, in Grand-Marnier (Orangenlikör) getränkt.
Palmyre Vanillesoufflé, gemischt mit Löffelbiskuits, mit Anislikör und Kirsch getränkt.
★ **Rothschild** Soufflé aus Sahne, kandierten in Kirsch getränkten Früchten. Garniert mit Erdbeeren oder Kirschen und *crème Chantilly*.
Sarah Bernhardt Vanillesoufflé, vermischt mit Löffelbiskuits, in Curaçao getränkt. Serviert mit in Curaçao marinierten Erdbeeren und *crème Chantilly*.
Suédoise de fruits Gelee aus Fruchtsaft, lagenweise mit Früchten in Form gefüllt.
Tarte alsacienne Kuchenboden gefüllt mit *crème pâtissière* belegt mit Apfel- oder Birnenschnitzen und gebacken.
★ **tatin** Verkehrt gebackener Apfelkuchen, warm serviert.
Tivoli aux fraises Ringform mit Kirschgelee ausgegossen, gefüllt mit *crème bavaroise*, gemischt mit pürierten Walderdbeeren, gekühlt. Gefüllt mit in Kirsch und Maraschino marinierten Erdbeeren. Dazu *crème Chantilly*.
Trou normand Zitronensorbet oder *granité* in Glas serviert mit Calvados.
Vacherin Schalen oder Boden aus Meringue zusammengefügt mit Schlagsahne, Früchten oder Sahneeis. Oft mit Likör parfümiert.

Saucen und Butter

Ich hoffe, daß das nachstehende Verzeichnis Ihnen manch nützlichen Hinweis gibt, damit Sie sich in der verwirrenden Vielfalt der Spezialbezeichnungen zurechtfinden. Vielleicht illustriert es auch, daß in der Französischen Küche nicht alles so unabänderlich festgelegt ist, wie man oft annimmt.

Ailloli oder **aioli** Knoblauchmayonnaise.
Beurre Butter. Die französische Küche kennt etliche Mischungen aus frischer Butter und verschiedensten Zutaten.
blanc Reduktion aus Essig und Schalotten mit Butter vermischt.
maître d'hôtel Weiche Butter vermischt mit Kräutern und Zitronensaft.
marchand de vin Weiche Butter vermischt mit in Rotwein gekochten Schalotten, *glace de viande* und Petersilie.
noir Gebräunte Butter mit gehackter Petersilie, Kapern und Essig. Paßt zu Hirn.
Coulis d'écrevisses Krebsbutter aus Krebsschalen und -fleisch und Sahne.
Sauce Albert Weiße Sauce aus Meerrettich, Sahne und Brotkrumen.
Albuféra *Sauce suprême* mit *glace de viande* und roter Pfefferbutter.
allemande Kalbs*velouté*

gebunden mit Eigelb. Auch *sauce parisienne* genannt.

américaine und **armoricaine** Siehe *homard* (Fischgerichte).

andalouse Mayonnaise vermischt mit Tomatenpüree und zerkleinerten Paprikaschoten.

aurore Kalbs*velouté* mit Tomatenpüree; auch aus *sauce béchamel,* Sahne und Paprika.

béarnaise Reduktion aus Weinessig, Schalotten, Estragon und Kerbel mit Eigelb und viel frischer Butter gebunden, vermischt mit Estragon.

béchamel Weißer *roux* aus Butter und Mehl, gemischt mit Butter, gewürzt mit Muskatnuß, manchmal mit gedünsteten Zwiebeln.

Bercy Fisch*velouté* aus Fischfond, Weißwein, Schalotten und viel frischer Butter.

bigarde *Sauce demi-glace* mit Orangensaft und Curaçao.

bordelaise Sauce *demi-glace* mit Schalotten, Thymian, Rotwein, Butter, Rindermark und Petersilie.

bourguignonne Rotweinsauce mit Schalotten, Thymian, Champignonabfällen, mit Mehlbutter gebunden.

bretonne Geflügel- oder Fisch*velouté* mit Champignon- oder Gemüse*julienne,* Butter und Sahne.

cardinal *Sauce béchamel* mit Sahne, Hummerbutter und Pfeffer.

Chantilly *Sauce hollandaise* (heiß) oder Mayonnaise (kalt) mit Schlagrahm.

charcutière *Sauce demi-glace* mit Weißwein, gehackten Zwiebeln und Cornichons.

chasseur *Sauce demi-glace* mit Champignons, Schalotten, Weißwein, Butter und Petersilie.

chaux-froid Braune (brune) oder weiße (blanche) gelierende Sauce zum Überziehen von Fleisch, Geflügel oder Fisch.

Choron *Sauce béarnaise* mit Tomatenpüree.

demi-glace Braune Grundsauce aus Fond und Kalbssaft, eingekocht.

diable *Sauce demi-glace* mit Weißwein, Schalotten und Chili.

duxelles *Sauce demi-glace* mit Champignons, Schalotten, Weißwein und Tomatenpüree.

espagnole Braune Grundsauce.

gaillarde Siehe *sauce gribiche.*

grand veneur Rotweinpfeffersauce aus Wildfond mit Johannisbeergelee und Sahne.

gratin Dicke *sauce espagnole* mit Weißwein und Schalotten.

gribiche Gehacktes hartgekochtes Ei gemischt mit Öl, Essig, Kräutern, Cornichons.

hollandaise Reiche Buttersauce aus Zitronensaft, Eigelb und Butter.

italienne *Sauce demi-glace* angereichert mit Tomaten, *duxelles,* Schinken, Petersilie, Kerbel und Estragon.

ivoire *Sauce suprême* mit heller *glace de viande.*

Joinville *Sauce normande* mit Krebs- und Krevettenbutter.

lyonnaise *Sauce demi-glace* mit gehackten Zwiebeln, Weißwein, Essig.

madère *Sauce demi-glace* mit Madeira.

marchand de vin Wie *Bercy,* doch mit Fleischfond.

mayonnaise Kalte Sauce aus Eigelb, Essig, Zitronensaft, Öl.

Miroton *Sauce demi-glace* mit Tomatenpüree, Senf und Zwiebeln.

moelle *Sauce bordelaise.*

mornay *Sauce béchamel* mit geriebenem Parmesan, oft mit Butter.

mousseline *Sauce hollandaise* mit Schlagsahne.

mousseuse Luftige Butter mit Zitronensaft und Schlagsahne vermischt.

Nantua *Sauce béchamel* mit Sahne, Krebsbutter und Krebsschwänzen.

nivernaise *Sauce allemande* mit Kugeln aus Karotten und weißen Rüben.

normande Fisch*velouté* mit Austernwasser und Champignonfond, Eigelb, Sahne und Butter.

paloise *Sauce béarnaise* mit Pfefferminze.

parisienne Siehe *sauce allemande.*

périgourdine Siehe *sauce Périgueux.*

Périgueux *Sauce demi-glace* mit Trüffeln und Madeira.

piquante *Sauce demi-glace* mit Essig, Schalotten, Kerbel, Estragon, Pfeffer.

au pistou Sauce aus Olivenöl und Basilikum.

poivrade Pfeffersauce mit zerkleinerten Gemüsen, Wein, Essig, *sauce demi-glace* und Wildfond.

soubise Zwiebel- und Reis-Sauce mit Butter und Sahne.

suprème Geflügel*velouté* mit Sahne und *glace de viande.*

suédoise Dicke Mayonnaise mit Apfelsahne und Meerrettich.

tartare *Sauce mayonnaise* mit gehacktem hartgekochtem Eigelb, Öl, Essig, Schnittlauch, Kapern.

Valois *Sauce béarnaise* mit *glace de viande* vermischt.

vénitienne Weißweinsauce mit Reduktion von gehackten Schalotten, Estragon, Kerbel, grüner Butter.

verte *Sauce mayonnaise* vermischt mit Spinat, Kresse, Petersilie, Kerbel, Estragon und Cayennepfeffer.

Villeroy *Sauce allemande* mit Trüffel- und Schinkenessenz.

vinaigrette Französische Salatsauce aus Öl, Essig und Senf.

Velouté Weiße Grundsauce mit Bouillon.

Zubereitungsarten und Garnituren

à l'alsacienne Elsässer Garnitur: Nudeln, *foie-gras* und Trüffelscheiben, bedeckt mit Madeirasauce. Bedeutet oft einfach: mit *foie-gras.*

andalouse Garniert mit Paprikaschoten, mit Reis gefüllt, überbackenen Auberginen und *sauce demi-glace* mit Tomaten.

à l'anglaise Bei Fischgerichten: paniert und gebacken, mit *beurre maître d'hôtel* serviert.

arlésienne Mit gebackenen Auberginen, sautierten Tomatenwürfeln, gebackenen Zwiebel.

à la bonne femme Weißweinsauce mit Schalotten, Champignons und Zitronensaft, manchmal Karotten, Sellerie und Kräuter.

à la bordelaise Meist in Rotweinsauce mit Rindermarkscheiben oder bei Fisch mit Gemüsen, Tomatenpüree, Cognac und Weißwein.

à la bourguignonne Rotweinsauce mit Speckstreifen, Champignons und Perlzwiebeln; im Gegensatz zur mit Weißwein zubereiteten *sauce bourguignonne.*

à la boulangère Mit gedünsteten Zwiebeln und Kartoffelscheiben.

bouquetière Mit Gemüsen.

à la bourgeoise Mit Karotten, Perlzwiebeln, Speckwürfelchen.

à la bretonne Weißweinsauce mit Zwiebeln, Tomaten und Knoblauch.

à la catalane Mit Tomatensauce und Pilaw-Reis.

en chartreuse Zubereitungsart für Wildgeflügel wie Rebhuhn und Fasan. Das Geflügel wird mit Kohl, Karotten, Zwiebeln, weißen Rüben, Erbsen und Speck gekocht, oft lagenweise in Form.

châtelaine Garniert mit Artischockenböden, gefüllt mit *sauce soubise,* Kastanien und *pommes noisette.* Dazu oft Madeirasauce.

choisi Mit braisiertem Lattich und *pommes chateaux.*

à la dauphine Mit *pommes dauphine.*

à la dieppoise An Weißweinsauce mit Garnelenschwänzen und Miesmuscheln.

à la dijonnaise Meist an Senfsauce.

à la duchesse Mit *pommes duchesse* garniert.

à la Dulgéré An Weißweinsauce mit Schalotten und Tomatenwürfeln.

à l'espagnole Meist mit roten Paprikaschoten, Tomaten, Knoblauch.

favorite Mit *foie-gras*-Scheiben, Trüffeln, Spargelspitzen.

financière Mit kleinen *quenelles* aus Geflügel- oder Kalbfleisch. Dazu *sauce financière.*

flamande Mit Kohl, Karotten, weißen Rüben, Speckstreifen, Wursträdchen.

florentine Mit Spinat.

forestière Mit Champignons oder Morcheln, Speck- oder Kartoffelwürfelchen.

Gascogne oder **Gasconne** Meist mit Armagnac zubereitet.

à la génoise Meist mit Tomatensauce und Thunfisch.
Godard Wie *financière,* aber mit Kalbsbries garniert.
au gratin Unterm Grill oder im Backofen überbacken.
à la grecque Bezeichnung für Gemüse gekocht in Marinade aus Wasser, Petersilie, Sellerie, Thymian, Lorbeer, Koriander, Fenchel, Pfeffer, Zitronensaft, Olivenöl; erkaltet serviert.
jardinière Mit kleinen Gemüsebündeln.
judic Mit kleinen braisierten Lattichköpfen, Hahnenkämmen und Trüffelscheiben und *sauce demi-glace.*
landaise Meist mit *foie-gras* und Trüffeln.
lyonnaise Mit Zwiebeln.
macédoine Mischung zerkleinerter Gemüse.
madrilène Mit Tomaten oder Tomatensauce.
maréchale Mit Trüffelscheiben, Spargelspitzen oder Erbsen.
Marie-Louise Mit Artischockenböden, *sauce soubise* oder Champignonpüree und dünnen Trüffelscheiben.
marquise Mit kleinen Tarteletts, gefüllt mit Kalbsmark, Trüffelstreifen, Spargelköpfen, mit *sauce allemande.*
à la ménagère Nach Hausfrauenart; mit Erbsen, braisiertem Lattich und *pommes macaire.* Eine Bezeichnung, die dem Erfindungsgeist viel Spielraum läßt.
à la meunière Meist für Fisch: in Milch und Mehl gewendet in frischer Butter gebraten. Mit Zitronenschnitzen.
milanaise Paniert und gebraten.
Mirabeau Mit Sardellen, Oliven.
Mireille Mit Tomatensauce und *pommes mireille* oder Trüffeln.
Mistinguette Mit Kräutern, *foie-gras* und Weißwein.
Montpensier Mit Artischockenböden, Spargelspitzen, Weißweinsauce und Trüffelscheiben.
à la nage In *court-bouillon* aus Weißwein, Karotten, Schalotten, Zwiebeln, Kräutern, Gewürzen.
normande Oft mit Äpfeln und Calvados. Siehe auch Saucen.
à l'orientale Mit Tomaten und Pilaw-Reis, oft mit Safran.
Orloff Mit *sauce soubise* und *sauce Mornay.*
Parmentier Mit Kartoffeln.
paysanne Rustikales Gericht mit Gemüsegarnitur.
piémontaise Mit Champignons, Tomaten, Knoblauch und Petersilie, begleitet von Risotto mit Parmesan oder garniert mit Trüffelrisotto.
à la polonaise Garnitur aus gehacktem hartgekochtem Ei, Petersilie und oft Brotkrumen.
à la portugaise Garniert mit kleinen Tomaten, gefüllt mit *duxelles* und *pommes chateau.* Auch Zucchini mit Knoblauch und Petersilie gedünstet, dazu weißer Reis, meist auch Paprikaschoten und Tomaten.
à la poulette Bedeutet an *sauce poulette,* hergestellt auf Basis von *sauce allemande,* oder *sauce normande* (mit Butter verfeinerte *sauce allemande*).
printanier Mit Frühlingsgemüse.
provençale Klassisch besteht diese Garnitur aus Tomaten und großen, mit *duxelles* gefüllten Champignons. Dazu *sauce provençale.* Allgemein bedeutet es eine Garnitur aus Tomaten, Zwiebeln, Knoblauch, Brotkrumen und Petersilie, oft auch Oliven, Sardellen und Kräutern.
renaissance Frühlingsgemüse, rings um das Fleisch verteilt.
Richelieu Mit kleinen gefüllten Tomaten, Champignons, braisiertem Lattich, neuen kleinen Kartoffeln und Bratensaft. Bei Fisch immer mit *beurre maître d'hôtel.*
Rossini Mit Scheiben von *foie-gras* und Trüffeln. Dazu meist *sauce demi-glace* mit Trüffeln oder *sauce madère* und oft Makkaroni mit Parmesan.
Saint-Germain Meist mit Erbsen in irgendeiner Form.
Sarah Bernhardt Mit *foie-gras*-Püree.
à la savoyarde Mit Kartoffeln und Käse.
sicilienne Mit *lasagne* (siehe Italien) an Sauce aus Käse, *velouté,* Butter und Geflügelleberpüree.
Souvaroff Zubereitungsart für Wildgeflügel an leichter *sauce madère* und Trüffeln.
Talleyrand Mit Makkaroni, vermischt mit Käse, Butter, Trüffel*julienne* und *foie-gras*-Würfeln. Dazu *sauce Périgueux.*

toulousaine Mit Geflügel*quenelles,* Kalbsbries, Hahnenkämmen und -nieren, Champignonsköpfen und Trüffelscheiben. Dazu *sauce allemande.*

Französischer Wein

In französischen Restaurants ist der Wein meist sehr teuer. Die Franzosen bevorzugen im allgemeinen jüngeren Wein. Viele französische Weine gelangen zudem nie außer Landes, so daß man auf der Weinkarte manch einen unbekannten Namen entdeckt.

Aus diesem Grunde trinke ich in Frankreich meist den mir vom Kellner empfohlenen lokalen Wein. Weinkellner, meist stolz auf das Eigenprodukt ihrer Region, sind weniger darauf bedacht, teuren Wein zu verkaufen, denn den Gast zu beraten.

Haben Sie sich in den Kopf gesetzt, nur den allerbesten Tropfen zu genehmigen, beschaffen Sie sich am besten den idealen Gefährten dieses Büchleins, den *Taschenführer für Weinkenner von Hugh Johnson,* in dem Sie alles Wissenswerte über die besten Weine jedes Distrikts finden. Dank dieses Ratgebers werden Sie unschwer die vorzüglichsten *Appellations Controlées,* Garantie hinsichtlich Herkunft, Erzeugungsmethode, Rebsorte und Produktionsmenge, kennenlernen.

Sollten Sie sich allerdings auf solche Weine beschränken, werden Sie nie erfahren, daß auch die Weine der folgenden Klasse, die VDQS-Weine das Geld wert sind. Zudem versagen Sie sich das Abenteuer, die preiswerten *vins du pays* auf die Probe zu stellen. Auch diese können ausgezeichnet munden.

Ich möchte Sie jedenfalls ermuntern, auch etwas anderes zu probieren als die Ihnen von zu Hause vertrauten Clarets, Burgunder oder Beaujolais. Ich möchte hier nur einige wenige Namen nennen:

Apremont: leichter Weißwein aus Savoyen.
Arbois: gefälliger, leichter Jurawein.
Bandol: schmackhafter Rotwein aus der Provence.
Beaumes de Venise: Dessert-Muscat von der südlichen Côtes-du-Rhône.
Bellet: guter Tropfen aus der Nähe von Nizza.
Bourgeuil: fruchtiger Rotwein aus der Touraine.
Cahors: dunkler, traditionell harter, «schwarzer» Wein.
Château Simone: gefälliger Provençal.
Chinon: fruchtiger Rotwein aus der Touraine.
Condrieu: duftiger Rhone-Weißwein.
Corbières: gehaltvoller roter Midi-Wein.
Cornas: Kräftiger Rhone-Rotwein.
Côte Rôtie: feinster Rhone-Rotwein.
Côtes de Duras: leichter Dordogne.
Côtes du Roussillon: deftige dunkle Rotweine und scharfe Weißweine aus Südwestfrankreich.
Fitou: gehaltvoller Midi-Rotwein.
Gigondas: körperreicher Rhone-Rotwein.
Haut Comtat: kräftiger Rhone-Rotwein.
Hermitage: war einst der berühmteste Wein; schmeckt immer noch wundervoll.
Irouléguy: gefälliger Weißwein aus dem Baskenland.
Lirac: gehaltvoller Rhone-Roséwein.
Metayer: guter, billiger Champagner.
Monbazillac: Goldfarbener süßer Dordogne.

Montlouis: Loire-Schaumwein.
Pécharmant: roter Dordogne.
Quatourze: lieblicher Midi-Wein.
Quincy: trockener Loire-Wein.
Roussette de Savoie: frischer Weißwein.
Saint Chinian: Midi-Rotwein.
Saint-Péray: schwerer weißer Rhone-Schaumwein.
Saint-Pourçain: gefälliger lokaler Wein aus Vichy.
Savennières: würziger Loire-Weißwein.
Seyssel: Schaumwein aus Savoyen.

Gebräuchliche Ausdrücke

Addition Rechnung.
Aigre-doux süß-sauer.
Ail Knoblauch.
Alumettes Kleine Blätterteigstäbchen, garniert oder gefüllt.
Amandine Mit Mandeln garniert.
Amer bitter.
Anchoiade Sardellenpaste.
Anchois Sardellen.
Arachide Erdnuß.
Assiette assortie Vorspeisen-Teller.
Ballottine Geflügelzubereitung: Geflügel oder -teile, entbeint und gefüllt, zu Bündeln gerollt.
Barquettes Teigschiffchen.
Basilique Basilikum.
Beurre Butter.
Bière Bier.
Bifteck Steak.
Blanquette Weißes Ragout; Sauce mit Eigelb und Sahne gebunden.
Boisson Getränk.
Bouchée Kleiner *vol-au-vent.*
Bouilli gekocht, gesotten.
Bouillon Brühe.
Braisé braisiert.
Brioche Gebäck aus butterreichem Hefeteig.
à la broche am Spieß gebraten.
en brochette an Spießchen gegrillt.
Café Kaffee.
en caisse In ausgehöhlter, gebackener Brotscheibe serviert.
Câpres Kapern.
Cassoulet Topfgericht aus weißen Bohnen.
Chaud heiß.
Charcuterie Würste und kalte Fleischgerichte, vor allem aus Schweinefleisch.
à choix Nach Wahl.
Chou Windbeutel; Kohl.
Choux à la crème Mit crème chantilly gefüllte Windbeutel.
(en) cocotte Zubereitet in ofenfesten Portionenförmchen.
Confit Eingemachtes, meist Enten-, Gans-, Truthahn- oder Schweinefleisch, mit dem eigenen Fett zugedeckt konserviert.
Confiture Konfitüre, Marmelade.
Contre-filet Lendenstück.
Coquillages Schalentiere.
Coquilles de In Muschelschale serviert.
Coquilles Meist Jakobsmuscheln.
Côte, côtelette Kotelett.
Couvert Gedeck.
Crème Creme (auch Sahne).
frangipane Basis-Vanillecreme mit zerbröselten Mandelmakronen.
Crêpes Dünne Pfannkuchen.
Crépinettes Kleine flache Netzwürstchen, meist gegrillt.
Croquettes Aus Fleisch- oder anderer Masse geformte Kroketten, meist paniert und schwimmend gebacken.
En croûte In Teig im Ofen gebacken.
Croustade Auf gebackener Brotscheibe angerichtet oder Blätterteiggebäck mit pikanter Füllung.
Cru roh.
Cuisine minceur Schlankheitskost.
Cuit gekocht, gar.
Darne Dicke Fisch-Scheibe.
Daube Schmorgericht, meist Fleisch in Wein und Kräutern.
Douce, doux süß.
Duxelles In Butter mit Schalotten gedünstete gehackte Champignons.
Eau minérale Mineralwasser, entweder *gazeuse* (Sprudel) oder *naturelle* (ohne Kohlensäure).
Entrecôte Zwischenrippenstück.
Escabèche Verschiedene Fische, in Olivenöl gebraten, mit *court-bouillon* begossen; kalt serviert.
Estouffade Langsam geschmortes Fleisch, meist vorher mariniert und gebraten.

Etuvé zugedeckt gedünstet, braisiert.
Farci gefüllt.
au fenouil Meist über getrocknetem Fenchel gegrillt oder flambiert.
Feuilletage Blätterteig.
Foie-gras Eingemachte Gänseleber aus Stopfgänsen und -enten.
au four Im Ofen gebacken oder gebraten.
Fraîche, frais frisch.
Frappé Mit zerkleinertem Eis serviert.
Fricadelle Fleischkugeln.
Frit schwimmend im Öl ausgebacken.
Fritots Durch Teig gezogene Fleisch- oder Gemüsestücke schwimmend ausgebacken, z.B. Kalbsbries(milken), Hirn, Schwarzwurzeln, usw.
Froid kalt.
Fruits de mer Meeresfrüchte.
Fumé geräuchert.
Galette Fladen aus Blätterteig, Kartoffeln usw.
Garni garniert; meist mit Gemüsegarnitur.
Garnitures Beilagen.
Glace de viande Eingedickter Fleischfond.
Glacé gefroren oder glasiert.
Gourgère Käsewindbeutel in Kranzform.
au gratin Im Ofen oder unter Grill kurz überbacken; meist mit Käse oder Brotkrumen belegt.
Grillade Grilliertes Fleisch (oder Fisch).
Grillé Auf Rost grilliert.
Haricots Grüne Bohnen oder Eintopfgericht aus Fleisch und Gemüse.
Hochepot Deftiges Eintopfgericht aus verschiedenen fetten Fleischsorten und Gemüse.
Huile d'olive Olivenöl.
vierge Kaltgepreßtes Olivenöl.
Jambon Schinken.
Lait Milch.
Macédoine Früchte- oder Gemüsemischung.
(de notre) maison Hausspezialität.
Marjolaine Majoran.
Marmite Kochtopf aus Ton oder Metall mit Deckel.
Matelote Meist Fischragout, aber auch *matelote de veau* (Spezialität aus Kalbfleisch).
Médaillon Rund oder oval zugeschnittenes Fleischstück.
Mijoté langsam gegart.
Mirepoix Mischung aus kleingewürfelten Gemüsen und (oft) Schinken.
Moelle Rindermark.
Mousse Luftiges und cremiges Schaumbrot, meist aus Schinken, Geflügellebern oder Fisch. Kann auch Süßspeise sein. Hauptzutat fein püriert und mit Sahne und Eiweiß gemischt. Kalt serviert.
Mousselines Kleine *mousses* portionenweise oder in Förmchen pochiert oder gekocht. Siehe auch *sauce mousseline.*
Moutarde Senf.
Navarin Eintopf aus Lamm- oder Schaffleisch und jungem Wurzelgemüse.
Noix Nüsse, meist Walnüsse.
Nouilles Nudeln.
Oseille Sauerampfer.
Pain Brot.
Panade Mehlbasis oder Teigpaste zum Binden oder Verdicken.
Pané paniert.
Pannequets Pfannkuchen ähnlich wie *crêpes,* etwas dicker und kleiner.
en papillote In öl- oder butterbestrichener Folie gegart.
Pâte Teig.
à chou Brühteig, Brandteig.
Pâtisserie Feines Gebäck.
Paupiettes Dünne Fleischschnitzel oder Fischfilets gerollt, meist gefüllt.
Persil Petersilie.
Persillade Mischung aus gehackter Petersilie und Knoblauch.
Pignons Pinienkerne.
Piquant pikant gewürzt.
Poché pochiert.
Pochouse Fisch-Ragout.
Poivre Pfeffer.
Pralin Krokant: zerstoßene karamelisierte Mandeln.
Prix Preis.
Quenelles Kleine ovale Klöße, meist aus Fisch oder Geflügelfleisch.
Raifort Meerrettich.
Riz Reis.
Rouille Sauce aus Olivenöl, Eigelb, Knoblauch und scharfen roten Pfefferschoten; zu Bouillabaisse und anderen Fischgerichten.
Royale Eierstich, in Streifen oder dekorative Formen geschnitten.

Suppeneinlage.
Saucisse Frische Wurst.
Saucisson Geräucherte Wurst.
Sauge Salbei.
Sec trocken.
Sel Salz.
Selon grosseur Oft **S.G.** Je nach Größe.
quantité oft **S.Q.** Je nach Gewicht.
Semoule Grieß.
Service compris Bedienung inbegriffen.
Sucre Zucker.
Tête Kopf.
Thé Tee.
Timbale Kuppelartige Form zum Backen einer gefüllten Teigkruste (enthält oft Makkaroni oder Nudeln).
Tourte Torte.
Varêche Tang, Meeresalge.
Veau Kalbfleisch.
Vin blanc, rouge Weißwein, Rotwein.
Vinaigre Essig.
Vinaigrette Salatsauce aus Öl und Essig.
Vol-au-vent Hohlpastete aus Blätterteig gefüllt mit feinem Ragout.

Santé! Prosit!
Bon appétit! Guten Appetit!

Griechenland

Man hat immer wieder behauptet, die Griechen hätten die Kost der Türken, Venetier und Magyaren übernommen. Dies scheint absurd, ist doch der Ursprung aller westlichen Küchen im alten Griechenland zu suchen. Die Römer beschäftigten sicherlich griechische Köche, und die Türken erwarben sich ihre Kochkenntnisse bei den Byzantinern, den Nachfolgern der Römer.

Die heutige griechische Küche zeichnet sich vor allem durch die Frische der verwendeten Zutaten und die schlichte Zubereitung aus. Da gibt es unter anderem Ei- und Zitronensuppe, *taramonsalata,* gefüllte Weintraubenblätter, am Spieß gebratenes Fleisch, mit Kräutern gewürzte Brathähnchen, gefüllte Auberginen, Tomaten und Pfefferschoten, in Blätterteig verpackten Käse. Geschickt zubereitet, munden solche einfache Speisen vortrefflich. Die kleinen Appetithappen oder *mezes* bilden die perfekte Ergänzung zu einem *ouzo* und in vielen griechischen Restaurants in aller Welt können sie, trifft man eine geschickte Auswahl, eine vollständige Mahlzeit ersetzen.

Die Griechen essen gern auswärts, weshalb es vor allem in Athen eine immense Zahl von Speiselokalen gibt, vom vornehmsten Grandhotel und Restaurant, wo internationale Gerichte serviert werden, bis zu den urgemütlichen Tavernen.

Auf den Inseln ist das Angebot entsprechend geringer. Vielfach verfügen die Lokale nicht einmal über ein Menü und meist nur über eine höchst mangelhaft übersetzte Speisekarte. Fische, speziell Seebarben und Tintenfische, und die meisten andern Speisen kann man persönlich aus den in der Küche brodelnden Kochtöpfen auswählen. Seien Sie aber darauf gefaßt, daß das Essen nur noch lauwarm ist, wenn es schließlich serviert wird.

Die Griechen trinken leidenschaftlich gern, doch müssen Ausländer sich zunächst an ihren Geschmack gewöhnen. Zufälligerweise mag ich Anis und damit auch *ouzo,* ungeachtet seiner Süße. Das ist aber wirklich Geschmacksache. Dasselbe gilt für Retsina, den harzigen Weißwein, der wie erstklassige Bodenwichse schmeckt und in der Gegend von Athen angebaut wird. Für denjenigen, der sich mit dem Geschmack der Griechen nicht befreunden kann, gibt es ein paar wenige anspruchslose Weine, die passabel sind: *Demestica, Hymettus, Mavroudi, Mavro Romeiko* (aus Kreta), *Naoussa* und notfalls *Nemea.*

'Ορεκτικά καί μεζεδάκια
(orektika ke mezedhakia)
Hors d'œuvres

κεφτεδάκια **(keftedhakia)** Kleine Fleischkugeln.

κρεατόπιττα **(kreatopitta)** Dreieckige Blätterteigkrapfen, gefüllt mit Hackfleisch.

μελιτζανοσαλάτα **(melidzanosalata)** Pürierte gebackene Auberginen, gemischt mit gehackten Zwiebeln und Tomaten, Knoblauch, Olivenöl und Essig, kalt serviert.

μπουρεκάκια **(burekakia)** Sammelbegriff für kleine gefüllte Pastetchen aus dünnem *filo*-Teig.

ντολμαδάκια **(dolmadhakia)** Röllchen aus Hackfleisch und Reis oder nur Reis, in Weintraubenblätter verpackt.

σπανακόπιττα **(spanakopitta)** Dreieckige Blätterteigpastetchen, gefüllt mit Spinat und *feta*-Käse.

συκωτάκια τηγανιτά **(sikotakia tiganita)** In Öl kurz gebratene Lammleberwürfel mit Zitronensaft und Oregano.

★ *ταραμοσαλάτα* **(taramosalata)** Cremiger, rosa Dorschrogenbrei mit Olivenöl, Zitronensaft und eingeweichten Brotkrumen.

τυρόπιττα **(tiropitta)** Dreieckige Blätterteigkrapfen, gefüllt mit Mischung aus *feta*-Käse, Eiern und Petersilie.

Οἱ σουπεζ (I supes) – Suppen

κακαβιά **(kakavia)** Griechischer Fischsuppen-Eintopf.

κοτόσουπα **(kotosupa)** Hühnersuppe.

μαγειρίτσα **(mayiritsa)** Ostersuppe aus Lammleber, Lunge, Herz und Innereien, fein gehackt mit Frühlingszwiebeln, Dill und Reis. Eine Ei- und Zitronensauce wird zuletzt beigefügt.

ρεβυθόσουπα **(revithosupa)** Suppe aus Kichererbsen und Zwiebeln mit Öl und Zitronensaft.

★ *σούπα αὐγολέμονο* **(supa avgholemono)** In Hühnerbrühe gekochter Reis mit Ei- und Zitronensauce.

φακή **(faki)** Linsensuppe mit Zwiebeln, Knoblauch, Lorbeerblättern, Olivenöl und Essig.

φασόλια **(fasolia)** Weiße Bohnensuppe mit Gemüsen.

φάβα **(fava)** Pürierte Gelberbsen mit Zwiebeln, Olivenöl und Zitronen, heiß oder kalt serviert.

ψαρόσουπα **(psarosupa)** Fischsuppe.

Ψάρια καί θαλασσινα (psaria kethalasina) – Fisch, Meeresfrüchte

ἀστακός μαγιονέζα **(asatkos mayioneza)** Hummer mit Mayonnaise.

ἀχινός **(akhinos)** Seeigel.

γαρίδες **(gharidhes)** Garnelen.

καλαμαράκια **(kalamarakia)** Junge Tintenfische.

★ *κρασάτα* **(krasata)** In Öl gebratene und in Wein geschmorte Tintenfische mit Tomaten und Petersilie, kalt serviert.

κέφαλος **(kefalos)** Meeräsche.

μαρίδες **(maridhes)** Weißfischähnlicher kleiner Fisch.

μπακαλιάρος μέ σκορδαλιά **(bakaljaros me skordhalia)** Gesalzener Dorsch, in Butter gebraten, mit dicker Knoblauchsauce serviert.

μπαρμπούνια **(barbunia)** Seebarbe.

μύδια **(midhia)** Muscheln.

σαρδέλλες **(sardheles)** Frische Sardinen.

χταπόδι **(khtapodhi)** Krake.

μέ σάλτσα **(me saltsa)** In Öl mit Knoblauch und Zwiebeln angebratene Krake, in Rotwein mit Tomaten geschmort.

ψάρι πλακί **(psari plaki)** In dicker Sauce aus Zwiebeln, Knoblauch, Tomaten, Petersilie und Wein geschmorter Fisch.

σπετσιώτικο **(spetsiotiko)** Gebratener Fisch mit Tomaten, Öl, Weißwein, Knoblauch und Petersilie, bedeckt mit Brotkrumenkruste.

'Εντράδες (entradhes) – Hauptgerichte

ἀρνί **(arni)** Lamm.

★ *γιουβέτσι μέ μανέστρα* **(yiouvetsi me manestra)** Lammfleischwürfel, geschmort mit Zwiebeln und Tomaten, mit geriebenem Käse bestreut.

ἐξοχικό **(exokhiko)** Kleine Pakete aus *filo*-Blätterteig, gefüllt mit einem Lammkotelett ohne Knochen, einigen Erbsen, Kartoffelstückchen, Tomaten, *kaseri*-Käse und Petersilie. Im Ofen gebacken.

καπαμάς **(kapamas)** Mit Zwiebeln, Tomaten, Petersilie und Knoblauch geschmorte

Lammfleischwürfel; oft werden Kartoffeln beigefügt.

σούβλας **(suvlas)** Am Spieß gebratenes Lammfleisch.

φρικασέ **(frikase)** Lammfleischwürfel, angebraten, geschmort mit gehackten Frühlingszwiebeln, Lattich und Dill. Zuletzt wird eine Eier-Zitronen-Sauce beigefügt.

ψητό μέ πατάτες **(psito me patates)** Gebratene Lammkeule, mit Knoblauch gespickt; mit Bratkartoffeln.

γαλοπούλα **(ghalopula)** Truthahn.

γουρουνόπουλο τοῦ γάλακτος **(ghurunopulo tu ghalaktos)** Spanferkel.

κεφτέδες **(keftedhes)** Fleischkugeln aus gehacktem Kalb- oder Rindfleisch, Ei, Brotbröseln, gehackten Zwiebeln, Oregano, Minze und Petersilie, gemischt mit wenig Olivenöl und Essig, gebraten.

κοκορέτσι **(kokoretsi)** Nieren, Kutteln und Leber, in Darm gewickelt und am Spieß gebraten.

κολοκύθια γεμιστά **(kolokithaia yemista)** Ausgehöhlte Zucchetti, gefüllt mit Hackfleisch, Zwiebeln und Reis, im Ofen mit Tomatensauce gebacken.

κοτόπουλο **(kotopulo)** Hühnchen.

στιφάδο **(stifadho)** Gebratenes Hühnchen mit Tomaten, Jungzwiebeln, Knoblauch, Öl und Rotwein.

κουνέλι **(kumeli)** Kaninchen.

μακαρόνια μέ κιμα **(makaronia me kima)** Spaghetti an Hackfleischsauce.

μέ σάλτσα ντομάτα **(me saltsa domata)** Teigwaren, meist Spaghetti, serviert mit Tomatensauce.

★ *μελιτζάνες παπουτσάκια* **(melidzanes paputsakia)** Auberginenhälften, gefüllt mit Hackfleisch, Zwiebeln, Tomaten, Ei, Käse und Brotkrumen, bedeckt mit Béchamelsauce und gebacken.

μοσχάρι **(moskhari)** Rindfleisch.

ψητό στό φουρνο **(psito sto furno)** Mit Tomaten, Zwiebeln, Knoblauch und Wein geschmortes Kalbfleisch.

★ *μουσακᾶς* **(musakas)** Was wir als Moussaka kennen: Schichten von gekochten, in Scheiben geschnittenen Auberginen, wechselnd mit einer Mischung aus Hackfleisch, Zwiebeln, Tomaten, Petersilie und Gewürzen, jede Schicht mit Käse bestreut. Eine dicke Béchamelsauce bedeckt das Gericht, alles mit Käse bestreut.

μπριζόλα **(brizola)** Kotelett.

μυαλα **(miala)** Hirn.

νεφρά **(nefra)** Nieren.

ντολμάδες **(dolmadhes)** Röllchen aus gehacktem Kalbfleisch, Zwiebeln, Reis, Dill und Minze in frische Weintraubenblätter gewickelt, in Wasser gekocht.

ντομάτες μιστές **(domates yemistes)** Mit gehacktem Kalbfleisch, Zwiebeln, Minze, Petersilie und Reis gefüllte Tomaten, bestreut mit Brotbröseln und gebacken.

παϊδάκια ἀρνίσια **(paidhakia arnisia)** Lammkoteletts.

παστίτσιο **(pastitsio)** Gebackene Makkaroni mit Sauce aus Hackfleisch, Zwiebeln und Tomaten.

σουβλάκι **(suvlaki)** Zartes Fleisch, mariniert mit Zitronensaft, Olivenöl, Lorbeerblättern und Oregano, am Spieß gebraten.

σουτζουκάκια **(sudzukakia)** Kleine fette Würste aus Smyrna, aus Hackfleisch, Brotkrumen, Zwiebeln, Kümmel und Knoblauch.

★ *σοφρίτο* **(sofrito)** Köstliches Gericht aus Korfu. Rindfleischscheiben in Essig und Wasser mit Knoblauch geschmort, bis eine dicke Sauce entsteht.

στιφάδο **(stifadho)** Eintopf aus geschmortem Rind- oder Kalbfleisch mit Zwiebeln, Tomaten, Lorbeerblatt, Rosmarin, Essig und Wein.

συκωτάκια **(sikotakia)** Leber.

χοιρινή μπριζόλα **(khirini brizola)** Schweinskotelett.

Λαχανικά καί σαλάτες (lakhanika ke salates) Gemüse und Salate

κολοκύθια **(kolokithia)** Zucchetti.
μελιτζάνες **(melidzanes)** Auberginen.
μπάμιες **(bamies)** Okra.
ντομάτες **(domates)** Tomaten.
πατάτες **(patates)** Kartoffeln.
πιπεριά **(piperia)** Grüne Pfefferschote.
ραδίκια **(radhikia)** Löwenzahnblätter.
σατζίκι **(sadziki)** Gehackte Gurke, Knoblauch und Dill, vermischt mit wenig Olivenöl, Essig und Joghurt. Gekühlt serviert.
χωριάτικη **(khoriatiki)** Salat aus Tomaten, Zwiebeln, Gurken, milden Pfefferschoten, Oliven, *feta*-Käse, Oregano, Essig und Olivenöl.
σκορδαλιά **(skordhalia)** Knoblauchsauce aus zermahlenen Knoblauchzehen und Brotkrumen oder Kartoffeln, mit Zitronensaft und viel Olivenöl vermischt.
σπανάκι **(spanaki)** Spinat.
φασόλια **(fasolia)** Bohnen.

Γλυκά καί φροῦτα (glika ke fruta) – Desserts und Früchte

ἀμυγδαλωτό **(amighdhaloto)** Mischung aus gemahlenen Mandeln, Zucker, Grieß und Orangenblütenwasser, gebacken und mit Puderzucker bestreut.
ἀχλάδι **(akhladhi)** Birne.
βερύκοκα **(verikoka)** Aprikose.
★ *γαλακτομπούρεκο* **(ghalaktobureko)** Blätterteigschichten mit Puddingfüllung und mit Sirup getränkt. Füllung aus Milch, Eiern, Grieß und Butter.
καρπούζι **(karpuzi)** Wassermelone.
καταΐφι **(kataifi)** Weizengebäck, gefüllt mit Nüssen, Brotbröseln und Zucker, in Sirup getränkt.
κρέμα καραμελέ **(krema karamele)** Karamelcreme.
λουκουμάδες **(lukumadhes)** Luftige Honigkuchen aus Hefeteig, mit Zimt bestreut, und honigtriefend serviert.
λουκούμι **(lukumi)** Türkischer Honig.
μπακλαβᾶς **(baklavas)** Klebriges Gebäck aus dünnen Schichten *filo*-Teig, gefüllt mit Mandeln, Nüssen, Brotbröseln, Zucker und Zimt, im Ofen gebacken und in heißen Sirup getaucht. Kalt serviert.
παγωτό **(paghoto)** Eiscreme.
πεπόνι **(peponi)** Melone.
ρυζόγαλο **(rizoghalo)** Kalter Reispudding, mit Zimt bestreut.
ροδάκινο **(rodhakino)** Pfirsich.
σταφύλι **(stafili)** Trauben.
σῦκα **(sika)** Feigen.
τηγανίτες **(ighanites)** Küchlein.

Gebräuchliche Ausdrücke

αὐγό **(avgho)** Ei.
βούτυρο **(vutiro)** Butter.
γάλα **(ghala)** Milch.
γιαούρτι **(yiaurti)** Joghurt.
γλυκό **(ghliko)** süß.
ἐλαιόλαδο **(eleoladho)** Olivenöl.
ἐλιές **(elies)** Oliven.
ζάχαρη **(zakhari)** Zucker.
ζεστό **(zesto)** Heiß, warm.
κασέρι **(kaseri)** Weicher, gelber Käse.
κατάλογος **(kataloghos)** Menü.
καφές **(kafes)** Kaffee.
κεφαλοτύρι **(kefalotiri)** Krümeliger Hartkäse.
κρασί **(krasi)** Wein.
ἄσπρο **(aspro)** Weißwein.
γλυκό **(ghliko)** Dessertwein.
κόκκινο **(kokkino)** Rotwein.
κρέας **(kreas)** Fleisch.
(ladhi) Öl.

λογαριασμός **(logariazmos)** Rechnung.
λουκάνικο **(lukaniko)** Wurst.
μαυροδάφνη **(mavrodhafni)** Dessertwein (rot).
Μεταξᾶ **(metaxa)** Brandy.
μπύρα **(bira)** Bier.
νερό **(nero)** Wasser.
(xidhi) Essig.
οὖζο **(uzo)** Anislikör.
πίττα **(pitta)** Flachbrot.
ρετσίνα **(retsina)** Weißwein (trocken).
ρίγανη **(righani)** Oregano (griechisch).
ρύζι **(rizi)** Reis.
τσάϊ **(tsai)** Tee.
τυρί **(tiri)** Käse.
φέτα **(feta)** Ziegen- oder Schafkäse (scharf).
ψωμί **(psomi)** Brot.

στήν ὑγειά σας! **(stin iyia sas)** Prosit! Gesundheit!
καλή σας ὄρεξη! **(kali sas orexi)** Guten Appetit!

Großbritannien und Irland

Gute Kost setzt engen Kontakt mit den ländlichen Regionen voraus. Industrienationen müssen sich daher oft mit mittelmäßiger Kost zufriedengeben. Die Versorgung der Großstadt verlangt leicht transportierbare und schnell zubereitete Massenprodukte. Frischkost ist ein fast illusorischer Luxus.

Großbritannien litt sehr stark unter dieser Entwicklung. Seine einst berühmte Kochtradition geriet weitgehend in Vergessenheit und wurde durch klägliche Menüs mit wäßrigen Gemüsen, Cremes, Puddings und Fertigkost aus dem Beutel oder schlechte Nachahmungen französischer Küche ersetzt. Am schlimmsten mutet aber die fiktive «John Bull»-Kocherei an.

Glücklicherweise sind die Briten Dickschädel, und so blieb gleichsam im Untergrund die Tradition der echt englischen Küche erhalten, die für den Uneingeweihten voller Überraschungen sein dürfte. Wer annimmt, daß die Engländer nur Rindfleisch und Apfelpastete essen, wird sich über die immense Vielseitigkeit wundern – die kluge Verwendung aller Teile eines Tieres, die Überfülle an Fischen, die Auswahl an Kräutern, die ungewöhnlichen Gemüse wie *samphire* (von den Küsten Norfolks und Wales').

In meinem Verzeichnis versuche ich zu zeigen, was britische Kost im Grunde ist, wobei ich Gerichten den Vorzug gab, die Sie auch auf den Speisekarten vorfinden. Wo dies angezeigt schien, habe ich mittels Abkürzungen die geographische Herkunft des Gerichts in Klammern vermerkt: Engl. für England; Sch. für Schottland und Irl. für Irland. Da ich mich auf eine Auswahl beschränken mußte, bleiben gewisse Aspekte der britischen Küche, zum Beispiel konservierte Lebensmittel, weitgehend unberücksichtigt.

Die Briten legen großen Wert auf das Einmachen von Eßwaren aller Art. Sie scheinen an dieser Tradition länger festgehalten zu haben als andere Völker, die sie angesichts der modernen Transportmöglichkeiten aufgaben. Hier wären die Pasteten zu erwähnen. Man hat diese gebackenen «Teigschreine» erfunden, um gekochtes Fleisch zu transportieren. So konnte man die Fleischspeise auch ohne weiteres mit den Fingern essen. Man konsumiert auch heute noch gern Schweinefleischpasteten, speziell die Melton-Mowbray-Pastete, sowie Kalbfleisch- und Wildpasteten.

Es wird jedoch nicht leicht sein, diese Delikatessen ausfindig zu machen. Allerdings beginnt sich neuerdings eine Art Renaissance urenglischer Kost abzuzeichnen. Man hat in London bereits eine ganze Reihe von Restaurants eröffnet, die sich auf englische Speisen spezialisiert haben. Im übrigen gilt es, sie auf eigene Faust zu entdecken. In größeren Hotels werden meist einige einheimische Gerichte angeboten. In den Pubs hat sich die Tradition der kalten Speisen erhalten (die in Frankreich in den letzten fünfzig Jahren in Vergessenheit geriet). Meiden Sie die Ploughman's lunches (Pflüger-Essen), die aus einer dicken Brotscheibe, einem Käseklumpen, einer lahmen Tomate und einigen durchweichten Salatblättern bestehen. In Pubs auf dem Lande, schottischen Kleinhotels und englischen Marktstädten wird man Ihnen am ehesten gute englische Kost vorsetzen.

Zu britischen Mahlzeiten trinkt man am besten Bier, doch nur wenige Biersorten sind empfehlenswert. Was als Bier offeriert wird, ist seit der Erfindung der Metallbehälter und Kohlensäurepumpen immer mehr zu einem schwachen Gebräu geworden. Sie müssen *echtes* Bier verlangen. Falls Sie es nicht besonders mögen, ist es doch wenigstens echt und nicht das moussierende Getränk, das zu Unrecht als Lagerbier bezeichnet wird. In besseren Lokalen würde ich Wein bestellen. Die Briten kaufen von jeher guten Wein ein.

Mahlzeiten

In einer Hinsicht trifft das romantische Bild Alt-Englands zu, und zwar in bezug auf den gesunden Appetit der Engländer. Man hat sich in Viktorianischer Zeit nichts dabei gedacht, täglich fünf Mahlzeiten und Abendessen mit sieben Gängen einzunehmen – d. h. in den Kreisen der Reichen fand man nichts dabei. Heute beschränkt sich jedermann auf drei normale Mahlzeiten am Tag.

Die Essenszeiten der Engländer variierten immer wieder. Fand man sich zur Zeit der Normannen bereits um 9 Uhr zur Hauptmahlzeit ein, wurde sie nach und nach auf eine spätere Stunde verlegt. In der Elisabethanischen Ära dinierte man schließlich zur Mittagszeit.

In den Romanen von Jane Austen wird um vier Uhr nachmittags zu Mittag gegessen. Für die Edelleute wurde die Haupttafel allmählich immer später festgelegt, und die heutigen «Emmas» essen erst um 9 oder 10 Uhr abends.

Englandbesucher sollten sich darauf einstellen, irgendwann zu essen, sei es die Mittagsmahlzeit, die *lunch* oder *dinner* genannt wird, sei es eine der späteren Mahlzeiten – *dinner, tea* oder *supper.* Bei letzteren kann es sich um einen leichten Imbiß oder ein vollständiges Mahl mit drei oder mehr Gängen handeln.

Und das Frühstück? Ein herzhafter Morgenschmaus bestand in einem Herrschaftshaus vor 1939 aus Porridge, geräucherten Heringen, pochierten, gekochten oder gerührten Eiern, Speck, Nieren, scharf gewürztem gebratenem Fasan, Pilzen, Koteletts, Schnepfen, Kartoffeln, Tomaten, kaltem Schinken sowie Toast und Marmelade (in Schottland *baps* genannte Frühstücksbrötchen). In einigen der besten Londoner Hotels ist das Frühstücksangebot heute etwa halb so groß!

Savouries – Pikante Kleinigkeiten

Die typisch britischen *savouries* sind praktisch von der Speisekarte verschwunden. Ihr Zweck bestand darin, nach Genuß der Süßspeise den Mund wieder zu neutralisieren, damit der Geschmack des Portweins voll zur Geltung kommen konnte. Sie wurden von den Frauen oft übergangen und von den Männern rasch hinuntergeschlungen, falls sie zum Beweis ihrer Männlichkeit auf das Dessert verzichtet hatten. Ich fand sie recht angenehm: kleine, scharfe Extras, die sehr heiß serviert wurden. Da man *savouries* heute nur noch in Grandhotels oder abgelegenen ländlichen Gaststätten findet, bringe ich nur eine kleinere Auswahl.

★ **Angels on horseback** In Speck gewickelte Austern auf Toast.
Devilled ham toasts Gehackter Schinken mit Worcester-Sauce und Senf auf Toast.
Devils on horseback In Speck gewickelte Hühnerlebern auf Toast.
Loch Fyne toasts (Sch.) Geräucherte Heringe und Pilze auf Toast.
Rarebit Siehe *Eier und Käse.*
Scotch woodcock (Sch.) Sardellen auf Toast, bedeckt mit Rührei.
Skuets Kleine Spießchen mit gebratenen Hühnerlebern und Pilzen auf Toast.

Soups – Suppen

Suppen sind in unserer Wohlstandsgesellschaft ziemlich aus der Mode gekommen, waren sie doch ursprünglich die Speise des armen Mannes, oft seine einzige Mahlzeit am Tag. Heute wird die Suppe meist duch einen sogenannten «Starter» ersetzt. Dies ist bedauerlich, vor allem in Großbritannien, wo man bislang unter einem «Starter» den die Fahne schwenkenden Funktionär eines Rennens verstand. Zudem mundeten Suppen ausgezeichnet.

Almond soup (Eng.) Mandelsuppe, ein mittelalterliches Gericht; wundervoll weiße Suppe.
Apple soup (Eng.) Apfelsuppe; geriebene Äpfel, in Rindfleischbrühe gekocht. Man fügt oft Gerste oder Reis bei.
Bacon broth (Irl.) Gemüsesuppe mit Gerste und gehacktem Speck.
Bawd bree (Sch.) Schinkensuppe mit Gemüse.
Brose (Sch.) Hafermehlsuppe.
Brown Windsor soup (Eng.) Dicke braune Suppe, normalerweise scheußlich, aber köstlich, wenn mit Rind- und Schaffleisch, Karotten und Zwiebeln, vielleicht ein wenig Reis zubereitet und mit Madeira abgeschmeckt.
Cawl cennin (Wales) Nahrhafte Bauernsuppe aus langsam gekochtem Rindfleisch oder Schinken mit Wurzelgemüsen, mit gehacktem Lauch und einer Ringelblume serviert. «Cawl» ist der walisische Ausdruck für Suppe.
★ **Cock-a-leekie** (Sch.) Lauch, mit Pflaumen in Hühnerbrühe gegart. Manchmal wird etwas gehacktes Hühnerfleisch beigefügt.
Cockle soup (Irl.) Herzmuscheln in Cremesuppe mit Sellerie.
Cullen skink (Sch.) Suppe aus geräuchertem Schellfisch, mit Milch und geriebenen Kartoffeln.
Gower oyster soup (Wales) Austern in Hammelbrühe.
Hotch-potch (Sch.) Schaffleisch, viele Stunden mit zarten grünen Gemüsen, einigen Karotten und jungen weißen Rüben gekocht. Vor dem Servieren wird das Fleisch aus der dicken Suppe entfernt.
Kail (Sch.) Schottischer Ausdruck für Kohl. Da dieser das Hauptgemüse der Schotten war, bedeutet der Name Suppe oder gar Mittagessen, falls Kohl in der Suppe ist. *Kilmeny kail:* Suppe mit Kaninchen und eingelegtem Schweinefleisch, *muslin kail:* reine Gemüsesuppe ohne Fleisch; *kail brose:* fette Suppe mit gehacktem Kohl.
★ **Laver soup** (Irl., Wales) Algensuppe mit Kartoffeln, Zwiebeln und Karotten in Fischbrühe. Die Algen sollten rot, nicht grün sein.
Mock Turtle soup (Eng.) Suppe, gekocht mit Kalbskopf und Gemüsen, manchmal mit Hirnklößchen und Brotbröseln serviert.
Mulligatawny soup (Eng.) «Pfefferwasser»; Hühner-Curry-Suppe, richtigerweise mit Reis und manchmal geriebenem Apfel serviert.
Mutton and leek broth (Wales) Eigentlich eine ganze Mahlzeit;

Schaffleisch- und Lauchsuppe mit Perlgraupen und Gemüsen wie Karotten, weißen Rüben und Zwiebeln.
Oxtail soup (Eng.) Die bekannteste Suppe, die Restaurants anbieten, um zu beweisen, daß sie englisch sind. Sie sollte klar sein, mit wenig Fleisch darin. Sie wird am Vortag zubereitet und ausgekühlt, damit man das Fett an der Oberfläche entfernen kann.
Palestine soup (Eng.) Dicke Suppe aus Jerusalemer Artischocken.
Partan bree (Sch.) Krebssuppe.
Scotch broth (Sch.) Weit mehr als man von einer Fleischbrühe erwartet. Hergestellt aus Lammhals oder -schulter (im Notfall Rindfleisch), mit Erbsen, Zwiebeln, weißen Rüben, Karotten, Lauch, Kohl, Petersilie und Gerste.
Skink (Sch.) In Rindfleischbrühe geschmortes Gemüse, serviert mit Hackfleisch aus der sehnigen Seite einer Rindshaxe.
Tartan purry (Sch.) Anderer Ausdruck für *kail brose.*

Eggs and Cheese – Eier und Käse

Anglesey eggs (Wales) Hartgekochte Eier auf geriebenen Kartoffeln und Lauch, bedeckt mit Käsesauce und überbacken.
★ **Arnold Bennett omelette** (Eng.) Pfannkuchen, bedeckt mit Mischung aus Stockfisch, geriebenem Käse und etwas Sahne, grilliert. Vom Savoy Hotel für Arnold Bennett kreiert, weil viele seiner Romane dort spielen.
Buck rabbit oder rarebit (Eng.) Wie *Welsh rabbit,* aber mit einem pochierten Ei darauf.
Curried eggs (Eng.) Hartgekochte Eier in einer Zwiebel-Curry-Sauce, mit Pfeilwurz und Sahne abgeschmeckt.
English rabbit oder rarebit Toast, mit Wein getränkt, mit Käsescheiben bedeckt und grilliert.
Glamorgan sausages (Wales) Geriebener Käse, Brotbrösel, gehackter Lauch, Petersilie, Thymian und etwas Senfpulver gemischt und mit Eigelb gebunden.
Scotch eggs (Sch.) Hartgekochte Eier, in rohe Wurstfüllung gepackt und gebraten.
Welsh rabbit oder **rarebit** (Wales) Geschmolzener Käse, mit Milch (oder Bier) auf Toast grilliert.

Fish – Fisch

Arbroath smokies (Sch.) Geräucherter Stockfisch, aufgeschnitten, mit Butter gefüllt, wieder verschlossen und sorgfältig gebraten.
Blawn fish (Sch.) Die Schotten haben eine Spezialmethode: Sie salzen Fische, trocknen sie im Wind und grillieren sie über einem schwachen Feuer.
Bloaters (Eng.) Schwach gesalzener und geräucherter Hering.
Cabbie claw (Sch.) Gesalzener Dorsch in Eiersauce.
Crappit heids (Sch.) Stockfischköpfe mit Hummer- oder Krebsfüllung in einer Fischsuppe gekocht. Manchmal werden die Köpfe auch mit Fischleber und Hafermehl gefüllt.
Cropaden (Sch.) Stockfischleber in Hafermehlklößen.
Cumberland shipped herrings (Eng.) Heringe, gefüllt mit ihrem Laich, Brotbröseln, Zwiebeln und Sardellen, gebacken und mit Senfsauce serviert.
Eel pie (Eng.) Aal, mit Salbei in einer Pastete gebacken. Es gibt viele Varianten: eine berühmte mit Schalotten, Muskatnuß, Ei und Sherry.
Elvers in the Gloucester style (Eng.) Junger Aal, in Speckfett mit zerquirltem Ei gebraten und auf Speckscheiben serviert.
Fillets of sole Tullamore (Sch.) Seezunge mit Pilzen, in Sauce aus Sahne, Eiern und Whisky geschmort.
Finnan haddie (Sch.)

Geräucherter Schellfisch, in Butter und Milch geschmort.
Golden cod (Eng.) Dorsch, mit Hafermehl, Pastinak und Zwiebeln in Fischsud mit Safran gedünstet.
Herring bake (Eng.) Gerollte Heringsfilets, mit einer Sauce aus Senf, Tomaten und Sahne bedeckt gebacken.
★ **Kedgeree** (Eng.) Meist Stücke geräucherten Stockfisches, oft auch Salm oder Bückling, gemischt mit Reis und Curry und im Fischsud gedünstet. Mit in Scheiben geschnittenen harten Eiern serviert. Einer der Leckerbissen eines echt englischen Frühstücks, basierend auf einem indischen Gericht (*khichari*). Manche lassen den Curry weg – ein unverzeihlicher Fehler.
Kiossed heids (Sch.) Mehrere Tage in einer Steinmauer vergrabene Fischköpfe, gebraten und mit Kartoffeln serviert.
★ **Kippers** (Eng.) Heringe werden im Rücken eingeschnitten, leicht gepökelt und über dem offenen Feuer geräuchert. Die rote Farbe stammt von einem Farbstoff; sie sollten gelblich sein.
Limpet stovies (Sch.) Napfschnecken und Kartoffeln, in Butter gegart.
Lowestoft herrings (Eng.) In Meerwasser pochierter Hering.
North Staffordshire swallows (Eng.) Weißfische zwischen zwei Kartoffelscheiben, in Backteig getaucht und schwimmend gebacken.
Ormer (Eng.) *Ormers,* «Meerohren», sind eine besondere Art von Weichtieren, die nur bei den Kanalinseln vorkommen. Das Fleisch ist gelb-braun gesprenkelt. Sie sind ungenießbar, bevor das Fleisch kräftig geschlagen und endlos gekocht wurde. In Guernsey werden sie zusammen mit anderen seltsamen Zutaten gekocht.
Oyster loaves (Eng.) Gebratene Austern in ausgehöhlten Brötchen, mit einer Sauce aus Sahne, Sauerrahm und der Austernflüssigkeit bedeckt (siehe USA, *la mediatrice*).
Partan pie (Sch.) Krebsfleisch mit Brotbröseln, Gewürzen und manchmal Essig mit Senf, in die Krebspanzer gefüllt und grilliert.
Pastai gocos (Wales) Herzmuschelpastete mit Frühlingszwiebeln und gehacktem Speck.
Sillocks (Sch.) Junger Köhler, mit Hafermehl bestreut, in Butter gebraten und mit der Hand gegessen. Er wird ohne Kopf gebraten, die Gräten können mühelos herausgepreßt werden.
Smoked herrings (Irl.) Rote Heringe (geräuchert und gesalzen), in Butter gebraten, mit Whiskey flambiert.
Somerset casserole (Eng.) Dorsch- oder Stockfischwürfel, mit Cider, Tomaten und Pilzen geschmort, mit der eigenen Sauce bedeckt, umgeben von Kartoffelbrei, mit Käse bestreut überbacken.
Stargazey pie (Eng.) Mit Zwiebeln und Brotbröseln gefüllte Sardinen werden in einer Pastetenform mit Speck, hartgekochten Eiern und Zwiebeln angeordnet, mit Cider begossen und mit Teig bedeckt. Die Fischköpfe ragen aus dem Teig heraus. Ist die Pastete gebacken, tropft das aromatische Öl von den nicht eßbaren Köpfen auf den Teigdeckel.
Super scadan (Wales) Aufgerollte Heringfilets, in Schichten von dünn geschnittenen Kartoffeln, Zwiebeln und Äpfeln eingebettet, mit Salbei gewürzt und gebacken.
Trout in a blanket (Eng.) Mit Kräutern gewürzte Forelle in einen Pfannkuchen gepackt, mit grüner Butter gebacken.
Trout Rob Roy (Sch.) Mit Hafermehl und Brotbröseln überzogene Forelle in Butter gebraten.
Tweed kettle (Sch.) Mit Schalotten und Essig gedünsteter Lachs.
Twice laid (Eng.) Dorschstücke, mit Kartoffelbrei vermischt, zu Kugeln geformt, paniert und gebraten.

Meat – Fleisch

Balmoral tripe (Sch.) Kutteln mit Speck und Zwiebeln aufgerollt und gebraten, in Zwiebelsauce.
Bangers and mash (Eng.) Große, gebratene Würste mit Kartoffelbrei.
★ **Baron of hare** (Eng.) Hasenrücken und -hinterbeine an einem Stück, gebraten.
Beef cecils (Eng.) Rindfleisch-Teigtaschen mit Zwiebeln, Brotbröseln, Zitronenschale und Gewürzen.
Beef olives (Eng.) Dünne Rindfleischscheiben gerollt, mit roher Wurstfüllung und in Brühe gegart. *Olives* sind Rouladen jeglicher Fleischart mit Wurstfüllung.
Beef royal (Eng.) Dick geschnittenes Rumpsteak mit Tasche, die mit Gewürzen und geräuchertem Schinken oder Speck gefüllt und geschmort wird. Kalt serviert mit einer Sauce aus Portwein, Sardellen und eingelegten Walnüssen.
Black pudding (Eng.) Große Würste aus Schweinefett, Blut und Gersten- oder Hafermehl.
Brawn (Eng.) Kaltes Geleefleisch aus Schweinskopf und -füßen im eigenen, eingedickten Saft.
Bubble and squeak (Eng.) Dünne Rindfleischscheiben werden in Butter angebraten und mit gebratenem Kohl bedeckt. Mrs. Beeton fügte dem Kohl Zwiebeln bei, heute sind es oft Kartoffeln.
China chilo (Eng.) Lammkotelettwürfel mit Lattich, Erbsen und Zwiebeln geschmort, auf Reis serviert.
Collar and cabbage (Irl.) Gekochte Speckscheiben, in Brotbröseln und braunem Zucker gedreht und gebraten. Serviert mit gehacktem, in Specksud gekochtem Kohl.
Collared beef (Eng.) Rindfleisch-Scheiben, gewürzt, gerollt, gekocht und gepreßt, kalt serviert.
Collops (Eng.) Dünne Scheibe jeglichen Fleisches, ursprünglich jedoch Speck, heute auch Hackfleisch.
Cornish pasty (Eng.) Rindfleisch, Kartoffeln, Zwiebeln und manchmal weiße Rüben werden gehackt, gemischt, in Teig gepackt und gebacken. Heiß oder kalt serviert. In Cornwall wurden portionengroße Pasteten mit den Initialen des Essers bezeichnet. So konnte die Füllung auch dem Geschmack des einzelnen angepaßt werden, und jeder bekam seine eigene Pastete.
Cottage pie Siehe *shepherd's pie.*
Crown of lamb (Eng.) Nicht ganz getrennte Lammkoteletts, nach außen gedreht, so daß sie eine Krone bilden; gebraten und in der Mitte mit Kartoffelbrei gefüllt.
Crubins oder **crubeens** (Irl.) Schweinsfüße, mit Lorbeerblättern, Thymian und Petersilie gekocht. Das von den Knochen geschnittene Fleisch wird in Senf und Ei getaucht, paniert und gebraten.
Culloden collops (Sch.) Gebratenes, gehacktes Rindfleisch, mit Zwiebeln und Pilzen, mit Whisky, Hafermehl und etwas Brühe geschmort.
Cumberland sausage (Eng.) Lange, fette und mit Kräutern gewürzte Schweinswürste.
Devilled chicken (Eng.) Hühnerschenkel, bestrichen mit Paste aus Butter, Senf, Mehl, Chutney und Worcestersauce, grilliert.
★ **Devilled cutlets** (Eng.) Grillierte Lammkoteletts, bestrichen mit einer Mischung aus Butter, Worcestersauce, Pilzen, Ketchup, Senf und Cayennepfeffer.
Devonshire squab pie (Eng.) Pastete, gefüllt mit Lammfleisch, Äpfeln, Pflaumen und Gewürzen, serviert mit Sahne.
Dublin coddle (Irl.) Schichten von Speckscheiben, Schweinswürsten, Kartoffeln und Zwiebeln, sehr langsam geschmort.
★ **Duke of Wellington's fillet of beef** (Eng.) Rindsfilet, umgeben von Pilzen und Leberpastete in Blätterteig. Sollte wie ein gut polierter brauner Lederschuh aussehen.

Faggots (Eng.) Schweinefleisch, Schweineleber und andere Stücke vom Schwein, gehackt und gemischt mit Zwiebeln, Kräutern und Gewürzen, zu Kugeln geformt, in Schweinsnetz gepackt und gebraten.
Fidget pie (Eng.) Pastete, gefüllt mit Schichten von Speck, Zwiebeln und Äpfeln.
Forfar bridies (Sch.) Schmale Rindfleischstreifen mit Nierenfett, in Teig gewickelt und gebacken.
Grampian grouse pudding (Sch.) Stücke vom schottischen Moorhuhn, mit Nierenfett und Portwein gebacken.
Guard of honour (Eng.) «Ehrengarde», zwei Reihen noch zusammenhängender Lammkoteletts so zusammengebunden, daß sich die dünnen Knochenenden kreuzen, und dann gebraten.
★ **Haggis** (Sch.) Schafsmagen, gefüllt mit gehacktem Schafsherz, -lunge und -leber, Nierenfett, Zwiebeln und Hafermehl, gekocht und mit Kartoffel- und Rübenbrei serviert. Ein Löffel Whisky verfeinert das Gericht.
Haricot of mutton (Eng.) Schaffleisch, Zwiebeln, Karotten, weiße Rüben und Kartoffeln, langsam geschmort. Heute werden getrocknete weiße Bohnen statt Kartoffeln verwendet.
Hindle wakes (Eng.) Hühnchen, gefüllt mit Pflaumen, Kräutern und Nierenfett, in Brühe mit Essig gekocht und kalt serviert, bedeckt von einer Mischung aus Butter, Sahne, Zitrone mit Pflaumen, Zitronenschale und Schnittlauch.
Inky pinky (Sch.) Gehackte Bratenreste mit Karotten, Zwiebeln und etwas Essig.
Irish stew (Irl.) Das Originalgericht besteht nur aus Schafshals, etwa so vielen Kartoffeln wie Fleisch, Zwiebelscheiben und Kräutern, alles schichtweise in einem Topf geschmort. Perlgraupen und Wurzelgemüse sind eine spätere Ergänzung.
Jugged hare (Eng.) Hase, in Brühe und Kräutern gegart, serviert mit Sauce aus seinem Blut, Johannisbeergelee und Portwein.
★ **Lancashire hotpot** (Eng.) Hammelkeulenstücke, Hammelnieren, Pilze, Zwiebeln und Kartoffeln, in Brühe gegart, an der Oberfläche gebräunt und im Topf serviert, mit eingelegtem Rotkohl. *Bolton hotpot* enthielt auch Austern.
Love in disguise (Eng.) Kalbsherz, in Fadennudeln und Brotbröseln gedreht und gebraten.
Mixed grill (Eng.) Fleischstücke, Würstchen, Eier, Nieren, Speck und andere Zutaten, gegrillt.

Große Fleischesser sind im allgemeinen grausamer und gewalttätiger als andere Menschen. Die Grausamkeit der Engländer ist bekannt.
Jean-Jacques Rousseau

Monckton-Milnes mutton pie (Eng.) Pastete aus Schaffleisch und Austern mit Nierenfett, benannt nach meinem Urgroßvater, der Dinge zu verfeinern wußte. Ursprünglich enthielt die Pastete Zwiebeln, nicht Austern.
Mutton dormers (Eng.) Gehacktes Schaffleisch, Zwiebeln, Nierenfett und Reis, zu Würsten geformt, paniert und gebraten.
Pigeons in Pimlico (Eng.) Tauben, gefüllt mit Farce aus Taubenleber, Schinken, Pilzen und Petersilie, in je eine Speck- und Kalbfleischscheibe gerollt, gebraten, serviert mit kleinen Teigtaschen mit gleicher Füllung wie die Tauben.
Pig's head (Irl.) Schweinskopf, gekocht und gegrillt, serviert mit gekochtem Kohl.
Planked steak (Wales) Steaks, rasch angebraten und im Ofen mit Kräutern auf Eichenholzbrett gegart. Das leicht verkohlte Holz ergibt einen Rauchgeschmack.
Pork olives (Eng.) Gerollte Schweinsfiletscheiben, gefüllt mit Zwiebeln und Salbei, mit Zwiebeln geschmort.
Rabbit in the dairy (Eng.) Kaninchen, Speck und Zwiebeln, im Ofen in Milch gebraten.

★ **Reform Club cutlets** (Eng.) Krone aus Lammkoteletts, bedeckt mit einer Mischung aus gehacktem Schinken, Zunge und Brotbröseln, gebacken. Serviert mit Reform-Club-Sauce, einer braunen Sauce mit Pilzen, in Sherry eingelegtem Schinken, roten Rüben, Gurken und Johannisbeergelee.
Rissoles (Eng.) Hackfleisch jeder Art, gemischt mit Kräutern und Gewürzen, zu Würsten geformt, paniert und gebraten.
★ **Roast beef and Yorkshire pudding** (Eng.) Das Rindfleischstück sollte möglichst groß sein, damit es beim Braten außen knusprig wird und innen rosa bleibt. Der Yorkshire-Pudding gelingt am besten, wenn der Teig unter das Fleisch geschoben wird und der austretende Saft auf den Pudding tropft.
Salmi (Eng.) Normalerweise Wild, kann aber auch Fisch sein. Das Fleisch wird gebraten, gehackt und in einer Weinsauce mit Kräutern und Gewürzen aufgewärmt.
Scotch collops (Eng.) Kalbsschnitzel, in dicker brauner Sauce mit Klößen aus Wurstfüllung und Pilzen gegart, serviert mit Scheiben von geräuchertem Schinken oder Speck.
★ **Shepherd's pie** (Eng.) Gehacktes Lamm- oder Schaffleisch, meist mit Zwiebeln, in Brühe gegart, dann in runde Form gegeben, bedeckt mit einer Schicht Kartoffelbrei und gebacken.
Skuets (Eng.) Kalbsbries, Speck und Pilze, auf Spieße gesteckt und grilliert, bestreut mit gebräunten Brotbröseln und serviert mit Brotsauce.
Spiced beef (Eng.) Rindfleisch wird gesalzen, nach mehreren Tagen mit Kräutern und Gewürzen eingerieben, aufgerollt und mit Gemüsen gekocht. Gepreßt und mit eingedickter Brühe glasiert.
Spiced mutton ham (Wales) Lamm- oder Schafbein in Salz, Zucker und Gewürze eingelegt und geräuchert.
Steak and kidney pie (Eng.) Die Steak- und Nierenpastete läßt mehr Spielraum als der Steak- und Nierenpudding. Zwiebeln und Pilze, vor allem Austern beleben sie.
★ **Steak and kidney pudding** (Eng.) Der Charme des Steak- und Nierenpuddings besteht in seiner Einfachheit. Nur Steak, Nieren und Brühe, geschmort unter einem Talgteig. Es wäre ketzerisch, Zwiebeln beizufügen oder den Geschmack irgendwie zu bereichern, es sei denn durch Austern.
Steak MacFarlane (Sch.) Mit Hafermehl bestäubte Steaks, gebraten.
Stoved chicken (Sch.) Hühnerschenkel, mit Zwiebelscheiben und Kartoffeln gebraten.
Stoved howtowdie with drappit eggs (Sch.) Junge Hähnchen, mit Zwiebeln und Kräutern geschmort, mit pochiertem Ei auf Spinat serviert.
Tatws a cig yn y popty (Wales) Gerollte Lammbrust, auf Kartoffelscheiben und Zwiebeln mit brauner Sauce gebacken.
Tatws reost (Wales) Eintopf mit Speck, Zwiebeln und Kartoffeln.
Toad in the hole (Eng.) Gebratene Würste, in Teig gebacken.
Tripe and onions Siehe *Balmoral tripe*.
Veal flory (Sch.) Kalbfleisch, Speck, Kugeln aus Wurstfüllung und Pilze als Pastete gebacken.
Veal rolls (Eng.) Kalbsschnitzel mit Kräuterfüllung, gerollt, in Scheiben geschnitten, an Spießen gebraten.
Venison collops (Sch.) Wildfleischscheiben, gebraten und in Rotweinsauce serviert.
White pudding (Eng.) Große Würste aus gehacktem Schweinefleisch, Getreideflocken und Petersilie.

Vegetables – Gemüse

Bashed neeps (Sch.) Brei aus weißen Rüben.
Clapshot (Sch.) Kartoffeln und weiße Rüben.

Colcannon (Irl.) Gericht aus gehacktem Kohl, Kartoffelbrei, Karotten und weißen Rüben.
Comfrey leaf fritters (Eng.) Schwarzwurzelblätter, in Teig getaucht und gebraten.
Kail and knockit corn (Sch.) Gerste und Kohl mit wenig Schweinefleisch oder geräuchertem Lammfleisch gekocht.
Kailkenny (Sch.) Kohl- und Kartoffelbrei mit Sahne.
Lang kail (Sch.) Wirsing mit Butter.
Layerbread with bacon (Wales) Küchlein aus Algen und Hafermehl, in Speckfett gebraten.
Leeky stew with a nackerjack (Eng.) Gedünsteter Lauch und Kartoffelwürfel, serviert mit Klößen aus Nierenfett.
Lenten pie (Eng.) Pastete aus Kartoffeln, Zwiebeln und Äpfeln.
Pan Haggerty (Eng.) Feingeschnittene Kartoffeln, Zwiebeln und Käse, gebraten.
Pease pudding (Eng.) Getrocknete Erbsen, gekocht und püriert, mit Butter und Ei vermischt.
Rumbledethumps (Sch.) Brei aus Kartoffeln und Kohl, zuweilen mit Käse bestreut und im Ofen überbacken.
Salamagundy (Eng.) Rohe und gekochte Gemüse, Früchte und Fleisch- oder Fischwürfel in Salatsauce.
Stovies (Sch.) Langsam gegarte Salzkartoffeln, auch mit Zwiebeln.
Stuffed cabbage (Eng.) Kohlblätter mit Fleischfüllung gebacken.
Teisen nionod (Wales) Feingeschnittene Kartoffeln und Zwiebeln, gebraten.

Pudding und Dessert

Almond flory (Sch.) Blätterteigpastete gefüllt mit Vanillepudding mit geriebenen Mandeln und Brandy sowie Korinthen, Butter, Zucker, Zimt und Muskatnuß.
Apple amber pudding Apfeltorte, bedeckt mit Meringuemasse.
Apple charlotte Äpfel und Brotbrösel in eine Form auf Brotscheiben gelegt, mit Brotscheiben zugedeckt und gebacken.
Bakewell pudding (Eng.) Blätterteiggehäuse gefüllt mit Himbeer- oder Erdbeermarmelade, bedeckt mit Vanillepudding mit geriebenen Mandeln. Heiß mit Sahne serviert.
Bread and butter pudding Brot, Korinthen und Rosinen, bedeckt mit einer Ei-Milch-Creme und gebacken. Es klingt nicht sehr verlockend, aber die Briten, die dieses Gericht von klein auf kennen, finden es wundervoll.
Burnt cream Die beste Vanillecreme, von einer Schicht karamelisiertem Zucker bedeckt.
Cabinet pudding Eine Mischung aus gewürfeltem Biskuit-Cake, Ratafia-Biskuits, kandierten Kirschen, Angelica, Sultaninen und Korinthen, mit Vanillepudding bedeckt gebacken.
Castle pudding Kleine, in Formen gebackene Kuchen, mit Zitronensauce serviert.
Christmas pudding oder **Plum pudding** Der Weihnachts- oder Plumpudding ist auf ein Gericht zurückzuführen, das unsere Vorfahren für die Wintersonnenwende zubereiteten. Im Mittelalter wurde die Milch durch Rindfleischbrühe ersetzt. Es kamen getrocknete Pflaumen und Ingwer dazu, woraus in Schottland der *plum porridge* – noch immer eine Suppe – wurde. Die Elisabethaner fügten Rindertalg und Wein oder Bier bei, das Fleisch blieb. Erst viel später wurde das Gericht etwas trockener.
Cloutie dumpling (Sch.) Pudding aus Nierenfett, gemischt mit Dörrfrüchten, Äpfeln, Rosinen, Sultaninen, Korinthen und Melasse.
College pudding In kleinen Formen gebackener Pudding aus Nierenfett mit kandierten Orangen- und Zitronenschalen, Korinthen und Brandy.
Cranachan oder Cream crowdie (Sch.) Geröstetes Hafermehl mit

Schlagsahne, Vanillearoma und Rum vermischt.
Crumble Irgendwelche Früchte, bedeckt mit Streuseln aus Mehl und Butter, gebacken.
Diplomatic pudding Schichten von Vanillepudding mit Gelatine, mit Brandy befeuchtete Löffelbiskuits, kandierte Kirschen, Angelica, Sultaninen und Korinthen.
Edingburgh fog (Sch.) Schlagsahne gemischt mit Ratafia-Biskuits und geriebenen Mandeln.
Eve's pudding Apfelschnitze mit Nelken, bedeckt mit Biskuitteig.
Flummery Mischung aus Wein, Zucker, Eigelb, Zitronensaft und Brandy, gefestigt mit Gelatine.
Fool Irgendwelche Früchte, gekocht oder roh, zerkleinert und mit Sahne gemischt.
Fritters Äpfel oder andere Früchte in Teig schwimmend gebacken.
Frumenty Gekochte Weizenkörner mit Gewürzen, Milch und Zucker.
Glister pudding (Sch.) Marmeladenpudding.
Hedgehog pudding Meringue-Mischung, bedeckt mit Karamel, mit gerösteten Mandeln besteckt, serviert mit dünner, schaumig geschlagener Vanillecreme.
Her Majesty's pudding Sahnige Vanillecreme mit kandierten Früchten.
Holyrood pudding (Sch.) Puddingmischung aus Milch, Grieß, Ratafia-Biskuits, Eigelb und Marmelade, vermischt mit steifgeschlagenem Eiweiß, gegart und heiß mit Mandelsauce serviert.
Jam roly poly Nierenfettpudding mit Marmelade.
Junket Mit Lab angesetzte süße Milch; kann mit Zitrone, Brandy, Wein usw. aromatisiert werden.
Lemon posset Creme, geschlagen aus Zitronensaft, Zitronenschale und Weißwein, vermischt mit steifgeschlagenem Eiweiß.
Madeira pudding Mit Himbeermarmelade gefüllte Torte, bedeckt mit Biskuitteig und gebacken.
Marquis pudding Reispudding mit Schichten von Marmelade und gedünsteten Äpfeln, bedeckt mit geriebenen Mandeln, gebacken.
★**Mince pie** Mrs. Beeton füllte ihre *mince pies* mit gehacktem Rumpsteak, Rosinen, Korinthen, braunem Zucker, Orangeat und Zitronat, Muskatnuß, Äpfeln, Zitronenschale, Zitronensaft und Brandy. Heute läßt man das Fleisch meist weg.
Oxford and Cambridge pudding (Eng.) Aprikosentorte bedeckt mit Meringue-Masse.
Pippin tart Pastete aus Äpfeln und Tomaten, mit Sahne gebacken.
Plum duff (Eng.) Pudding aus Nierenfett mit Rosinen.
★**Poor Knights of Windsor** (Eng.) Mit Sherry beträufelte Brotscheiben, in Milch und Eigelb getaucht und gebraten. Serviert mit Sauce aus Butter, Sherry und Zucker.
Queen of puddings Mischung aus Brotbröseln und Vanillecreme, gebacken, mit Marmelade und mit Meringue-Masse bedeckt nochmals gebacken.
Rice pudding Reis mit Milch, Zucker und Butter, bei niedriger Temperatur gebacken, bis eine goldene Kruste entsteht.
Spotted dick or dog Pudding aus Talgteig mit Rosinen.
★**Summer pudding** Leicht gedünstete Beeren und rote oder schwarze Johannisbeeren, wechselweise mit Brotscheiben in eine mit Brotscheiben ausgelegte Form gefüllt und über Nacht stehen gelassen. Schöner, purpurfarbiger, saftiger Pudding, der wunderbar frisch schmeckt.
Syllabub Ist im Grunde ein Drink – meist mit Sherry und Zitrone –, der mit Sahne und Zucker aufgeschlagen wird.
Treacle roll Pudding aus Talgteig gerollt mit Melasse und Bröseln.
★**Treacle tart** Sirup und Brotbrösel werden zu einem Kuchen gebacken.
Trifle Scheiben von Biskuit-Cake, mit Brandy und Sherry befeuchtet, mit Vanillepudding bedeckt und mit Sahne und kandierten Früchten dekoriert.
Turnovers Irgendwelche Früchte in Blätterteig gebacken.
Welsh border tart Mit Meringue bedeckter Rosinen- und Sultaninen-Kuchen.

Custard – Vanillecreme

Vanillecreme scheint wirklich ein Paradox zu beinhalten, das zu denken gibt. Aus der Vermischung so einfacher Zutaten wie Butter, Mehl, Milch und Zucker kann sowohl ein Schreckgebilde als auch die himmlischste Delikatesse entstehen. Ob sich davon wohl eine Moral ableiten ließe?

Der amerikanische Satiriker Ambrose Bierce nannte Vanillecreme eine widerwärtige Substanz, das Produkt einer böswilligen Verschwörung von Henne, Kuh und Koch. Er dachte dabei natürlich an die süßliche Pfütze, die von Kantinenchefs, Pfarrersgattinnen und Massenkostproduzenten über jede Süßspeise gekleckert wird und uns vergessen läßt, wie herrlich Vanillecreme schmecken kann.

Kekse, Brote und Kuchen

Es ist unmöglich, all die Brote, Kekse und Kuchen, die in England, Wales, Schottland und Irland hergestellt werden, aufzuzählen. Wenn sich Gelegenheit dazu bietet, sollte jeder Englandbesucher einen altmodischen *tea-shop* aufsuchen und sich einer Orgie mit Brötchen und Teegebäck aller Art hingeben. In Devon und Cornwall sind *cream teas* die Spezialität: dicke Schichten geronnener Sahne werden auf warmes Brot verteilt und mit hausgemachter Marmelade überdeckt. Weiß Gott, es war eine glücklichere Welt, bevor ein Narr die Kalorien entdeckte!

Sandwich

Ein Sandwich ist eine ungesunde Sache ohne gastronomischen Wert. Es dient nur dazu, etwas in der Hand zu halten, ohne sich die Finger zu beschmutzen, und ließe sich mit dem Verspeisen eines Köfferchens vergleichen. Sein Erfinder soll John Montagu, der vierte Graf von Sandwich, gewesen sein. Er pflegte Schinkentranchen zwischen zwei Brotscheiben zu klemmen, um sein 24-Stunden-Glücksspiel-Marathon nicht unterbrechen zu müssen. Womit sich, falls dies zutrifft, das Sandwich als kulinarisch inakzeptabel erweist. Trotzdem essen die Briten zum Lunch Unmengen von Sandwiches.

Cheese – Käse

Blue Vinney Scharfer Käse aus Dorset, rund und fett, mit blauen Adern in lockerem, weißem Körper.
Caerphilly *Der* Käse aus Wales, sahnefarben und leicht krümelig, mit milchigem Geschmack.
Cheddar Der beste Hartkäse zum Kochen. Ein Laib kann riesig und so schwer wie ein zehnjähriges Kind sein. Der von den Bauern in Somerset hergestellte Cheddar ist recht scharf und hart, hat Nußgeschmack.
Cheshire Vorzüglicher, krümeliger, weißer oder orangefarbener gepreßter Käse. Die blaue oder grüne Version ist einer der berühmtesten «Blauen» der Welt. Die Ausbreitung des blauen Schimmelpilzes ist weitgehend zufallsbedingt.

Double Gloucester Großer, flacher runder Käse, dunkelgelb und mit stechendscharfem Geschmack.
Dunlop Der beste schottische Käse, ähnlich wie Cheddar, aber feuchter und weicher.
Lancashire Sehr ähnlich dem Cheshire, aber immer weiß.
Leicester Großer, runder, braunroter Käse, blätterig und mild.
Red Windsor Weißer Käse mit roter Marmorierung, die durch Zugabe von Rotwein während des Herstellungsprozesses entsteht. Mir scheint dieser Käse stets etwas unecht und unappetitlich.
Sage Derby Großer, runder, flacher Käse, fest und weiß, mit grünen Flecken von Salbei, mild und herb im Geschmack.
Stilton Der beste Blaukäse der Welt.
Wensleydale Runder, flacher Doppelsahnekäse, aber ziemlich fest, mit delikatem, salzigem Geschmack. Paßt großartig zu Früchten. Es gibt auch eine blaue Art.

Gebräuchliche Ausdrücke

Almonds Mandeln.
Anchovies Garnelen.
Anchovy paste Garnelenpaste.
Apple Apfel.
Assorted assortiert.
Bacon Speck.
Beans Bohnen.
Beef Rindfleisch.
Beer Bier.
Bill Rechnung.
Beverage Getränk.
Boil kochen, sieden.
Bread Brot.
Broth Brühe.
Cabbage Kohl.
Charcoal Holzkohlenfeuer.
Cheese Käse.
Chicken Hühnchen, Hähnchen.
Choice Wahl.
Chopped gehackt.
Clear klar.
Cloves Gewürznelken.
Coffee Kaffee.
Cold kalt.
Cooked gekocht.
Cream Sahne, Creme.
Crispy knusprig.
Cutlets Kotteletts.
Dip Tunke.
Dish Gericht.
Duck Ente.
Egg Ei.
Eat essen.
Fat Fett.
Fig Feige.
Filling Füllung.
Fresh frisch.
Fried gebraten.
Frozen gefroren.
Game Wild.
Garlic Knoblauch.
Garnished garniert.
Goose Gans.
Green grün.
Grilled grilliert.
Ham Schinken.
Haricots Weiße Bohnen.
Home-made hausgemacht.
Hot heiß.
Ice-cream Eiscreme.
Intestines Innereien.
Jam Marmelade.
Juice Saft.
Lamb Lamm.
Leg Schlegel.
Lemon Zitrone.
Liver Leber.
Main course Hauptgericht.
Meat Fleisch.
Milk Milch.
Mushrooms Pilze.
Mussels Muscheln.
Mustard Senf.
Noodles Nudeln.
Nut Nuß.
Oil Öl.
Onion Zwiebel.
Oven Ofen.
Pancake Pfannkuchen.
Parsley Schnittlauch.
Paste Püree.
Pastry Gebäck.
Peas Erbsen.
Pear Birne.
Pepper Pfeffer.
Pickles Eingelegtes.
Pork Schweinefleisch.
Potatoes Kartoffeln.
Price Preis.
Radishes Rettiche.
Raw roh.
Red rot.
Rice Reis.
Roast braten, rösten.
Salt Salz.
Sausage Wurst.

Seafood Meeresfrüchte.
Service included Trinkgeld inbegriffen.
Sharp scharf.
Sheep Schaf.
Shellfish Schalentiere.
Sliced in Scheiben geschnitten.
Smoked geräuchert.
Soup Suppe.
Sour sauer.
Spit-roasted am Spieß gebraten.
Stewed geschmort.
Stuffed gefüllt.
Sugar Zucker.
Sweet süß.
Sweet pepper Paprikaschoten, Peperoni.
Tea Tee.
Tea-time Teezeit.
Turkey Truthahn.
Veal Kalbfleisch.
Vegetables Gemüse.
Venison Wild, Wildbret.
Vinegar Essig.
Walnut Walnuß.
Water Wasser.
White weiß.
Wine Wein.

Cheers! Prosit!
Bon appétit! Guten Appetit!

Indien und Sri Lanka

Die indische Küche ist ein ebenso komplexes Thema wie alles andere auf diesem Subkontinent. Erstens gibt es über die Zubereitung eines Gerichts ungefähr so viele Meinungen wie Inder, und zweitens hat dasselbe Gericht infolge der Unzahl verschiedener Sprachen vielleicht zehn verschiedene Namen. Damit nicht genug, wurde die Ernährungsweise der Inder auch von religiösen Einflüssen entscheidend mitbestimmt, gar nicht zu reden vom Aberglauben. Da gibt es Köche, die nie ohne eine um ihre große Zehe gewickelte Schnur arbeiten, oder die sich zu kochen weigern, weil sich die Küche nicht in der Nordwestecke des Hauses befindet.

Doch ungeachtet all der Spitzfindigkeiten und all des Wirrwarrs rund um die indische Kost erscheint mir diese eher eintönig. Während man anderswo, beispielsweise in Spanien oder den Balkanländern, zunächst auf eine gewisse Gleichförmigkeit tippen würde und mit der Zeit der Vielfalt dieser Küchen auf die Spur kommt, ist es in Indien gerade umgekehrt. Was zunächst recht mannigfaltig erscheint, erweist sich in zunehmendem Maße mehr oder weniger als Einerlei. Alles ist braun oder gelb. Die Hauptzutat eines Eintopfgerichts mag noch so zart sein, letzten Endes verschwindet sie völlig in der Sauce. Dies mag eine subjektive, möglicherweise unzutreffende Beurteilung sein. Ich erhielt verschiedentlich in Privathäusern Menüs vorgesetzt, die mich vermuten lassen, daß mir vielleicht bisher das Wesentliche entgangen ist oder daß die echte indische Küche im Zuge des Demokratisierungsprozesses unterzugehen droht.

Ich habe Bangladesch, Indien und Pakistan in einem Kapitel zusammengefaßt. Einige kurze Hinweise hinsichtlich der wichtigsten Unterschiede:

In Indien und Pakistan kocht man vorwiegend nach dem Mogulstil. Die Moguln brachten aus Zentralasien eine islamische Tradition in diese Länder mit. Delhi, einst Hauptstadt der Moguldynastie (1556–1784), und Nordindien weisen, von diesem Stil geprägt, die reichhaltigste und üppigste Kost des Subkontinents auf. Sie umfaßt eine große Auswahl an Fleischgerichten, insbesondere Lammfleisch. Da Weizen in dieser Gegend besser gedeiht als Reis, spielt Brot in der Ernährung eine wichtige Rolle. *Dals* munden vortrefflich, und zum Dessert tischt man meist relativ fade Milchgerichte auf. In Kaschmir werden zum Kochen weder Zwiebeln noch Knoblauch verwendet, weil sie angeblich das Blut und damit ungezügelte Leidenschaften erregen.

Die südindische Kost schmeckt schärfer als diejenige der andern Gebiete. Es handelt sich um vorwiegend vegetarische Gerichte, vor allem Linsen- und Reisspeisen. Man bereitet auch herrliche Fische von der Malabarküste und aus Kerala zu. Diese werden von den Hindus «Meeresfrüchte» genannt, damit sie sie guten Gewissens verzehren können. Daneben gibt es auch Kokosnüsse. In einfacheren Lokalen serviert man das Essen auf Bananenblättern.

In Ostindien und Bangladesch, einschließlich Kalkutta, verwendet man *panir* (Hüttenkäse) zum Kochen. Reis ist sehr beliebt, und wie in den südlichen Küstengebieten essen auch die hiesigen Vegetarier oft Fische, die im Golf von Bengalen, in den Flüssen und Küstengewässern in reichem Maße vorkommen. Die Speisen werden relativ pikant gewürzt, *ghee* wird oft durch Senf ersetzt.

Westindien zeichnet sich durch eine vielseitige Küche – einschließlich jener von Goa, einer früheren portugiesischen Provinz – aus. Die reichlich verwendeten Chillies verleihen den Curries von Goa ihre scharlachrote Farbe und ihre Würze. Die christliche Bevölkerung in Goa bereitet auch mancherlei Schweinefleisch- und Fischgerichte zu, unter anderem Goa-Curry, ein flüssiges, mit verschiedenen Fischsorten hergestelltes Gericht. Im Staat Gudscharat schmeckt manche Speise zugleich süß und sauer, da man Limonen und Tamarinde beimengt; daneben schätzt man auch Eiergerichte. Sowohl in Gudscharat als auch in Mahraschtra werden zuerst Süßspeisen, dann Gemüse- und Linsengerichte serviert. In Maharaschtra ißt man Gemüse und *puris* zusammen mit *Srikand,* einem süßen Quarkgericht. In Bombay und Gudscharat haben die Parsen ihren eigenen vielfältigen Kochstil.

In den meisten Grandhotels gibt es chinesische Restaurants. Man sollte sie meiden, da die hier gereichte Kost die schlechten

Eigenschaften beider Küchen in sich vereint. Doch ich würde keinen Moment zögern, mir die hübschen *samosas* und Appetithäppchen schmecken zu lassen, die an Staßenständen verkauft werden. Ich mag auch den Tee, den man dort anbietet – Teeblätter, Milch und Zucker werden zusammen aufgekocht und dann durch einen alten Socken geseiht. Touristen werden natürlich vor dieser Art Verpflegung gewarnt.

Anda, baida, unda(h) – Eier

Akoori Siehe *Ekuri.*
Anda ki kari Eiercurry.
Baida vindalu Eier-*vindalu* (Goa).
Ekuri Parsisches Gericht; Rühreier mit Koriander und Ingwer.
Khagina Zweimal gefalteter Pfannkuchen, zuerst entsteht ein Halbmond, dann ein Keil.
Nargis(i) Halbe hartgekochte Eier, die wie Narzissen aussehen.
Undah khitcheri Rühreier mit Zwiebeln, Tomaten, Chillies und Koriander.

Chat – Snacks, Imbisse

Alu chat Pellkartoffelscheiben, gemischt mit Chillies, Tamarinde, frischem Koriander und Salz.
Appam, appum Pfannkuchen aus Reismehl und Kokosmilch (Südindien).
Bhaji(y)as Küchlein aus Mehl, Gemüsen, auch Bananen, mit frischer Pfefferminze und Chutney serviert.
★ **Bhelpuri** Schwimmend gebackene kleine *puris* (siehe Brot), serviert mit feingehackten Zwiebeln, Reis, *chiura,* gekochten Kartoffelwürfeln, Zitronensaft, Korianderblättern und Chutney (Bombay).
Chiura Mischung aus schwimmend gebackenen *phoa* (Reisflocken), *dal,* Kichererbsen, Nudeln und Erdnüssen, mit Salz, Zucker und Chili gewürzt.
Dhokla Teig aus *dal,* Reis und Chillies, gebraten.
Golgappas Schwimmend gebackene Waffeln, kalt mit gekochten *channa,* Kartoffeln und süß-saurer Sauce serviert.
Kachoris Teigkugeln mit würziger Linsen- oder Kartoffelfüllung.
Oothappam Pfannkuchen aus Linsen und Reismehl, südindisch.
Pakoras, pecoras Scharfe Küchlein, nordindische Version der *bhajias.*
Poppadom puppadum, pappadam Würzige Waffeln, gebraten oder gebacken, im Norden *papar* genannt.
Pustholes Windbeutel aus Weizenmehl, gefüllt mit Fleisch-Curry, Gemüse usw.
★ **Samosa** Gebäck, gefüllt mit Hackfleisch oder einer Mischung aus Erbsen und Kartoffeln.
Shinghara Gemüsepastetchen aus Bengalen.
Vad(d)a, vadi oder **wada** Kleine, pikante, gebratene Häppchen aus Linsen oder Kichererbsenmehl. Geriebene Gemüse, Nüsse und Gewürze können unter den Teig gemischt werden. Trocken mit Chutney oder in Joghurt getunkt serviert.

Chav(w)al – Reis

Bath, buth Ausdruck für Reis (Südindien und Westküste).
Biri(y)ani Aufwendige Reisspeise, mit Safran oder Gelbwurz aromatisiert und gefärbt. Reichhaltiger als ein *pilau,* da mit mehr *ghee* oder Butter zubereitet. Enthält doppelt soviel Fisch oder Fleisch wie Reis.
Copra kana In Kokosmilch gekochter Reis, ungewürzt oder gewürzt, manchmal mit Gelbwurz gefärbt.
Dahi bath Reis mit Joghurt.

Dal bath Mit Linsen servierter Reis.
Gili oder **geeli khichhari** Feuchtes *khichhari*, ohne Butter zubereitet, gewürzt mit Lorbeerblättern und Pfefferkörnern. Kinder- oder Krankenkost.
Hazur pasand *Pilau* mit Fleisch, Früchten und Nüssen.
Kesar chav(w)al Mit Safran zubereiteter Reis.
Kitcheri(ee) oder **Khichhari** «Eintopfgericht»; miteinander gekochte Linsen und Reis, stark gewürzt.
Makhani chav(w)al Reis mit Butter.
Mattar pilau Reis mit Erbsen.
Memna pilau Scharfer *pilau* mit Lamm, Mandeln, Karotten und Gurken.
Murgh pilau Reis mit Hühnerfleisch.
Narial ka chav(w)al Reis mit Kokosnußgeschmack.
Nimbu ka chav(w)al Reis mit Limonenaroma.
Pi(u)lau Reis, zuerst in *ghee* gedünstet, dann mit Wasser oder Brühe gekocht; viele Varianten.
Sabzi pilau Reis mit gemischten Gemüsen.
Shahi pilau *Pilau* mit Mandeln, Sahne, Joghurt, milden Gewürzen und viel Butter und Brühe.
Shahjahani biriani «Im Stil des Schahs Jahan» (Erbauer des Tadsch Mahal). Safranreis mit Lamm; festliches Gericht, oft mit eßbaren Silberblättern verziert.
Vengi bath Auberginen und Reis.

Machchi, Machli, Meen, Min, Muchlee, Myhee – Fisch

Ballachong balchao Eingelegte Garnelen, sehr scharf.
Bombay duck, bommaloe machee Fisch von der Westküste, speziell aus der Gegend von Bombay; so groß wie ein Hering. Der Name (duck = Ente) ist vermutlich darauf zurückzuführen, daß der Fisch auf der Wasseroberfläche dahin gleitet. Er wird aufgeschnitten, ausgenommen, kräftig gesalzen, an der Sonne stark getrocknet und gleicht einem Stück Holz. Er wird vor dem Servieren gebraten; man ißt ihn zwischendurch oder als Beilage.
Chingri jhoal Pikantes Garnelen-Curry mit Kokosnuß (Bengalen).
Chorchuri Gericht aus Gemüse und Fischköpfen (Bengalen).
Ginga oder **jhinga** Garnelen.
  kari Garnelen-Curry.
  ki tikka Garnelenpastetchen.
  patia Gericht aus Ganrelen, mit Zitrone und Tomaten (Parsen).
Kabab tikkah machchi Marinierter, am Spieß gegrillter Fisch.
Kekra Krebs.
Kofta shami machchi Fischkroketten.
Kurlleachi kari Krebs-Curry.
Machchi bhurta Pürierter, kalt servierter Fisch.
  dumphokat Mit Gewürzen gedünsteter Fisch.
  hazur pasand Ganzer Fisch, mit Tomaten, Sahne und Joghurt gebraten.
  imlidarh Gebratener Fisch mit Tamarinde.
  jhal frazi Fisch mit Gewürzen.
  khasa Fisch, der pochiert und dann mit Kräutern bedeckt gebraten wird.
  turrcarri sadah Einfaches, mildes Fisch-Curry.
Machli aur tamatar Fisch mit Tomaten.
  ki tikki Aufgerollte, gefüllte und gebackene Fischfilets.
Meen molee Fisch-Curry; der Fisch wird in dicker Kokosmilch gekocht (Südindien).
Min mappas Karpfen, mit Früchten und Kokosmilch gedünstet.
  pulicha Gebratener ganzer Fisch.
  tulika Weißling mit Kokosmilch.
  vela Fisch-Curry; verschiedene Fische mit Chillies und Tamarinde gekocht (Kerala).
Myhee mahali Mit Joghurt und Zwiebeln marinierter Fisch, gebraten und mit pikanter

Sahne- und Mandelsauce serviert.
Pakki hui machli Gebackener Fisch mit Koriander-*masala*.
Patrani machli Brachsenmakrele, gefüllt mit grünem Chutney, in Bananenblätter gewickelt und gedünstet. Aus Bombay.
Tali machchi In Teig gebackener Fisch.
Teesri Muscheln.

Gosh – Fleisch

Aab ghosh Fleisch, meist Lamm, in Milch gekocht (Moslems).
Ahtoo koottee Lamm (Tamilen).
Baffat Schweins- oder Rindscurry mit Rettich (Goa).
Bakra Ziege.
Barra kabab massalam Am Spieß gebratenes Fleisch am Knochen.
Bathak Ente.
Bhuna gosht Trockenes Gericht aus Lamm- oder Rindfleisch.
Boti kabab Zarte Fleischstückchen, mariniert, am Spieß, mit Butter bestrichen, gebraten.
Chirga Ganzes gebratenes Hühnchen, mit Cayennepfeffer, Paprika, Limonensaft, Essig und Salz eingerieben. Darüber eine Paste aus Joghurt, grünem Ingwer, Zwiebeln, Salz und Pfeffer. Das Hühnchen wird am Spieß gebraten.
Chourisam Wurst aus Schweinefleisch und Leber (Goa).
bhurta mhaans Fleisch, meist Lamm, mit Kichererbsen, Linsen und Klößen, die in Joghurt pochiert wurden. Ziemlich scharf.
★ **Dhansak** Parsischer Eintopf aus Fleisch und frischem und getrocknetem Gemüse.
fasli Mit getrockneten Bohnen gekochtes Fleisch, aromatisch, aber nicht scharf.
Ghai ka gosht Rindfleisch.
Gobi mhaans Geschmortes Fleisch mit Blumenkohl.
Gosht do pyaza Mit Zwiebeln gekochtes Fleisch.
ka salun Fleisch-Curry.
Goshtaba Gericht aus Fleischkugeln (Lamm und Käse).
Gurda Nieren.
Hurran ka gosht kabab Grillierte Wildsteaks.
Indad Süß-saures Schweinscurry (Goa).
Jungli budhuk ka salun Curry aus Wildente.
Kabab Normalerweise kleine Stücke Fleisch, Fisch oder Gemüse, auf Spieße gesteckt und gebraten oder grilliert; manchmal auch größere Fleischstücke im eigenen Saft geschmort oder zu Pastetchen verarbeitetes Hackfleisch. Ursprünglich aus der Steppe, später eine Spezialität der Moguln.
darayhee oder **husainee** Fleisch- und Gemüsespieße, grilliert und in Sauce gegart.
dehin kabab Mit Joghurt.
kaishgee Glasierte Schweinesteaks mit aromatischer Sauce.
moghlai Gehacktes Lammfleisch, am Spieß grilliert (Moguln).
puksand Zwei Fleischstücke oder Fleisch und Käse, mit Schnur zusammengebunden am Spieß gebraten.
pursindah seekhi Am Spieß gebratenes Lammfleisch.
seek Lange Rollen aus feingehacktem Fleisch.
shami Hackfleisch mit Linsen.
shikhampuri Spieße aus gehacktem Schaf- oder Lammfleisch.
tikia, tikka(h) In *tandoor* oder auf Holzkohle gebratene Fleischwürfel.
Kaleja, kaleji Leber.
sheesh Leber mit Zwiebeln.
Khargosh, kurghosh Hase oder Kaninchen.
Kheema Hackfleisch.
aur bhaji Hackfleisch mit Grünzeug.
mattar Hackfleisch mit Erbsen.
Khubab hans Gebratene Gans.
Kofta, Kooftah Kugeln aus gehacktem Fleisch oder Gemüse, im *korma*-Stil gekocht, manchmal mit Curry.
kabab sheer-mal Fleischkugeln in würziger Milchsauce.
nargesi Kugeln aus Hackfleisch, gefüllt mit ganzen, hartgekochten Eiern, halbiert mit Curry-Sauce serviert.

Kohlee Hühnchen (Tamilen).
molee Gericht mit Kokosmilch (Südindien).
Kookarh, kookurh Hühnchen.
Korma Mit Joghurt oder Sahne geschmortes Gericht, meist reichhaltig und würzig, aber selten scharf.
badam malai khatai Pikantes Lamm-*korma* mit Sahne und Mandeln.
Bahadhar shahi Geschmortes Lammfleisch in mildem schwerem *korma*-Gericht aus Mandeln, Joghurt, Doppelsahne und Eigelb.
dil-pasand Geschmortes Fleisch und Gemüse in milder Knoblauchsauce; eines der wenigen indischen Gerichte mit Knoblauch.
★ **hazur pasand** Auf besondere Art geschmortes Lamm, dem zuletzt Eiweiß, Nüsse, Rosinen und Safran beigefügt werden.
jogurath Mit Joghurt und Gewürzen geschmortes Fleisch, verfeinert mit Doppelsahne.
kasa Eintopf aus Fleischkugeln und Gemüse.
lowabdarh *Korma,* geschmort in Milch und mit Joghurt abgeschmeckt.
★ **rogan josh** Lamm-*korma,* manchmal mit Rübensaft gefärbt.
sadah Gewöhnliches Fleisch-*korma* mit Joghurt.
Madoo Rindfleisch (Tamilen).
Magazh Hirn.
Masaledar raan Roastbeef.
Matan Lammfleisch.
Mhaans dumphoktai Aromatischer Schmortopf mit Knoblauch, nicht sehr scharf.
kabab machchi Feingehacktes und gewürztes Fleisch mit starkem Knoblauchgeschmack, fischförmig gebraten und kalt serviert.
phali Mit Bohnen gekocht.
turrcarri sadah Einfaches, mildes Fleisch-Curry.
Moorgee, murg, murgh, murghi oder **murgo** Hähnchen.
badam sheer-jogurath Hähnchen mit Mandeln in Sauce aus Milch, Joghurt und Sahne.
dehin Hähnchen in Joghurt, scharf, mit starkem Knoblauchgeschmack.
do pyaza Mit Zwiebeln.
dumphokat Milder Hühnchentopf.
kabab seekhi Ganzes gefülltes Hühnchen, am Spieß gebraten.
khara massaledarh Mit Gewürzen gebratenes Hähnchen.
khasa Mildes Hühner-Curry.
korma Hühnchen mit Joghurt und Gewürzen.
makhani Hühnchen mit Butter und Tomaten.
★ **massalam** Bestbekanntes Hühnergericht. Das in Joghurt, Kümmel, Zwiebeln und Chillies marinierte Hühnchen wird mit vielen Gewürzen geschmort und zuletzt mit gehackten Nüssen bestreut (Moguln).
masthana Pikanter Hühnereintopf mit Reis- und Kichererbsklößen.
★ **moghlai** Schweres, aufwendiges Hühnchengericht mit Safrangeschmack (Moguln).
sabz Mit grünen Kräutern wie Schnittlauch und Korianderblättern und Joghurt.
sadah Mildes Hühner-Curry.
talawa kasta In Teig, zubereitet mit *besan,* Kräutern und Joghurt, gebraten.
tandoori Mariniert in gewürztem Joghurt und im *tandoor* gekocht.
tikka Hühnchen-*kabab.*
Murghabi Ente.
Kashmiri Mit Walnüssen.
pistadarh Mit Pistazienkernen.
Muzbi Besonderer erster Gang bei Mogul-Festen: mariniertes Lammfleisch, auf heißen Steinen zubereitet.
Parcha kabab yakhni Mit Gewürzen und Eiern gerolltes Lammfleisch.
seekhi Am Spieß gebratene Lammbeine.
Pursindah seekhi Am Spieß gebratenes Lamm.
Pyazwala khare masale ka gosht Fleisch mit Gewürzen und Zwiebeln.
Qabargah Getrocknetes Lammfleisch (Brahmanen in Kaschmir).
Raan (ka kabab) Mariniertes Lammbein, in würziger Joghurt-Marinade geschmort. Der Nabob von Rampur, dessen Vater 27 Köche hatte, bereitete einst selbst ein Lammbein zu. Das mit

Kräutern gehackte Fleisch wurde wieder zu einem Bein geformt.
Rarrah Lammrücken.
★ **Roghan josh** Nordindisches Lammgericht; schwer und dunkelrot (Moslems).
Sadah Schaffleisch.
Sag mhaans Fleisch mit Knoblauchgeschmack, Spinat und Joghurt.
Serpathala Pikantes Gericht aus Blut, Leber und anderen Stücken vom Schwein.
Shami kabab Noor-Mahali Aufwendiges Gericht aus Fleisch, Linsen und Zwiebel-*kabab*, gewürzt mit Anis und *kalonji* und mit Joghurt vermischt.
Suvar mas Schweinefleisch; für Moslems verboten.
masaka salun Schweinscurry.
mas korma Mit Joghurt und manchmal Honig geschmortes Schweinefleisch.
mas vindalu Scharfes Essig-Curry (Südindien).
Shythani kabab ka salun Verteufelt scharfes *kabab*-Curry.
Sindhi gosht Mit aromatischer Paste mariniertes Lammfleisch (Gericht aus Sind).
Sorpotel Eintopf aus gepökeltem Schweinefleisch (Gericht der Christen in Goa).
★ **Subh degh** Festtagsgericht. Das Fleisch, meist Lamm, wird teils zu *kofta* verarbeitet, teils in Würfel geschnitten und mit Gewürzen gekocht. Es enthält überdies Gemüse, gemischt mit Joghurt.
Teetur, tithar Rebhuhn (oder anderes Wild).
Vath, vathoo Ente (Tamilen).
ka salun Enten-Curry.
Vindalu, vindaloo Säuerliches, scharfes Essig-Curry mit Schweinefleisch, fetter Ente oder Gans. (Goa und Westindien).

Sabzi, dals – Gemüse und Hülsenfrüchte

Aloo, alu Kartoffel.
badam dum Mit Mandeln.
dam, dum Im Dampf gekochte Kartoffeln mit Joghurt und Gewürzen.
gobi Mit Blumenkohl gekocht.
ki tikya Kartoffelpastetchen.
raita Kartoffelsalat mit Joghurt.
Arbi, arvi Yambohnen und -wurzeln.
ki kari Yam-Curry.
Arhar dal Tauben- oder Tuvar-Erbsen, meist mit Chillies. Sehr scharf (Madras).
Avi(y)al Gemüsecurry mit Bananen, grünen Jackbaumsamen, grüner Mango und Kokosnuß sowie den üblichen westlichen Gemüsen. Meist während des Onam-Festes (Reisernte) zubereitet (Südindien).
Baigan Siehe Brinjal.
Band(h)gobi Kohl.
Behndi, bendikai, bhindi Okra.
Bhaji, bhugia, bhuji(y)a Im *tarka*-Stil gekochte Gemüse. Oft sehr scharf und trocken. *Bhujiya* bedeutet auch schwimmend gebackene Gemüseküchlein, den nordindischen *pakora* ähnlich (Mahashtra).
Bharela kheera Gefüllte Gurke.
Brinjal, byngun Auberginen.
(ka) bharta Auberginenpüree (Nordindien).
ka tikka Gebackene Auberginen mit Gemüsefüllung.
Cachumbar, kachumbar Gewürzter Zwiebelsalat, meist mit frischen scharfen Chillies. Kann auch anderer Salat sein.
Chan(n)adal, chenna, kab(u)li-channa Kichererbsen.
masaledar Kichererbsen, mit Zwiebeln, Knoblauch, Ingwer und scharfen Gewürzen gekocht (Pandschab).
Chukunda Rote Rüben.
Dahi bara, dahi boora Linsenküchlein in Joghurt.
vada Gebackene Linsenpüreekugeln in Joghurt.
Da(h)l, dhall Hindu-Bezeichnung für alle Gemüse oder Hülsenfrüchte, insbesondere Linsengerichte. Die verschiedenen Arten sind gesondert aufgeführt. In Nordindien ist ein *dal* meist von dicker Konsistenz, in Maharaschtra, Gudscharat und Südindien hingegen oft glatt und dünnflüssig.
Dal moong Siehe *Moong dal.*

Foogath fugath Aromatisches Gericht aus Gemüsen, mit *masala*, Zwiebeln und Kokosnuß gebraten.
Gagar, gajjar, gagur Karotten.
Gob(h)i Sammelbegriff für Kohl und Blumenkohl.
Gooda, guda Markkürbis.
Guchhi Schwarze Pilze.
Guranthor alu Süße rote Yamswurzel.
Kabuli channa Siehe *Channa dal.*
Kaddoo, kaddu Kürbis.
Kakadi Gurke.
Kala chana Kleine schwarze Kichererbsen.
 aur alu Scharfes aromatisches Gericht aus *kala chana* und Kartoffeln.
Karhi Gericht aus Buttermilch und *besan* (Nordindien).
Kela Bananen.
Kheera, khira Gurke.
 raita Gurken und Joghurt.
Khumb(i) Pilze.
Lobia dal, lombia Schwarze Erbsen oder Bohnen.
Manh Siehe *Urd.*
Masoor, masur Rote Linsen, heißt auch «aus Mysore».
 rasam Sehr scharfe Linsenbrühe.
Mat(t)ar, mutter Erbsen.
 panir Erbsengericht mit Würfeln aus Quarkkäse und Gewürzen.
 sukhe Trockenes Erbsengericht, mit Butter gekocht und mit Gelbwurz und Koriander gewürzt.
Molee, muli Rettich.
Moong dal, mung dal Mung-Bohnen (gelbe Bohnen). Sehr nahrhaft.
Motth Runde braune Linsen.
Mutchakotay Aromatische Dörrbohnen.
Navrattan sabzi dum Gedünstetes gemischtes Gemüse.
Ooduth Siehe Urd.
Pachadi Gemüse- (z.B. Kartoffeln, Zwiebeln, Blumenkohl oder Okra) und Quarkgericht mit Chillies, meist kalt serviert (Gudscharat und Südindien).
Palak Spinat.
 paneer Spinat- und Käsegericht (Nordindien).
 shalgam Gericht aus Spinat und weißen Rüben (Nordindien).
Patiya Kartoffeln mit grünen Bananen.
Peaz, piaz, pyaz Zwiebeln.
Phali Erdnüsse, grüne Bohnen oder anderes Gemüse.
Philouri Grieß- oder Linsenmehl-Küchlein.
Phulgobi Blumenkohl.
 bharta Blumenkohlpüree.
Phul-varhia Kleine Reisküchlein.
Puli ingi Scharfes Ingwer-Curry; wird in Kerala während des Onam-Festes serviert.
Pyazwale sookhe alu Trockenes Kartoffelgericht mit Zwiebeln.
Raita, rayta Gemüsesalat mit Joghurt oder Quark; es gibt auch süße *raitas.*
Rajma Ganze rote Wachsbohnen.
 dal Wachsbohnen-Curry.
Sabzi mughlai Gemischte Gemüse mit Mandeln, Pistazien und Gewürzen, in *ghee* und Joghurt gekocht (Moguln).
Sag(h) Spinat oder einfach grünes Gemüse.
Sambar Südindisches Gericht, mit *arhar dal* und Gemüse zubereitet, meistens mit *idlis* (siehe Brot) serviert.
Same Grüne Bohnen.
 ki bhaji Aromatische grüne Bohnen.
Sarson ki sag Senf und Kresse.
Savia, sev Feine Nudeln aus *besan.*
Shalgam Weiße Rüben (Pandschab).
 bharta Pürierte weiße Rüben.
Simla mirch Grüne Pfefferschoten.
Tam(m)at(t)ar Tomate.
Thuckaley Tomate (Tamilen).
Toor, toovar dal oder **tur dal** Siehe *arhar dal.*
Uppama, upuma Aromatisches Gericht aus Gemüsen, Nüssen, feinen Nudeln usw., mit Kräutern und Gewürzen gebraten, dann geschmort, bis eine dicke Mischung entsteht; heiß serviert (Südindien).
Urd, urhad Kleine schwarze Erbsen oder Bohnen.
 ki dal Curry aus schwarzen Bohnen.

Roti – Brot

Bajre ki roti Brot aus Hirsenmehl.
Bakarknani Knuspriges dünnes Brot.
Bhatura Schwimmend gebackenes gesäuertes Brot, meist aus gewöhnlichem weißem Mehl; zusammen mit Kichererbsen in Pandschab als Snack serviert.
★ **Chap(p)ati** Ungesäuertes Vollkornbrot. Elefanten füttert man mit *chapatis* in Wagenradgröße.
Diliya dosa Hafer-Pfannkuchen.
Dosa Pfannkuchen-Brot aus gemahlenen Linsen und Reiskörnern, manchmal mit würziger Kartoffelfüllung als *masala dosa* serviert.
Double roti Nach westlicher Art gesäuerter Brotlaib.
Idli Dampfkuchen oder -brot aus Reis, rund und weißlich; meist mit *sambal* serviert und in Südindien zum Frühstück gegessen. Verschieden gewürzt, z.B. mit Kokosnuß oder Linsen, kann auch süß sein.
Luchchi Verschiedene gebratene Brote aus gewöhnlichem Weißmehl, wie *puri* (Bengalen).
Makki ki roti Maisbrot, in Pandschab mit Senf und Kresse gegessen.
★ **Na(a)n** Tränenförmiges, gesäuertes Flachbrot, im *tandoor* gebacken.
Paratha, paratta In der Form gebackenes Vollkornbrot, mit *ghee* oder Butter zubereitet, manchmal gefüllt mit Fleisch oder Gemüse.
Phoolkay oder **phulka** Kleines, aufgeblähtes *chapati.* Das auf dem Blech gebackene Brot wird über eine offene Flamme gehalten.
Puri Schwimmend gebackenes, aufgeblähtes Vollkornbrot.
Roghni nan, shirmal Gesäuertes Flachbrot, im Ofen gebacken.
Tandoori roti Flaches Vollkornbrot, im *tandoor* gebacken.

Ach(ch)ar, chatni – Eingelegte Früchte und Gemüse

Achar tandal Eingelgte Blumenkohlstiele.
Arakkai mangai Südindisches Mangochutney.
Chatni brabarr tamattar Chutney aus reifen grünen Tomaten.
Kashmiri Chutney aus grünem Ingwer.
khasa Sehr scharfes exotisches Chutney mit Mango- oder Quittenpaste.
purpoo *Dal*-Chutney.
Chunda Scharfes Mangochutney (Gudscharat).
Garam nimboo achar Limonen-Pickles in Öl.
Kanji Karotten-Pickles.
Min pada Scharfe Fisch-Pickles.

Shirnee – Süßigkeiten, Nachspeisen

A(a)m Mango, häufigste indische Frucht.
Alebele Pfannkuchen mit Kokosfüllung (Goa).
Aliathrum Süße Küchlein aus Reismehl und Eiern.
Amphulia Gebackene Mango und Reis.
Annanas Ananas.
Aru Pfirsich.
Balushahi Teigkrapfen mit Zuckerguß.
★ **Barfi, barphi** Milchbonbons aus *khoya,* oft mit Blattsilber verziert.
Beebeek Kokosnußkuchen.
Beveca Reispudding mit Kokosnußaroma, (Goa und Südindien).
Bundi Wie *jalebis;* der Teig wird gesiebt, damit sehr kleine Tropfen entstehen.
Chirupayaru payasam Süßes Linsengericht, während des Onam-Festes serviert (Kerala).

Chucholee Klöße, in süßer Milch mit Zimtaroma gekocht.
Dudh pera *Barfi*-Kugeln.
★ **Firni, phirni** Pudding aus gemahlenem Reis, manchmal mit Nüssen und mit Kardamom oder Muskatnuß gewürzt.
Gajjar halwa Karotten als Dessert.
★ **Gulab jamun** Kleine Kugeln aus Mehl, Butter und Joghurt, manchmal mit geriebenen Mandeln, gebraten und in Sirup getränkt.
Halva, halwa Schweres Konfekt aus eingedicktem Getreide, Früchten oder Gemüse, mit Zucker.
Bombai Mit Grieß und Sultaninen.
Karachi Geliertes Konfekt mit Mandeln, Pistazien und Kardamom.
Madras Kokosnuß und Grieß-*halwa.*
sohan Grieß-*halwa.*
★ **Jalebi, jellabies** Gebackene Teigschnörkel, mit Sirup getränkt.
Karanjia *Puris,* gefüllt mit Mischung aus süßer Kokosnuß, Nüssen und Sultaninen (Maharaschtra).
Karrah mahli Grieß- und Mandel-*halwa.*
Kathal Jackbaumfrucht (Bengalen).
Kela Bananen.
Kervai Gefüllte Bananenkugeln.
Kesar pilau Süßer Reis mit Safran.
★ **Kheer, khir** Reis gekocht in dicker Milch, manchmal mit Gold- oder Silberblättern.
Koykotay Gedämpfte Klöße aus Reismehl, Zucker und Kokosnuß (Tamilen).
★ **Kulfi** Indische Eiscreme aus *khoya* und Nüssen.
Kulkuls Kuchen aus Grieß und Kokosmilch.
★ **Laddoo** Kleine Kugeln aus Kichererbsenmehl, gebraten und in Sirup getränkt. Sie werden zu Ehren des Gottes des Überflußes während des Ganesh-Festes zubereitet (Bombay).
Mall-pura, malpu(r)a Süße Pfannkuchen.
Masur pak Biskuitkonfekt aus Kichererbsenmehl, Zucker und *ghee* mit Mandeln und Kardamom (Maisur).
Meeta, mitha pilau Süßes festliches Reisgericht mit Nüssen und Sultaninen (Kaschmir).
Modak Süße gedämpfte Kokosnußklöße, mit Kardamomaroma. (Ganesh-Fest).
Nar(e)al, nari(y)al Kokosnuß.
Panyarums Bananenküchlein.
Payasam Halbflüssiges süßes Reisdessert.
Peras Konfekt aus *khoya* und Pistazien, aromatisiert mit Kardamom oder Muskatnuß.
Petha Konfekt aus weißen Kürbissen.
Rabarhi, rabri Süßigkeit aus *khoya.*
Ras malai, roshmalai Kugeln aus Sahnequark in Sahne oder dicker Milch.
★ **Rasgollahs, rasgullas, roshgullas** Kugeln aus Sauermilch und Mehl, in Sirup.
Sandesh, sondesh Quark-Zuckerwerk mit Kardamom und Pistazien.
Savia Süße Nudeln mit Sultaninen, Pistazien und Mandeln.
★ **Shahi tukra** «Königliches» Brot: Brotpudding mit *khoya* und Sahne. Kalt mit Pistazien und *kewra*-Blumen-Essenz serviert, garniert mit Silberblättern.
Shakar puri Gebäck mit Sirupglasur, während des hinduistischen Neujahrsfestes, Diwali, gegessen.
Shrikand Quarkdessert mit Safranaroma, meist mit heißen *puris* serviert (Maharaschtra).
Susiam Süßkartoffelkugeln.
Tho-thole Wie *halwa.*
Zarda pilau Süßer Reis, gewürzt mit Safran, Nelken und Kardamom und garniert mit Mandeln, Pistazien, Sultaninen und Silberblättern.

Sharbats – Getränke

Falsa, phalsa Brombeersaft.
Faluda, phaluda Tapioka-Milch.
Gajar kanji Kaltes Karottengetränk mit Senfsamen und Chili.
Gudumba Mangogetränk mit Kümmel und Kardamomaroma.
Jal jeera, jeera pani Kaltes Getränk mit Tamarinde, Kümmel und Pfefferminze; Aperitif.
Kahwa Süßer Tee.
★ **Lassi** Quark- oder Joghurtgetränk, süß oder gesalzen.
Nimbu pani Frischer, gesüßter, mit Wassser verdünnter Limonensaft.
Rasam Pfefferwasser.
Sharbat badam Mandelgetränk mit Kardamom und *kewra.*

Vielgebrauchte Ausdrücke

Aata, at(t)a Vollkornmehl.
Adrak Ingwer (grün).
Badam Mandeln.
Baghar, chamak Besondere Technik, wobei Gewürze und Aromastoffe separat gekocht und dann dem Gericht beigefügt werden (Bengalen).
Besan Kichererbsenmehl.
Bhart(h)a, bhurta, boortha Püree oder Brei.
Bhuna, bhuni Gebraten.
Bombay duck Siehe Fisch.
Boondi ka dahi Joghurt mit kleinen *besan*-Klößchen.
Chai Tee.
Chasnidarh Süß-sauer; die Speise wird mit Limonensaft oder Essig und Zucker abgeschmeckt.
Dahi, dhai, dhye Quark oder Joghurt.
Dal-chini, dhall cheene Zimt- oder Kassia-Stangen; früher ein Aphrodisiakum.
Dam, dhum Siehe *dum.*
Degh «Topf»; Eintopfgericht.
Dhan(y)ia Korianderpulver.
Doh peeazah, do pyaza *Korma*-Art mit sehr viel Zwiebeln. Die eine Hälfte wird gebräunt und mit dem Fleisch geschmort, die andere gerieben oder püriert und dem Fleisch erst beigegeben, wenn es beinahe gar ist.
Dum Kochtechnik, bei der ein Gericht zwischen zwei schwachen Feuern langsam gegart wird.
Ela(i)chi Kardamom.
Garam masala Mischung gemahlener Gewürze. Wird den Speisen meist erst im letzten Moment vor dem Anrichten beigegeben. Sie besteht vor allem aus Zimt, Kardamom, Nelken, Kümmel, Koriander und schwarzen Pfefferkörnern.
Ghee Eine Art klarifizierter Butter. Die Inder verwenden meist ein vegetabiles *ghee,* also Pflanzenfett.
Gram Siehe *besan.*
Haldi Gelbwurz.
Hara dhania frische Korianderblätter.
Hari mirchi Chillies (grün).
Hing asafoetida Harz aus den Wurzeln einer ostindischen Pflanze, getrocknet.
Hisa(a)b Rechnung.
Im(a)li Tamarinde.
Jaiphal Muskatnuß.
Jal Wasser.
Jeera, jira Kümmel.
Ka(a)fi(i), kehwa Kaffee.
Kali mirchi Pfefferkörner (schwarz).
Kari (Tamil) Gewürzte Sauce, vermutlich Ursprung des Wortes «Curry».
patta, katmin Curryblätter, zum Würzen verwendet. Hat nichts mit Currypulver zu tun.
Kasta Knusprig, krustig.
Kesar, kesram, khesa Safran.
Khara Kochtechnik. Das Fleisch wird mit den ganzen Gewürzen, die gequetscht oder leicht zerstoßen werden, gekocht. Gewürze werden wieder entfent.
Khoia, khoya Kondensmilch (dick).
Khus khus Mohnsamen.
Ko(o)ftas Fleischkugeln.
Kulmie darchini Siehe *dal-chini.*
Lal mirchi Chillies (rot).
Lao(o)ng, laung, lavang oder **long** Nelken.
Makhan Butter.
Malai Sahne.

Massalam, massaledarh Aromatisches oder stark gewürztes Gericht.
Mawa Siehe *khoya.*
Meeta, mithe Süß.
Milee Siehe *imali.*
Mirchi Chillies.
Mitha nim Siehe *kari patta.*
Mog(h)lai oder **mughlai** Nach Mogultradition.
Molee Südindisches weißes Curry, mit Kokosmilch, grünen Chillies und frischem Ingwer zubereitet.
Mulligatawny Verfälschung von *milagu-tannir,* Wort aus dem Tamil; bedeutet Pfefferwasser. Normalerweise wird in Indien keine Suppe gegessen, aber *mulligatawny*-Suppe ist ein verbreitetes anglo-indisches Gericht, eine aromatische Suppe auf der Basis von Fleischbrühe. In Südindien oft zu trockenen Gerichten gereicht.
Nimboo, nimbu Zitrone oder Limone.
Paan Mit Limonenpaste, Gewürzen, Nüssen oder Tabak gefüllte Betelblätter. Werden nach den Mahlzeiten zwecks Verdauung und Atemerfrischung gekaut. Auch Aufforderung an die Gäste, heimzugehen.
Pa(a)ni(i) Wasser.
Panch puran, panch phoran Mischung aus fünf Gewürzen.
Paneer, panir Quark.
Parcha Fleisch oder Gemüserollen, meist vor dem Braten gefüllt.
Phal Frucht.
Pista Pistazie.
Pudina Pfefferminze.
Pura Pfannkuchen.
Pursindah Fleisch, vor oder nach dem Kochen in Scheiben geschnitten.
Rai Senfsamen.
Sambals, sambols, sumbols Wie Hors d'œuvre; oft auch Beilage zu Hauptgericht.
Saunf Anissamen, als Verdauungsmittel nach dem Essen gekaut.
Seek(h) Eisenspieß; bedeutet, daß die Zutaten am Spieß zubereitet werden.
Sharbat Eiskaltes Getränk, aus Früchten, Blumenblättern oder Nüssen zubereitet.
Shoorva Suppe.
Soojee, suji Grieß.
Soondth Ingwer (gemahlen, getrocknet).
Talawa Schwimmend gebacken.
Tandoor, tandur Lehmofen, meist im Boden versenkt. Das im *tandoori* zubereitete Fleisch wird meist vorher in Joghurt und Gewürzen mariniert.
Tandoori, tanduri Speisen in einem *tandoor* oder auf ähnliche Art zubereitet.
Tarka (hinduistische) Siehe *baghar.*
Tarkari, turrcarri Curry (Bengalen).
Tikki, tikia, ki-tikiya Kotelett.
Til Sesamsamen.
Turcarri Curry.
Udruk Ingwer (grün).
Var(a)k Sehr feine, eßbare echte Gold- oder Silberblätter – traditionelle Dekoration für gewisse Gerichte.
Zeera Kümmel.
Zuffron Safran.

Sri Lanka

Zwar gleicht Sri Lankas Küche weitgehend der südindischen, doch zeigten sich die Srilanker europäischen Einflüssen gegenüber aufgeschlossener als die Inder. Ihre Kost ist vielseitiger. Dies gilt in erster Linie für die auf portugiesischen Vorbildern basierenden Süßspeisen und die von den Holländern übernommenen, aus Eiern und Butter hergestellten Kuchen.

Wie in Südindien ißt man vorwiegend Pflanzenkost und liebt scharf gewürzte Curries. «Weiße» Curries oder *kiri* werden mit Kokosmilch zubereitet und sind relativ mild. Schärfer schmekken die schwarzen Curries oder *badu*, für die geröstete Gewürze verwendet werden. Die mit einer Unmenge Chili gewürzten roten Curries oder *rathu* lassen an brennender Schärfe nichts zu wünschen übrig.

Sollten Sie im nachfolgenden Kapitel über Sri Lanka das Gewünschte nicht finden, schlagen Sie bitte in dem Kapitel über die indische Küche nach.

Abba Senf aus gelben Senfsamen für Curries.
Albassara Gefüllte Pfannkuchen.
Alla Kartoffel.
Alu kehel Grüne Bohnen.
Aluwa Siehe *halva*.
Ambu thiyal Saures Fisch-Curry.
Amu miris Grüne Chillies.
Appam, appé Siehe *hopper*.
Arrak Spirituose aus destilliertem Kokospalmensaft.
Babath Kutteln.
Badhapu lunis sambola Gebratene Zwiebeln; Beilage.
Badun Gebratenes, trockenes dunkles Curry.
Bandakka Okra.
Bath oder **buth** Reis.
Bith(th)ara oder **bittara** Ei.
roloung Gewürztes Rührei.
Blachan(g) Heiße Garnelen.
Bolo folhado Vielschichtiger Kuchen, wie dänisches Blätterteiggebäck, mit Füllung aus Kaschunüssen.
Breudher Holländischer Hefekuchen, zu Weihnachten und Neujahr serviert.
Brinjal pahie oder **pohie** Scharfe eingelegte Auberginen.
Cadju Kaschunüsse.
Cu cu lu Hühnchen.
Dehi Limonen.
achcharu temperado Limonen-Öl-Pickles, sehr scharf.
lunu sambola *Sambol* aus gesalzenen Limonen mit Zwiebeln und Chillies.
rata indi Limonen- und Datteln-Chutney, sehr scharf.
Dhallo badun Gebratenes Tintenfisch-Curry.
Elolu kiri hodhi «Weißes» gemischtes Gemüse-Curry.
Enasal Kardamom.
Enduru Dill.
Foguete Portugiesisches Gebäck mit süßer Füllung.
Frikkadels Sehr kleine panierte Fleischkugeln mit Dill und Ei, gebacken.
Gova, gowa Kohl.
Hakuru Palmzucker oder *gur*.
Harak mas Fleisch-Curry.
★ **Hopper** Schalenförmiger Pfannkuchen aus Reismehl, Hefe und Kokosmilch, serviert mit Curry oder *sambols*.
miti kiri Kokosnuß-Creme-*hopper*.
Iddi yappan «Seil»-*hopper*. Der Teig wird durch eine gelöcherte Form gedreht, damit Kreise entstehen, die dann gegart werden. Zum Frühstück mit Curries und *kiri hodhi* serviert.
Idi appung dodol Reis mit Kokosmilch und Zimt.
Isso Garnelen.
Kaha Gelbwurz.
★ **Kaha bath** oder **buth** Gewürzter Reis, mit Safran gefärbt und in Kokosmilch gekocht; Festessen.
Kakuluwo Krebs.
Kalupol Gebratene Kokosnuß.
Karavadu vambotu Curry aus gesalzenem Fisch und Auberginen.
Karavila Bitterer Flaschenkürbis.
Karrapincha Curry-Blätter.
Kiri bath Einfache Zubereitung von Reis in Kokosmilch. Traditionsgemäß am Neujahrstag und am ersten Tag eines jeden Monats zum Frühstück gegessen.
Kiri hodhi Kokosmilchsauce.

Kiri malu Weißes Fisch-Curry.
Koonee Kleine getrocknete Garnelen.
Koppé bath *Kaha bath*, mit Kokosnuß-*sambol* und hartgekochten Eiern zerrieben.
Kos ambul Jackfrucht, riesige, stachlige Frucht mit fleischiger, sehr süßer Schale.
Kukul Hühnchen.
Kurundu Zimt.
★ **Lamprais** oder **lampries** Mahlzeit «für besondere Gelegenheiten». Einzelportionen Reis in Fleischbrühe gekocht, Fleisch-Curry, *frikkadels* und *sambols* (meist *seeni* und *blachan*) zusammen in Bananenblätter gepackt und gebacken.
Lunu Zwiebeln.
Malu Fisch.
Mas paan Hefebrötchen mit Fleisch-Curry-Füllung.
★ **Mellung** Gericht aus gekochten grünen Gemüsen, gewürzt mit Kümmel und geriebener Kokosnuß.
★ **Molee** Fleisch oder Fisch in gewürzter Kokosmilchsauce.
Mologothannie Mulligatawny.
Moong ata sambola Bohnensprossen als *sambol*.
Muss Fleisch.
Ogu roloung Rühreier.
Ooroomas Schweinefleisch.
Paccai payaru mung Bohnen.
Paripoo Linsengericht.
Peegodu Leber.
Phla Süßer Eierpudding.
Pipinge oder **pipinja** Gurke.
Pishpash Pikante Fleischsuppe.
Pittu Mischung aus Mehl und frisch geriebener Kokosnuß, gegart in Bambus-Zylinder. Wie leichter Rindertalg-Pudding, serviert mit frischer Kokosmilch, heißen *sambols* und Curries.
Pol Kokosnuß.
Pukkai Hindu-Bezeichnung für *kiri bath*.
Rabu kollé Rettichblätter.
Rampé Pandanus-Blatt mit aromatischem Geschmack für Curries.
Rathu miris Rote Chillies.
Sambol(a) Beilage.
Sapattu mal Rote Hibiskusblume, für *sambols*, Curries und Getränke verwendet.
★ **Satay** oder **sathe curry** Fleisch am Spieß in aromatischer Sauce.
  jaggery Fleisch am Spieß, mit Zucker; scharfes, salziges, süßsaures Gericht.
Seeni sambola Scharfe, schwere Sauce aus gebratenen Zwiebeln.
Seer Fisch, «Lachs von Sri Lanka» genannt.
Simore oder **smoore** Fleisch oder Fisch, in würziger Kokosmischung gekocht.
Sudu bath Gewöhnlicher Reis.
Tamil arnung Fisch in scharfer Sauce.
Thakkali oder **thuckaley** Tomaten.
  malu Fisch-Curry mit Tomaten.
  miris Milde Pfefferschoten.
Thala Sesamsamen.
  ★ **guli** Kugeln aus Sesamsamen und Palmzucker.
Thambung hodhi Saure Suppe, gewürzt mit Tamarinde.
Thara padre Enten-Curry mit Arrak.
Thora malu siyambala achcharu Mit Tamarinde eingelegter Fisch.
Umbalakada Maldiven-Fisch (Singalesisch); getrocknet und pulverisiert.
Val-ooru-muss Wildschwein-Curry.
Vambotu Aubergine.
Vatakka Gelber Kürbis.
Vatakolu Gefurchter Flaschenkürbis, süß und delikat.
Wattalappam Schwerer, aromatischer Eierpudding.

Jayawewa! Prosit!
Rasawath aharak! Guten Appetit!

Italien

Weit mehr als eine reine Ernährungsangelegenheit, verrät die italienische Küche nicht nur die feine Zunge der Italiener, sondern widerspiegelt auch deren spontane Lebensfreude. Als einzige Europäer sind sie sich durchaus bewußt geblieben, daß man ißt, um zu überleben. In andern Ländern scheint man dies vergessen zu haben, in Frankreich wurde Essen zu einer Kunst, in Großbritannien zu einer Gewohnheit. Die italienischen Speisen sind einfach, sättigend und appetitanregend. Überglücklich, am Leben zu sein, genießen die Italiener ihr Mahl und können es nicht lassen, ihren Gästen die guten Bissen geradezu aufzudrängen. Die italienischen Kellner sind denn auch die besten der Welt. Nie würden sie den Gast durch Arroganz vor den Kopf stoßen, wie dies ihre französischen Kollegen manchmal tun. Der italienische Kellner will dasselbe wie Sie – daß Sie sich gütlich tun und fürs Leben stärken.

In Übereinstimmung mit dieser Gesinnung zeichnet sich die italienische Küche durch Schlichtheit aus. Sie bedarf keiner raffinierten *roux* und *fonds,* keiner *mousses* oder *quenelles.* Es kommt alles darauf an, aus verfügbaren Zutaten das Beste zu machen. Italienische Gerichte sind auch farbenfroh – ein Labsal für die Augen. Man denke nur an gefüllte Oliven. Es wird spontan gekocht, improvisiert. Eine erste Zutat wird vielleicht mariniert und in die Pfanne gegeben, eine zweite, ebenso einfach behandelte, kommt dazu und vielleicht eine dritte.

Dabei mundet italienische Kost ausgezeichnet. Auf bäuerlicher Kost basierend, vorwiegend regional und saisonal bestimmt, ist die italienische Küche einer jahrhundertealten, vielseitig geprägten Tradition verpflichtet.

Die alten Griechen und Römer verfügten bereits über gut entwickelte Küchen. Einfachere Formen derselben sind bis

ÖSTERREICH
FRIAUL-VENEZIEN JULIEN
Udine
Triest
JUGOSLAWIEN
Venedig
Ravenna
Rimini
Pesaro
Ancona
Arezzo
MARCHE
Perigia
UMBRIEN
Tiber
Pescara
ABRUZZEN
Civitavecchia
Rom
MOLISE
LAZIO
Campobasso
Foggia
ADRIATISCHES MEER
CAMPANIA
Bari
Ischia
Neapel
PUGLIA
Vesuv
Brindisi
Potenza
Taranto
Sassari
Capri
BASILICATA
Alghero
SARDINIEN
TYRRHEINISCHES MEER
CALABRIEN
Cagliari
Catanzaro
LIPARISCHE INSELN
IONISCHES MEER
Palermo
Messina
Reggio di Calabria
Marsala
SIZILIEN
Aetna
Catania
Agrigento
Syrakus
MITTELLÄNDISCHES MEER

heute erhalten geblieben, unter anderem die Methode der Polentazubereitung (heute verwendet man allerdings Mais-, nicht Weizenmehl). Die süß-saure Sauce gemahnt an die Erfindung der Römer, den durch die Konservierung bedingten starken Salzgeschmack der Speisen durch Honig zu mildern. Bei gewissen Süßspeisen läßt sich ein arabischer Einfluß nachweisen. Die Amerikafahrer wiederum brachten Tomaten, weiße Bohnen und Truthähne übers Meer. Kein Wunder also, daß sich die italienische Küche im 16. Jahrhundert durch besondere Vielfalt auszeichnete.

Die einzelnen italienischen Staaten waren nicht so reich begütert wie die größeren Länder. Man bevorzugte daher wohlfeilere Zutaten: Gemüse, Mehlspeisen, Fische, kleine Vögel und billige Fleischstücke, die andernorts kaum verwertet wurden, wie zum Beispiel Hirn und Lunge. Auch aßen die Italiener eine Unmenge verschiedener Würste.

Piemont ist die Gegend für Trüffeln, Wild, Käse- und Milchspeisen. In der Lombardei bevorzugt man Safran, gepökeltes Rindfleisch und *pannetone.* In beiden Regionen kocht man vorwiegend mit Butter, wie dies auch im Veneto und in der Emilia-Romagna der Fall ist. In Kalabrien verwendet man nur Olivenöl, würzt mit viel Pfeffer und liebt Auberginen sowie röhrenförmige Teigwaren. Im Veneto sind Polenta-, in der Lombardei Reisgerichte beliebt. In Sizilien bereitet man runde, in Sardinien flache *pasta* zu.

Manche der zahllosen Variationen hängen mit landschaftlichen Eigenheiten zusammen. Man findet daher die interessantesten Gerichte meist in einfacheren Lokalen, die örtliche Spezialitäten anbieten. In großen Restaurants basieren die Menüs eher auf Importprodukten.

Lassen Sie sich vom etwaigen unansehnlichen Äußern eines Lokals nicht zum vorneherein abschrecken. Was auf den ersten Blick vielleicht wenig einladend aussieht, kann sich durchaus als gastronomische Fundgrube erweisen.

Wo essen?

Meist kann man die verschiedenen Arten von Gaststätten mühelos auseinanderhalten. Doch die Italiener nehmen es mit den Bezeichnungen nicht immer so genau. Es läßt sich ungefähr folgendes skizzieren:

Ristorante Vornehmeres, relativ teures Lokal, wo vorwiegend internationale Gerichte angeboten werden.

Trattoria Städtische Variante einer *osteria,* meist für Passanten gedacht. Hier tischt man einfache Mahlzeiten lokalen Charakters, also interessantere Gerichte als im *ristorante* auf. Man bezahlt auch weniger.

Buco Toskanisches Wort für «Loch». Ist meist eine Keller-*trattoria.*

Locanda Ursprünglich ein Postkutschenhalt. Landgasthof, wo man Verpflegung und Unterkunft findet. Etwas gepflegter als eine *osteria.*

Osteria Dorf-Stammlokal, ursprünglich nur für Weinaus-

schank gedacht. Italienische Bauern essen selten auswärts, können hier aber eine einfache Minestra, ein Omelett oder Salat mit Salami bekommen.
Pizzeria Nachkriegsneuerung (Pizzas aß man früher auf der Straße). Hier serviert man Pizzas und manchmal auch andere Imbisse.
Tavola calda Eine andere Neuerung. Imbißbar, wo an der Bartheke warme Gerichte serviert werden.
Rosticceria Imbißbar, wo kalte und warme Speisen – auch zum Mitnehmen – erhältlich sind.
Gelateria Eiscremediele. Hier werden hausgemachte Glacen und Eiscreme-Naschereien angeboten.
Latteria Milchbar, wo man auch Süßigkeiten und Gebäck erhält.

Mahlzeiten

Die Mahlzeiten teilt man in Italien in folgende Kategorien ein:
Prima colazione (Frühstück): in der Regel Kaffee mit Brioches oder *cornetto* (Pariser Hörnchen).
Colazione oder *pranzo* (Mittagessen): eine wichtige Mahlzeit.
Cena (Abendessen): Hauptmahlzeit.

Das Menü

Das italienische Menü – falls es ein solches gibt – umfaßt meist drei Gänge plus Vorspeise. Letztere heißen *antipasti.* Als erster Gang (Primo piatto) wird Suppe aufgetragen oder ein Teigwarengericht, *pasta asciutta* (Spaghetti, Makkaroni usw.) oder *pasta in brodo,* Brühe mit Teigwareneinlage. Da man nie beides konsumiert, können all diese Speisen auf der Karte unter *minestre* aufgeführt sein. Teigwaren sind aber auch separat oder zusammen mit Reisgerichten unter *farinacci* verzeichnet. Seien Sie aber nicht überrascht, wenn Sie dieselben unter einem vom Restaurantsbesitzer selbst erfundenen Titel suchen müssen.

Eiergerichte – selten überragend – figurieren ebenfalls unter *farinacci* oder gesondert unter *uova.*

Fische können unter den Hauptgerichten oder gesondert (in Küstengegenden) als *pesce* vermerkt sein. Vielleicht gibt es auch einen Sondertitel für Schalentiere, *crostacei.*

Als Hauptgang tischt man in Italien meines Erachtens selten das beste Gericht auf. Ich bin allerdings voreingenommen, weil ich *pasta asciutta* einfach unwiderstehlich finde und davon stets zuviel konsumiere. In größeren Restaurants umfaßt der zweite Gang (*secondo piatto*) meist zwei Kategorien. Da gibt es zunächst die Tagesgerichte, *piatti del giorno,* die sehr zu empfehlen sind, da man sie aus den am Morgen auf dem Markt frisch eingekauften Zutaten zubereitet (Resten werden in Italien kaum verwendet, es sei denn manchmal in Teigwarensaucen oder zur Aufbesserung einer *minestra*). Solche Gerichte, *piatti pronti,* sind servierbereit.

Unter die zweite Kategorie fallen die Spezialgerichte, *piatti da farsi,* die auf Bestellung gekocht werden. In Italien muß man sich bewußt sein, daß die Menüs nicht so strikte geordnet sind wie anderswo. Manchmal werden auf der Speisekarte relativ wenige Gerichte aufgeführt, weil man Speisen lieber auf Bestellung zubereitet. In einfacheren Lokalen werden als Hauptgang nur Tagesgerichte angeboten, und vielfach gibt es gar kein Menü.

Nach dem Hauptgang kann die Sache recht verwirrend werden. Gemüse, *contorni, ortaggi, verdura* oder *vegetali* genannt, serviert man gesondert. Sie können aber auch einen Salat (*insalata*) bestellen. Zum Dessert essen Italiener in der Regel nicht Käse *und* Süßspeisen, doch manchmal trägt man den Käse zusammen mit Früchten auf. Auf der Speisekarte kann es ein Käseverzeichnis (*formaggi*) geben. Nachspeisen können in *gelati* (Glacen) und *dolci* (Süßigkeiten) unterteilt sein.

Auf Regeln hält man in Italien nicht sehr viel. Ein Tischler, der mir einen runden Tisch anfertigen sollte, lieferte mir einen achteckigen. «Ich glaube, so ist es besser», antwortete er auf meinen Einwand. Dasselbe kann Ihnen bei einer Mahlzeit passieren. Ist der Kellner überzeugt, daß Ihrer Bestellung noch das «gewisse Etwas» fehlt, wird er sie unbekümmert ergänzen – um Sie glücklich zu machen.

Antipasti – Hors-d'œuvre

Antipasti werden heiß oder kalt, einfach oder reich assortiert serviert. Es kann sich um einige ölbedeckte Salamischeiben und etwas Rettich oder um eine ganze Palette von Delikatessen, darunter Languste usw., handeln. Ein *antipasto misto* enthält eine Auswahl vom Besten, das ein Restaurant zu bieten hat. Gut schmeckt auch die etwas eigenartige Kombination von rohen Karottenstückchen mit einer Cocktailsauce oder Auberginenscheiben, mit Mozzarello und Sardellen gebacken.

Agoni Süßwasser-Alsen, mit Thymian gekocht, kalt serviert.

Anguilla marinata Marinierter Aal.

Antipasto alla genovese Genuesisches Hors-d'œuvre aus Saubohnen, Salami und sardischem Käse.

Bagna cauda Heiße Sauce aus Knoblauch, Sardellen und, mit Glück, Trüffeln, in welche man rohes Gemüse, Sellerie, Artischocken usw. taucht (Piemont).

Bresàola Geräuchertes, gesalzenes Rinderfilet meist mit Öl und Zitrone gegessen.

Bruschetta Im Ofen getoastetes Brot, mit Knoblauch eingerieben und mit Olivenöl beträufelt.

Buttàriga (*oder* **Bottarga**) Getrockneter Laich von Meeräschen, in Scheiben geschnitten mit Öl und Zitrone serviert.

Capocollo Gepökelter, geräucherter Schweinekamm aus Parma.

Caponata Breiige Mischung aus gebratenen Auberginen, Stangensellerie, Kapern, Oliven, Zwiebeln, Sardellen und Tomatenpüree, oft auch Nüssen und Zucker.

marinara Einfaches Gericht aus Schiffs-Keksen, mit Öl beträufelt und mit Oliven, Sardellen und Kräutern gemischt.

Cappon magro Aufwendiger Fischsalat mit Barsch, Languste, Thunfisch, Garnelen und Gemüsen, an Öl-Essig-Sauce mit Petersilie, Sardellen, Knoblauch, Kapern, Brotkrumen serviert.

Coppa umbra Preßsack aus Schweinskopf.

Cozze in salsa piccante Muscheln in scharfer Sauce aus Sardellen, Essig und Weißwein.

Crostini di fegatini Püree aus Geflügelleber mit Kapern und Sardellen auf Toast.

di fegato di maiale Schweinsleber, Sardellen, Pfefferschoten und Kräuter gemischt auf Toast.
col «merollo» Römische Spezialität aus Mark auf Toast.
di mozzarella e acciughe Gebackenes Sandwich aus Sardellen und Mozzarella.
piccanti Sardellenpaste mit Kapern und Petersilie auf Toast.
alla provatura Spieße mit gebutterten Brotscheiben und provatura-Käse, über Holzasche gegart.
Culatello di Zibello Wie Parmaschinken getrocknetes Schweinefleisch.
Fagiolini in padella Grüne Bohnen, mit Zwiebeln und Tomaten zubereitet.
col tonno Grüne Bohnen mit Frühlingszwiebeln und Thunfischstücken, angemacht mit Öl, Zitrone und schwarzem Pfeffer.
Fagioli toscani col tonno Wie oben, aber mit weißen Bohnen.
Fettunta Siehe *bruschetta*.
Fitascetta Mit Zwiebeln gebackene Brotringe.
Focaccia Gewürzbrot.
alla salvia Wie oben, aber mit Salbei.
Frico dei Friuli Eierkuchen mit Apfelringen und Käsescheiben.
Fritto di fiori di zucca Kürbisblüten, manchmal gefüllt mit Sardellen und Käse, in Ausbackteig fritiert.
Insalata di carciofi Rohe Artischockenherzen mit Öl und Zitrone.
di finocchi e cetrioli Salat aus Fenchel und Gurken, gemischt mit Tomaten, Zwiebeln und hartgekochten Eiern.
di frutti di mare Salat aus Muscheln, Krabben und kleinen grätefreien Fischen.
di funghi e frutti di mare Salat aus rohen Pilzen, Krabben und Rotbrassen. Kann auch mit Hummerkrabben und Tomaten-Mayonnaise zubereitet werden.
di lingua di bue Zungensalat mit Auberginen und Pfefferschoten.

Und es kommt der Morgen, man steht auf und, eine echte Genießernatur, wartet man voller Vorfreude ab, bis ein paar Schnitzel, ein Kotelett oder ein Omelett einen zu Tisch lockt. Man setzt sich zurecht, entfaltet die Serviette, die auf dem stets gedeckten Tisch bereitliegt, überragt vom einladenden Weinkrug, der nie fehlt. Nun ist man in Stimmung, ist bereit, zu essen, um zu leben, und nicht umgekehrt.

Wann immer man Lust hat, geht man spazieren, kauft sich vom eigenen Geld etwas Leber oder Fleisch für ein Schmorgericht. Man besorgt sich einen kleinen Fisch, ein paar Landeier, begeht Ostern mit einem fetten Kapaun und die Feiertage mit einem Hühnchen oder zwei, ohne die Gans für Allerheiligen zu vergessen. Nie kehrt man heim ohne einen frischen Rettich in der Hand, einen Salat im Taschentuch, ein fröhliches Lied auf den Lippen.

Und schon bricht der Sommer an, der uns Pflaumen und Feigen, zwei Flaschen Muskateller und süße Trauben beschert. Stolz trägt man die kleine, aber schwere, reife Melone nach Hause. Die Karaffe wird mit frischem Wasser gefüllt, und Nase und Messer gleichzeitig in die Melone steckend, genießt man beglückt die saftige Frucht, behutsam die ersten zwei Schnitze, dann gierig den Rest. Das herrliche Aroma dringt durch Mark und Bein. Und voller Verachtung für alle Tafelrunden der Welt beschließt man das Mahl mit etwas Käse oder Fleisch, zutiefst überzeugt, daß es Widersinn wäre, anders zu leben. Denn es ist schändlich, seinen Gaumen zum Schlemmerparadies, seinen Körper zur Vorratskammer zu machen.

Pietro Aretino «Ausgewählte Briefe»

---

di riso e gamberetti Salat aus Krabben und Reis.
Lumache alla milanese Schnecken an Sauce aus Öl, Butter, Knoblauch, Sardellen, Fenchelsamen, Petersilie, Zwiebeln und Wein.
Melanzane ripiene Auf verschiedene Arten gefüllte Auberginen.
al forno Auberginen-Hälften gefüllt mit Tomaten, Fleisch, Reis, Kräutern usw., im Ofen mit Käse überbacken.
alla parmigiana Auberginen-Scheiben mit Mozzarella, Parmesan und Tomatensauce im Ofen gebacken.
Mortadella Große Schweinswurst mit weißen scheußlichen Fettklumpen, mit Koriander und Pfefferkörnern gewürzt, aus Bologna.
Mozzarella in carozza Sandwich aus Brot und Mozzarella, in Milch und Ei getaucht schwimmend gebacken.
Olive ripiene Grüne Oliven mit Wurstfleisch gefüllt, paniert und gebacken.
Ostriche alla veneziana Austern in der Schale mit Kaviar.
Pandorato In Milch und Ei getauchtes, schwimmend gebackenes Brot, manchmal gefüllt mit Käse und Schinken oder Sardellen.
Panzarotti Teighalbmonde gefüllt mit dreierlei Käse und schwimmend gebacken.
Peperonata Paprikaschoten, Zwiebeln und Tomaten mit Knoblauch in Öl gedünstet, kalt serviert.
Peperoni imbottiti alla napoletana Gebackene, mit Teigwaren, Tomaten, Sardellen Knoblauch usw. gefüllte Paprikaschoten.
alla piemontese Gebackene Paprikaschoten gefüllt mit Tomaten, Sardellen und Knoblauch.
Sott'olio Pfefferschoten in Öl konserviert, in Streifen geschnitten und mit frischem Olivenöl und Knoblauch serviert.
Polpettone di tonno Thunfischwurst mit Eiern und Kapern.
Pomodori farciti (*oder* **ripieni**) Gefüllte Tomaten, oft mit Thunfisch.
Prosciutto di Parma e melone Der beste geräucherte Rohschinken aus Parma, mit Melone, oft auch mit Feigen (*fichi*) oder Birnen (*pere*) serviert.
al miele Brot und Honig mit Parmaschinkenscheibe.
Rane in guazzeto Froschschenkel in Butter und Weißwein.
Salami, Salumi Kann aus Schweine-, Rind- oder sogar Eselfleisch hergestellt werden. Jede italienische Salami ist einen Versuch wert.
Taralli Kringel aus Pizzateig, oft mit Fenchelsamen bestreut, gebacken.
Uova di tonno Thunfisch-Laich, getrocknet und gesalzen.
Uova tonnate Hartgekochte Eier mit Thunfisch-Sauce.
Vitello tonnato Kaltes Kalbfleisch an Thonsauce.

Uova – Eier

Canape di uova fritte con polenta Gebackene Eier auf Scheiben gebratener Polenta, mit Tomatensauce.
Crocchette di uova Eier-Kroketten.
Frittata Omelett. Italienische Omeletts sind meist schwer, mit irgendwelchen Zutaten solange gebacken, bis sie grauenhaft hart sind. Sie werden zudem oft kalt serviert.
genovese Spinatomelett.
alla Trentina Leichtes Omelett mit süßer oder pikanter Füllung.
Occhio di bue «Stierenauge»; Spiegelei.
Uova affogate «Ertränkte» Eier; pochierte Eier.
affogate con burro alla parmigiana Pochierte, mit Parmesan bedeckte Eier, im Ofen gebacken bis der Käse schmilzt.
affogate in gratin Pochierte Eier, unter Parmesan-Brotbrösel-Kruste überbacken.
affrittellate Gebratene Eier.
bazzotte Dreiminuten-Eier.
al burro In Butter gebackene Eier.

in camicia «Im Hemd»; pochierte Eier.
alla coque Weichgekochte Eier.
fritte Gebratene Eier.
al guscio Weichgekochte Eier.
mollette Weichgekochte Eier.
mollette con funghi e formaggio Weichgekochte Eier mit gebratenen Pilzen und Parmesan.
in padella Gebratene Eier.
al piatto con patate In Scheiben geschnittene gekochte Eier, Mozzarella und Kartoffeln, mit rohen Eiern und viel Parmesan bedeckt, im Ofen gebacken.
al piatto con pomodoro Gehackte Tomaten mit Zwiebeln in Öl gebraten, mit darüber-geschlagenen Eiern nochmals gebraten oder gebacken.
con puré di patate Pochierte Eier auf Kartoffelbrei, mit Parmesan bestreut.
sode Hartgekochte Eier.
sode alla francese Hartgekochte Eier an Zwiebelsauce.
stracciate Rühreier.
stracciate al formaggio Rühreier mit etwas Rahm und Parmesan bedeckt.
strapazzate Rühreier.
al tegame Mit Butter oder Öl gebratene Eier.
al tegame al formaggio Eier mit Mozzarella und manchmal mit Schinkenscheibe portionenweise gebraten oder im Ofen gebacken.

Minestre – Suppen

Dieser Abschnitt könnte, wie schon früher erwähnt, auch Teigwaren umfassen, ich habe mich hier jedoch auf Suppen beschränkt, wobei die dicken italienischen Suppen oft für eine Vollmahlzeit mehr als genügen. Eine Minestrone ist recht nahrhaft und die *zuppa di pesce* (Fischsuppe) eher ein Eintopfgericht. Die meisten Suppen, sogar Fleischbrühe, werden durch großzügige Beigabe von Parmesan angedickt. In Italien gibt es keine «kleine» Suppe.

Acquacotta Suppe aus kleinen roten Pfefferschoten und Tomaten.
Brodetto Meist Fischsuppe (besonders an der Adria) aus Weißfischen, Muscheln, Aal und viel Tintenfisch. Die Brühe wird aus den Fischköpfen hergestellt, das Fischfleisch mit Öl und Tomatenpüree zubereitet. Brühe und Fisch werden separat, aber gleichzeitig serviert. Bekannte lokale Varianten: *alla anconetana, alla ravennate, alla riminese.*
pasquale Osterspezialität aus Rom: Brühe aus Rind- und Lammfleisch.
Brodo, in brodo Basisbrühe, für alle *pasta in brodo* verwendet. Wird aus Hühner- und Rindfleisch sowie Gemüsen zubereitet.
Brodo di manzo Rindfleischbrühe.
con reale alla bolognese Lammfleischbrühe mit Toast und Käse.
Budino di pollo in brodo Hühnerbrühe mit Kloß aus Hühnerfleisch.
Burrida Genuesischer oder sardischer Fischtopf.
Busecca Dicke Suppe aus Kutteln und Gemüsen.
Cacciucco alla livornese Berühmte Fischsuppe aus Muräne, Meeraal, Rotbarbe, Knurrhahn, Tintenfisch usw.; Salbei, Knoblauch, rote Pfefferschoten und Tomaten. Hauptgericht.
Cappelletti in brodo Narrenkappenförmige Teigwaren, gefüllt mit Schweine- und Kalbfleisch, Schinken und Hirn, in Hühnerbrühe.
Cavolata Sardische Kohlsuppe mit Wurst, Fleisch, Speck, Minze und Knoblauch.
Celestina Klare Brühe mit sternförmigen Teigwaren.
Consommé alla Benso Hühnerbrühe mit Eierstich (aus Eiern und pürierten Hühnerbrüsten).
ota friulana Bohnensuppe mit

Kohl oder manchmal weißen, wochenlang in Traubentrestern eingelegten Rüben.
Malfattini in brodo Reiskorngroße Eierteigwaren in Brühe.
Minestra di bavette alla genovese Brühe mit feinen Nudeln, Majoran, verklopften Eiern und Parmesan.
di lenticchie e pasta Linsensuppe mit Tomaten, Knoblauch, Gewürzen, etwas Schinken und Teigwaren.
di ortaggi e salsiccie Schwere, bäuerliche Minestrone aus Gemüsen, Wurst und Speck.
di passatelli di Urbino Fleischbrühe mit Fleischklößchen aus Rindfleisch, Spinat und Mark. Die durch eine Art Presse gedrückten *passatelli* gleichen kleinen Würmern.
Minestrone Eine normale Minestrone besteht in der Regel aus weißen Bohnen, Sellerie, Zwiebeln, Erbsen, Schinken, Tomatenpüree, Knoblauch, Kräutern, etwas Wein und Teigwaren. Die Zutaten variieren je nach Gebiet.
alla genovese Fleischlose Suppe aus grünen und getrockneten Bohnen, Kohl, Sellerie, Erbsen, Zucchini, Auberginen und Knoblauchpaste.
alla milanese Mit vielen Gemüsen, gekocht mit Schweineschwarte und Reis.
di pasta e broccoli Minestrone mit Teigwaren und Brokkoli.
di pasta e ceci Minestrone aus Kichererbsen und Teigwaren.
Panata Mit Ei abgebundene Brotsuppe aus Fleischbrühe.
Pancotto Brot- und Tomatensuppe.
Passatelli in brodo Kleine Würmchen aus hausgemachter Mischung aus Brotbröseln, Käse, Eier, Muskatnuß und Zitrone, in Hühner- oder Rindfleischbrühe.
Passato di verdura Sud von grünen Gemüsen.
Pasta in brodo Teigwaren in Hühner- oder Rindfleischbrühe.
Pasta e fagioli Suppe aus weißen Bohnen, zur Hälfte püriert, Speckschwarten, Schinkenknochen und Teigwaren.
Ribollita Florentinische Suppe aus weißen Bohnen, Olivenöl, Gemüsen, Brot und Käse. Schmeckt noch besser aufgewärmt mit zusätzlichem Öl, Brot und Käse.
Sopa coada Schwere Taubensuppe aus Venetien mit Taubenbrüsten und gebratenem Brot.
Stracciatella Leichte Suppe aus Hühner- oder Rindfleischbrühe mit Eiern, Grieß und Käse.
Zuppa di baccalà all'italiana Stockfischsuppe.
di castagne Kastaniensuppe.
di cozze Muschelsuppe.
di fontina Brot- und Käsesuppe.
di gamberi Krabbensuppe mit Lorbeerblatt, Cayennepfeffer und Weißwein.
alla pavese Soll von einer Bäuerin für Franz I. nach der Niederlage von Pavia erfunden worden sein. Kochende Brühe wird über geröstetes Brot, rohes Ei und Käse in Suppenteller gegossen.
di pesce alla romana Fischsuppe mit Schalentieren.
di vercolore Grüne Suppe aus grünen Bohnen, Kürbis und Brunnenkresse.
di verdura Gemüsesuppe.
di vongole Muschelsuppe.

Paste e Farinacei – Teigwaren, Reis- und Maisgerichte

In diesem Abschnitt finden Sie Gnocchi, Polenta- und Reisgerichte sowie gefüllte Teigwaren wie beispielsweise Ravioli verzeichnet. Alle Teigwarennamen aufzuzählen, wäre illusorisch. Die Hauptbezeichnungen und Ableitungen bilden kein Problem, doch wie steht es mit den Kose- und Spitznamen? Zudem wird das, was am einen Ort *tortiglioni* heißt, 15 Kilometer entfernt *fusilli* genannt. *Maniche* sind meist, aber nicht immer gerippt, *gnocchi verdi* keine echten *gnocchi,* aber auch keine *ravioli,* wie man sie in der Toskana nennt. Aber Teigwaren sind halt einfach Teigwaren, daher wohl der enorme Wirrwarr. Der Hauptunterschied besteht darin, daß *tagliatelle, fettuccine, maccheroni alla chitarra, pappardelle* und *lasagne* wie auch die gefüllten Teigwaren mit Eiern hergestellt werden. Sie sind zudem oft hausgemacht. Ich habe die zu den Teigwaren servierten Saucen nicht eigens spezifiziert. Die üblichen wie *ragu* oder *salsa bolognese* und *salsa verde* figurieren auf der Liste der gebräuchlichen Ausdrücke. *Salsa di pomodore, salsa di gambari* und andere kann man mittels dieser Liste ebenfalls ohne weiteres verstehen. Wird eine Sauce, beispielsweise *arrabbiata* oder *pesto* fast immer zu den gleichen Teigwaren aufgetischt, beispielsweise *penne all'arrabbiata, trenette col pesto,* erwähne ich sie zusammen mit dem betreffenden Gericht.

Agnolotti Siehe Ravioli.
Anolini Kleine Ravioli, normalerweise in Brühe serviert.
Bavette Kleine bandförmige Teigwaren, industriell hergestellt.
  con cipolle Mit Zwiebelpüree.
  con fave fresche Mit Sauce aus geschälten Saubohnen, Frühlingszwiebeln und Parmesan.
  in salsa d'uovo Mit Sauce aus Eigelb, Sardellen und Mozzarella.
  alla trasteverina Gemischt mit Sauce aus Tomaten, Thunfisch und Sardellen und übergossen mit separater Pilzsauce. Kein Käse!
Bigoli coll'anatra Buchweizenteigwaren in Spaghettiform in Entenbrühe mit Salbei gekocht und an Sauce aus Entenklein und Parmesan serviert (die Ente folgt als zweiter Gang).
Bucatini Kleinste röhrenförmige Teigwaren, industriell hergestellt.
  con acciughe Mit scharfer Sardellen-Sauce, ohne Käse.
  alla boscaiola Mit Tomatensauce, bedeckt mit gebratenen Auberginenscheiben und Pilzen.
Cannelloni Dicke Röhren oder gerollte Teigwarenscheiben, meist hausgemacht und verschieden gefüllt, mit Hackfleisch, manchmal auch mit Spinat, der mit Parmesan, Sahne, Eiern und Oregano gemischt wird; in Tomatensauce im Ofen gebacken, bedeckt mit Béchamelsauce. Industriell hergestellte *cannelloni* enthalten keine Eier. Auch Pfannkuchen können *cannelloni* heißen.
  alla partenopea Gefüllt mit *ricotta,* Mozzarella und Schinken, bedeckt mit Sauce aus Tomaten, Basilikum und Parmesan, im Ofen gebacken.
Cannolicchi Kurze, röhrenförmige, oft gerippte Teigwaren, industriell hergestellt.
Cappellacci Kosename für Ravioli-Art.
Cappelletti Gefüllte Eierteigwaren in Form einer Narrenkappe.
  con salsa bolognese Gefüllt mit gebratenem Fleisch und Mortadella, serviert mit Sauce aus Hackfleisch und geriebenem Parmesan.
Crespolini Kleine Pfannkuchen, gefüllt mit Sahnekäse, Ei, Hühnerlebern und Parmesan, mit Béchamelsauce bedeckt im Ofen überbacken.
Fagottini Pfannkuchen, wie *cannelloni* verwendet.
Fettucine Lange, flache Eierteigwarenstreifen, in Florenz und im Norden *tagliatelle* genannt. Theoretisch wären *fettucine* etwas größer, praktisch besteht aber kein Unterschied. Relativ leicht herzustellen, sind diese Teigwaren meist hausgemacht. Sie werden mit geschmolzener Butter und geriebenem Parmesan (al burro) serviert.
  con carne e pomodoro alla veneta Wie früher *bigoli* mit Sauce aus Tomaten, gehacktem Kalb- und Schweinefleisch, Karotten, Fenchel und Basilikum serviert.
  al doppio burro Mit sehr viel Butter, Sahne und Käse gemischt. berühmtes Gericht von Alfredo in Rom.

alla marinara Mit Sauce aus frischen Tomaten und Basilikum. Häufigste und ausgezeichnete Art, *fettuccine* zu servieren. Stammt aus Neapel.

verdi con funghi Grüne *fettuccine* (mit Spinatsaft gefärbt) werden oft mit ganz einfachen Saucen gereicht, z.B. mit Tomaten- und Pilzsauce oder mit Bologneser Sauce.

Gnocchi Kleine Klößchen aus Kartoffeln und Mehl, Grieß oder Maismehl.

alla genovese Kartoffel-Gnocchi mit *pesto*-Sauce aus Basilikum, Knoblauch, Speck, Pinienkernen und Pecorino.

alla parmigiana Kartoffel-Gnocchi mit Tomatensauce und Parmesan.

Schweinswurst, Sahne und Tomatensauce serviert.

Lasagne Die größten der flachen Teigwaren, meist mit Eiern zubereitet, oft auch mit Spinatsaft, immer schichtweise mit einer Zwischenfüllung gebacken.

pasticciate (verdi al forno) Grüne *lasagne*, im Ofen mit einer Füllung aus Hackfleisch- und Béchamelsauce gebacken.

Lasagnette Große flache Teigwaren mit gerippten Rändern.

del lucchese Mit Sauce aus Spinat, Ricotta, Geflügelleber und Pilzen, abgeschmeckt mit Zimt und Muskatnuß.

Lingue di passero «Sperlingszungen», die schmalsten industriell hergestellten Teigwaren ohne Eier.

Die riesige Makkaroni-Pastete verdiente höchste Bewunderung. Das gebräunte Gold der Umhüllung, der starke Duft von Zucker und Zimt waren nichts als das Vorspiel zu dem Wonnegefühl, das einem im Innern aufstieg, wenn das Messer die Kruste auseinanderriß: zuerst brach ein mit Wohlgerüchen beladener Dampf daraus hervor, und dann bemerkte man die Hühnerleber, die harten Eier, die Streifen von Schinken, jungem Huhn und Trüffeln in der weichen, heißen Masse der kleinen kurzen Makkaroni, denen die verdichtete Fleischessenz eine köstliche Gamslederfarbe verlieh.

Giuseppe Tomasi di Lampedusa «Der Leopard»
übersetzt von Charlotte Birnbaum

---

di patate Kartoffel-Klößchen serviert mit geriebenem Käse und Butter.

di polenta Klößchen aus Maismehl, serviert mit Butter und Käse.

di ricotta Klößchen aus Ricotta, Butter, Parmesan, Eiern und Mehl, mit Butter und geriebenem Käse serviert.

alla romana Mit Tomatensauce und Käse servierte Kartoffelklößchen – nicht Grießklößchen, wie manche behaupten.

di semolina Grießklößchen mit Butter und Käse serviert.

verdi Klößchen mit Spinat, Ricotta. Eiern und Parmesan zubereitet und mit Butter und Käse serviert.

Gramigna Kleine gerippte Teigwarenröhren, leicht gebogen, aus der Emilia Romagna, meist mit

Linguine Schmale, flache Teigwaren ohne Eierzugabe.

alle vongole Linguine sind meist mit einer Sauce aus kleinsten Muscheln, Tomaten und Petersilie zubereitet.

Macaroni oder **maccheroni** *Maccheroni* wäre korrekt, doch diese bekannten, industriell hergestellten röhrenförmigen Teigwaren stammen aus Neapel, wo sie *macaroni* heißen. Zerstückelt werden sie oft in Pasteten mitgebacken (siehe *pasticcio* und *timballo*).

alla chitarra Nicht *macaroni* im üblichen Sinn, sondern Eierteigwaren, die in den Abruzzen hausgemacht serviert werden. Man verwendet dazu ein Gerät mit Stahldrähten, das einem Musikinstrument gleicht. Flach, nicht röhrenförmig, etwas dicker als *fettuccine,* werden sie nur mit

Olivenöl und scharfem Chili-Pfeffer oder mit Lamm- oder Schweinefleisch-Saucen gegessen.

«cu a siccia» Südliches Gericht mit Tintenfisch-Sauce, Sellerie, Tomaten und Wein. Keinen Käse beifügen!

dolci con ricotta Mit Ricotta samt Zimt und Zucker. *Macaroni* werden auch nur mit Ricotta serviert, oft noch mit etwas Chillies. Keinen Käse beifügen!

in salsa verde Mit Sauce aus Spinat, Zwiebeln und Sardellen. Keinen Käse beifügen!

con le sarde Auflauf aus Schichten von gekochten Makkaroni, Fenchel, Sardellen und Tomatensauce und gebratenen Sardinen, im Ofen gebacken.

Maccheroncini Kleine Art von Makkaroni, oft mit Schalentieren serviert.

Maniche Kurze, röhrenförmige Teigwaren, industriell hergestellt, gerippt oder glatt.

all'ortolana Mit Erbsen und Artischockenherzen.

Orecchiette Kommerziell hergestellte Teigwaren in Ohrenform.

ai broccoli Mit Brokkoli, in Sizilien zusätzlich mit Tomaten, Sardellen, Chillies, Sultaninen und Pinienkernen.

Paglia e fieno Mischung aus grünen und weißen *tagliatelle,* serviert mit Sauce aus Schweinebrät und Pilzen mit etwas Sahne, manchmal mit Erbsen.

Pappardelle Große, flache, lange Eierteigwaren.

sulla lepre Je nach Restaurant serviert mit dem Fleisch eines ganzen, mit Kräutern in Wein gekochten Hasen oder mit Sauce aus Hasenschenkeln; vortreffliches Gericht aus der Toscana.

Pasticcio di anolini Süßer Teigwarenauflauf mit *anolini,* im Ofen gebacken.

di lasagne alla napoletana Schichten aus gekochten Lasagne, Ricotta, Eiern und Parmesan, gebratenen Würsten und Mozzarella, im Ofen gebacken.

di maccheroni Süße Pastete, mit Makkaroni und vielen anderen Zutaten gefüllt.

di maccheroni coi piccioni Süße Pastete aus Makkaroni und Tauben in Béchamelsauce.

Penne (auch **maltagliati** genannt) Kurze, industriell hergestellte, röhrenförmige Teigwaren, glatt oder gerippt.

all'arrabbiata Mit Sauce aus Tomaten, Speck, roten scharfen Pfefferschoten, Knoblauch und Parmesan.

Ravioli Kleine viereckige gefüllte Teigtaschen. Puristen würden sagen, daß sie mit Spinat, Ricotta und Kräutern gefüllt sein müssen. Der Begriff gilt heute auch für *agnolotti,* ebenfalls fleischgefüllte Teigwaren.

alla genovese Klassische Zubereitungsart mit Füllung aus Lammhirn und -leber, Kapaun oder Geflügel, Schinken, Spinat, Käse und Eigelb, heute mit Kalbfleisch, Kalbs- und Lammhirn, Kalbsbries und Blattgemüse. In Brühe, oft aber auch in Sahnesauce oder Tomaten- und Rindfleischsauce serviert.

alla piemontese Füllung aus Rindfleisch und Gemüse, an brauner Sauce, mit viel Parmesan serviert.

Rigatoni Dicke, kurze, gerippte Röhrenteigwaren, industriell hergestellt.

Spaghetti Gibt es jemanden, der Spaghetti nicht kennt? Sie können sie in beliebiger Zubereitung bestellen. Ich mag sie am liebsten mit Sahne und viel Muskatnuß (*noce moscata*).

con aglio e olio In Olivenöl, in dem viel Knoblauch gebraten wurde. Keinen Käse beifügen!

all'amatriciana Mit Speck (oder ursprünglich Schweinshals), Tomaten, Zwiebeln, etwas Chillies und Käse.

alla bolognese Mit Sauce, aus gehacktem Rind- und Schweinefleisch, Schinken, Pilzen, Tomaten, Gemüse, Kräutern und etwas Knoblauch.

con cacio e pepe Mit Pecorino oder scharfem Parmesan und viel grobgemahlenem schwarzem Pfeffer.

alla carbonara Mit gebratenen Speckstreifen, Eiern, viel Parmesan und schwarzem Pfeffer und manchmal Sahne.

alla cavalleggera Mit Eiern und Walnüssen, Sahne und Parmesan.

alla napoletana Fleischlose Sauce aus Tomaten, Knoblauch, Zwiebeln und Olivenöl.
alla puttanesca Sauce aus Knoblauch, Tomaten, Kapern, schwarzen Oliven, Chillies, Sardellen, Oregano und Petersilie. «Puttana» bedeutet «Nutte». Sie können deshalb das Gericht nach eigenem Ermessen interpretieren.
alla rustica Sauce aus Knoblauch, Sardellen und Oregano, mit Pecorino serviert.
alle vongole Mit ganz kleinen Muscheln.
Tagliarini Kleinere Version der *tagliatelle,* ohne Eier.
Tagliatelle Flache Teigstreifen, mit Eiern hergestellt, grün (mit Spinat) oder weiß, mit den üblichen Saucen serviert.
con salsa di noci Mit Sauce aus Walnüssen.
verdi alla genovese Aus Spezialteig zubereitete *tagliatelle,* mit Spinat, Borretsch, Brät und Bries und Sauce aus Pilzen und Tomaten serviert.
Tagliolini Kleinere Art *tagliatelle,* aber ohne Eier.
bebe Mit Hühnerfleisch, Trüffeln, Pilzen und etwas Béchamelsauce, unterm Grill überbacken.
San Bernardo Mit Tomaten-, Erbsen- und Thunfisch-Sauce; keinen Käse beifügen.
Timballo Teigwaren, in Teiggehäuse mit Béchamelsauce und verschiedenem Fleisch im Ofen gebacken.
di lasagne In eine Form gefüllte Schichten von Lasagne, Béchamelsauce, Sauce bolognaise und Parmesan, im Ofen gebacken.
di maccheroni e melanzane Schichten von Makkaroni und Auberginen, als Pastete mit Pecorino, Basilikum und Tomatensauce gebacken.
Tortelli di erbette Ravioli, mit Spinat oder Mangold, Ricotta, Parmesan, Eiern und Muskatnuß gefüllt, mit Butter und Parmesan gegessen.
di zucca Ravioli mit Kürbisfüllung.
Tortellini Kleine, mit Schinken, Mortadella, gehacktem Hühnerfleisch, Schweine- und Kalbfleisch, Eiern, Muskatnuß und Parmesan gefüllte Teigwaren, meist in Brühe, mit Sahne oder Bologneser Sauce serviert. Am besten in Bologna.
alla crema, alla panna Mit dicker Sahne und Parmesan.
gratinati Gekochte Tortellini im Ofen mit Butter und Parmesan gratiniert.
pasticciati alla bolognese Gekochte Tortellini im Ofen mit Bologneser Sauce, Sahne, Butter und Parmesan gratiniert.
Trenette Flache Teigwaren, industriell hergestellt, kleiner als *tagliatelle.*
al pesto Mit Sauce aus Basilikum, Pinienkernen, Olivenöl, Knoblauch und viel geriebenem Pecorino.
Vermicelli Spaghettiförmige Teigwaren, meist kleiner als Spaghetti; in Neapel andere Bezeichnung für Spaghetti.
Vincisgrassi Ähnlich wie *lasagne al forno.* Dicke Eierteigwaren, lagenweise mit einer Tomaten-Sauce, Innereien, Kalbshirn Geflügelleber und Pilzen in einer Form im Ofen gebacken.
Zite Größte röhrenförmige Teigwaren.

Pizza

Pizza bedarf wohl kaum einer Einführung. Aus Süditalien stammend ist sie heute auch im Norden eine beliebte, schnell zubereitete und billige Mahlzeit. In Italien begibt sich am Sonntag oder nach einem Kinobesuch die ganze Familie in eine Pizzeria, um dort ein Glas Wein zu trinken und eine Pizza zu essen. Aus Brotteig gebacken und mit würzigen Zutaten bedeckt, mundet sie einfach köstlich.

Calzone Mit Schinken und Mozzarella belegter Pizzateig wird zu Halbmondform gefaltet. Dieses «gefüllte Hosenbein» ist eine neapolitanische Spezialität.
Pizza aglio, olio e pomodoro

Pizza mit Knoblauch, Öl, Oregano und Tomaten.

capricciosa Pizza mit beliebigen Zutaten, z.B. Schinken, Wurstscheiben, Artischocken, Eiern, Tomaten usw.

ai funghi Pizza mit Pilzen, Knoblauch und Petersilie oder mit Pilzen und Tomatensauce.

margherita Wie *napoletana,* aber mit Tomaten, Mozzarella, Basilikum und Parmesan.

napoletana Klassische Pizza mit Tomaten, Mozzarella, Sardellenfilets und Oregano, manchmal noch mit Kapern.

quattro stagioni Auf jedem Viertel anders gefüllte Pizza (vier Jahreszeiten): ein Viertel mit Meerfrüchten, eines mit Tomaten und Sardellen, eines mit Mozzarella und Parmesan, Tomaten und Oregano und eines mit Tomaten, Sardellen, Kapern und Oregano. In der Mitte ein gekochtes Ei.

alla romana Pizza mit Mozzarella, Parmesan und Basilikum.

rustica Eher Pastete als Pizza; Zwiebeln und Tomaten mit Sardellen und Oliven bedeckt.

alla siciliana Pizza mit Tomaten, Kapern, Sardellen und schwarzen Oliven.

alle vongole Pizza mit kleinen Muscheln, Tomaten, Knoblauch und Petersilie.

Polenta

In Amerika, seinem Ursprungsland, wird Mais wenig verwendet, es sei denn zur Herstellung von Bourbon – meines Erachtens eine vernünftige Einstellung. Leider befand man in den Ländern, in die die Amerikaner den Mais exportierten, daß er sich besser als Nahrung für Menschen als für Schweine eigne. Die Italiener mahlen ihn zu Polenta (was die Römer einst mit Hirse oder primitivem Weizen taten). In Norditalien mag man Polenta besonders gern und verdirbt damit an sich recht gute Gerichte. Für Polenta kocht man Maismehl so lange, bis es dick und schwerverdaulich ist. Warm als Brei konsumiert, wird Polenta erkaltet in Scheiben geschnitten, gebraten, gebacken oder grilliert.

Migliaccio napoletano Polentascheiben lagenweise mit Mozzarella, Wurstfleisch und Pecorino in einer Form im Ofen gebacken.

Polenta e fontina in torta Polentaschichten und Fontina-Käse lagenweise in Form gefüllt im Ofen gebacken.

fritta Erkaltete Polenta in verschiedene Formen geschnitten und goldbraun gebacken, manchmal zwei Polentascheiben mit Käsescheibe dazwischen und paniert.

pasticciata Polentascheiben mit Käsesauce, Pilzen, Wurstscheiben, Fleisch oder anderen Zutaten im Ofen gebacken. Sehr schwer verdaulich.

stufata Polentascheiben mit Tomatensauce und geriebenem Käse, mit Butter beträufelt, im Ofen gebacken.

e uccelletti Kleine gebratene Vögel auf Polenta serviert.

alla valdostana Siehe *Polenta e fontina in torta.*

Riso – Reis

Der italienische Reis für Risotto und andere Gerichte stammt aus der Po-Ebene im Norden Italiens. Man verwendet am häufigsten *Arborio,* polierten Rundkornreis – die beste Sorte – und *Vialone,* unpolierten Rundkornreis. Dieser reagiert anders auf den Kochprozeß als Langkornreis, er wird außen weich und bleibt innen körnig, d.h. al dente, sofern die korrekte Kochzeit eingehalten wird. Die Norditaliener ziehen Reis oft den Teigwaren vor. Die Begriffe *riso* und *risotto* bedeuten bei vielen Gerichten dasselbe.

Arancini Reiskugeln, meist mit Käse-, Fleisch- und Gemüsefüllung.
Bomba di riso Zwiebeln, entbeintes Tauben- oder Hühnerfleisch in Tomatensauce und Weißwein geschmort und dann im Ofen mit Risotto gebacken.
Fritelle di riso Reisküchlein, süß oder pikant.
Risi e bisi Dicke venezianische Suppe aus Speck, Zwiebeln, grünen Erbsen und Reis, mit Parmesan serviert.
Riso in bianco Gekochter Reis.
giallo Safranreis mit Butter und Parmesan.
al limone Reis mit Zitronensaft.
ai quattro formaggi Reis mit Schichten einer Käsemischung – vier verschiedene Arten – im Ofen gebacken.
Risotto Reis in Butter oder Öl mit feingehackten Zwiebeln gedünstet, dann mit Brühe oder Wein, eventuell auch mit Fleisch oder Gemüse so lange gekocht, bis die Flüssigkeit aufgesogen und ein sämiger Brei entstanden ist.
bianco Ganz gewöhnlicher Risotto.
alla bolognese Reis mit Weißwein und Brühe, Speck und Schinken zubereitet und mit einem *ragù bolognese* serviert.
alla certosina Reis mit Meerfrüchten – meist Languste –, Tomaten, Erbsen und Pilzen.
alla finanziera Mit Fleischbrühe, Geflügellebern, Zwiebeln und Wein gekochter und mit Käse servierter Reis.
di frutti di mare Reis zubereitet mit Fischbrühe und Meerfrüchten.
ai funghi Pilzreis.
alla genovese Reis mit Weißwein, Gemüsen, Kräutern und Fleisch zubereitet.
di magro Reis mit allen möglichen Zutaten, aber ohne Fleisch.
alla marinara Reis mit vielen verschiedenen Meerfrüchten.
alla milanese Das berühmteste Reisgericht: Risotto mit Mark, Wein, Zwiebeln und Safran gekocht und mit Parmesan serviert. Oft Beilage zu *osso buco* (siehe Fleisch).
nero alla fiorentina Schwarzer Reis mit Tintenfisch (und dessen Tinte).
alla parmigiana Reis gekocht in Fleischbrühe mit Geflügelleber, Pilzen, Speck, Gemüse und Kräutern.
alla piemontese Reis gekocht mit Fleischbrühe, Butter, Käse und gescheibelten Trüffeln.
alla pilota Reichhaltiges Reisgericht aus Mantua mit Würsten, Muskatnuß und Zimt.
al salto Gekochter Reis mit Mozzarella gebraten.
alla toscana Reis gekocht mit gehacktem Rindfleisch, Kalbsnieren und -leber, Tomaten und Käse.
alla valdostana Reis mit Parmesan und Fontina-Käse.
alla veronese Reis gekocht mit Schinken und Pilzen.
di vongole Reis gekocht mit Fischbrühe, Knoblauch, Petersilie, Weißwein und kleinen Muscheln.
con la zucca Mit Kürbis gekochter Reis.
Sartù di riso alla napoletana Berühmtes napoletanisches Gericht ähnlich einer *timbale.* Eine mit gekochtem Reis ausgelegte Form wird mit Rindfleischkugeln, Speck, Geflügellebern, Würsten, Pilzen, Mozzarella, Schinken und in Scheiben geschnittenen hartgekochten Eiern gefüllt, mit einer Reisschicht, Tomatensauce, Käse und Brotbröseln bedeckt und im Ofen gebacken.
Supplì al telefono Reiskugeln mit Mozzarella- und manchmal Geflügelleber- oder Hackfleischfüllung. Die langen Fäden des heißen Käses gleichen Telefondrähten.
Timballo di riso Siehe *sartù di riso.*

Pesce – Fisch

Die italienischen Gewässer waren stets reich an Fischen. Es scheint allerdings, als ob bei der zunehmenden Meeresverschmutzung nur Ungeheuer überlebten – haarige Muscheln, Seeteufel, und die ganze Sippe der Tintenfische. Die Bezeichnung der Fische ist – wer wüßte dies nicht – recht verwirrend. Sie variiert nicht nur von Ort zu Ort, manchmal besitzt ein Fisch gar dreierlei Namen, während sich zwei andere Fische in einen Namen teilen müssen. Die Italiener essen alle Fische gern. Falls Sie nicht glauben, Tintenfisch schmecke wie Gummiband oder Fische müßten stets grätefrei sein wie Tiefkühlprodukte, dürfte es Ihnen Spaß machen, die italienischen Fischgerichte auszuprobieren. Sie zählen zu den besonderen Gaumenfreuden.

Acciughe Sardellen.
Agoni Süßwasser-Alse.
Aguglia Hornhecht.
Alici Sardellen.
Alosa Alse.
Anguilla Aal.
Aragosta Languste.
Aringhe Hering.
Arselle Kleine Muscheln.
Astaco Fluß-Hummer, Languste.
Baccalà Getrockneter, gesalzener Kabeljau.
Bianchetti Kleiner Fisch, Weißfisch.
Boldrò Seeteufel.
Bonito Kleiner Thunfisch.
Branzino Meerbarsch.
Buttàriga Getrockneter Meeräschenlaich.
Forellenfamilie, hauptsächlich im Gardasee.
Cavedano Döbel.
Ceca Junger Aal.
Cèfalo Meeräsche.
Cernia Zackenbarsch.
Cicala di mare Heuschreckenkrebs.
Ciriole Kleiner Aal.
Coda di rospo Seeteufelschwanz.
Corvi Schwarzer Umber.
Cozze Muscheln, Miesmuscheln.
Cozze pellose Muscheln mit haariger Schale.
Cozzolo Himmelsgucker.
Datteri di mare Dattelmuscheln.
Dentice Zahnbrasse.
Dorata Goldbrasse.
Folpi Polyp (venezianisch).

Der Fisch wurde aufgetragen. Was war es? Gebratene Tintenfässer. Ein *calamaio* ist ein Tintenfaß, aber auch ein Polyp, ein kleiner Oktopus, welcher, leider, im Mittelmeer lebt und Tinte ausgießt, wenn er beleidigt wird. Dieser Polyp mit seinen Fangarmen wird aufgeschnitten und gebraten bis zu zelluloidartiger Konsistenz.
D.H. Lawrence «Meer und Sardinien».

Calamaretti Kleine Tintenfische.
Calamari Tintenfische, Kalmar.
Canestrelli di mare Kleine Muscheln.
Canocchie Heuschreckenkrebs.
Capitone Großer Meeraal.
Cappe Verschiedene Muscheln (z.B. warzige Venusmuschel).
Cappe sante Kammuscheln.
Cappone Drachenkopf, Knurrhahn.
Cardi Herzmuscheln, auch Karden (siehe Gemüse).
Carpa Karpfen.
Carpione Süßwasserfisch der
Fragolino di mare Rotbrasse.
Gallinella Knurrhahn.
Gamberetti Garnelen.
Gamberi Hummerkrabben.
Gamberi di fiume Flußkrebse.
Gamberoni Riesenkrabben.
Grance ole Meerspinne, Spinnenkrebs aus dem adriatischen Meer.
Granchio Taschenkrebs.
Grongo Meeraal.
Lampreda Lamprete, Neunauge.
Leccia Makrele.
Luccio Hecht.
Lucerna Meerpfaff.

Lumache Schnecken.
Mazzancolle Sehr große Krabben.
Merlano Wittling.
Merluzzo Kabeljau, Dorsch.
Molecche Weichschaliger Krebs.
Murena Muräne.
Muggine Meeräsche.
Muscoli Muscheln.
Nasello Schellfisch.
Ombrina Umberfisch.
Orata Goldbrasse.
Ostriche Austern.
Palombo Hundshai.
Passera Scholle.
Peoci Muscheln.
Pescatrice Seeteufel, Angler.
Pesce persico Barsch.
Pesce San Pietro Petersfisch.
Pesce spada Schwertfisch.
Pesciolini Kleine Fische.
Polipetto, polipo, polpo Tintenfisch, (Krake) oder Polyp.
Poveracci Muscheln.
Rana pescatrice Seeteufel, Angler.
Rane Frösche.
Razza Rochen.
Ricci Seeigel.
Rombo liscio Glattbutt.
maggiore Steinbutt.
Rospo Seeteufel.
Salmerino Saibling.
Salmone Salm (ich würde ihn nicht essen).
Sarde, sardelle, sardelline Sardinen verschiedenen Alters.
Scampi Hummerkrabben.
Seppie Sepia.
Sgombro Makrelen.
Sogliola Seezunge.
Sogliola limanda Rotzunge.
Spannocchi Große Garnelen.
Spigola Meerbarsch, Wolfsbarsch.
Squadro Meerengel, Engelhai.
Stoccafisso Stockfisch.
Storione Stör.
Tartufo di mare Venusmuscheln.
Telline Messerscheide, (in der Toscana Herzmuschel).
Temolio Äsche.
Tinca Schleie.
Tonno Thunfisch.
Totani Tintenfisch.
Triglia Seebarbe, Rotbarbe.
Trota Forelle.
Trota salmonata Lachsforelle.
Ventresca di tonno Thunfischmagen, der beste Teil.
Vongole Kleine Muscheln.

Fischgerichte

Agoni seccati in graticola (Missoltitt) Alse aus dem Comersee, getrocknet und mit Lorbeerblättern gepreßt, grilliert und in Essig mariniert.
Anguilla alla fiorentina In Öl marinierter, mit Knoblauch und Salbei gebratener Aal.
coi piselli Mit Knoblauch, Zwiebeln, grünen Erbsen, Tomatensauce, Chillies und Weißwein gekochter Aal.
in umido In Öl und Butter gebratener Aal, in Weißwein mit Knoblauch, Zitronen und Tomatenpüree geschmort.
Baccalà alla livornese Getrockneter, gesalzener Klippfisch in Olivenöl und Weißwein geschmort mit Gemüsen und Kuttelstreifen.
alla milanese Getrockneter, gesalzener Klippfisch gekocht und in Teig gebacken.
con le olive verdi Getrockneter, gesalzener Klippfisch mit Zwiebeln, Tomaten, Gurken, Kapern und Oliven gebacken.
alla visentina Getrockneter, gesalzener Klippfisch, in Wein, Öl und Milch mit Sardellen, Zwiebeln, Knoblauch und Kräutern geschmort.
Calamaretti ripieni Kleine Tintenfische mit ihren Fangarmen, Knoblauch, Sardellen, Petersilie, Eiern und Brotbröseln gefüllt und grilliert.
Calamari in umido Tintenfischringe mit Zwiebeln, Tomaten, Kräutern, Knoblauch, Rotwein und Tomatenpüree geschmort.
Capitone marinato Mit Knoblauch in Olivenöl und Weinessig geschmorter, marinierter Meeraal, kalt serviert.
Cappon magro Genuesischer Fischsalat.
Cozze al vino bianco Gekochte Muscheln serviert an Sauce aus Weißwein, Knoblauch und Petersilie.
Fritto misto di mare Meer-

früchte – Tintenfische, Krabben usw. – in Teig schwimmend gebacken und mit Zitronenschnitzen serviert.
Insalata di frutti di mare Meeresfrüchte-Salat mit Öl, Zitrone und Petersilie.
Luccio alla marinara In Öl und Wein marinierter Hecht mit Zwiebeln, Sellerie und Karotten in Marinade geschmort.
Palombo arrosto Am Spieß gebratener Hundshai, mit Öl bestrichen.
Pesce spada ripieno In Scheiben geschnittener und mit Mischung aus gekochtem Schwertfisch, Zwiebeln, Brotbröseln, Brandy, Mozzarella und Kräutern gefüllter Schwertfisch, grilliert.
Polipo alla luciana Gekochter Oktopus.
Sarde a beccafico Mit Brotbröseln, Sultaninen, Pinien, Sardellen, Zimt, Zwiebeln und Petersilie gefüllte Sardinen, im Ofen mit Lorbeerblättern gebacken und mit Zitronen- oder Orangensaft beträufelt.
in tortiera Mit Brotbröseln, Knoblauch und Petersilie gebackene Sardinen.
al vino bianco Mit Sardellenbutter gefüllte Sardinen, gebraten und mit Weißwein geschmort.
Sogliola al marsala In Butter gebratene und mit Marsala geschmorte Seezunge.
alla parmigiana Mit Butter und Parmesan geschmorte Seezunge.
Tonno alla livornese Gebratene Thunfischscheiben, in Tomaten-Knoblauch-Sauce geschmort.
Vongole alla marinara In Weißwein mit Petersilie und Knoblauch gedünstete Muscheln.

Carne – Fleisch

Rindfleisch kann in Norditalien ausgezeichnet sein. In Florenz hat man sich unter anderem auf riesige *bistecche* spezialisiert. In der Emilia-Romagna, wo es viel Schweinefleisch gibt, kennt man für dessen Zubereitung interessante Rezepte. Es wird zudem zu schmackhaften Würsten verarbeitet und als Schinken geräuchert. Am häufigsten ißt man jedoch Kalbfleisch, das in der Lombardei am besten schmeckt.

In Süditalien stammt Rindfleisch meist von einem ausgedienten Zugochsen. Andererseits sind die dort zubereiteten Lämmer und Zicklein – ein Ostergericht – ein Hochgenuß. Die Italiener servieren zu gebratenem Fleisch oft Zitrone.

Abbacchio Milchlamm; eine meist in Rom und im Süden gebräuchliche Bezeichnung. Das Fleisch der auf den gestrüpp- und kräuterreichen Hügeln großgezogenen Tiere ist besonders aromatisch.
brodetta alla romana In Weißwein geschmortes Lamm an Eier-Zitronen-Sauce.
alla casalinga Gebratenes Lamm mit Eier-Zitronen-Sauce.
al forno Im Ofen gebratenes Lamm.
Agnello Lammfleisch; die im Norden gebräuchliche Bezeichnung.
alla spiedo all'aretina Mariniertes, am Spieß gebratenes Lammfleisch.
Animelle di vitello In Butter gebratenes Kalbsbries mit Marsala.
alla ciociara Kalbsbries in Weißweinsauce mit gehacktem Schinken und Pilzen.
Arista Schweinslende oder -rücken.
alla fiorentina Mit wenig Wasser oder Öl im Ofen mit Knoblauch, Rosmarin und Nelken gebratener Schweinerücken.
alla perugina Mit Knoblauch und Fenchel gebratene Schweinelende.
Arrosti misti Mixed Grill.
Arrosto di vitello ubbriacato Kalbs-Schmorgericht mit Gemüsen, Kräutern und Weißwein.
Bistecca Großes Steak mit

Knochen: *al sangue* (saignant), *cotta a puntino* (à point) und *ben cotta* (bien cuit).

alla Bismark Gebratenes Steak mit Spiegelei.

alla fiorentina Riesiges, über Holzkohlenfeuer grilliertes Steak mit T-förmigem Knochen, ohne Beilagen.

alla pizzaiola In Tomaten- und Knoblauch-Sauce serviertes Steak (soll oft Zäheit des Fleisches kaschieren).

Bocconcini Kleine Kalbfleischbissen mit Schinken und Käse aufgerollt und in Butter gebraten.

Bollito misto Gemischtes, gekochtes Fleisch – Zunge, Würste, Rindfleisch, Kalbfleisch und Hühnchen – meist mit *salsa verde*, grüner Sauce serviert.

Braciola di maiale Schweinskotelett.

Braciolette di abbacchio a scottadito Siehe *scottadito*.

Braciolette ripiene Kleine Kalbsröllchen gefüllt mit Sultaninen, Käse, Pinienkernen und Schinken, in Öl und Weißwein gekocht.

Bracioline Koteletts.

Brasato di manzo alla bresciana Geschmortes Rindfleisch mit Knoblauch, Zwiebeln, Speck und Rotwein.

alla certosina In Rotwein mit Sardellen und Petersilie geschmortes Rindfleisch.

alla genovese In Rotwein mit Zwiebeln, Pilzen, Karotten und Tomaten geschmortes Rindfleisch.

alla lombarda In Rotwein, meist Barolo oder Barbera, mit Gemüse geschmortes Rindfleisch.

Bue Rindfleisch.

Capretto al forno Gebratenes Zicklein (in Mailand bedeutet es «gebratenes Lammfleisch»).

alla pasqualina Italienisches Ostergericht; Zicklein, mit Olivenöl, Karotten, Sellerie, Rosmarin und schwarzen Oliven in Weißwein und Brühe geschmort.

al vino bianco Mit Gemüsen und Weißwein geschmortes Zicklein.

Carne suina Schweinefleisch.

Carpaccio Sehr dünne rohe, magere Rindfleischscheiben mit Senfsauce oder mit Olivenöl und Zitronensaft, oft mit fein gehobeltem Parmesan bestreut.

Casoeula Mailänder Gericht; geschmortes Schweinefleisch mit Kohl.

Castrato Schaffleisch.

Cervella al burro nero Kalbs- oder Lammhirn mit brauner Buttersauce.

fritte alla fiorentina In Öl und Essig mariniertes, dann paniertes und gebratenes Kalbs- oder Lammhirn, mit Sardellen auf Spinat serviert.

panate Kalbs- oder Lammhirn, paniert und gebraten.

Cima di vitello alla genovese Kalbsbrust gefüllt mit Gemüse, Kalbsbries, hartgekochten Eiern und Pistazien, gebraten und kalt serviert. Aufgeschnitten: schöner, marmorartiger Effekt.

Coda di bue alla vaccinara Geschmorter Ochsenschwanz mit Sellerie.

Controfiletto Zwischenrippenstück.

Coratella di abbacchio Lammlungen und -innereien.

Cosciotto di agnello allo spiedo Am Spieß gebratene Lammkeule.

Costa di maiale Schweinskotelett.

Costata (di bue) Entrecôte.

Costolette di abbacchio Lammkoteletts.

Costolette di agnello alla Villeroy con carciofi Panierte Lammkoteletts mit Villeroy-Sauce (weiße Sauce mit Eigelb, Schinken- und Zungenstreifchen, schwarzen Trüffeln), mit Artischocken serviert.

Costolette di maiale alla modenese Schweinskoteletts mit Kräutern in Weißwein geschmort.

Costolette di vitello alla castellana (oder **duchessa**) Kalbsschnitzel gefüllt mit Schinken, Käse und weißen Trüffeln, paniert und in Butter gebraten.

alla milanese Panierte und in Butter gebratene Kalbskoteletts.

alla valdostana Dünne Kalbskoteletts, gefüllt mit Fontina-Käse und weißen Trüffeln, gebraten.

Cotechino con lenticchie Spezialität aus Modena – große Schweinswurst, gekocht und heiß mit Linsen serviert.

Cuore (di bue) (Ochsen-)Herz.
Cuscinetti di vitello Gebratene, mit Schinken und Käse gefüllte Kalbsschnitzel.
Farsu magru (alla siciliana) Rindfleischrolle gefüllt mit hartgekochten Eiern, geriebenem Käse, Salami und Gewürzen.
Fegatelli di maiale alla toscana Gehackte Schweinsleber mit Knoblauch, Salbei, Brotkrumen und Fenchel, in Schweinsnetz gewickelt und am Spieß abwechslungsweise mit Brotstücklein und Lorbeerblättern gebraten.
Fegato di vitello alla milanese In Öl marinierte Kalbsleber paniert und gebraten.
alla salvia In Butter mit frischem Salbei gebratene Kalbsleber.
alla toscana Kalbsleberscheiben mit Salbei in Öl gebraten.
alla veneziana Mit Zwiebeln und Petersilie gebratene geschnetzelte Kalbsleber.
Fesa di vitello Kalbskeule.
Fettine di manzo alla pizzaiola Mit dicker Tomaten- und Oreganosauce bedeckte Rindfleischscheiben.
Filetto Filet-Steak.
Foccaccia di vitello Mit Kalbfleisch gefüllte Teigtaschen.
Foiolo Kutteln.
Fracosta di bue Rippenstück vom Rind.
Fritto misto Gemischte gebratene Fleischstücke, meist Kalbfleisch, Kalbshirn und verschiedene Gemüse, in Teig getaucht und schwimmend gebacken. Kann auch Fisch sein.
alla fiorentina Gemischte gebratene Stücke Hühnerfleisch, Hirn, Kalbsbries, Mozzarella und Artischockenherzen.
alla milanese Mixed Grill aus dünnen Kalbfleisch- und Kalbsleberscheiben, Hahnenkämmen, Hirn und Gemüse, paniert und in Butter gebraten.
Girello in umido Gebratenes Rindfleisch mit Tomatensauce.
Granatina Gehacktes, mit Brot und Ei gemischtes Rindfleisch, zu Koteletts geformt, paniert und gebraten.
Involtini Dünne Kalbfleischscheiben mit Schinken und Salbei, gerollt, an Spieße gesteckt und gebraten.
alla cacciatora Dünne Kalbsschnitzel mit Hühnerleberfüllung, gerollt und am Spieß gebraten.
Lesso Siedfleisch.
rifatto Kaltes Siedfleisch in Zwiebel-Tomaten-Sauce aufgewärmt.
Lingua di bue Rindszunge.
in gelatina Zunge in Gelee.
salmistrata Gepökelte Zunge.
Lombata (oder **lombo**) **di maiale** Schweinelende.
Lombatine in intingolo Kalbssteaks mit Gemüse in Weißwein geschmort.
Lonza Gepökeltes Schweinsfilet.
Luganega Schweinswurst, gebraten oder grilliert, auch getrocknet und roh gegessen.
Magro alla mormora In Butter gebratene Kalbsschnitzel mit Petersilie und Zitrone.
Maiale al latte In Milch mit Kräutern gekochtes Schweinefleisch.
Manzo carpionato Zur Fleischbrühegewinnung gekochtes Rindfleisch, mit Zwiebeln, Essig, Zucker, Knoblauch, Kräutern und Weißwein mariniert, kalt gegessen.
Medaglioni alla primavera Gebratene Kalbs-Medaillons, serviert mit Sauce aus Zwiebeln, Pilzen und Petersilie, garniert mit gekochtem Gemüse.
screziati di vitello Gehacktes Kalbfleisch mit Brotbröseln, Eigelb und Parmesan vermischt, dazu Geflügelleber, Pilze, Schinken, Erbsen und hartgekochte Eier, alles zu einer Balle geformt, im Ofen mit etwas Brühe gebacken und heiß in Scheiben geschnitten.
Messicani alla milanese Mit Schinken, Schweinefleisch, Knoblauch, Parmesan und Muskatnuß gefüllte Kalbfleischvögel, in Butter und Marsala geschmort, mit Reis serviert.
Montone Schaffleisch.
Muscolo alla fiorentina Rindfleischtopf mit Wein, Gemüse und Kräutern, meist mit weißen Bohnen.
Noce di vitello arrosto Gebratenes Kalbfleisch von der Nuß.
in bella vista Gebratenes Kalbsnüßchen an Béchamelsauce.

Nodino di vitello alla milanese Kalbslendensteak mit Salbei und Weißwein in Butter gebraten.
Olivette di vitello alla pesarese Kleine Kalbfleischvögel gefüllt mit Schinken, Sardellen und Kapern an Tomatensugo mit Marsala.
Osso buco alla milanese In dicke Scheiben geschnittene Kalbshaxe, mit Knochen und Mark in Weißwein und Tomaten geschmort.
Pagliata di vitello In Ringe geschnittene und gegrillte Kalbsdärme.
Paillard di manzo Ursprünglich dünn geklopftes grilliertes Steak, nach französischem Chef-Restaurateur benannt, jetzt auch ganz dünn geklopftes Kalbfleisch. Weist «Grill-Streifenmuster» auf.
Piccata al marsala Dünne Kalbsschnitzel, in Butter mit Marsala zubereitet.
Piccatina Dünn geklopfte Kalbsschnitzelchen.
  partenopea Kalbsschnitzelchen mit Mozzarella.
Piedini di maiale Schweinshaxen.
Polpette Fleischkugeln.
Polpettone alla casalinga Hackbraten; eine derbe Sache.
Porceddù Sardinisches Spanferkel mit Myrthe gewürzt und ganz am Spieß gebraten.
Porchetta Mit Knoblauch und Rosmarin gewürztes, ganz am Spieß gebratenes Spanferkel.
Prosciutto fresco al Marsala Frisch geräucherter Schinken mit Gemüse in Marsala gegart.
Punta di vitello al forno Gebratene Kalbsschulter.
Quagliette di vitello Kalbfleischvögel mit Schinken, abwechslungsweise mit Zwiebeln, Salbeiblättern und Brotstücken auf Spießen.
Rognoncini di vitello trifolati Geschnetzelte Kalbsnieren in Butter und Öl mit Zitronensaft oder Marsala gebraten.
Rognoni trifolati In Scheiben geschnittene Kalbsnieren, in Butter mit Zitronensaft und Petersilie gebraten.
Rolé di manzo Rindfleischroulade gefüllt mit Parma-Schinken, gekochten Eiern und Salbeiblättern, in Weißwein geschmort.
  di vitello Kalbfleischroulade gefüllt mit Eierpfannkuchen, Käse, Petersilie und Mortadella, in Milch geschmort.
Salsicce con fagioli Gebratene Schweinswürste, mit weißen Bohnen an Tomatensauce serviert.
  alla romagnuola Mit Salbeiblättern gebratene und in Tomatensauce geschmorte Schweinswürste.
Saltimbocca alla romana Dünne Kalbsschnitzel mit Salbeiblatt und Rohschinken-Scheibe bedeckt, aufgerollt oder flach in Butter und Marsala gebraten.
Sanguinaccio Blutwurst.
Scaloppine Dünne Kalbsschnitzel in Butter gebraten und auf verschiedene Arten serviert: *ai funghi* (mit Pilzen), *al limone* (mit Zitronensaft), *al Marsala* (mit Marsala), *alla crema con funghi* (an weißer Sahnesauce mit Pilzen), *alla perugina* (mit gehackter Geflügelleber), *al vino bianco* (an Weißwein), *alla zingara* (paniert, gebraten und mit Marsala abgelöscht, mit Schinken und Pilzen serviert).
Scottadito Grillierte Lammkoteletts, von Hand gegessen.
Spezzatino di vitello Mit Wein, Tomaten und milden Pfefferschoten (oder anderen Zutaten) geschmortes Kalbfleisch.
Spiedini Spieße mit Fleisch und Gemüse.
Spuntatura di maiale Schweinsrippen oder -brust.
Stecchini alla bolognese (oder **alla petroniana)** Gleich große Stücke Kalbfleisch, Kalbshirn und Leber, Greyerzer-Käse, Mortadella, zusammengespießt paniert gebraten.
Stracotto Rindfleischtopf mit Würsten und Gemüse, in Weißwein geschmort.
Stufatino In Weißwein geschmortes Kalbfleisch.
  alla romana Rindfleisch in Rotwein mit Tomaten geschmort.
Stufato Rindfleisch mit Gemüse und Kräutern in Rotwein geschmort.
  di manzo alla genovese Rindfleisch mit Gemüsen und Kräutern in Weißwein geschmort.

Testa di maiale Schweinskopf.
Testarelle di abbacchio/agnello Lammkopf im Ofen mit Rosmarin geschmort.
Testina di vitello Kalbskopf.
in frittura Kalbskopf ohne Knochen, gekocht, gepreßt, in Öl gebraten, mit Zitrone.
alla gratella Kalbskopf ohne Knochen, gefüllt mit Schinken und Pilzen, in Kalbsnetz gepackt, paniert und gebraten.
alla toscana Gekochter Kalbskopf in Butter gebraten.
Trippa alla fiorentina Kutteln an Tomatensauce mit Majoran, bedeckt mit Parmesan.
alla romana Kutteln an Tomatensauce mit Pfefferminzblättern, bedeckt mit Pecorino-Käse.
Uccelletti di campagna «Landvögel»; dünne, gerollte Rindfleischscheiben an Spießen über Holzkohlenfeuer gebraten.
Uccelli scappati Kleine Stücke aus Kalbslebern, Geflügellebern, Kalbsbries, Kalbsnieren und Bauchspeck mit Salbeiblatt, mit Wacholder gewürzt, an Spießen grilliert.
Vitello alla genovese Mit Butter und Weißwein zubereitete Kalbsschnitzel mit Artischockenherzen.
alla petroniana Dicke Kalbssteaks mit Butter, Marsala, Trüffeln und Parmesan zubereitet.
all'uccelletto Kalbsschnitzel in Butter und Öl mit Knoblauch und Lorbeerblatt zubereitet und mit Zitrone serviert.
alla Villeroy Kalbsschnitzel in Béchamelsauce mit Eigelb, geriebenem Käse, gehacktem Schinken und gehackter Zunge getaucht, paniert und gebraten.
Vitello tonnato Kalte dünne gekochte Kalbfleischscheiben an Thon-Sauce.
Zampone Spezialität aus Modena: Schweinsfuß-Haut mit Schweinefleisch und Speck gefüllt gekocht (siehe *cotechino*).

Pollame e Cacciagione – Geflügel und Wild

Für Vögel gilt ungefähr dasselbe wie für Fische: von der Lerche bis zum Truthahn kann alles auf der Speisekarte stehen. Die Italiener kennen in dieser Beziehung keinerlei moralische Skrupel. Kleine Vögel schmecken allerdings meist bitter und sind voller Knöchelchen – mit Ausnahme der Drosseln. Tauben, Enten und Kaninchen werden in der Regel gezüchtet, außer es handle sich um *palombaccio* (Wildtaube), *anitra selvatica* (Wildente) oder *coniglio selvatico* (Wildkaninchen). Hühnchen werden als *pollo, gallina, pollastrella* oder *pollastrino* bezeichnet. Ein Leckerbissen sind die auf hunderterlei Arten zubereiteten *petti di pollo* (Hühnerbrüstchen). *Uccelli* oder *uccelletti* können kleine Vögel sein, man bezeichnet damit aber vorzugsweise Kalbfleischröllchen.

Allodole Lerche.
Anitra Ente.
in agrodolce Ente, süß-sauer.
all'arancio Ente an Orangensauce.
arrosto Ente gebraten.
alla nizzarda Mit Tomaten, Pilzen, Oliven, Kräutern und Brandy zubereitete Ente.
in salmi In Rotwein mit Zwiebeln, Knoblauch, Kräutern und Sardellen marinierte, gebratene und in der Marinade geschmorte Ente.
selvatica Wildente.
Beccaccia Waldschnepfe.
Beccaccino Schnepfe.
allo spiedo Am Spieß gebratene Schnepfe, serviert auf Toastbrotscheiben, mit Püree aus Schnepfeninnereien bestrichen.
Beccafichi Grasmücke.
al nido «Im Nest»; auf großen Pilzen, beträufelt mit Olivenöl und im Ofen gebacken.
Camoscio Gemse.
Cappone Kapaun.
Capriolo Reh.

Cervo Hirsch.
alla Mario Marinierter, gebratener Hirsch an Weißweinsauce.
con salsa di ciliege Marinierter und mit Pilzen, Speck, Gewürzen und Kräutern geschmorter Hirsch, serviert mit Kirschensauce.
Cinghiale Wildschwein.
in agrodolce In Wein mit Kräutern und Gewürzen mariniertes und in süß-saurer Sauce geschmortes Wildschwein.
Coniglio Kaninchen.
all'agostino Kaninchenstücke in Rotwein mit Sultaninen, Pinienkernen und Zitronensaft geschmort.
alla borghese Mit Weißwein, Kräutern, Zwiebeln und Pilzen zubereitetes Kaninchen.
del buongustaio Mit Gemüse, Kräutern und Marsala gekochtes Kaninchen.
alla cacciatora Mit Gemüse, Kapern, Oliven, Kräutern, Wein und Knoblauch zubereitetes Kaninchen.
fritto alla lombarda Marinierte Kaninchenstücke in Ei mit Kräutern getaucht, paniert und gebraten.
in padella Mit Speck, Tomaten, Knoblauch, Weißwein und Petersilie geschmortes Kaninchen.
Crocchette di pollo Kroketten aus Hühnerfleisch.
Daino Damhirsch, Damwild.
Fagiano Fasan.
in casseruola In Butter mit Cognac geschmorter Fasan.
alla norcese Fasan gefüllt mit Trüffeln, Kräutern und gehackten Zwiebeln, getränkt mit Grappa, im Ofen oder am Spieß gebraten.
Faraona Perlhuhn.
al cartoccio Mit Wacholderbeeren, Thymian und Knoblauch gefülltes Perlhuhn, mit Salbei und Speckscheiben bedeckt, in Schweinsnetz und Papier gewickelt im Ofen gebraten.
alla piemontese Mit Kräutern, Wacholderbeeren, Brotbröseln und der Leber gefülltes Perlhuhn, im Ofen mit Weißwein und Gemüse geschmort.
Fegatini di pollo alla salvia Geflügelleber in Butter mit frischen Salbeiblättern und Schinkenstreifen gebraten, mit Marsala; manchmal auf Toast serviert.
Filetti di tacchino alla bolognese Truthahnschnitzel mit Schinken, Käse und weißen Trüffeln gebraten.
alla cardinale Truthahnschnitzel mit Zungen- oder Schinkenscheiben, weißen Trüffeln und Parmesan gebraten.
Finanziera di pollo Geschmorte Hühnermägen mit Brieschen, Pilzen und Trüffeln an gehaltvoller Sauce.
Gallina Huhn.
Germano Stockente.
Lepre Wildhase.
alla montanara Mit Pinienkernen und Sultaninen geschmorter Hase.
in salmi In Wein und Kräutern mariniert und geschmort mit zusätzlichem Knoblauch, Wein und Sardellen.
Merli Amseln.
Oca Gans.
arrosto Gebratene, mit Salbei, Rosmarin und Thymian gefüllte Gans, in Florenz traditionsgemäß an Allerheiligen gegessen.
Palombacci alla perugina Umbrisches Gericht aus gebratenen Wildtauben mit Sauce aus Rotwein, Oliven, Wacholderbeeren und Salbei.
Pernice Rebhuhn.
in brodo In Brühe gekocht.
Petti di pollo alla bolognese Hühnerbrüste, angebraten, dann mit je einer Scheibe Schinken und Fontinakäse, oft auch mit Scheiben von weißen Trüffeln gebacken.
alla Cavour Hühnerbrüste in Butter mit je einer Scheibe Schinken und Käse gebraten, mit Trüffelsauce serviert.
alla fiorentina In Butter gebratene panierte Hühner brüste.
alla principessa Gebratene Hühnerbrüste mit Spiegelei.
sorpresa Hühnerbrüste mit einer Füllung bestrichen, gerollt und schwimmend gebacken.
sovrana Mit Artischocken in Sahne geschmorte Hühnerbrüste.
alla valdostana Hühnerbrüste mit Käsescheibe und weißen Trüffeln in Weißwein und Brandy geschmort.

Piccioni Für den Verzehr gezüchtete Tauben.
coi piselli Mit Zunge, Schinken, Zwiebeln, Erbsen und Basilikum in Weißwein geschmorte Tauben.
selvatici Wildtauben.
Pollastrino Junges (Frühlings-) Hühnchen.
Pollo arrostito Gefülltes, gebratenes Hähnchen.
arrosto Gebratenes Hähnchen.
alla cacciatora Hähnchen mit Pilzen, Tomaten und Kräutern in Weißwein geschmort *oder* geschmortes Hähnchen in Sauce aus schwarzen Oliven und Sardellen.
alla castellana Je eine Scheibe Schinken, Greyerzerkäse sowie weiße Trüffeln zwischen zwei Scheiben Hühnerbrüstchen, paniert und gebraten.
alla contadina Mit Schinken, Tomaten, Rosmarin und Knoblauch geschmortes Hühnchen.
alla diavola Grilliertes Hähnchen.
alla duchessa Wie *alla castellana,* aber mit Parmesan.
in fricassea alla fiorentina Gekochte Hühnchenteile in dicker Ei-Zitronen-Sauce.
fritto Gebratenes Hähnchen.
imbottito Gebratenes, gefülltes Hähnchen.
al latte In Milch geschmortes Hähnchen.
alla livornese Geschmortes Hähnchen mit Zitrone.
alla Marengo Mit Tomaten, Knoblauch und Weißwein zubereitetes Hähnchen. Die Italiener lassen die Languste des französischen Originalrezeptes weg.
alla montagnuola Panierte gebratene Hühnerteile.
alla Nerone Halbiertes, in Butter gebratenes und mit Cognac flambiertes Hähnchen.
in porchetta Gebratenes, mit Schinken, Knoblauch und Fenchel gefülltes Hähnchen.
alla romana Mit Zwiebeln, Schinken, milden Pfefferschoten, Tomaten, Rosmarin, Öl und Butter geschmortes Hähnchen.
alla tetrazzini Hühnchen an Pilzsauce mit Teigwaren, bedeckt mit geriebenem Käse und gebacken.
tonnato Kaltes Hühnchen an Thon-Sauce.
in umido Mit Kräutern und Gemüse geschmorte Hühnerteile.
Quaglie Wachteln.
arroste con polenta Gebratene Wachteln auf Polenta.
alla fiorentina In Butter, Öl und Weißwein mit Petersilie, Thymian und Lorbeerblatt geschmorte Wachteln.
alla piemontese Gebratene Wachteln an Sahnesauce mit gehackten Trüffeln und Marsala.
Rotolo di tacchino Truthahnrollbraten.
Selvaggina Wild.
Starna Graues Rebhuhn.
Tacchino arrosto ripieno (con castagne) Gebratener, (mit Kastanien) gefüllter Truthahn.
in carpione Gekochter, dann in Wein, Öl, Essig und mit Kräutern marinierter Truthahn.
Tordi Drosseln.
in salmi Ganze Drosseln, serviert mit Sauce aus püriertem Drosselfleisch, Wacholderbeeren, Öl, Marsala und Oliven.
Uccelletti Kleine Vögel, auf Spieße gesteckt und gebraten.

Contorni, legumi, verdure, ortaggi – Gemüse

Im 16. Jahrhundert gelangte aus Italien manch interessantes Gemüse nach Frankreich und dem übrigen Europa. Die Italiener pflegen Gemüse auf schlichte Weise zuzubereiten, eine seit kurzem auch von den Franzosen übernommene Gewohnheit, die sie für eine japanische Erfindung halten. Gekochte Gemüse werden oft auch kalt mit Zitronensaft und Öl als Salat aufgetischt. Sollte ich einst Vegetarier werden – was das Schicksal verhüten möge – würde ich meine Zelte in Italien aufschlagen.

Asparagi Spargeln.
alla fiorentina Gekocht und mit geschmolzener Butter, Parmesan und einem Spiegelei serviert.
Barbabietola Rote Beete, Randen.
Bietola Mangold.
Broccoli Brokkoli.
alla romana In Weißwein geschmort.
Carciofi Artischocken.
alla contadina Gefüllt mit Zutaten wie Knoblauch, Brotbrösel, Petersilie usw. und in Öl gegart.
alla giudia In Öl schwimmend gebackene Artischocken, benannt nach einem jüdischen, auf Artischocken spezialisierten Restaurateur in Rom. Zubereitet sehen sie wie offene Blüten aus.
Carciofini, cuori di Junge Artischockenherzen.
Cardi Karden.
Carote Karotten.
Cavolette, cavolini di Bruxelles Brüsseler Kohl (Rosenkohl).
Cavolfiore Blumenkohl.
Cavolo Kohl.
rosso Rotkohl, Blaukohl.
Ceci Kichererbsen.
Cetriolini Essiggurken, Cornichons.
Cetriolo Gurke.
Cicoria Chicorée.
Cima di rape Blattwerk der weißen Rüben.
Speck und Zwiebeln geschmort.
Finocchio Fenchel.
al forno Gekochter Fenchel, im Ofen mit Butter und geriebenem Käse überbacken.
Fiori di zucca (oder **zucchini)** Zucchini- oder Kürbisblüten, meist in Teig getaucht gebacken.
Funghi Pilze.
affogati In Olivenöl mit Knoblauch gekochte Pilze.
alla parmigiana Mit Brotbröseln, Parmesan, Knoblauch, Petersilie und Oregano gefüllte und im Ofen überbackene Pilze.
porcini Steinpilze.
trifolati In Scheiben geschnittene Pilze, in Öl mit Knoblauch gebraten und mit gehackten Sardellen, Petersilie und Zitronensaft serviert.
Giardiniera Gemischtes, kleingeschnittenes Gemüse.
Indivia di Belgio Brüsseler Endivie.
Insalata Salat: *condita:* bereits angemacht; *non condita:* nicht angemacht. Die üblichsten Salate: *mista* (gemischt), *di pomodori* (Tomatensalat) und *verde* (grüner Salat), alles Beilagen.
Lattuga Lattich, Kopfsalat.
Lenticchie Linsen.
Melanzane Auberginen (siehe *Hors-d'œvre*).
Navoni Anderer Name für weiße Rüben.

Artischocken sind eine ungeeignete Mahlzeit für Geschäftsleute und Verkäuferinnen. Sie lassen sich von Natur aus nicht mit dem Messer zerschneiden, zusammen mit Fleisch und Kartoffeln auf die Gabel schaufeln und in Hast hinunterschlingen.
Edith Templeton «Die Überraschung von Cremona»

Cipolla Zwiebel.
Cipolline Kleine weiße Zwiebeln.
Crescione Brunnenkresse.
Fagioli Weiße Bohnen.
con le cotiche Mit Speckschwarte und Tomatensauce gegarte weiße Bohnen.
all'uccelletto Bohnen in Wasser gegart und mit Öl, Knoblauch, Salbei und Tomatensauce gekocht (Toskana).
Fagiolini Grüne Bohnen.
Fave Saubohnen (Puffbohnen).
al guanciale Saubohnen mit
Olive (nere, verdi) Oliven (schwarz, grün).
Patate Kartoffeln. Kartoffelbrei kann in Italien ausgezeichnet schmecken, wird oft mit Käse vermischt. Achten Sie auf *purea* oder *puré*.
Patatine novelle Frühkartoffeln.
Peperonata Siehe *Hors d'œuvre.*
Peperoncini Kleine, längliche, sehr scharfe Pfefferschoten.
Peperoni Milde Paprikaschoten (siehe *Hors-d'œuvre*).
Piselli Erbsen.
alla romana Mit wenig

Zwiebeln, Schinken und Butter gekochte Erbsen.
Pomodori Tomaten.
Porri Porree/Lauch.
Radicchio di Treviso Rotblättriger, bitterer Lattich, Chicorée oder Endivie.
Radici, rapanelli, ravanelli Rettich (rot und weiß).
Rape Weiße Rüben.
Scarola Batavische Endivie, gekrauster Lattich.
Sedano Sellerie.
Sottoaceti In Essig eingelegte Gemüse.
Spinaci Spinat.
alla parmigiana Spinat mit Butter und geriebenem Käse.
alla piemontese Spinat mit Knoblauch, Butter und gehackten Sardellen; mit gerösteten Brotscheiben.
Tartufi Trüffel; große Delikatesse, speziell die weißen (*tartufi bianchi*). Saison im Piemont: Oktober bis Dezember. Auch schwarze Trüffel (*tartufi neri*).
Verdure cotte Gekochtes Gemüse.
Verza Wirsing, Wirz.
Zucca Kürbis.
Zucchini Zucchini, Zucchetti.
fritti In Scheiben geschnittene Zucchini, paniert oder in Teig gebraten.
alla napoletana Im Ofen mit Mozzarella und Tomatensauce gebackene Zucchini.

Dolci – Desserts, Gelati – Eiscreme, Frutta – Früchte

Die Italiener entwickelten schon früh – seit die Venezianer mit dem Rohzuckerimport aus dem Osten begannen – eine Vorliebe für Süßigkeiten. Es gab eine Zeit, wo jede Mahlzeit mit einem süßen Gang begann und endete. Auch in der Eiscremeherstellung waren die Italiener bahnbrechend. Hausgemachte Eiscreme mundet denn auch vorzüglich. Die übrigen Glacen sind chemisch gefertigte Dutzendware wie anderswo. Kuchen gibt es in Hülle und Fülle. Jedermann deckt sich sonntags in der *pasticceria* (Konditorei) mit Gebäck aller Art ein, um für den Besuch von Großmüttern, Onkeln und Tanten samt großer Kinderschar gewappnet zu sein.

Albicocche Aprikosen.
Amaretti Bittere Mandelmakronen.
Ananas Ananas.
Aranci Orangen.
caramelizzati Ganze geschälte Orangen in Karamelsirup mit Kirsch.
Banane Bananen.
Biscotti Biskuits, Kekse.
Bongo-bongo Florentinischer Name für *profiteroles.*
Budino Pudding.
Cannoli Sizilianische Teighörner, gefüllt mit gesüßtem Ricotta, kandierten Früchten und Kakao.
Cassata alla siciliana Biskuitkuchen, Ricotta, kandierte Früchte und Schokolade, aromatisiert mit Marsala oder Strega *oder* Schichten verschiedener Eiscremesorten mit kandierten Früchten und Nüssen.
Castagnaccio Kuchen aus Kastanienpüree mit Mandeln, Sultaninen und kandierten Früchten.
Castagne Kastanien.
Cenci alla fiorentina Gebackene rautenförmige Teigbänder mit Puderzucker.
Cialde Waffeln.
Ciambellone Nuß- und Früchtebrotring.
Ciliege Kirschen.
Cocomero Wassermelone.
Colomba Taubenförmiges Ostergebäck.
Composta di frutta Gekochte Früchte.
Coppa gelato Eisbecher; verschiedene Eissorten.
Crema Vanillecreme.
caramella Karamelcreme mit Karamel überzogen.
Crostate Unbedeckter Kuchen mit Obst- oder Konfitürenfüllung, meist mit gitterförmigen

Teigstreifen verziert.
di amarene Kuchen mit wilden schwarzen Kirschen gefüllt.
di ricotta Römischer Quarkkuchen mit Eiern, Marsala, Zitrone und Ricotta.
Dattero Dattel.
Dolce Torinese Gekühlter Schokoladenlaib mit Keksen, Mandeln und Rum.
Fichi Feigen.
Fragole Erdbeeren.
Fragoline di bosco Kleine Walderdbeeren.
Frutta cotta Gekochte Früchte.
fresca di stagione Frische Saison-Früchte.
Gelato Glace, Speiseeis.
di tartufo Glace mit Schokoladensauce.
Granita Wassereis, meist mit Zitronen- Orangen-, Mokka-, Erdbeeraroma usw.
Kaki Kaki, Kakipflaume. Nicht zu dicht an der Schale essen, da diese Ihre Lippen irritieren oder entzünden kann.
Lamponi Himbeeren.
Limone Zitrone.
Macedonia di frutta Fruchtsalat.
Mandarino Mandarine.
Mandorle Mandeln.
Mantecato Eine Art weicher Eiscreme.
Marrone Große Kastanie.
Melacotogna Quitte.
Melagrana Granatapfel.
Mele Äpfel.
renette Renette; Kochapfel.
Melone Melone.
Menta Pfefferminze.
Meringa Meringue.
Mirtilli Blaubeeren.
Monte bianco Kastanienpüree mit Schlagsahne.
More Brombeeren, Maulbeeren.
Nespola Mispel.
Nocciole Haselnüsse.
Noce Walnuß.
Noce di cocco Kokosnuß.
Pan di Spagna Biskuit-Kuchen; Grundlage für viele Süßspeisen.
Pandoro (di Verona) Süßes Biskuitgebäck, mit Puderzucker bestäubt; beliebtes Weihnachtsgebäck.
Panettone Leichtes Hefegebäck mit Rosinen und kandierten Früchten.
Panforte di Siena Harter, schwerer Pfefferkuchen aus Nüssen, Kakao, kandierten Früchten und Gewürzen.
Pere Birnen.
Pesca noce Nektarine.
Pesche Pfirsiche.
ripiene Mit Makronen gefüllte, überbackene Pfirsiche.
Pinoli Pinienkerne.
Pistacchi Pistazien.
Pompelmo Grapefruit.
Profiteroles Kleines, mit Creme gefülltes und mit Schokoladencreme bedecktes Gebäck (siehe *bongo-bongo*).
Prugne Pflaumen.
Rabarbaro Rhabarber.
Ribes nero Schwarze Johannisbeeren.
rosso Rote Johannisbeeren.
Ricciarelli Mandelgebäck aus Siena.
Salame dolce Siehe *Dolce Torinese.*
Semifreddi Halbgefrorenes mit Biskuit, Eis, Früchten, Sahne usw.
Sfogliatelle Blätterteiggehäuse gefüllt mit süßem Ricotta und kandierten Früchten.
Sorbetto Sorbet, Wassereis, Soft-Ice.
Spuma Mousse.
Spumone Eine Art Soft-Ice oder gefrorene Mousse.
Susine Pflaumen.
Tarocco Sizilianische Orangenqualität.
Tartufi di cioccolata Schokolade-Truffes.
Torrone Nougat.
Torta Kuchen, Torte.
millefoglie Gebäck aus mehreren Blätterteigschichten, gefüllt mit Eiercreme, mit Puderzucker überstäubt (Cremeschnitte).
di riso Kuchen mit süßer Reisbreifüllung.
Uva Weintrauben.
passa Rosinen.
spina Stachelbeeren.
Visciola Sauerkirschen.
Zabaglione Mit Zucker und Marsala geschlagene Eigelb (vermeintlich ein Aphrodisiakum).
Zuccotta Halbkugelförmiger Eiscreme-Kuchen mit Schlagsahne und Schokolade sowie in Likör getauchtes Biskuit.
Zuppa inglese Vanille-Creme mit Biskuitstücken, Sahne und Likör.

Formaggi – Käse

Belpaese Weicher, glatter, milder Käse aus Kuhmilch.
Caciocavallo Birnenförmiger scharfer Käse aus Büffel- oder Kuhmilch.
Caciotta Milder toskanischer Schafkäse.
Dolcelatte Milder, geäderter Käse.
Fontina Fetter, milder Käse aus Kuhmilch.
Gorgonzola Geäderter Blaukäse, *dolce* (mild) oder *piccante* (scharf).
Mascarpone Ungesalzener Sahnekäse aus der Lombardei.
Mozzarella Weißer Käse, richtigerweise aus Büffelmilch, heute aber meist aus Kuhmilch.
Parmigiano reggiano (grana) Parmesan, der berühmteste italienische Käse. Salzig und scharf wird er meist zum Würzen und Kochen verwendet. Meist 2–4 Jahre gelagert und erst unmittelbar vor der Verwendung gerieben. Frischer Parmesan ist auch ein Tafelkäse.
Pecorino romano Harter, scharfer Käse aus frischer Schafsmilch, mit Schafslab zum Gerinnen gebracht.
Provolone Würziger scharfer Käse, oft in amüsanten Formen.
Ricotta Frischer, feuchter Schaf- oder Kuhmilchkäse.
Sardo Scharfer Schafkäse.
Stracchino Weicher, weißer Frischkäse aus der Milch «müder» Kühe, die im Norden überwintern.
Taleggio Milder, sahniger Käse, aus trockenem, gesalzenem Quark zubereitet.

Kaffee gliedert den italienischen Tag. Ich zähle nur einige Arten auf:

Caffè alto, corretto, doppio, Hag, lungo, ristretto Schwacher Kaffee, Kaffee mit Likör, doppelter Espresso (zwei Espresso in einer Tasse), koffeinfreier Kaffee, schwacher Kaffee, starker Kaffee.
Caffelatte Milchkaffee.
Cappuccino Starker Espresso mit schaumiger Milch, oft mit Kakaopulver bestäubt.
Espresso Winzige Tassen mit starkem schwarzem Kaffee aus der Maschine.
Latte macchiato Milch mit ganz wenig Kaffee.
Moka Mokka-Kaffee.

Italienische Weine

Es lohnt sich, in Italien die einheimischen Weine auszuprobieren, wobei sicherlich Überraschungen nicht ausbleiben. Zu Besuch bei einem meiner Freunde, der in der Toskana ein Landhaus besitzt, bot er uns auf der Terrasse ein Glas selbstgekelterten Weines an und meinte etwas großspurig: «Das ist unser eigenes Produkt. Die Reben gedeihen dort drüben, keine zweihundert Meter entfernt». «Der reist nicht», meinte eine Amerikanerin, nachdem sie davon gekostet hatte.

Ich habe eine Liste der besten Weine aus verschiedenen Regionen zusammengestellt und auch dazupassende Gerichte erwähnt. Halten Sie sich in Italien an den Rat Hugh Johnsons: «...Probieren Sie den jüngsten erhältlichen Weißwein und den ältesten verfügbaren Rotwein... natürlich mit Maß.»

Italienische Qualitätsweine tragen den Vermerk DOC (Denominazione di Origine Controllata), was ihre Echtheit verbürgt. Alle aufgeführten Weine, ausgenommen die mit * markierten, gehören in diese Kategorie.

un bicchiere ein Glas.
una caraffa eine Karaffe, ein Krug.
una bottiglia eine Flasche.
una mezza bottiglia eine halbe Flasche.
un fiasco eine bauchige, mit Stroh umwickelte Flasche.
un litro ein Liter.
un mezzo litro ein halber Liter.
un quartino ein Viertelliter.
vino bianco Weißwein.
vino rosso, nero Rotwein.
vino abboccato, dolce, frizzante, secco, spumante halbsüß, süß, moussierend, trocken, schäumend.

Regionale Weine

Abruzzi
Montepulciano d'Abruzzo (trockener Rotwein, manchmal rosé) – zu Hühnchen.
Trebbiano d'Abruzzo (trockener Weißwein) – zu Fisch.
Basilicata
Aglianico del Vulture (trockener Rotwein) – zu Minestrone, Lammfleisch.
Calabria
Ciro di Calabria (trockener Roter) – zu Lamm und schweren Teigwaren.
Campania
*Lacrima Christi (trockener Roter und Weißer) – zu Pizza und Teigwaren.
Emilia-Romagna
Albana (trockener Weißer) – zu Fisch.
Lambrusco (funkelnder trockener Roter) – zu schweren Teigwaren, Perlhuhn.
Sangiovese di Romagna (trockener Roter) – zu Schweinefleisch.
Friuli – Trentino
Grave del Friuli (trockener Roter und Weißer) – zu fast allem.
Picolit (süßer Weißer) – zu Süßspeisen.
Lazio
Colli albani (trockener Weißer) – zu Schalentieren.
Est! Est!! Est!!! (trockener Weißer) – zu Fisch und Teigwaren.
Frascati (trockener und süßer Weißwein) – zu Hähnchen, Kalbfleisch, Fisch. Der Süße paßt gut zu Erdbeeren.
Velletri (trockener Rotwein) – zu Lamm und Zicklein.
Liguria
Cinque Terre (trockener Weißwein und Süßwein, genannt Sciacchetra) – der Trockene zu Schalentieren, der Süße zu Gebäck.
Lombardei
*Frecciarossa (trockener Weißer) – zu Risotto, Osso buco.
Grumello (trockener Roter) – zu Kalbfleisch, Hähnchen.
Lugana (trockener Weißer) – zu Forelle.
Sassella (trockener Roter) – zu Salami, Fleisch, Risotto.
Sforzato (trockener Rotwein) – zu Wild, Perlhuhn.
Valtellina (trockener Roter) – zu Rindfleisch.
Piemont
Asti spumante (schäumender, süßer Weißwein) – zu Kuchen.
Barbaresco (trockener Roter) – zu Leber und Nieren.
Barbera (trockener Roter) – zu Salami, Fleisch und Teigwaren.
Barbera d'Asti (trockener, ganz leicht moussierender Roter) – zu schweren Teigwaren, Perlhuhn.
Barolo (trockener Roter) – zu Wild.
Dolcette (trockener Roter) – zu stark gewürzten Speisen und Käse.
Gattinara (trockener Roter) – zu Rindfleisch und schweren Fleischgerichten.
Nebbiolo (trockener Roter) – zu Kalbfleisch, Hähnchen, Leber.
Puglia
San Severo (trockener Roter und Weißer) – im allgemeinen ein leichter Wein; der Rote zu Fleisch, der Weiße zu Fisch.
Sardinia
Cannonau di Sardegna (trockener Rotwein) – zu Zicklein und Lamm.
*Nuraghe majore (trockener Weißwein) – zu großen Fischen und Fischteigwaren.
Vernaccia di Oristano (trocken) wie Sherry zu *antipasti.*
Sizilien
*Corvo (trockener Roter) – zu Teigwaren mit Tomaten, Kalb-

und Lammfleisch.
Marsala (starker Wein, wie Sherry) – zu Süßspeisen.
Malvasia delle Lipari (weiß trocken und süß) – zu Desserts.
Moscato di Pantelleria (weißer Dessertwein) – zu Süßspeisen und gekochten Früchten.
Moscato di Siracusa (weißer Dessertwein) – zu Desserts.

Toscana

Brunello di Montalcino (trockener Roter) – zu Wild und schweren Gerichten.
Carmignano (trockener Roter) – zu Kalb- und Hühnerfleisch.
Chianti (trockener Rotwein) – zu Fleisch, schweren Teigwaren.
Chianti classico (trockener Roter aus einem bestimmten Gebiet) – zu Beefsteak.
Vino nobile di Montepulciano (trockener Roter) – zu Perlhuhn.
Vernaccia di San Gimignano (trockener Weißwein) – zu *antipasti*.
*Vinsanto (schwerer süßer Dessertwein) – zum Abschluß einer Mahlzeit, oft mit Keksen.

Umbrien

Orvieto secco (trockener Weißwein) – zu Teigwaren an Sauce.
Rubesco di Torgiano (trockener Rotwein) – zu Steaks und Wild.
Verdicchio dei Castelli di Jesi (trockener Weißer) – zu Fischteigwaren.

Veneto:

Bardolino (trockener Rotwein) – zu Kalbfleisch und leichten Fleischgerichten.
Prosecco di Conegliano (trockener und süßer Weißwein) – zu Kuchen und Gebäck.
Recioto Amarone della Valpolicella (trockener Roter) – zu Perlhuhn, Leber und schweren Kalbfleischgerichten.
Soave (trockener Weißwein) – zu Fischteigwaren.
Tocai (trockener Weißwein) – zu Geflügel.
Valpolicella (trockener Roter) – zu Schinken und Kalbfleisch.

Es gibt zwei Italien – eines so sublim und erhaben, wie ein Mensch es sich nur ausmalen kann, das andere entwürdigend, abstossend und ekelhaft. Was sagst Du dazu? Junge Frauen der Gesellschaft essen heutzutage – Du wirst es nie erraten – Knoblauch!
Percy Bysshe Shelley

Gebräuchliche Ausdrücke

Acciughe Sardellen, Anchovis.
Aceto Essig.
Acqua minerale Mineralwasser, gasato (mit Sprudel) oder naturale (ohne Sprudel).
Affettato In Scheiben (kaltes Fleisch).
Affumicato geräuchert.
all'Agliata Mit Knoblauch, Brot und Weinessig-Sauce.
Aglio Knoblauch.
Agnello Lammfleisch.
Agro, agrodolce sauer, süßsauer.
Albergo Hotel.
Amaro bitter.
Aperitivo Aperitif.
Arachide Erdnuß.
Arrosto, -ti gebraten, Braten.
Assortito, -ti assortiert.
Basilico Basilikum.
Besciamella Béchamel.
in Bianco gekocht, nature.
Birra Bier.
Biscottini kleine Kekse.
Bollito gekocht.
Bovoloni Große Schnecke, im Veneto am Weihnachtsabend gegessen.
alla Brace Über Holzkohle oder offenem Feuer gebraten.
Braciola, braciolette, braciolini Große Koteletten mit oder ohne Knochen.
Brasato geschmort.
Budella Innereien.
al Burro In Butter gekocht.
Caldo warm, heiß.
Calzone Siehe *Pizza*.
Candito kandiert.
Carciofi, carciofini Artischocken, Artischockenherzen.
al Carrello vom Wagen.

in Cartoccio Im Ofen in Folie gebacken.
della Casa des Hauses.
Casalinga hausgemacht.
Cestino di frutta Früchtekorb.
Ciccioli Schweinefett nach dem Auslassen.
Cioccolata, -to Trinkschokolade, Schokolade.
Cipolle Zwiebeln.
Conto Rechung.
Coperto Gebühr für Gedeck.
Cosce Schenkel, Keule (von Hühnchen usw.).
Costata, costolette Kotelett.
Cotto gekocht.
Cozze Muscheln.
Crostacei Schalentiere.
Crostini Dünne Scheiben eines weißen, gerösteten oder getoasteten Brotes, bedeckt mit würziger Masse.
Crudo roh.
Digestivo Nachtisch-Likör; Medizin für die meist angegriffene Leber der Italiener.
Dolce süß, Süßigkeit, Nachspeise.
Dorato «golden», meist in Ei getaucht vor dem Braten.
Fagioli, fagiolini Weiße Bohnen, grüne Bohnen.
Farcito gefüllt.
Farfalle Schmetterlingsförmige Teigwaren.
Fave Saubohnen, Puffbohnen.
Fegatini, fegato Geflügelleber, Leber. Die Italiener sind die besten Leber-Köche. Leber ist meist hübsch rosarot und zart. Bestehen Sie in italienischen Restaurants im Ausland auf Kalbsleber.
ai ferri grilliert «am Eisen» über offenem Feuer.
Fichi Feigen.
Finocchio Fenchel, in der Umgangssprache, zweideutiges Wort, wenn für einen Mann gebraucht.
al forno Im Ofen gebacken oder gebraten.
Freddo kalt.
Fresco frisch.
Frittelle Gebratene Küchlein, gesalzen oder süß.
Fritto gebraten.
Frullato geschlagen, auch Milchgetränk.
Frutti di mare Meeresfrüchte.
al Funghetto In sehr heißem Öl angebraten.
Funghi Pilze jeder Art.
Gallina Huhn, Henne.
Garnito garniert.
Gelato Eiscreme, Glace.
Ghiaccio Eis (gefrorenes Wasser).
del Giorno des Tages.
al Girarrosto am Spieß gebraten.
Glassato glasiert.
Grana Sammelbegriff für Parmesan (Emilia).
Granita Wassereis.
alla Graticola über Holzkohlenfeuer grilliert.
Gremolata Mischung aus abgeriebener Zitronenschale, Knoblauch und Petersilie, über *osso buco* verteilt.
alla Griglia grilliert.
Grissini Fingerdicke Brotstangen.
Insalata Salat.
Latte Milch.
Lenticchie Linsen.
Lesso gekocht.
al Liquore Mit Brandy oder Likör.
Maionese Mayonnaise.
Manzo Rindfleisch.
Maritozzi Brötchen mit Rosinen, kandierten Früchten und Pinienkernen.
Melanzane Auberginen.
Merenda Vesperbrot.
Misto gemischt.
Mortadella Große Schweinswurst.
Mostarda di Cremona In Senf süßsauer eingelegte Früchte (Spezialität der Lombardei).
Mozzarella Weißer Käse.
Noci Nüsse, oft Walnüsse wie in *salsa di noce.*
Nostrale, nostrano lokal; Eigengewächs.
Olio di oliva Olivenöl; *con olio* bedeutet immer mit Olivenöl.
Oregano Wilder Majoran.
Pane Brot.
Panna Sahne.
montata Schlagsahne.
Passato, puré, purea Püree (oder Brei, bei Kartoffeln).
Pasta frolla, Mürbeteig.
sfoglia Blätterteig.
Pasticceria Konditorei.
Pasticcini Teegebäck.
Pasticcio «Pastete»; bedeutet aber meist Auflauf oder Gratin aus Teigwarenschichten mit würzigen Zwischenlagen.
Pecora Schaf.
Pepe Pfeffer.

Peperata Sauce aus Mark, Brotbrösel, Parmesan und gemahlenem schwarzem Pfeffer, mit gekochtem Fleisch oder Geflügel serviert.
Peperoncini Kleine scharfe Pfefferschoten.
Peperoni Milde Paprikaschoten, *rossi* (rot), *verdi* (grün) und *gialli* (gelb).
Pesto Genuesische grüne Sauce mit frischem Basilikum, Knoblauch, Pinienkernen und *sardo* oder Parmesan.
Pezzo Stück.
a Piacere nach Wunsch, nach Belieben.
Piccante scharf oder würzig.
Pinzimonio Sauce aus Öl, Salz und Pfeffer, in die rohe Gemüse getaucht werden.
Piselli Erbsen.
Pizzaiola Frische Tomatensauce mit Oregano oder Basilikum und Knoblauch (Neapel).
Pollo Hühnchen, Hähnchen.
Polmone Lunge.
Polpo Oktopus, Tintenfisch.
Pomodoro Tomate.
Prezzemolo Petersilie.
Prezzo fisso Zu festem Preis.
Prosciutto Schinken, meist geräucherter Schinken, kann aber auch Rohschinken sein; *prosciutto crudo,* roher oder gesalzener Schinken, *prosciutto cotto,* gekochter Schinken, *prosciutto di Parma,* Parmaschinken, der beste aller Schinken.
Radicchio Roter Schnittsalat.
Radici Rote oder weiße Radieschen oder Rettich.
Rafano Meerrettich.
Ragù Bologneser Fleischsauce aus Schweine- und Rindfleisch, feingehackten Gemüsen, Wein und Tomatenmark.
Ravanelli Rettich.
Ricotta Weichkäse aus Schaf- oder Kuhmilch.
Rigaglie di pollo Hühnerinnereien.
Ripieno gefüllt.
Riso Reis.
Salsa Sauce.
verde Grüne Sauce aus Zitronensaft, Öl, Kapern, Petersilie und Sardellen.
Saltato kurz gebraten.
Salvia Salbei.
a Scelta nach Ihrer Wahl.
Sciroppo Sirup.
Secco trocken.
Selvaggina Wild.
Semifreddo halbgefroren.
Senape Senf.
Servizio compreso (non compreso) Trinkgeld inbegriffen (nicht inbegriffen).
Spiedino Am Spieß gebraten.
allo Spiedo Am Spieß gebraten.
Spuntino Happen, Bissen, kleine Zwischenverpflegung.
Stagionato Gut gelagert.
Stufato geschmort.
Sugo Sauce.
Suppli Gebratene Reiskugeln, oft «al telefono» (am Telefon) genannt, wenn mit Käse gefüllt, der in heißem Zustand Fäden wie «Telefondrähte» – zieht.
Tartufi Trüffel. Die weißen (*bianchi*) sind besonders köstlich (und teuer). Sie riechen so stark, daß Mussolini verbot, sie in der Eisenbahn zu transportieren. Ihr Geschmack ist ein Traum. Oft über den Reis verteilt oder mit Sardellen gemischt (Piemont).
Tortigione Mandelkuchen.
Tost Getoastetes Sandwich mit Käse- und Schinkenfüllung.
Trancia Scheibe.
Trippa Kutteln.
in Umido geschmort.
Uova Eier.
Vaniglia Vanille.
Vari assortiert.
Vellutata Irgendeine Suppe, mit Eigelb angedickt.
Verdure Gemüse.
Vino bianco, rosso Weißer, roter Wein.
Vitello Kalbfleisch.
Vongole Kleine Muscheln.
Zuppa Suppe (ausgenommen *zuppa inglese,* eine Süßspeise.)

Cin-cin! Salute! Prosit!
Buon appetito! Guten Appetit!

Japan und Korea

Japan

Chinesische Kost mag man meist auf Anhieb, japanische wirkt zunächst etwas befremdend. Die durchwegs vegetarische, höchstens durch Fisch etwas abwechslungsreicher gestaltete japanische Küche wurde erst im 19. Jahrhundert durch Fleischgerichte bereichert. Milchprodukte vermochten sich in diesem Land nie einzubürgern. Man trinkt keine Milch, kocht nicht mit Butter und wertet Käse als schimmliges Zeug. Obschon seitens der Portugiesen im 16. Jahrhundert auch das Braten der Speisen eingeführt wurde, machten die Japaner davon nur selten Gebrauch. Die äußerst frischen japanischen Gerichte überraschen durch einen ungewöhnlichen Geschmack, zum Beispiel nach Bohnenquark oder bitteren Pickles. Ein Gericht soll nicht nur eine Gaumenfreude, sondern auch eine Augenweide sein. Kein anderes Volk mißt der Präsentation der Speisen solch enorme Bedeutung zu. Da in früheren Jahrhunderten ein Großteil der Bevölkerung in Armut lebte, sind japanische Gerichte auch heute noch einfach zubereitet und knapp bemessen. Sie sehen hübsch aus und schmecken sehr scharf.

Es gibt eine Vielzahl von Speiselokalen, von den großen *restoran* bis zu den *ba,* Bars, wo man Imbisse, jedenfalls aber trinkfreudige Gastgeberinnen vorfindet. In einem *restoran* wird auch westliche Kost serviert, während man in einem echt japanischen Restaurant, einem *ryoriya,* nur wenige Gerichte, beispielsweise *tempura, sushi* oder Nudeln, erhält.

Die Speisekarte mag belanglos oder höchst verwirrend sein. Für den Uneingeweihten ist die japanische Sprache ohnehin …chinesisch. Wörter können ihre Bedeutung in verschiedenen Zusammenhängen auf komplizierte Weise wandeln, und sie werden manchmal in nach unserer Meinung unzulässiger Weise einfach weggelassen. Im Japanischen kennt man keine Ein- und Mehrzahl, dafür Zeitformen der Eigenschaftswörter.

Ich habe die Gerichte in die üblichen Gruppen eingeteilt: Suppen, Fisch, Fleisch usw. Für eine japanische Mahlzeit gibt es allerdings keine feste Regel. Viele Speisen werden gleichzeitig aufgetragen. Die Suppe ißt man oft an zweiter oder anderer Stelle im Verlauf der Mahlzeit. Die servierten Gerichte sind mitunter fast kalt. Dies stört die Japaner nicht im geringsten, im Gegenteil, es gehörte einst zum guten Ton. Des Kaisers Küchen waren in der Regel sehr weit von den Bankettträumen entfernt; kein Wunder also, daß das Essen höchstens lauwarm aufgetischt wurde. Es gibt keinen Nachtisch. In Japan ißt man zu anderen Zeiten Kuchen, und die Speisen sind ohnehin eher etwas süßlich. Außer Früchten werden Sie nichts bekommen. Man pflegt die Mahlzeit mit gekochtem Reis zu beenden – zwei Schalen voll, eine ist für die Verstorbenen gedacht.

Ich habe in der Zusammenstellung mehrheitlich gebräuchliche Wörter und weniger Gerichte aufgezählt. Ich hoffe, daß Ihnen das eine oder andere Wort bei längeren Namen oder bei Bestellungen als Anhaltspunkt dient. Verlassen Sie sich auf die Ihnen gegebenen Empfehlungen, insbesondere in einer echt japanischen Gaststätte, einem *ryokan.* Dort Gast zu sein ist eines der großen Vergnügen in diesem Land.

Das alkoholische Hauptgetränk ist Sake, ein milder Reiswein, der warm getrunken wird. Es gibt aber auch ausgezeichnetes Bier und recht passablen Whisky – *Suntory* ist die bekannteste Marke. Der aus Trauben gewonnene Wein ist weniger empfehlenswert.

Shiru – Suppen

Hamaguri ushiojiru Muschelbrühe, nur gekocht, mit etwas Sake.
Kakitama jiru Zerquirlte Eier, in dünnem Strahl in *dashi* gegossen, so daß sich Fäden bilden; garniert mit Zuckerschoten.
Kenchin-jiru Hühnerbrühe mit Bohnenquark.
Kuzuhiki jiru Brühe mit Bohnenquark und Sojasauce, mit Ingwer gewürzt.
★ **Miso shiru** *Aka-miso* ist die rote Bohnenpaste, die jeder Suppe beigefügt wird, um sie zu binden. Die Japaner essen eine einfache Art dieser Suppe zum Frühstück. An ihren schwachen Jauchegeschmack hat man sich nach etwa einem Jahr gewöhnt.
Noppei-jiru Gemüsebrühe mit Bohnenquark.
Ozoni Neujahrssuppe. Es ist nicht wichtig, was sonst hineinkommt, wenn sie nur einige *omochi*, klebrige Reiskuchen, enthält.
Sakana ushiojiru Fischbrühe mit etwas Sake und gehackten Frühlingszwiebeln, mit Sojasauce abgeschmeckt.
Satsuma jiru *Miso shiru* mit Hühnerfleisch und Pilzen.
Sumashi jiru *Udon* in Hühnersuppe mit Pilzen.

Gohan – Reis

Donburi Name einer Schale; bedeutet eine Schale Reis, mit Resten bedeckt, manchmal auch mit einer Art Rührei vermischt, alles mit *dashi* befeuchtet.
Gohan «Ehrenwerte Nahrung»; Reis. Die Silbe *go* bedeutet Ehrung.
Gomoku meshi Reis, mit Bohnenquark, *konnyaku*, Klettenwurzel, Hühnchen und Karotten gekocht und mit Sake und Sojasauce gewürzt.
Gomoku soba Reisnudeln in Brühe, mit Schweinefleischwürfeln und Gemüse.
Hiyashi somen Kalte, sehr dünne Nudeln, mit Garnelen und Frühlingszwiebeln, Soja- und *mirin*-Sauce serviert.
Inarizushi Gebratener Bohnenquark, mit *sushi*-Reis und Gemüsen gefüllt.
Katsudon Panierte gebratene Schweinefleischstücke, in *dashi* mit Zwiebeln geschmort auf gekochtem Reis serviert.
Kitsune soba Reisnudeln, in Brühe mit Bohnenquark und Frühlingszwiebeln serviert, mit Soja- und *mirin*-Sauce gewürzt.
Kurigohan Reis mit Kastanien.
★ **Maze gohan** Reis, mit Erbsen, Karotten und Krabben gekocht, mit Ingwer, Gingko-Nüssen, Sojasauce und Sake gewürzt.
Mi-iro gohan «Dreifarbiger Reis». Kein farbiger Reis, sondern weißer Reis, grüne Erbsen und braunes, gehacktes Rindfleisch.
Nori chazuke Gekochter Reis, mit geröstetem *nori*-Purpurtang bestreut und mit Tee begossen.
Norimaki Ähnlich wie *sushi*, aber gerollt, gefüllt mit Fisch, Omeletten oder Gemüse; in Seetang gewickelt und in Scheiben geschnitten.
Oboro Reis, bedeckt mit Hühnerfleisch, Erbsen, Pilzen und Omelettstreifen, befeuchtet mit der Kochflüssigkeit des Hühnerfleisches aus Sojasauce, *mirin* und Zucker.
Onigiri Reiskugeln, gefüllt mit allem, was man auch in *sushi* findet, bestreut mit gerösteten Sesamsamen.
Raisu Reis; aus dem Englischen; heute gebräuchlicher als das japanische Wort *gohan*.

Sekihan Mit roten Bohnen gedünsteter Reis.
★ **Sushi** Kleine, dünne Scheiben oder Vierecke aus Reis, der, mit Tang gekocht, mit einer Mischung aus Essig, Salz, Zucker und *aji-no-moto* zusammengehalten und mit Fisch, Omeletten, Pilzen usw. bedeckt wird. Gegenstück zu einem Kanapee.
Takenoko meshi Gekochter Reis mit Bambussprossen.
Tendon *Tempura*-Garnelen und Gemüse, in *dashi* mit Sojasauce, *mirin* und Frühlingszwiebeln gedünstet und auf gekochtem Reis angerichtet.
Zaru soba Kalte Buchweizennudeln, mit Soja- und *mirin*-Sauce serviert.

Sakana – Fisch

Aji Roßmakrele oder Thunfisch.
Aji-no-nitsuke In Sojasauce mit Ingwerscheiben geschmorte Roßmakrele, mit Zuckerschoten serviert.
Anago Meeraal.
Ayu Flußfisch, ähnlich einer Forelle.
Awabi Abalone.
Bora Meeräsche.
★ **Chirinabe** Fische und Gemüse in Brühe gedünstet und vor dem Essen in Soja- und *mirin*-Sauce mit Ingwer getaucht. Wird wie Sukiyaki gegessen.
Dotenabe Austern, Bohnenquark, *konnyaku*-Nudeln und Chrysanthemenblätter, mit Bohnenpaste in *dashi* mit Sake gedünstet. Wird wie Sukiyaki gegessen.
Ebi Garnelen oder Hummer.
  onigara Grillierte Garnelen, mit Sojasauce, *mirin* und *shichimi* bestrichen.
★ **Fugu** Kugelfisch. Siehe *sashimi*.
Hamaguri Muscheln.
Hirame Plattfisch, oft Heilbutt.
Hizakana Fisch, in Sojasauce, *dashi* und Sake geschmort, mit Ingwer gewürzt.
Hobo Knurrhahn.
★ **Horaku-yaki** Gesalzener, dann auf Föhrennadelbett gebackener Pilz mit Garnelen, Pilzen und Kastanien.
Hotategai Kammmuschel.
Ika Sepia, Tintenfisch.
  no mirinyaki Gekochter Sepia oder Tintenfisch, mariniert in Sojasauce, *mirin* und Sake, dann grilliert, mit der Marinade bestrichen.
Ise-ebi Hummer.
Ishikari nabe Schmorgericht aus Salm mit Pilzen, Spinat, Kohl, Chrysanthemenblättern und Bohnenquark.
Iwashi Sardine.
Kabayaki Grillierter Aal, bestrichen mit Sojasauce, *mirin* und Sake.
Kaibashira Kammmuscheln.
Kaki Austern.
Kani Krebs.
Kamaboko Fischwurst oder -kuchen, oft rot gefärbt.
Kamasu Hecht.
Karei Plattfisch, oft Scholle.
Kimini Garnelen in *dashi*, Sojasauce und Sake geschmort und mit geschlagenem Eigelb bedeckt.
Kisu Stint.
Koi Karpfen.
Ko-ebi Krabben.
Kuruma-ebi Garnelen.
Maguro Thunfisch.
Masu Forelle.
Negima nabe Porree- und Thunfisch-Topf.
Nishin Hering.
Nuta Fischsalat.
Saba Makrele.
  no sutataki Gesalzene Makrelen, in Essig und Zucker mariniert, mit zerkleinertem rohem Rettich, Karotten und Ingwer serviert.
Sakana uniyaki Gesalzener Fisch, bestrichen mit Mischung aus Eigelb und Wasserkastanien, grilliert.
Sake Lachs.
★ **Sashimi** Roher Fisch. Im Unterschied zu andern Nationen essen die Japaner viele Fischsorten roh. Die besten sind *tai* (Meerbrasse), *sake* (Lachs), *ika* (Sepia) und, falls man es wagt, *fugu* (Kugelfisch). Letzterer muß von einem Fachmann ausgenommen werden, der dafür eine besondere Lizenz hat, sonst besteht Vergiftungsgefahr. All-

jährlich sterben etwa 200 Menschen an dem Gift des *fugu* – es wirkt innerhalb von 5 Minuten. Ich würde rohen Flußfisch meiden. *Koi* (Karpfen) hat einen ekligen Leberegel, der eine Vorliebe für Menschen hat. *Sashimi* wird mit Soja- und Meerrettichsauce serviert.
Sawara Makrelenähnlicher Fisch.
Shitabirame Seezunge.
Shirano Weißfisch.
Suzuki Barsch.
Tai Meerbrasse.
Tara Dorsch.
★ **Tarako to tasai no niawase** *Shirataki*-Nudeln, Dorschlaich, Porree und Karotten, in *dashi*, Sojasauce und *mirin* geschmort.
★ **Tempura** Fischstücke, Krabben und Gemüse in Ausbackteig getaucht und schwimmend gebacken. Es gibt in Städten viele *tempura*-Bars. Sie haben den Vorteil, daß dort das Essen sehr heiß und knusprig serviert wird, weil der Koch es dem Gast direkt vorlegt. In Restaurants ist der Teig oft unausgebacken. *Tempura*, eines der berühmtesten japanischen Gerichte, wurde im 16. Jahrhundert durch die Portugiesen eingeführt.
Unagi Aal.
Uo suki Fisch-Version von Sukiyaki. Man verwendet Fisch anstelle von Rindfleisch.
Zarigani Hummer.

Niku – Fleisch, Tori – Geflügel

Asuka nabe Schmorgericht, meist aus Hühnerfleisch mit *shirataki* und Gemüse, mit Brühe und Milch zubereitet.
Butanabe Schweinefleischstücke in Seetangbrühe mit Bohnenquark, Kohl und Chrysanthemen geschmort. Wird wie Sukiyaki gegessen. Die Gäste tauchen das Fleisch und die Gemüse in eine Sauce aus Soja, *mirin* und Essig.
Butaniku Schweinefleisch.
Chanko nabe Hühnergericht mit Pilzen und Bohnenquark, *shirataki*, Bambussprossen, Karotten, Kohl und Porree.
Gacho Gans.
Goma yaki Mariniertes Hühnchen, in Sesamöl gebraten und mit Sesamsamen bestreut.
Gyniku Rindfleisch.
Hato Taube.
Iridori Mit Gemüse geschmortes Hähnchen.
★ **Jingisukan nabe** «Dschingis-Khan-Topf»; Schaf- oder Rindfleisch werden in Spezialpfanne mit Pilzen, Zwiebeln und Porree gebraten. Die Gäste bedienen sich selbst. Es gibt meist etwa fünf Gewürze und eine Sauce zum Eintauchen der Bissen.
Kawari yanagawa nabe Schweinefleischtopf mit Bohnensprossen, *konnyaku*, grünen Bohnen, Ingwer und Eiern.
Kiji Fasan.
Komo Leber.
Kohitsuji Lammfleisch.
Koushi Kalbfleisch.
Matsumae nabe Hühnerfleisch, Garnelen, Austern, Porree und Seetang, in *dashi* geschmort.
Mizutaki Hühnerfleischwürfel, Bohnenquark, Pilze und Gemüse in wenig Wasser mit Ingwerwurzel gegart. Wird wie Sukiyaki gegessen und in eine Sauce aus Soja, Essig und Zitrone getaucht. Gewürzt mit Rettich und Chillies.
Niwatori Hähnchen.
Nomiso Hirn.
★ **Shabu-shabu** Dasselbe Prinzip wie bei Sukiyaki, nur daß die Zutaten meist in Brühe gedünstet, nicht gebraten werden. Es wird dasselbe Fleisch, wenn möglich etwas dicker, und dieselben Gemüse, allerdings mit Kohl, verwendet. Die Gäste tauchen die Bissen in eine Sauce aus Sesamsamen, Sesamöl, zwei Arten Sojasauce, Chillies, *dashi* und Essig.
Shita Zunge.
Suizo Kalbsbries.
★ **Sukiyaki** Das Gericht, das man allen westlichen Besuchern auftischt, das in Japan aber bis ins vorige Jahrhundert noch unbekannt war. Man verwendet dafür hauptsächlich Rindfleisch (am besten ist Kobe-Rindfleisch – die Tiere werden massiert, damit sich das Fett im Fleisch verteilt, was ihm das gesprenkelte Aussehen verleiht),

sehr dünn geschnitten. Eine große flache Pfanne wird auf ein Rechaud in die Tischmitte gestellt und etwas Fett darin geschmolzen. Die Gastgeberin legt fortlaufend Rindfleischscheiben, Frühlingszwiebeln, Bambussprossen, Pilze, Zwiebeln, *konnyaku*-Nudeln, Bohnenquark usw. hinein. Sie fügt auch Sojasauce, Sake und etwas Zucker bei. Wenn die Stücke gar sind, tauchen die Gäste jedes einzelne vor dem Verzehr in eine Schale mit einem rohen, zerquirlten Ei.
★ **Tonkatsu** In Sojasauce und *mirin* mit Knoblauch und *shichimi-togarashi* (Siebengewürzpfeffer) mariniertes Schweinefleisch, in Ei, gehackte Frühlingszwiebeln und Brotbröseln getaucht und gebraten.
Toriniku no dango Klöße aus gehacktem Hühnerfleisch, Pilzen, Frühlingszwiebeln, Karotten und Brotbröseln, gebraten.
no nanbanyaki Hähnchenstücke in *mirin*, Sake und Sojasauce mariniert, dann, bestrichen mit der Marinade, der man gehackte Frühlingszwiebeln, Eigelb und Cayennepfeffer beifügt, grilliert.
Tsumiire nabe Sehr fein gehacktes Hühnerfleisch, mit roter Bohnenpaste vermischt, mit Bohnenquark und Porree in Kohlblätter gewickelt und mit *dashi, mirin* und Sojasauce gegart.
★ **Yakitori** Hähnchenstücke und Gemüse auf einem Spieß, wiederholt mariniert mit Sojasauce, *mirin*, Sake, Zucker und Cayennepfeffer und grilliert, bis die Stücke gar sind.
Yosenabe Hühner- und Schweinefleisch, Garnelen, Bohnenquark, Gemüse oder andere beliebige Zutaten in Brühe mit Reis und Weizennudeln gegart. Wird wie Sukiyaki gegessen, in Sauce getaucht oder mit *shichimi* bestreut.
Yudebuta Mit Ingwer und Frühlingszwiebeln gekochtes Schweinefleisch; kalt serviert.
Yudofu Bohnenquark in Seetangbrühe mit Chrysanthemenblättern und Pilzen gegart. Wird wie Sukiyaki gegessen, in Sauce aus Soja, *mirin*, Frühlingszwiebeln und Ingwer getaucht. Anfängern nicht zu empfehlen.

Yasai – Gemüse

Aburage Schwimmend gebackener Bohnenquark.
Aemono Salat.
Daikon Riesiger weißer Rettich.
★ **Dobin mushi** «Im Teetopf geschmort»; Garnelen, Hühnchen und Pilze im Teetopf mit *dashi*, Sojasauce, Chrysanthemenblättern und Zitronensaft geschmort. Die Brühe wird aus dem Topf in Schalen gegossen.
Endo Erbse.
Gobo Klettenwurzel.
Hakusai Chinakohl.
nabe Kohl- und Gemüsetopf mit Garnelen und Schinkenwürfeln.
Harusame Sojabohnen-Nudeln.
Horenso Spinat.
Ingenmame Grüne und weiße Bohnen.
Jagaimo Kartoffel.
Kabocha Kürbis.
Kikujisha Chicorée.
Kimpira Klettenwurzeln in Sojasauce und *mirin* mit Zucker, Öl und Cayennepfeffer gegart.
Kinoko Pilz.
Kinome Stachlige Eschenblätter.
Kinome-ae Salat mit *kinome*, Sepia, Spinat, Bambussprossen, mit Bohnenpaste- und *dashi*-Sauce.
Kombu Seetangasche.
Konnyaku Teufelszunge, (*amorphophallus*) aus der eine Art durchsichtige, geleeartige Reiskuchen und Nudeln (siehe *shirataki*) hergestellt werden, nicht zu verwechseln mit *konyaku*, einem Heiratsversprechen.
Kyuri Gurke.
Matsutake «Föhren»-Pilz, kostbarer Waldpilz.
Menrui Nudeln.
Moyashi Bohnensprossen.
Naganegi Frühlingszwiebeln.
Namasu Fischsalat; roher Fisch und/oder Gemüse in Essig.
Nasu Aubergine.

Ninjin Karotte.
Nori Papierdünne Blätter Purpurtang.
Oden Eintopf aus Bohnenquark, Kohl, Sepia, Fischwurst, Rettich, Eiern und *konnyaku* mit *dashi, mirin,* Sake und Sojasauce zubereitet. Oft mit Fleischkugeln anstelle der Fische.
Renkon Lotuswurzel.
Sayaingen Grüne Bohnen.
Shiitake Dunkler, eigenartiger Pilz.
Shirataki Nudeln aus *konnyaku.*
Shiro-ae Salat aus Karotten, *konnyaku,* Sesamsamen und Bohnenquark.
Shungiku Chrysanthemenblätter.
Soramame Saubohnen.
Takenoko Bambussprossen.
Takiawase Bambussprossen, gemischt mit Hühnerfleischklößen.
Tamanegi Zwiebel.
Tofu Bohnenquark.
Tomorokoshi Mais.
Udon Weizennudeln.
  suki Sukiyaki mit Nudeln, Muscheln und Hühnerfleisch anstelle von Rindfleisch.
Wakame Seetangfasern.
Warabi Eßbarer Farn.
Yakidofu Grillierter Bohnenquark.
Yasai moriawase Gemischte Gemüse.

Kudamono – Früchte

Anzu Aprikose.
Ichigo Erdbeeren.
Ichijiku Feige.
Kaki Persimone, Kaki-, Dattelpflaume (nicht zu verwechseln mit Austern, Blumen oder Sommer, die alle *kaki* heißen).
Kichigo Himbeeren.
Mikan Mandarine.
Momo Pfirsich.
Nashi Birne.
Remon Zitrone.
Ringo Apfel.
Suika Wassermelone.
Tachibana Mandarine.

Vielgebrauchte Ausdrücke

Ageta Gebraten.
Dango Klöße.
Föku Gabel.
Ginnan Gingko-Nuß.
Ginshi-yaki In Folie gekocht.
Goma Sesamsamen.
Gyunyu Milch.
Hashi Eßstäbchen.
Karashi Senf.
Kohi Kaffee.
Kushi-yaki Am Spieß gebraten.
Mirin Reiswein zum Kochen.
Misozuke In Bohnenpaste eingelegt.
Mizu Wasser.
Mushi-yaki In Pfanne gekocht.
Naifu Messer.
Nama Roh, frisch, unreif.
Ninniku Knoblauch.
Nita Gekocht.
Ocha Tee, grüner Tee.
O-kanjo Rechnung.
Pan Brot.
Ponzu Sauce aus Saft von sauren Orangen, Sojasauce und *dashi.*
Sake Reiswein, lauwarm aus winzigen Täßchen getrunken.
Shichimi-togarashi Gemischtes Gewürz aus Mohnsamen, Raps, Hanf und Sesamsamen, getrockneter Mandarinenschale und Pfefferblättern.
Shio Salz.
Shio-yaki Zubereitungsart für Fisch, zuerst dick mit Salz bedeckt, 30 Minuten liegen gelassen, dann über Holzkohle grilliert.
Shoga Ingwer.
Shoyu Sojasauce.
Su Essig.
Suimono Klare Suppe.
Supun Löffel.
Takidashi Kochender Reis.
Tamago Ei.
Tempiyaki shita Gebacken.
Teppan-yaki Grillmethode auf heißer Eisenplatte, oft am Tisch.
Teriyaki Zubereitungsmethode für Vögel, Fisch und Fleisch, halbstündig in Sojasauce, *mirin* und Sake mariniert, dann über Holzkohle grilliert.
Togarashi Chili oder Cayennepfeffer.
Tsukemono Pickles.

Tsukeyaki Kochmethode – das Kochgut wird in Sojasauce, *mirin*, Sake, Ingwer und Knoblauch mariniert und unter ständigem Bestreichen mit der Marinade grilliert.
Waribashi Eßstäbchen.
Wasabi Meerrettich, in Japan sehr scharf, in Pulverform und mit sanft grünem Aussehen. Vorsicht!
Yaita Grilliert.
Yaki Backen oder braten.

Kanpai! Prosit
Hadakaimasu! Guten Appetit!

Korea

Koreanische Kost gleicht in mancher Beziehung der chinesischen und japanischen, entbehrt aber der Feinheit der ersteren und der Vielseitigkeit der letzteren.

In größeren Hotels der Großstädte wie Seoul gibt es ausgezeichnete Restaurants (*schick dahng*). In Kleinstädten, insbesondere in den *kinsaeng* (entspricht dem japanischen Geishahaus) werden Sie eher traditionelle Gerichte finden.

Bindae tok, bina tok Pfannkuchen aus getrockneten grünen Bohnen, gemahlen und mit Mehl und Eiern zu Teig gemischt.
★ **Bulgogi, bul-ko-kee, pulgogi, pul-ko-kee** In würziger Sauce marinierte Rindfleischscheiben, am Tisch über Holzkohlenfeuer grilliert.
Dak jim, tak chim Hühnerfleisch mit grünen Pfefferschoten, Pilzen und Gingko-Nüssen in Brühe mit Sesamsamen, Sojasauce und Chili gegart.
★ **Doyaji bulgogi** Schweinefleischscheiben mariniert in Sojasauce, frischem Ingwer, Sesamsamen, Knoblauch und Zucker, gebraten oder grilliert.
Jeotkal In Salz und Essig eingelegte Fische – Hering, Tintenfisch, Sardellen usw.
Joni gol, juhn kol Rohe Rindfleischscheiben in Sojasauce, Sesamsamen und Knoblauch getaucht und mit Zwiebeln, Pilzen und Karotten in Brühe am Tisch über Holzkohlenfeuer gegart.
Kalbee Rippenspeer vom Rind, mariniert, grilliert, mit Sesamsamensauce serviert.
Keem chee, kimchee, kim chi Eingelegtes Gemüse, zu fast jeder koreanischen Mahlzeit serviert – Chinakohl, weißer Rettich, Gurke oder Grüngemüse, gehackt und gewürzt mit Salz, Pfeffer, Knoblauch, Sardellen und Chili.
Kong na-mool kuk Suppe aus Bohnensprossen, Rindfleisch, Knoblauch, Sesamsamen und Frühlingszwiebeln.
Mandoo kuk, man-tu kuk Klare Fleischbrühe, abgeschmeckt mit Sojasauce und Sesamsamen, serviert mit Klößen, gefüllt mit gehacktem Rindfleisch und Gemüse.
Na mool Milde Gemüsebeilagen als Ausgleich für stark gewürzte Gerichte.
Saengson-cheem, sansuhn jim Mit Gemüse, Sojasauce und Knoblauch gedünsteter Fisch.
Sanki san jok, songi sahn juk Rindfleischstreifen, in Sojasauce mit Frühlingszwiebeln, Karotten und Sesamöl mariniert, auf Spieße gesteckt, in zerquirltes Ei mit Mehl getaucht und gebraten.
See-kum-chee kuk Suppe aus Spinat, Rindfleischwürfeln, Knoblauch, Sojasauce und Sesamsamen.
★ **Shinsonro, shinsulro, sin sollo** Koreanischer «Königstopf»: Fleischbrühe mit Seetang, Meerfrüchten, gekochten Eiern und Gemüsen, am Tisch zubereitet.
Song Pyun Kleine, süße, gedünstete Reiskuchen, gefüllt

mit pürierten Kastanien und Bohnen.
Yachae tweegim Häufchen fein geschnittener Kartoffeln, Zwiebeln, Karotten, milder Pfefferschoten und Zucchini, mit Teig vermischt und in heißem Öl gebraten.
Yookehjang kuk, jukkai jang kuk Suppentopf mit Rindfleischscheiben und Frühlingszwiebeln in heißer Brühe mit Chili, Knoblauch und Sesamsamen.

Vielgebrauchte Ausdrücke

Gaesan Rechnung.
Jungjang Reiswein.
Kook, kuk Suppe.
Pahb Reis.
Pang Brot.
Saewoo Garnelen.
Soju Branntwein (scharf).

Dubsida! Prosit
Mani duseyo! Guten Appetit!

Jüdische und israelische Kost

Als Bernhard Levin erstmals Israel besuchte, erkundigte er sich verzweifelt: «Hat denn niemand in diesem Land eine jüdische Großmutter gehabt?»

Jüdische Kost ist eine Mischung vielfältigster Elemente, koordiniert durch zwei Prinzipien: die Speisegesetze und Festtagsbräuche. Die Juden haben es verstanden, in jedem Land, in dem sie ansässig waren, die einheimische Küche mit ihren Speisegesetzen in Einklang zu bringen. Gleichzeitig hängen Gerichte wie *haroset, hamantaschen* und *kreplach* mit Ereignissen in der jüdischen Geschichte zusammen. Mit gefüllten Gemüsen wie *holishkes* pflegt man das Laubhüttenfest zu begehen. Ein besonderer Aspekt der jüdischen Küche sind die verschiedenen langsam gekochten Gerichte. Man setzt sie bereits am Vorabend auf, um den Sabbat von jeglicher Arbeit freizuhalten.

Zwei weitere Traditionen bilden der vor allem in England und Amerika übliche aschkenasische Stil, der auf der polnischen und deutschen Küche basiert, und der auf die spanische und portugiesiche Küche zurückgehende sephardische Stil.

In meinem Verzeichnis habe ich bei den mit einem besonderen Fest- oder Feiertag verbundenen Gerichten das betreffende Fest jeweils in Klammern vermerkt, obschon die betreffenden Speisen heute meist das ganze Jahr über auf den Tisch kommen. Ich wählte die hebräischen Namen. Die Übersetzungen oder Umschreibungen lauten wie folgt: **Chanukka**: Lichterfest; **Pesach**: Passah; **Purim**: Losfest; **Rosch ha-Schanah**: Neujahrsfest; **Schabbat**: Sabbat; **Schawuot**: Wochenfest; **Sukkot**: Laubhüttenfest (Erntefest).

Gerichte israelischen Ursprungs sind mit (I) markiert.

Vorspeisen – Hors d'œuvres

Carmel purée (I) Mit Öl, Zitronensaft, Knoblauch und Gewürzen pürierte Avocados.
Felafel (I) Gebackene Kugeln aus gemahlenen Kichererbsen und Gewürzen.
Gehackte Eier Hartgekochte Eier, gehackt und mit Zwiebeln und Hühnerfett gemischt.
Gehackte Leber Pâté aus Hühnerleber mit hartgekochten Eiern und gebratenen Zwiebeln, gehackt.
Haroset Mischung aus geraffelten Äpfeln, gemahlenen Mandeln, Rotwein und Gewürzen, (Passah).
Hälsel Hühnerhals, gefüllt mit Matzenmehl, gehackten Zwiebeln und Hühnerfett, mit Sauce serviert.
Hering
gehackte Gehackte Salzheringe mit eingeweichtem Brot, hartgekochten Eiern, Zwiebeln, Äpfeln und Gewürzen.
Schmalz Zerkleinerte Heringe, mit Zitronensaft, gehackten Frühlingszwiebeln und Pfeffer bedeckt und auf Schwarzbrot oder *challah* serviert.
Hummus Gekochte Kichererbsen, püriert mit Knoblauch, Öl und Zitronensaft, mit *pitta* serviert.
Salat chatzilim (I) Gebackene Auberginen, püriert mit rohen Zwiebeln, Öl, Zitronensaft und Tomaten.
Tahina (I) Sesamsamen mit Öl, Zitronensaft und Knoblauch zu mayonnaisegleicher Konsistenz gerührt.
Toureto (I) Gurken püriert mit eingeweichtem Brot, Öl und Zitronensaft, kalt mit *pitta* serviert.

Suppen

Borschtsch Rübensuppe, gewürzt mit Zitronensaft und Zucker, manchmal mit Eiern gebunden, heiß mit gekochten Kartoffeln oder kalt mit saurer Sahne serviert.
Gilderne Joch Die berühmte Hühnersuppe, traditionsgemäß am Sabbat gegessen.
Krupnik Gerstensuppe mit Pilzen.
Marak avocado (I) Avocado-suppe.
Marak peyrot (I) Gehackte Früchte, in Brühe aus Orangen- und Zitronensaft gekocht.
Schav Eiskalte Sauerampfer-suppe, garniert mit geschnittenen hartgekochten Eiern und Sauer-rahm.

Beilagen

Farfel Eierteig, getrocknet und zerrieben in Suppe gekocht.
Knedlach Knödel aus Matzen-mehl, geriebenen Mandeln, Hühnerfett und Eiern.
Kreplach Kleine dreieckige, mit gehacktem Rindfleisch gefüllte Pasteten; sollen die drei Patriarchen Abraham, Isaak und Jakob symbolisieren (Neujahrs-fest).
Lokschen Eiernudeln.
Mandeln Suppeneinlage aus Eierteig mit Öl und Mandeln, knusprig gebraten oder gebacken.
Triflach Ähnlich wie *farfel,* nur luftiger, mit mehr Eiern.

Hauptgerichte

Charshofay natseret (I) Mit gehacktem Lammfleisch, Pinien-kernen und Gewürzen gefüllte Artischocken.
Gedämpftes Fleisch Scharfes, langsam geschmortes Rind-fleischgericht.
Gefillte Fisch Knödel aus gehacktem Fischfleisch, Zwiebeln, Matzenmehl, Eiern und Gewürzen, in Fischbrühe gekocht, gebraten oder gebacken.
Gekochte Hähndel Hähnchen, geschmort mit Zwiebeln und Paprika.
Holischkes Gehacktes Rind-fleisch, in Kohlblätter gepackt, in süßsaurer Sauce geschmort (Laubhüttenfest).
Of sum-sum (I) Hähnchen in Sesamsamen gewendet und in Öl gebacken.
Petcha Gelierte Kalbsfüße.
Piroggen Rindfleischpasteten.
Süßsaurer Heilbutt Pochierter Heilbutt, an Eier-Zitronen-Sauce.
Tzimmes Eintopf aus langsam geschmorter Rindsbrust, gesüßt mit Karotten und Sirup, Pflaumen oder Dörrobst, bedeckt mit Kartoffeln und Knödeln (Neujahrsfest).

Gemüse und Salat

Chatzilim be'agvaniot (I) Auberginescheiben, in Teig getaucht und knusprig gebacken, mit pikanter Knoblauch-Tomaten-Sauce serviert.
Latkes Pfannkuchen aus geriebenen rohen Kartoffeln, knusprig und goldgelb gebacken und mit Zimtzucker, Apfelsauce, saurer Sahne u.a. garniert. Sie können auch mit Matzenmehl hergestellt und in leichtem Aus-backteig gebraten werden (Lichterfest).
Levivot halamit (I) Gehackter Spinat, gemischt mit Mehl und Eiern und gebacken.
Mayeren-Kugel Pudding aus geriebenen Karotten, Matzen-mehl, Rosinen, Datteln, Zucker und Gewürzen (Passah).
Salat hadarim ve'avocado (I) *Pomela-*, Grapefruit- und Orangenschnitze, gemischt mit

Avocadoscheiben, darauf Hüttenkäse, bedeckt mit Zitronensaft, Zucker und Granatapfelkernen.
Salat hakibbutznikim (I) Salat aus feingehackten Gemüsen, hartgekochten Eiern, Joghurt, Hüttenkäse, Sauerrahm, Kräutern und verschiedenen Saucen. Wird im Kibbuz zum Frühstück gegessen.
Tfihat kishuim (I) Kürbis-Auflauf.

Desserts und süßes Gebäck

Apfelschalet Stark gewürzter Apfelpudding.
Blintzes Pfannkuchen mit süßer Quarkmischung.
Hafta'aht solet (I) Mit Saft von Zitrusfrüchten schaumig geschlagener Grießbrei.
Haman's ears Schwimmend gebackenes, ohrenförmiges Gebäck (Purim).
Hamantaschen Kleine, dreieckige Kuchen, die Hamans Untergang symbolisieren, als er im 4. Jahrhundert das Massaker der Juden in Persien plante und scheiterte. Die Kuchen sind gefüllt mit einer Wein-, Walnuß-, Mohnsamen-, Apfel-, Aprikosen- oder Pflaumenmischung (Purim).
Ingberlach Konfekt aus Karotten, mit Zucker, Ingwer, Mandeln und Zitronensaft zu einem dicken Brei gekocht (Passah).
Kos-anavim vemilon (I) Früchtebecher aus grünen und blauen Trauben, Wasser- und Honigmelonenkugeln, gemischt mit Honig, Zitronen und Granatapfelkernen.
Lekach Honig- und Gewürzkuchen (Neujahrsfest).
Lokschen-Kugel Eiernudeln in Eierteig gebacken (Wochenfest).
Mandelbrot Luftiger Mandelkuchen.
Miktzefet limon (I) Zitronenschnee.
Mohnlach Honig-, Mandel- und Mohnsamengebäck.
Plava Fettloser Biskuitkuchen.
Pletzlach Vierecke aus stark gesüßtem, gekochtem Aprikosen- oder Pflaumenmark (Passah).
Prelato Ingwerbiskuit aus Kartoffelmehl (Passah).
Schabbat-Kugel «Brot- und-Butter-Pudding» mit Hühnerfett statt Butter, frischen Fruchtschnitzen und Gewürzen.
Taiglach Geflochtene Teigstücke in siedendem Sirup oder Honig gekocht.

Vielgebrauchte Ausdrücke (jiddisch)

Bagel Krustige Brotringe.
Bulkes Früchte- und Nußbrötchen.
Challa Traditionell geflochtenes Sabbat-Brot.
Charain Meerrettich, gemischt mit gehackten, gekochten Rüben.
Kichel Knuspriges, schwach süßes Biskuit.
Matzo Knuspriges, ungesäuertes Flachbrot.
Milchik Molkerei-Produkte.
Pampalik Flaches Zwiebelbrot.

Vielgebrauchte Ausdrücke (israelisch)

Basar Fleisch.
Beitzim Eier.
Chatzilim Auberginen.
Dagim Fisch.
Gvina Käse.
Heschbon Rechnung.
Leben Joghurt.
Lechem Brot.
Mayim Wasser.
Ofot Geflügel.
Pitta Flachbrot (hohl).
Pomela Zitrusfrüchte-Kreuzung.

Tafrit Menü.
Tahina Sesambrei.
Ugot Kuchen.
Yayin Wein.
Yerakot Gemüse.
Zeitim Oliven.

Lechajim! Prosit
Bete-avon! Guten Appetit!

Kanada

Die Kost Kanadas und die der USA gehen auf dieselben Ursprünge zurück. In der Neuen Welt seßhaft geworden, paßten die englischen und französischen Siedler die neuentdeckten Nahrungsmittel dem eigenen Geschmack an und übernahmen auch gewisse indianische Essensgewohnheiten. Das Leben war hart, und die Pioniere begnügten sich mit einer höchst einfachen Kost, die sich kaum von der auf Getreide basierenden Ernährungsweise der Indianer unterschied.

Das wichtigste Naturprodukt Kanadas sind die herrlichen Fische. Trotz seiner Berühmtheit schmeckt aber kanadischer Lachs nicht so gut wie schottischer. Es gibt in Kanada einige einzigartige Fischsorten. Der *Winnipeg Goldeye,* der manchmal über Weidenholz geräuchert wird, der *cisco* aus dem Ontario- und Eriesee und der arktische Saibling sind Delikatessen. Dasselbe gilt von den Forellen, den verschiedenen Dorscharten, von *doré,* Krebsen, Hummern, Muscheln, Malpèque- und Buchtouche-Austern.

Am liebsten mag ich den wilden Reis aus Manitoba – für mich der beste der Welt. An den Küsten gedeiht eine besondere Farnart, deren Wedel gekocht werden (sogenannte *fiddleheads*), und in Brunswick gibt es eine hervorragende Algenart namens *dulse.*

Kanada verfügt über einen vielfältigen Wildbestand. Neben den allgemein bekannten Arten kommen auch Büffel vor, deren Fleisch zusammen mit Beeren, Bären- und Murmeltierfleisch für ein als *pemican* bekanntes Mischgericht verwendet wird.

Ich verzichte auf ein spezielles Verzeichnis. Die meisten Gerichte können in den Kapiteln über die USA, England und Frankreich nachgeschlagen werden.

Obgleich die Frankokanadier einen eigenen charakteristischen Kochstil entwickelt haben, tragen die Gerichte französische Namen. Die bekannte Brome-Lake-Ente wird normalerweise *à l'orange,* aber mit wildem Reis gefüllt und in einer scharfen grünen Olivensauce serviert. Manche Namen muten andererseits etwas fremd an: *creton français* gleicht *pâté de fois gras; beignes* und *coquignoles* sind Krapfen, *crêpes et sucre d'erable* sind Pfannkuchen mit Ahornzucker, *ragoût de pattes et boules* ist ein Schmorgericht aus Schweinshaxen und Fleischkugeln. Das vielleicht bekannteste frankokanadische Gericht ist die *tourtière,* eine nahrhafte Pastete mit einer Füllung aus gehacktem Schweine- und Rindfleisch, Zwiebeln und Brotbröseln, mit Knoblauch gewürzt.

In gewissen Gegenden von Ontario ist ein deutscher Einfluß unverkennbar. In Neufundland versteht man unter *brews* ein Gericht aus gekochtem Dorsch und zerbröckelten Keksen, und aus Seehund bereitet man *flipper pie.*

Die Kanadier sind die Erfinder des Ahornsirups, der für unzählige Gerichte Verwendung findet. Bei den sogenannten «sugaring off»-Partys, die Ende des Winters stattfinden, wird gekochter Sirup in den Schnee geträufelt, um kurze Stiele geringelt und so gegessen.

In Kanada schätzt man einen guten Tropfen. Es werden alle bekannten Getränkearten produziert. Man destilliert kanadischen Whisky aus Mais, Roggen, Gerste und Aromastoffen. Er ist trockener als der amerikanische Bourbon.

Die Karibik

Wer als Tourist die Karibik besucht, wohnt meist in einem großen Hotel, wo man ihm unter hohem Kostenaufwand importierte, schlecht zubereitete Versionen seiner heimischen Kost auftischt. Dies ist bedauerlich, denn erstens kommt es der Wirtschaft des Gastlandes in keiner Weise zugute, zweitens aber bleibt es dem Besucher versagt, die vielfältigen Gaumenfreuden der Inselkost auszuprobieren. Die lokalen Zutaten werden auf jeder Insel – entsprechend den Gewohnheiten der ehemaligen Kolonialherren – anders verwendet.

Es empfiehlt sich, die auf den Inseln angebotenen Gerichte in den Kapiteln über Süd- und Zentralamerika und all jene Länder nachzuschlagen, von denen sie übernommen wurden.

Accra, acrat de morue, acra l'en morue Siehe *stamp and go.*

Akkra (Jamaika) Erbsen- oder Bohnenküchlein.

Arroz y habichuelas Siehe *peas and rice.*

Asopao (Puerto Rico) Dünnes Reisgericht mit Hühnerfleisch und gelegentlich Garnelen, Krebs oder Hummer.

Bacalaitos Siehe *stamp and go.*

Bakes (Trinidad) Süße Brötchen.

Calaloo, calalou, callaloo, callau, callilu Diese berühmteste der kreolischen Suppen, meist Trinidad zugeschrieben, aber auch auf anderen Inseln zubereitet, erinnert an Krebs-*gumbo* in New Orleans. Sie enthält *callaloo*-Blätter und wenn möglich Krebs, gepökeltes Schweinefleisch, Okra, Auberginen, Zwiebeln, Tomaten, Kokosmilch, Knoblauch, Gewürze, Kräuter und scharfe Pfeffersauce.

Chicharron, chicherón Gebackene Schweinehaut, auf spanischen Inseln Straßenimbiß.

Colombo (Martinique, Guadeloupe) Currygericht, auf holländischen Inseln als *kerry* bekannt.

Crabes farcis (Martinique, Guadeloupe) Panzer von Landkrebsen (oder *jueyes*), gefüllt mit Krebsfleisch, gekocht mit Kräutern, milden Pfefferschoten und Brotbröseln.

Crapaud (Montserrat, Dominica) Große und schmackhafte Frösche, meist gebraten oder geschmort und mit Limonenschnitzen serviert.

Diri et djon djon (Haiti) Reis mit winzigen Pilzen.

Escabeche, escovitch Gebratene oder grillierte Fischfilets in pikanter Marinade.

Floats Süße Hefeteigkugeln, in heißem Öl gebacken.

Flying fish (Barbados) Fleischiger Fisch, meist gebraten.

Foo foo Knödel aus zerdrückten Bananen, pochiert oder gebraten.

Funchi (Holländische Antillen) Maismehlpudding, in Scheiben geschnitten und mit Fisch- und Fleischgerichten serviert.

Goat Ziege, in der ganzen Karibik ein beliebtes Fleisch und Hauptzutat in Spezialitäten wie *curried goat,* Ziegen-Curry, mit Kokosmilch und Limonensaft (Jamaica), und *stobá,* einem aufwendigen Schmorgericht mit vielen Kräutern und Gewürzen (Curaçao).

Griots de porc (Haiti) Schweinefleischwürfel mit Zwiebeln, Kräutern, Orangensaft und Knoblauch, in Öl gebraten. Mit *ti malice,* gebratenen Bananen und süßen Kartoffeln serviert.

Hop'n' John, Hoppin' John (Bermuda) Siehe *peas and rice.*

Java honden povtie (Holländische Antillen) Eine Portion Reis mit zwei Spiegeleiern darauf, umgeben von Fleisch und Gemüsen, mit Curry, Sojasauce und anderen Gewürzen.

Kerry Siehe *colombo.*

Keshi yena (Holländische Antillen) Ganzer ausgehöhlter Edamer Käse, gefüllt mit Fleisch oder Fisch und Oliven, Zwiebeln und Tomaten und gebacken.

Lambi conch (auch *concha* und *conque* genannt) Schneckenmuscheln, deren Fleisch mariniert wird, um es zarter zu machen. Wird in *chowders,* Salaten oder Küchlein verwendet, manchmal in Scheiben geschnitten, roh gegessen.

Langosta criolla (Kuba) Hummer, gebraten mit Tomaten, Zwiebeln, milden Pfefferschoten, scharfer Pfeffersauce und Limonensaft oder Weißwein.
Marucou (Trinidad) Geschmortes Opossum.
Matete (Trinidad) Krebsfleisch, mariniert mit Zwiebeln, Kräutern und Wein, in Kokosfett gebraten, mit Kassawamehl eingedickt.
Matrimony (Jamaika) Fruchtsalat aus Äpfeln und Orangen, mit Milch und Zucker.
Morcilla Blutwurst.
Pain patate (Haiti) Pudding aus süßen Kartoffeln.
Pasteles (Puerto Rico) Wie mexikanische *tamales.*
Peas and rice (Jamaika) Erbsen und Reis; Tauben- oder Straucherbsen, auch *goongoo-, gunga-* oder Kongo-Erbsen (auf ihren afrikanischen Ursprung hinweisend) genannt, werden mit Reis, Kokosmilch, Stücken von gesalzenem Schweinefleisch oder Speck und Gewürzen oder andern Zutaten gekocht. Das Gericht nimmt in der karibischen Folklore einen wichtigen Platz ein.
Pepperpot Altüberliefertes Gericht aus gerade vorrätigen Zutaten – Hähnchen, Schweine- oder Rindfleisch, Ochsenschwanz, Kalbskopf oder -fuß –, mit *cassareep,* einem aus Kassawawurzeln gewonnenen Saft. Suppeneintopf, der fortlaufend ergänzt wird. Manche wollen von einem hundertjährigen *pepperpot* gegessen haben.
soup (Jamaika) Suppe aus gesalzenem Schweine- oder Rindfleisch mit *Okra, callaloo* oder Spinatblättern, *yams* und Kohl, in Kokosmilch gekocht.
Pescado Santo Domingo (Dominikanische Republik) Meerbarsch, kalt als Hors d'œuvre serviert.
Piment oiseau Sehr scharfe Sauce aus Haiti.
Pork souse (Trinidad, Barbados) Schweinefleisch (Kopf, Füße und Zunge) gekocht und über Nacht mariniert mit Limonensaft und scharfen Pfefferschoten, meist mit *morcilla* serviert.
Roti (Trinidad) Brotpfannkuchen, gefüllt mit Fisch- oder Fleisch-Curry.
Saltfish and ackee (Jamaika) Gesalzener Dorsch in Sauce aus Knoblauch, Zwiebeln, milden Pfefferschoten, Speckwürfeln und Butter, mit *ackee.*
Sans coche, sancocho (Trinidad) Schmorgericht aus verschiedenen Fleischstücken und vielen anderen Zutaten – Zwiebeln, Erbsen, *yams, callaloo,* Kassava, Chillies, Bananen, grünen Pfefferschoten, Kokosmilch, Okra und Kürbis.
Sea egg Seeigel.
Sopa hamaca (Dominikanische Republik) Schmorgericht aus Hummer, Fisch, Reis, Kartoffeln, Zwiebeln, Knoblauch, milden Pfefferschoten und Kohl.
Sopito (Holländische Antillen) Fischtopf mit Kokosmilch.
Stamp and go (Jamaika) Dorsch-Küchlein, meist als Hors d'œuvre oder zu Getränken serviert.
Stobá Siehe *goat.*
Tassot de dinde (Haiti) Getrockneter Truthahn.
Tatoo (Trinidad) Gebratener Leguan.
Ti malice (Haiti) Scharfe Zwiebel- und Kräutersauce.
Tum-tum (Trinidad) Fruchtbrei.

Tropische Früchte und Gemüse

Ackee Wurde durch Kapitän Bligh von der «Bounty» nach Jamaika gebracht; eine aufregende scharlachrote Frucht. Reif zerbricht sie in drei Teile und gibt ihre großen, glänzenden, schwarzen Samen frei. Das eßbare Fruchtfleisch sieht wie Rührei aus, wird als Gemüse verwendet.
Bamie Siehe *gombo.*
Boniato Süße Kartoffeln.
Boonchi Ellenlange (0,9 m) Bohnen, ursprünglich aus Asien, sehr beliebt auf den holländischen Antillen.
Calabaza Kürbis, *calabash.*
Callaloo Eßbare Blätter der *taro*-Pflanze – «chinesischer Spinat».

Chayote, chocho, christophene, cristofina Tropischer Markkürbis mit stachliger Haut und nur einem Samen.
Chou coco, chou glouglou, chou palmiste Palmherzen, meist in Scheiben geschnitten, gekocht und in Sauce serviert.
Coco, eddo Siehe *taro.*
Gombo, molodron Okra.
Naseberry Avocadoförmige Frucht mit gräulicher Haut und Rosafleisch.
Sapodilla Siehe Naseberry.
Soursop Dunkelgrüne knorrige Frucht mit köstlichem eßbarem Fleisch.
Star apple Gleicht einer runden Aubergine. Hat sternförmiges Herz und süßes Fleisch.
Taro Wurzelknollen mit relativ unverdaulichem Fleisch.

Mexiko

Auf ihrem höchsten Niveau ist die mexikanische Küche eine der interessantesten der Welt. Als die Spanier nach Mexiko kamen, fanden sie dort eine reichhaltige, auf der Fülle einheimischer Produkte basierende Küche der Azteken und Maya vor. Ein zeitgenössischer Bericht überliefert: «Für Montezuma kochte man täglich Hühner, Hähne, Fasane, Rebhühner, Wachteln, Enten, Hirsche, Stachelschweine, kleine Vögel, Tauben und anderes Geflügel, Hasen, Kaninchen und all die feinen Erzeugnisse des Landes – so viele, daß man nie alle aufzählen könnte.» Manches, das uns heute selbstverständlich scheint, war den Spaniern unbekannt, den Amerindianern aber längst vertraut, zum Beispiel Vanille, Truthahn, Kartoffeln, Tomaten, Schokolade und insbesondere Mais.

Mir scheint, daß möglicherweise zwischen der orientalischen und der aztekischen Küche irgenwie eine Verbindung bestand. Sie haben manches gemeinsam. Die Tortilla, in die die Mexikaner so feine Sachen verpacken, scheint (abgesehen vom Unterschied der verwendeten Körner) durchaus mit den Pfannkuchen zum Einrollen der Pekingente verwandt. Wie die Japaner essen die Mexikaner auch gerne rohen Fisch und Senfwürfel in der Suppe (wobei die Japaner ihre *tofu* aus Bohnen herstellen).

Jedenfalls war die Küche der Azteken der spanischen durchaus ebenbürtig und konnte mit dieser in idealer Weise kombiniert werden. Manche aztekischen Elemente haben denn auch bis heute überlebt. Die berühmten *moles,* die Saucen aus scharfem Pfeffer und Schokolade sind rein aztekisch, der Name leitet sich vom aztekischen Wort für Chillies, *molli,* her. Die Tortilla (das Objekt, nicht der Name) stammte von den Indianern, wie auch die Backgrube, *pibil,* und eine Unmenge von Reisgerichten. Andererseits übernahmen die Mexikaner zahlreiche Gerichte von den Spaniern (siehe Kapitel über Spanien). Mit Kaiser Maximilian drang 1865 auch ein merklicher französischer Einfluß ins Land, der das seine zur Vielfalt der mexikanischen Küche beitrug.

Doch die traditionelle mexikanische Küche hat einen Nachteil: die Zubereitung der Gerichte beansprucht zuviel Zeit. Um eine mole nach allen Regeln der Kunst herzustellen, bedarf es – einschließlich des Mahlens von Hand – insgesamt drei Tage. In der mexikanischen Küche legt man besonderen Wert auf die strukturelle Beschaffenheit der Speisen, und das setzt Handarbeit voraus.

Daß die Mexikaner gerne essen, beweisen die häufigen Mahlzeiten im Laufe des Tages. Zum Morgenessen (*desayuno*) begibt man sich in aller Frühe mit Vorliebe ins Hotel oder in den Club, Poeten erstehen sich auf dem Markt Hafersuppe (*atoles*), *tacos enchiladas* und Früchte. Um 11 Uhr ist es Zeit für einen Imbiß (*el antoja*) mit Sandwiches (*tortas*) und *tacos.* Mittags verzehrt man nochmals einen Imbiß und trinkt ein Gläschen dazu (*la botana y la copa*), es kann auch Kaffee und *tortas* sowie *tacos* sein. Lunch-Zeit ist von 13 bis 16 Uhr. Die Art des Mittagessens hängt vom Lokal ab, in dem Sie es einnehmen; Sie haben die Wahl vom *tacos*-Stand bis zum feinen französischen Restaurant. Das Abendessen (*la cena*) wird erst nach 20 Uhr eingenommen.

Entremesses – Hors d'œuvres

Aguacates encamaronados Mit Krabben gefüllte Avocado.
Apios rellenos Stangensellerie, gefüllt mit Mischung aus Sahnekäse, Blaukäse und geriebenen Mandeln.
Cacahuetes Erdnüsse, geröstet oder geschmort mit Chili, Knoblauch, grobem Salz und Öl.
★ **Ceviche Acapulqueño** Roher Fisch oder Schalentiere, (oft Kammuscheln) in Limonensaft mariniert und vermischt mit Chili, Zwiebeln, Tomaten, Salz, Oregano und Olivenöl; mit Avocado-Schnitzen oder Pfefferschoten serviert.
Guacamole Sauce aus zerdrücktem Avocado-Fleisch, Limonensaft, Chili und Kräutern. Sauce zu Fleisch oder Füllung für *tortillas*.
Huevos moldrados Pochierte Eier in Sauce aus Rindfleischbrühe, Ei und *poblano*-Chillies.
Jitomates rellenos Gefüllte Tomaten.
Mariscos Kammuschel- oder Krabbencocktail.
Panuchos Siehe Mais.
Pico de gallo Schnitze von *jicamas*, Gurken, Orangen, Limonen und Avocados mit *piquin*-Chillies.
Semillas tostadas de calabaza Geröstete Kürbiskerne.

Sopas – Suppen

Außer den allgemein üblichen Suppen kennt man in Mexiko noch *sopa seca*, sog. trockene Suppen, d.h. Reis, Teigwaren oder Mais.

Arroz blanco a la mexicana Weißes Risotto.
con pollo Safran-Risotto mit Hühnerfleisch und Pfefferschoten.
con puerco Risotto mit Schweinefleisch, Gemüse und *poblano*-Chili.
verde Siehe *sopa seca de arroz*.
Caldo espinazo Schweinsrücken-Fleischbrühe.
largo Suppe aus Tomaten und grünen Pfefferschoten mit Käsewürfeln.
xochitl Rindfleischbrühe mit *ancho*-Chili, Reis und Kichererbsen, mit Tomaten und Koriander gewürzt.
Frituras de arroz Mit Reis und Schinken gefüllte Teigtaschen.
Menudo Suppe mit Kutteln und Maiskörnern (*hominy*), Zwiebeln und Koriander.
Pozole Siehe Mais.
Sopa de aguacate Cremesuppe aus Avocados, aromatisiert mit Sherry.
de albóndigas Fleischklößchen in Brühe mit *ancho*-Chili, Gemüse und Reis, abgeschmeckt mit Limonensaft.
de Apatzingán Suppe mit Melone, Kartoffeln und Ei.
de flor de calabaza con flan de elote Cremesuppe mit Kürbisblüten und gebackenen Maisbreiwürfeln.
de frijoles negros Suppe aus schwarzen Bohnen mit gehacktem Gemüse und Schinkenwürfeln.
de Guadalajara Suppe aus Schweinefleisch, roten Bohnen, Karotten und Maiskolben, mit Knoblauch, Kräutern und Chili.
de Jericalla Eier-Mehlmasse, in Würfel geschnitten, in Rindfleischbrühe.
de lechuga Mit Tomaten- und Zwiebelsauce angedickte Brühe mit Lattich.
★ **de lima** Limonensuppe; in Yucatan Lebersuppe mit Limonen.
de poro y papa Suppe mit Porree und Kartoffeln.
de tallarines verdes Brühe mit Streifen grüner Teigwaren, mit Spinat und Lattich zubereitet.
estilo Puebla Gemüsesuppe mit geriebenem Käse und Avocados.
seca de arroz Reis mit Zwiebeln, Tomaten, halbscharfen Pfefferschoten und Oliven.

seca de tortillas Siehe Mais.
seca de tortuga Überbackenes Schildkrötengericht.
sonorense Siehe Mais.
tabasqueña Suppe aus Tapioka und Bohnen.

Elote – Mais

Mais oder Indisches Korn oder Zuckermais ist das wichtigste Getreide in Mexiko. Man bereitet daraus *tortillas, enchiladas, tacos, pozole* und andere Gerichte. Ich habe nachstehend die meisten Maisgerichte zusammengefaßt.

Budín de elote Maispudding, mit Fleisch serviert.
Burritos Weiche Tortilla, zusammengefaltet und gefüllt – meist mit Käse und Bohnen oder mit Rührei mit Chili.
★ **Chalupas** «Schmale Boote», Tortillas, mit gehacktem Schweinefleisch gefüllt und einer Sauce aus grünen Tomaten und Chili bedeckt.
Chilaquiles Tortillas, wechselweise mit Bohnen, Schinken, Hühnerfleisch und Tomatensauce mit Käse, gebacken. Heilsam gegen Kater.
Chimichangas Große Tortilla, gefaltet, gefüllt und schwimmend gebacken.
Dedos de charro Tortillas, mit Schweinefleisch, *pasilla, ancho-* und *mulato*-Chillies gefüllt, gerollt, gebraten und mit Sahne gebacken.
★ **Enchiladas** Gebratene Tortillas, mit hundert Arten von Füllungen, meist gerollt. Sie sollen nicht knusprig sein, da sie erst nach dem Braten gefüllt und gerollt werden. Nachstehend die Füllungen der bekannteren Arten.
de Acapulco Truthahn, Oliven und Mandeln.
de jocoque Käse, saure Sahne und Frühlingszwiebeln.
de pollo de Uruápan Käse und Hühnerbeine.
de puerco dobladas Schweinefleisch und Chillies.
rojas Ancho-Chillies, Zimt und Schokolade.
verdes Poblano-Chillies und grüne Tomaten.
Enrollados Fast dasselbe wie
Flautas Sandwich aus Tortillas mit Füllung, gerollt und schwimmend gebacken.
Gorditas Teig aus Kartoffeln und Maismehl, gemischt mit Käse, wurstförmig gebraten, mit Hackfleisch und *guacamole* serviert.
Panuchos Gebratene Tortillas mit Brei aus schwarzen Bohnen und gehacktem Schweinefleisch und Chili, in scharfer Sauce.
Pastel de pobre Siehe *sopa seca de tortillas.*
Pozole Geschälte Maiskörner (*hominy*) in Schweinefleischsuppe.
Quesadillas Röhren- oder halbmondförmige Tortillas mit Chillies, gefüllt mit Käse und schwimmend gebacken.
de huitlacoche Gefaltete Tortilla mit Füllung aus Pilzen, die auf Maiskolben wachsen – klingt nicht gerade einladend, schmeckt aber großartig.
Sopa de elote molido Maissuppe.
★ **de huitlacoche** Schwarze Suppe mit den Pilzen, die auf Maiskolben wachsen.
seca de tortillas Tortillas, abwechselnd mit Chillies-Mischung, Sahne, Zwiebeln, Tomatenpüree und geriebenem Käse, gebacken.
sonorense Maissuppe (aus Sonora), mit gewürfelten Pfefferschoten und Chili.
Sopes Tortilla-Sandwich mit Bohnen und Käse, serviert mit Würstchen.
★ **Tacos** «Happen»; praktisch jede gefaltete und gefüllte Tortilla. In den USA bedeutet *tacos* eine knusprig gebackene, mit Fleisch und Gewürzen gefüllte Tortilla.
★ **Tamales** Kleine Maisteig-Pakete mit Füllung, in Maisblätter gewickelt und gedämpft. Die Füllung ist Truthahn, Hühnchen oder anderes Fleisch mit *mole poblano* oder anderer Sauce. Es gibt auch süße *tamales* mit Mandeln und Rosinen.

Tortillas Flache Fladen aus Maismehl, Wasser und Salz, einst eine Hauptzutat der aztekischen Küche. Manchmal werden *ancho*-Chillies mit dem Mehl gemahlen, z. B. für *quesadillas* und *sopes*. Keine Ähnlichkeit mit spanischen Tortillas, hier *tortillas de huevos* (Eierpfannkuchen) genannt.

Platos principales – Hauptgerichte

Adobo de pescado Gericht aus Rotbarsch mit Tomaten, *ancho*-Chillies und Gewürzen.

★ **Amarillito** Schmorgericht aus Oaxaca – Hühnchen- oder Schweinefleisch mit grünen Tomaten, grünem Kürbis und sehr scharfen Chillies.

Bandera de frijoles Lagenweise Brei aus schwarzen Bohnen und geschmortes Schweinefleisch, garniert mit Avocado-, Käse- und roten Pfefferschoten – die mexikanischen Farben (Rot, Weiß, Grün).

Bistec de Jalisco Beefsteak, aromatisiert mit Orangensaft.

Buñuelos de Tabasco Reis- und Eierküchlein, mit Honig serviert.

Calabacitas a la mexicana Schweinefleischwürfel und zarter Kürbis mit Mais und Chillies.

Caldo miche Wels geschmort mit Tomaten, Chillies, Kräutern und Reineclaudes.

Camarones en frío Gebratene Garnelen in Essig, Öl und Chili, kalt mit Zwiebelscheiben, Tomaten und scharfen *jalapeño*-Chillies serviert.

Cangrejos horneados Gebackene Garnelen.

Carne asada Gebratenes Fleisch oder dünne Streifen Schweins- oder Rindsfilet, eingelegt in Essig, Öl und Oregano, grilliert und serviert mit Tomaten, Zwiebeln und grüner Pfeffersauce (*salsa fresca*).

picada con rajas Gehacktes Rindfleisch mit *poblano*-Chillies und Kartoffeln.

Chilaquiles Siehe Mais.

Chile con carne Ursprünglich amerikanisches Gericht. Die Mexikaner verbessern die ursprüngliche Mischung aus Hackfleisch, roten Bohnen, Tomaten und Chillies mit Gewürzen und servieren sie mit Avocado und Koriander.

verde Milde Pfefferschoten und andere grüne Chillies in Fleischgericht.

★ **Chiles en nogada** Eine der berühmtesten Versionen von gefüllten Chillies – mit gehacktem Schweinefleisch, Zwiebeln und Mandeln, bedeckt mit Sauce aus Walnüssen, Käse und Gewürzen, garniert mit Granatapfelkernen.

rellenos Milde Pfefferschoten oder wenig scharfe Chillies, gefüllt mit irgendwelchen Zutaten, meist mit Fleisch-*picadillo*. Andere Füllungen sind *de elote*, mit Mais, *de frijoles*, mit Bohnen, *estilo arriero*, mit Bohnen, Tomaten und Käse.

★ **Cochinita pibil** Ferkel, gefüllt mit Orangen, Chillies und Annatto-Samen, in Bananenblätter gewickelt, traditionsgemäß in Bodengrube (*pibil*) gebacken, serviert mit Ixipex-Sauce – Maya-Sauce aus feurigen *habanero*-Chillies.

★ **Coloradito** Schmorgericht aus Oaxaca: Hühner- oder Schweinefleisch und *ancho*-Chillies, geschmort mit Tomaten und roten Pfefferschoten.

Conejo alcaparrado Kaninchenragout mit Tomaten, Kartoffeln, Erbsen und viel Kapern.

almendrado Kaninchenragout mit Tomaten, Kartoffeln, Erbsen und geriebenen Mandeln.

Estofado de res Geschmortes Rindfleisch mit Kartoffeln und *poblano*-Chillies.

Frijoles refritos Gekochte, zerstampfte, mit *piquin*-Chillies gebratene Bohnen; Standardfüllung für *tortas*, *tacos* usw.

Verzichte auf Bohnen
Pythagoras

★ **Guajolote relleno de gala** Mit Kräuter- und Essigpaste eingeriebener Truthahn, gefüllt mit Schinken, Trockenfrüchten, Mandeln, Nüssen, Orangeat, Zitronat, Oliven und Chillies, in Wein und Brühe geschmort.

Guisado de huesitos Schmorgericht aus «kleinen Knochen», d.h. Kalbsfüßen, Schweinshaxen, Ochsenschwanz, Hühnerflügeln, Bohnen, Avocados und Chillies.

Huevos rancheros Tortillas mit gebratenen, pochierten oder gerührten Eiern, bedeckt mit scharfer Sauce.

Jaibas en chilpachole Gebratenes Krebsfleisch in Tomatensauce mit *cuaresmeño*-Chillies.

Lengua de res con salsa de chipotle Gekochte Rindszunge, geschmort mit Tomaten und *chipotle*-Chillies.

nitrada rellena Mit Salpeter eingepökelte Zunge, gewaschen und gefüllt mit Schinken, Schweinefleisch usw., gekocht mit Kräutern, gepreßt und kalt mit Orangengelee serviert.

Lomo de cerdo adobado Schweinsfilet, geschmort mit Chili, Gewürzen und Kräutern.

de puerco mechado Schweinsfilet, eingeschnitten, gefüllt mit Kräutern, Gewürzen und gehacktem Schinken, geschmort mit Tomaten.

★ **Mancha manteles de cerdo** Mit Kräutern geschmortes und mit einer Mischung aus Früchten und Grüngemüsen bedecktes Schweinefleisch, in Sauce aus Walnüssen, grünen Tomaten und *ancho-mulato-* und *pasilla*-Chillies gegart.

Maneas tabasqueñas *Tamales* aus Schweinefleisch, Maismehl und *serrano*-Chillies, in Bananenblätter gehüllt, gedämpft.

Mitos *Frijoles refritos,* mit Sardinen gebraten.

★ **Mole** Vom aztekischen Wort *molli* (Chilisauce) abgeleitet, bedeutet *mole* strenggenommen Sauce, wird aber auch für Gerichte verwendet. Bekannt ist *mole poblano,* eigentlich Mexikos Nationalspeise. Die Sauce für dieses Gericht ist höchst aufwendig: *ancho-*, *mulato-*, und *pastilla*-Chillies, Mandeln, Zwiebeln, grüne Tomaten, Rosinen, Sesamsamen, Gurkenkerne, Knoblauch, Zimt, Nelken, Koriander, Anis, schwarzer Pfeffer, zerstückelte Tortillas und Schokolade. Alle harten Zutaten werden im Mörser zu Pulver gemahlen, damit die Sauce möglichst fein wird. Den bereits gekochten Truthahn läßt man in der fertigen dicken, dunkelbraunen Sauce ziehen. Truthahn ist das traditionelle Fleisch für *mole poblano* (*de Guajolote*), doch wird die Sauce auch für Huhn oder Schweinefleisch verwendet. *Mole* ist eine der berühmtesten gastronomischen Kreationen der Welt. Die Schokolade verleiht ihr den zauberhaften Geschmack. Leider ist echte *mole* heute selten; es gibt sie als Fertigprodukt.

verde Wie *mole poblano* meist mit Truthahn zubereitet, aber auch mit Huhn oder Schweinefleisch. Sauce aus grünen Tomaten, Zwiebeln, Kürbiskernen, Walnüssen, Mandeln und *poblano*-Chillies.

Ostiones en escabeche Gekochte Austern, mit *jalapeño*-Chillies in Essig eingelegt, in ihren Schalen auf grün gefärbtem Eis serviert.

Pastel de Montezuma Truthahnfleisch in Sauce aus grünen Tomaten, in Streifen geschnittenen Tortillas und geriebenem Käse in einen Topf gefüllt und gebacken.

Payo con fruta Truthahnstücke werden mit Würsten, *ancho-* und *pasilla*-Chillies, Mandeln, Zimt und Früchten gegart.

Pescado a la jarocha Gebackener Fisch mit Mayonnaise, Sahne, Petersilie und Oliven.

a la poblana Gebackener Fisch mit Bohnen, Frühlingszwiebeln und Mayonnaise.

a la veracruzana Rotbarsch, gedünstet mit Tomaten, Oliven, Kapern und *jalapeño*-Chillies.

Yucateco Rotbarsch mit Oliven, roten Pfefferschoten, Koriander und Fruchtsaft.

Pez espada al horno a la manzanilla Gebackener Schwertfisch mit Zwiebeln.

★ **Pichones a la antigua** Gedünstete Tauben mit Erbsen, Mandeln, Tomaten und

Schinken, abgeschmeckt mit Sherry.

encebollados Gedünstete Tauben mit Zwiebeln, Karotten und weißen Rüben, mit Weißwein.

Pierna de cordero estilo Yucateo Lammschenkel, gefüllt mit Orangen, Mais, Brotbröseln, bepinselt mit *achiote* und gebraten.

★ **Pipián** Hühnchen mit Sauce aus Sesamsamen und Kürbiskernen.

de camarones Krabben mit Sauce aus Kürbiskernen, Koriander, Tomaten und *piquin*-Chili.

Pollo borracho Hühnerschenkel, geschmort mit Zwiebeln, Tomaten, *chipotle*-Chili, Kräutern und *pulque.*

ähnlich wie spanischer Suppentopf: Rind- und Schweinefleisch, Hühnchen, Kichererbsen, Kartoffeln, Gemüse, Früchte und Maiskolben. Gekocht, werden die festen Zutaten herausgenommen und als Hauptgang serviert, vorher ißt man die Suppe.

Puerco perdigado con salsa de chile rojo Geschmortes Schweinefleisch mit roter Chilisauce.

Rollo de carne Rolle aus gehacktem Rindfleisch, gefüllt mit Gemüsen, gehacktem Schinken und Gewürzen und gekocht.

Tamal de cazuela Schweinskoteletten, zwischen zwei Schichten Maisteig gebacken, mit Sauce aus *ancho*- und *mulato*-Chillies.

...ein Milchladen mit der Inschrift *Lechería* (jemand hatte behauptet, das hieße Bordell, und sie hatte den Witz nicht verstanden), dunkle Gelasse mit Ketten von kleinen Würstchen – chorizos – über dem Ladentisch, wo man auch Ziegenkäse, süßen Quittenwein oder Kakao kaufen konnte.
Malcolm Lowry *Unter dem Vulkan*

---

bravo Mit roten und grünen Tomaten, Erbsen und *piquin*-Chili; sehr scharf.

con gabardina In Teig gebratenes Hähnchen.

con naranjas Mit Orangen, Zwiebeln, Knoblauch, Zimt, Nelken, Kapern und Safran geschmortes Hähnchen.

elegante Hähnchen mit Lattich, bedeckt von weißer Sauce, mit Erbsen und Kartoffelbrei.

encebollado Mit Zwiebeln, grünen Pfefferschoten, *serrano*-Chillies und Oliven geschmortes Hähnchen.

en salsa Hähnchen, geschmort mit roten Pfefferschoten, *ancho*-Chillies und Gewürzen.

mariscala In Sauce aus Geflügelleber und Knoblauch geschmortes Hähnchen.

verde Hähnchen in Sauce aus grünen Erbsen.

★ **Puchero** Eintopf aus Yucatan,

Tapado de pollo Hühnerschenkel und Schweinefleischstücke, geschmort mit Rosinen, Mandeln, Oliven, Zimt und Nelken.

Tinga de cerdo y ternera Schweine- und Kalbfleischwürfel, geschmort mit grünen Tomaten und *chipotle*-Chillies.

Tortilla de huevos Spanischer Eierpfannkuchen.

Tortillas de huevo Maya Rührei, in eine Tortilla gewickelt, mit Kürbissamen-Sauce grilliert.

Tortitas de bacalao Gesalzener Dorsch in Ausbackteig.

Venado en pipián Mit Kürbissamen, Tomaten, Annattosamen, grünen Pflaumen und Chillies geschmortes Wildfleisch.

★ **Zik de venado** Kalte Speise aus Yucatan: Wildfleisch in Bodengrube gegart und mit Koriander, Zwiebeln, Sauerrahm, Orangen und *serrano*-Chillies serviert.

Postres – Desserts

Als Desserts werden meist einfache Puddings, Biskuitkuchen oder mit Sirup getränktes Gebäck aufgetischt. In der Regel essen die Mexikaner aber am liebsten Früchte. Es gibt eine große Vielfalt. Man bereitet aus diesen Früchten herrliche Fruchtsalate und Sorbets zu.

Arroz con leche Milchreispudding mit Zimt.
Buñuelos de plátano Bananenküchlein.
Calabaza enmielada In Sirup aus dunkelbraunem mexikanischem Zucker (*piloncillo*) gekochter Kürbis.
Capirotada Gebackener Brotpudding mit Zimt und Nüssen.
Cocada Kokosnuß-Pudding.
Chayote relleno Tropischer Kürbis, gefüllt mit süßer Mischung aus Kuchen, Kürbisfleisch, Rosinen, Eiern und Sherry.
Chongos Feste Puddingmasse mit Zitronen- und Zimtaroma, in Würfel geschnitten. *Chongos* schmecken säuerlich und werden oft in Sirup serviert.
Churros Gebratene Teigspiralen.
Dulce de elote Grüner Mais, in Milch und Zucker gekocht.
Flan Karamelpudding.
Huevos reales Gebackene Puddingvierecke in Sherrysirup.
Panetelas en leche de coco Pfannkuchen mit Kokosmilch.
Pioquinto Mandeln-, Sherry- und Zimt-Dessert.
Postre de yema entera Biskuit-Gebäck mit dicker, würziger Cremesauce.
especial Biskuitauflauf.
Queso de almendra Weiches Mandelgebäck.
Torta reyna Klebriger Pudding aus in Sirup und Sherry getränktem Biskuit, mit Pflaumen und Datteln.
Yemitas de mi bisabuela Eigelb mit Sherry zu dicker Masse gekocht, woraus kleine Kugeln geformt und in Zucker und Zimt gewendet werden.

Gebräuchliche Ausdrücke

Achiote Oranger Annattosamen; Gewürz und Farbstoff.
Atole Schleimsuppe aus Maismehl.
Café Kaffee; *café de olla:* süßer Kaffee in Lehmtopf, oft an Straßenständen verkauft.
Caguama Siehe Schildkröte.
Camote Süßkartoffel.
Cerveza Bier, sehr gut.
Chile In Mexiko wachsen ungefähr 150 Arten von Pfeffersorten, von den faden (milde Pfeffer- oder Paprikaschoten, Peperoni oder wie immer Sie sie nennen) bis zu den unwahrscheinlich scharfen Chillies, genannt *serrano,* kleine grüne, die rot werden, wenn sie reif sind. Einige Namen, denen Sie in Mexiko oder den USA begegnen werden, sind: *ancho,* braun, ziemlich groß, herzförmig, mild; *fresno,* recht scharf; *jalapeño,* grün, ziemlich scharf; *güero* (oder kalifornische), grün-gelbliche, halbscharfe; *pasilla,* braun, recht scharf; *chipotle,* dunkelrot, sehr scharf; *hontaka,* klein, rot, runzelig, sehr scharf; *poblano,* groß, dunkelgrün, mild; *malagueta,* klein, grün oder rot, sehr scharf; *mulato,* braun, groß, scharf; *piquin,* dunkelgrün, sehr klein, sehr scharf.
Criadillas Stierhoden, oft mit Truthahn serviert.
Gusanos de maguey Maden, die das Herz der Maguey-Kakteen fressen; sie sollen gut schmecken.
Horchata Melonenkerne-Getränk (süß).
Huachinango Rotbarsch.
Jicama Wurzelgemüse, sieht wie weiße Rübe aus, ist knackiger.
Jitomates Tomaten.
Licuados Fruchtsäfte.
Limas Limonen.
Masa harina Maismehl, aus dem Tortillas zubereitet werden.
Mescal Branntwein, aus Agavensaft destilliert.

en nogada In Walnuß-Sauce.
Nopalitos Kaktusblätter, oft als Salat.
Pibil Erdloch zum Garen von Fleisch, das halb gekocht und halb geräuchert wird.
Picadillo Füllung aus Rindfleisch, Mandeln, Tomaten und Gewürzen.
Piña Ananas.
Plátanos Bananen, oft als Gemüse serviert.
Pulque Schwach alkoholisches Getränk aus gegorenem Saft des *maguey*-Kaktus, schmeckt verfault; Originalgetränk der Azteken.
Té Tee.
de manzanilla Kamillentee.
Tequila Destillierter Saft einer Agavenpflanze, ähnlich der *maguey*, meist etwa 80°. Tequila ist die Stadt in Jalisco, wo das Getränk ursprünglich hergestellt wurde.
Tomates, tomatillos Kleine Tomatenart, grün und ziemlich scharf.
Tunas Feigenkaktus.
xoconoxtles Avocado.

Salud! Prosit! Gesundheit!
Buen provecho! Guten Appetit!

Niederlande

Die Holländer gelten als herzhafte Esser, trotzdem kann man die holländische Küche nicht als besonders interessant oder reich an Überraschungseffekten qualifizieren. Sie ist üppig und bekömmlich. Holländische Milchprodukte sind großartig, die Heringe eine Gaumenfreude, und in den besseren Restaurants findet man Gerichte, die vom Speisezettel anderer europäischer Länder meist verschwunden sind, wie zum Beispiel Schnepfen.

Neben der herkömmlichen holländischen Kost macht sich neuerdings auch ein starker indonesicher Einfluß geltend. Im ganzen Land gibt es indonesische Restaurants. Über die dort angebotenen Speisen kann man sich im Kapitel über Indonesien orientieren.

Die Holländer behaupten, daß sie nur eine Mahlzeit pro Tag zu sich nehmen. Natürlich zählt das Frühstück nicht. Es besteht ja auch nur aus Käse, Schinken, Salami, Eiern, vielleicht einem Steak, Brötchen und Konfitüre, Schokoladestreusel oder anderen solchen Kinkerlitzchen. Sie können ein normales Mittagessen einnehmen, aber viele Restaurants servieren nur eine sogenannte *koffietafel* (Kaffetisch) mit Suppe, einigen Garnelen, Fleischkroketten, kaltem Schinken, Rindfleisch, Hähnchen oder Schweinefleisch, Pastete, etwas Pumpernickel und ein wenig Brot mit Korinthen, abgerundet mit Käse und Früchten. Abgesehen von den Restaurants können Sie auch in einem broodjeswinkel oder Sandwich-Laden essen, wo Sie 3 oder 4 Sandwiches mit einer Tasse Kaffee bestellen können.

Die Hauptmahlzeit des Tages ist das Abendessen, welches vergleichsweise früh eingenommen wird. (Sie sind natürlich hungrig, die Armen, mit nur ein paar Imbissen tagsüber!)

Das vernünftigste Getränk ist Bier, nur zu den rohen Heringen paßt es nicht, hier braucht es Jenever (die aromatische Original-Version von Gin). Es gibt verschiedene «Damen-Ausführungen», parfümiert mit Früchten, die ganz interessant sind zum Ausprobieren. Advocaat, in Holland im Glas serviert und mit einem Löffel gegessen, ist in seinem Heimatland genau so widerlich wie in den Flaschen bei uns. Hingegen sind die Fruchtliköre, auch wenn sie sehr süß sind, einfach erstklassig.

Aal gestoofd Aal gedünstet mit Kräutern und Wein.
Aardappelsoep Kartoffelsuppe.
Appeltaart Kuchen mit Äpfeln, Sultaninen, Zimt und abgeriebener Zitronenschale, mit Teiggitter.
Arnhemse meisjes Kleine, mit Sahne gefüllte Windbeutel; Spezialität von Arnhem.
Bami goreng Indonesisches Gericht aus gebratenen Nudeln mit Hühnerfleisch, Knoblauch und Chili.
Beschuit Harter Zwieback, sehr beliebt zum Frühstück und mittags zur *koffietafel.*
Biefstuk Rinds-Steak, meist sehr knapp gebraten.
Bitterballen Mischung aus gelierter Brühe, Béchamelsauce, gehacktem Hühnerfleisch und Schinken, zu kleinen Kugeln geformt, paniert und schwimmend gebacken. Imbiß zu *Jenever.*
Bleufort Cremiger Blaukäse.
⋆ **Boerenkool met worst** Eintopf aus Wirsing und Kartoffeln mit geräucherten Würsten.
Bokking Gesalzener, geräucherter Hering.
Botermoppen Butter-Kekse mit Vanille-Aroma.
Broodje Sandwich.
half-om Kombination von Leber und Corned beef, in Sandwich serviert.
tartare Rohe Hamburger auf weichem Brötchen.
warme kip Heißes Hähnchen-Sandwich.

warm vlees Heißes Fleisch-Sandwich, bedeckt von brauner Sauce, mit Gabel und Messer gegessen.
Chocolade hagelslag Sehr dünne Schokoladenstreusel, auf Butterbrot oder Kuchen zum Frühstück oder Lunch.
Drie in de pan Pfannkuchen mit Dörrfrüchten, gebraten und gezuckert.
Edammer kaas Edamer, Halbhartkäse; nur Exportkäse hat die rote Wachsschicht. Seien Sie also nicht überrascht, wenn er nackt serviert wird.
Eierpannekoeken Große Pfannkuchen.
★ **Erwtensoep** Dicke Erbsensuppe, aus getrockneten Erbsen zubereitet mit Schinken- oder Hühnerbrühe, Zwiebeln und Thymian. Oft serviert mit geräucherten Wurststücken, Schweinefettwürfeln, Schweinshaxen und Brotscheiben.
Filosoof Eintopf aus Hackfleisch, Zwiebeln und geriebenen Kartoffeln, gebacken.
Flensjes Aufgeschichtete Pfannkuchen, dazwischen Konfitüre, Apfel- oder Rhabarberpüree.
Fricandel Kroketten aus Hackfleisch mit Zwiebeln und Kräutern.
Friese kaas Mit Nelken gewürzter Käse, ziemlich scheußlich.
Gebakken zeetong Gebratene Seezunge.
Gehaktballetjes Kleine Fleischkugeln.
Gerookte paling Geräucherter Aal.
Gestoofde bieten Geschmorte Randen.
Goudse kaas Gouda, Vollmilchkäse, meist mit einer gelben Wachsschicht versehen.
Groentensoep Fleischbrühe mit Gemüsen und Fleischklößchen.
Haagse bluf Luftiges Dessert aus Johannisbeersaft, Zucker und Eiweiß.
Hachee Geschmortes Fleisch (meist Rind- oder Kalbfleisch) mit Kartoffeln und Blaukohl.
Ham rauwe Rohschinken, auch geräuchert, in dünnen Scheiben serviert.
★ **Haring** Hering. Roher Hering, an Straßenständen verkauft wird in rohe gehackte Zwiebeln getaucht, am Schwanz hochgehalten und so gegessen.
groene or nieuwe Die ersten (oder grünen) Heringe der Saison, erhältlich von Mai bis Juni.
Haringsla Gemischter Heringsalat.
Hutspot met klapstuk Eintopfgericht aus Kartoffeln, Karotten und Zwiebeln mit Rindfleisch.
Jachtschotel «Jägergericht» aus kaltem Fleisch, gebratenen Äpfeln und Zwiebeln. Serviert mit Kartoffeln.
Jan in de zak «Hans im Sack», gedämpfter Pudding mit Melasse.
Kaasfondue Käsefondue.
Kaassouffle Käsekroketten, schnell gebraten, damit Eier-Käse-Gemisch innen flüssig bleibt.
Kapucijners Erbsen mit gekochten Kartoffeln, Rindfleischstücken, gebratenen Speckwürfeln, gebratenen Zwiebeln, rohen Zwiebeln, Dill- und Senf-Pickles.
Kernhemsekaas Runder, flacher Käse.
Kerstkransjes Weihnachts-Buttergebäck mit Vanillearoma.
Kippensoep Dicke Geflügelsuppe, mit Gemüsen.
Korstjes Gewürzte Brotstengel.
Koude schotel «Kalter Aufschnitt», die zum Frühstück oder mittags zur *koffietafel* servierte Fleischauswahl.
Kruidkoek Gewürztes Brot.
Lamsvlees Texel Lammfleisch von den Friesländischen Inseln – das beste einheimische Lammfleisch.
★ **Leidse kaas** Leidener Käse mit Kümmel- oder Kreuzkümmelsamen.
Lekkerbekjes Gebratener Weißfisch.
Limburgse vlaai Süßes Gebäck, gefüllt mit Früchten z.B. Kirschen in Cherry brandy.
Maatje Gleich wie Hering.
★ **Nasi goreng** Indonesisches Gericht aus Rindfleisch und gebratenem Reis, gewürzt mit Sojasauce und Krabbenpaste, oft mit Omelettstreifen garniert. Serviert mit Bier und Garnelen-Chips.
Oliebollen Hefeteig mit Korinthen, Orangeat, Zitronat und Äpfeln, schwimmend

gebacken und heiß serviert mit Puderzucker. Traditionell am Silvesterabend und am Jahrmarkt.
Palingbrood Mit Aal gefülltes Brötchen.
Pannekoeken Pfannkuchen.
Peperkoek Pfefferkuchen.
Poffertjes Eine Art Teigkrapfen.
Rodekool Gewürzter Blaukohl.
Roereiren Rühreier.
Rolpens med rodekool Dünne Scheiben gewürztes, mariniertes Rindfleisch und Kutteln, in Butter gebraten, darauf Apfelscheiben; mit Blaukohl serviert.
Russisch ei Russisches Ei. Hartgekochtes Ei mit Mayonnaise, Garnelen, Anschovis und kaltem, gekochtem Gemüse.
Speculaas Kleingebäck, gewürzt mit Zimt, Muskat, Ingwer und Kardamom, in Windmühlenform.
Spekkoek «Speckkuchen», Schichten von Butter-Biscuit und Gewürzen – das Ganze gestreift wie Speck.
Spekpannekoek Grosser Pfannkuchen, gefüllt mit gegrilltem, durchzogenem Speck und getränkt mit Apfelsirup oder Melasse.
Stokvis Getrockneter Kabeljau, in Milch gekocht, und mit Kartoffeln, Reis, gebratenen und rohen Zwiebeln, Dill-Pickles und Senfsauce serviert.
Stroopwafels In Butter gebratene Waffeln, mit Sirup serviert.
Suikerbrood Süßes Brot.
Uitsmijter Brotscheibe mit Schinken und Spiegeleiern.
Vissoep Fischsuppe aus verschiedenen Fischen und Kräutern.
Vlaai Kuchen mit frischen Saison-Früchten und Schlagsahne.
Vleeswaren Kaltes Fleisch, Teil der *koffietafel*.
Zuurkool Sauerkraut.

Gebräuchliche Ausdrücke

Aardbeien Erdbeeren.
Appelmoes Apfelsauce, Apfelmus.
Azijn Essig.
Bief Rindfleisch.
Bonen Bohnen.
Borrel Ein Schluck Jenever.
Boter Butter.
Brood Brot.
Doperwten Erbsen.
Eend Ente.
Eethuisje Restaurant.
Ei (Eieren) Ei, Eier.
Gebakken Gebacken.
Gebraden Gebraten.
Groenten Gemüse.
Havermout pap Porridge.
Hersenen Hirn.
Houtsnip Schnepfe.
Ijs Eis, Glace.
Kaas Käse.
Kabeljauw Kabeljau, Dorsch.
Kalfsvlees Kalbfleisch.
Kalkoen Truthahn.
Kersen Kirschen.
Kip Hähnchen.
Koffie Kaffee.
Konijn Kaninchen.
Kopstoot Ein Glas Bier mit einem Glas Jenever.
Kreeft Hummer.
Kropsla Lattich, Kopfsalat.
Lever Leber.
Melk Milch.
Niertjes Nieren.
Oester Auster.
Perziken Pfirsich.
Rekening Rechnung.
Room Sahne.
Riist Reis.
Sla Salat oder Lattich.
Slagroom Schlagrahm, -sahne.
Spek Speck.
Suiker Zucker.
Thee Tee.
Tong Seezunge.
Uien Zwiebeln.
Varkensvlees Schweinefleisch.
Vis Fisch.
Vruchtensap Fruchtsaft.
Vruchtensla Fruchtsalat.
Wijn Wein.
Wild Wildfleisch.
Wortelen Karotten.

Gezondheid! Prosit!
Smakelijk eten! Guten Appetit!

Osteuropa

Bulgarien

Der bulgarischen Küche mag nach Ansicht des einen oder andern gewissermaßen der letzte Schliff fehlen. So enthalten beispielsweise die beiden ersten von mir aufgeführten Gerichte Lamminnereien. Das zweite wird gekocht und mit Tomatenpüree *und* einer dicken Béchamelsauce überbacken. Niemand sollte sich aber von einer Kostprobe abhalten lassen. Jeder Bulgare scheint hundertjährig zu werden und schreibt sein hohes Alter dem Essen zu.

Was den Wein anbetrifft, so greifen Sie zu, wenn Sie Roten mit der Bezeichnung *Cabernet* oder Weißen namens *Chardonnay* finden. Im übrigen habe ich ein paar Weinnamen im Verzeichnis der gebräuchlichen Ausdrücke erwähnt.

Das bulgarische Alphabet: А, Б, В, Г, Д, Е, Ж, З, И, Й, К, Л, М, Н, О, П, Р, С, Т, У, Ф, Х, Ц, Ч, Ш, Щ, Ъ, Ы, Ь, Э, Ю, Я
а, б, в, г, д, е, ж, з, и, й, к, л, м, н, о, п, р, с, т, у, ф, х, ц, ч, ш, щ, ъ, ы, ь, э, ю, я

Агнешка шкембе чорба (agneshka shkembe chorba) Suppe aus Lamminnereien, der Eier und Essig beigefügt werden.

Агнешки чревца с пресен лук на фурна (agneshki chrevtsa s presen luk na furna) Lamminnereien, mit Gemüse gekocht, mit Zwiebeln, Tomatenpüree und Knoblauch, bedeckt von dicker Béchamel-Sauce, gebacken.

Агнешко – магданозлия (agneshkomagdanoslija) Mit Zwiebeln, Petersilie und Zitronenstücken geschmorte Lammfleischwürfel.

★ **Баница (banitsa)** Blätterteiggebäck in Form einer Acht, gefüllt mit *sirene*-Käse, Joghurt und Ei.

Градинарска чорба (gradinarska chorba) «Gärtner-Suppe»: Gemüsesuppe aus Zwiebeln, Karotten, Sellerie, Randen, grünen Bohnen, Erbsen, Kohl und Joghurt.

★ **Гювеч (giuvech)** Eintopf aus Gemüsen und Fleisch, mit einer Oberschicht Joghurt und Ei gebacken.

Дроб сърма (drob sarma) Gekochte Lammleber und andere Innereien mit Reis und Zwiebeln, in Schweinsnetz gewickelt und gebacken. Serviert mit Eiersauce.

Зелен фасул (zelen fasul) Zerkleinerte grüne Bohnen, Karotten, Zwiebeln, Tomaten und Paprikaschoten zusammen geschmort.

Каварма (kavarma) Fleischwürfel, im Ofen mit viel Zwiebeln und Öl gegart.

Карвавица (karvavitsa) Blutwurst mit Schweinslunge, Herz, Nieren, Leber und Kümmel.

Кебабчета (kebabcheta) Hackfleischwürstchen mit Gewürzen, über Holzkohle grilliert.

Курбан чорба (kurban chorba) Saure Suppe mit gekochtem Lamm, Leber, Frühlingszwiebeln, Tomaten, Paprikaschoten, Pfeffer, Chili, Reis und Majoran. Vor dem Servieren zerquirltes Ei dazugeben.

Кьопоолу (kiopoolu) Pürierte Auberginen mit grünen Pfefferschoten, Tomaten, Knoblauch, Chili, Olivenöl, Zitronensaft und Petersilie, gekühlt serviert.

Кюфтета (kiufteta) Grillierte Kugeln aus Kalb- und Schweinefleisch, Brot, Zwiebeln, Eiern und Petersilie.

Луканка (loukanka) Trockene würzige Wurst, wie Salami.

Лютеница (liutekitsa) Geriebene rote Pfefferschoten, Tomatenpüree (*saltsa*), Chillies, feingehackte Zwiebeln, Tomaten und Knoblauch, garniert mit Chillies.

Лютива салата (liutiva salata) Grüne Pfefferschoten und Chillies, gemischt mit feingehackten Zwiebeln, Öl, Essig und Knoblauch, gekühlt als Hors-d'œuvre serviert.

Манастирска чорба (manastirska chorba) Suppe aus weißen Bohnen, Karotten, Sellerie, Zwiebeln, Tomaten, Chili und Majoran.
Мешана салата (meshana salata) Gemischter Salat.
Мляко с ориз (mliako s oris) Gekühlter Milchreispudding mit Zimt.
Печен фазан (pechen fasan) Gebackener Fasan.
Печено прасе (pecheno prase) Gebratenes Spanferkel.
★**Пилаф с пъдпъдъци и стафиди (pilaf s padpadatsi i stafidi)** Wachtel-Pilaf, gebacken mit Zwiebeln, Knoblauch, Reis, Korinthen und Sultaninen.
Пълнени чушки (palneni chushki) Milde, mit Hackfleisch und Reis gefüllte Paprikaschoten.
Пълнено агнешко бутче (palneno agneshko butche) Mit Butter, eingeweichtem Brot, Hackfleisch, Frühlingszwiebeln, Petersilie und Ei gefüllte Lammbeine, mit Gemüse geschmort, in Scheiben serviert.
Пържени чушки със сирене (parzheni chushki s sirene) Rote Pfefferschoten, mit Käse und Ei gefüllt, paniert und gebraten.
Пържоли от сърна (parzholi ot sarna) Gebratene Scheiben von Wildfleisch.
Рибена чорба (ribena chorba) Fischsuppe mit Gemüsen, über eine Joghurt-Ei-Mischung gegossen.
Сърми (sarmi) Hackfleisch, gekochter Reis, Karotten und Paprikaschoten, in Kohlblättern gebacken.
Таратор (tarator) Suppe aus gewürfelter Gurke, Joghurt, gehackten Walnüssen, Dill, Knoblauch und Öl, gekühlt serviert.
Фасул (fasoul) Weiße Bohnen, Knoblauch, Zwiebeln, Öl, Karotten, Zitronensaft, Zucker und Petersilie, gemischt und kalt serviert.
★ **Хляб "Райска птица" (hliab «raiska ptitsa»)** «Paradiesvogelbrot» mit *sirene*-Käse, Joghurt, Eiern, Käse-Dreiecken, Schinkenwürfeln, Oliven und roten Paprikaschoten.
Шаран пълнен с орехи (sharan palnen s orehi) Karpfen, gefüllt mit Zwiebeln, Nußkernen, gekochtem Reis und Paprikaschoten, gebacken.
Шопска салата (chopcka salata) Paprikaschoten, Tomaten, Gurken, Zwiebeln, Chili, Öl, Essig, mit *sirene*-Käse bestreut.
Яхния (jahnija) Geschmortes Fleisch mit Gemüsen, Knoblauch, Paprika und Weißwein.

Gebräuchliche Ausdrücke

Бира (bira) Bier.
Вино (vino) Wein.
Вода (voda) Wasser.
Гроздова (grozdova) Traubenschnaps.
Гъмза (gamza) Rotwein (leicht).
Димят (dimiat) Weißwein (trocken).
Захар (zahar) Zucker.
Кафе (kafe) Kaffee.
Мавруд (mavrud) Rotwein (trocken).
Масло (maslo) Butter.
Месо (meso) Fleisch.
Мляко (mliako) Milch.
Ориз (oriz) Reis.
Палачинки (palachinki) Pfannkuchen.
Пиле (pile) Hähnchen.
Питка (pitka) Weißbrot (flach).
Риба (riba) Fisch.
Свинско (svinsko) Schweinefleisch.
Сирене (sirene) Weißer krümeliger Käse.
Сливова (slivova) Pflaumenschnaps.
Сметка (smetka) Rechnung.
Телешко (teleshko) Kalbfleisch.
Хляб (hliab) Brot.
Чай (chai) Tee.
Шунка (shunka) Schinken.
Яйца (jaitza) Eier.

Наздраве! (nazdrave!) Prosit!
Добър апетит! (dobar apetit!) Guten Appetit!

Jugoslawien

Wer Jugoslawien sagt, meint im Grunde die föderalistischen Volksrepubliken Bosnien und Herzegowina, Kroatien (einschließlich Dalmatien), Mazedonien, Montenegro, Serbien (mit den autonomen Provinzen Wojwodina und Kosowo) und Slowenien. Infolge der zahlreichen Besetzungen der verschiedenen Landesteile im Laufe der Zeiten durch die Slawen, Österreicher, Venetier, Türken und Franzosen weist jedes Gebiet seinen eigenen Kochstil auf. Ich habe deshalb bei den Gerichten jeweils in Klammer den Herkunftsort bezeichnet. Ich habe mich bei meiner Aufstellung durchweg des Serbokroatischen, der wichtigsten Sprache des Landes, bedient, statt gelegentlich mazedonische, slowenische oder gar albanische Ausdrücke zu verwenden, die nur Verwirrung stiften würden. Wenn nötig habe ich Alternativen erwähnt.

Es wird sowohl das römische wie das kyrillische Alphabet verwendet. Ich habe das römische Alphabet verwendet. Es lautet wie folgt: A, b, č, ć, d, dž, dj, e, f, g, h, i, j, k, l, lj, m, n, nj, o, p, r, s, š, t, u, v, z, ž.

Alaska corba (Serb.) Berühmte «Fischersuppe» aus dem Donaugebiet; enthält Stücke von Weißfisch und wird mit Ei und Zitrone angedickt.
Bakalar na mornarski način (Dal.) Geräucherter Dorsch, gekocht, in Stücke geschnitten und mit Öl, Brühe, Petersilie und Knoblauch gemischt.
Barbun u pergamentu (Dal.) Seebarbe, in Pergamentpapier auf Holzkohlenfeuer gegrillt.
Bečka šnicla Paniertes Kalbskotelett.
Bosanska kalja od kupusa (Bos.) Schaf- oder Schweinefleisch, mit Kohl geschmort.
Bosanske ćufte (Bos.) Hackfleisch-Kugeln, gebacken in Ei-Joghurt-Kümmel-Sauce.
Bosanski lonac (Bos.) Fleischwürfel, Speck und Gemüse, in Essig und Weißwein gegart.
Brodet na dalmatinski način (Dal.) Fischeintopf, oft mit Makrelen, Zwiebeln, Tomaten und Wein gekocht und mit Reis serviert.
Ćevapčići (Serb.) Grillierte Hackfleischwürstchen, beliebter jugoslawischer Imbiß, mit gehackten Zwiebeln oder Chili serviert.
Crni risoto Schwarzes Reisgericht mit Tintenfisch und Tintensauce.
Crvene paprika sa suvim mesom i jajima (Maz.) Scharfes Gericht: Geräucherter Rippenspeer und Chillies gedünstet, zerkleinert, mit Öl und zerquirlten Eiern gemischt und gebacken.
Ćulbastije (Serb.) Grillierte Schweinskoteletten.
Djuveč (Serb.) Eintopf aus Gemüsen, gemischten Fleischwürfeln und Reis.
Flekice s kupusom (Woj.) Gekochte Nudeln, mit angebratenem, kleingeschnittenem Kohl gemischt.
Gibanica (Serb.) Käse, papierdünne Teigscheiben, *kajmak* und Eier.
★ **Istarske fritule** Dessert aus Istrien: würzige Küchlein, mit Weißwein und Likör hergestellt.
Jabuke u rumu (Slow.) Ganze Äpfel, in Rum und Zucker geschmort.
Jagnjeća sarma u maramici (Serb.) Gehacktes Lammfleisch, Lammleber, Herz usw., in Lammdärme gefüllt und gebacken.
Lički kupus (Kro.) Eintopf mit Sauerkraut und geräuchertem Schweinefleisch, mit gekochten Kartoffeln.
Medenjaci (Mont.) Honigkuchen.
Mešano meso Mixed Grill.
Ohridska jegulja pečena na pepelu (Maz.) Aal vom Ohrid-

See, auf glühenden Kohlen gebacken.
Palačinke (Serb.) Pfannkuchen. Am besten mit Honig und Walnüssen oder Rahmquark und Rosinen.
Paprikaš od suvog ovčeg mesa (Mont.) Schmorgericht aus geräuchertem Lamm, Speck und Gemüsen.
Paprike sa sirom (Serb.) Grüne Paprika, gefüllt mit Eiern und Schafkäse, bestreut mit *kajmak* und gebacken.
Pečena divlja plovka (Woj.) Gebratene Wildente.
Pečenje od srnećeg buta (Woj.) Gebratene Wildkeule.
Pečeno prase Gebratenes Spanferkel.
Pijani šaran iz skadarskog jezera (Mont.) Karpfen aus dem Skadar-See, mit Wein und Knoblauch gebacken.
Pileći paprikaš sa noklicama (Woj.) Hühnergericht mit Eierklößen.
Pile se jufkom (Kos.) Gekochte Hühnerteile und kleine Stücke *jufka*-Teig (aus Mehl, Eiern und Milch) im Ofen mit Zwiebeln, Petersilie und Paprika gebacken.
Pljeskavice (Serb.) Grillierte Klöße aus gehacktem Schweine- und Kalbfleisch.
Plućica na kiselo (Kro.) Suppe aus zerkleinerter Kalbslunge und Gemüsen, mit Joghurt und Zitronensaft serviert.
Podvarak (Serb.) Sauerkraut, mit einer ganzen Ente und Schweinekoteletten gebacken.
Pgača (Serb.) Heißes Brot, manchmal mit *kajmak* gefüllt.
Pohovan file od smudjă (Woj.) In Ei getauchte und gebratene Flussbarsch-Filets.
Potica nadevana orasima (Slow.) Eine Art Biskuit-Roulade mit Buttercreme- und Nußfüllung.
Punjene paprike-babure (Serb.) Gebackene grüne Paprikaschoten, gefüllt mit Zwiebeln, Reis und Hackfleisch.
Punjeni plavi patlidžani (Maz.) Auberginen, gefüllt mit Zwiebeln, Tomaten, grünen Paprikaschoten, Reis und Auberginenfleisch, gebacken.
Ražnjići (Serb.) Kalbs- oder Schweinsspieße.
Riblja čorba Fischsuppe.
Ričet (Kro.) Eintopfgericht aus weißen Bohnen, geräucherten Schweinerippen und Haferflocken.
Sarma od kiselog kupusa (Serb.) Rouladen aus gesäuerten Kohlblättern, gefüllt mit Fleisch, Zwiebeln und Reis, mit geräucherten Schweinerippen in Topf langsam gegart.
Skuše kuvane (Dal.) Gekochte Makrelen, kalt serviert mit Sauce aus Sardinen, Zwiebeln, Petersilie, Öl und Essig.
Sogan-dolma (Bos.) Gefüllte Zwiebeln.
Srpski ajvar (Serb.) Salat aus gebackenen Auberginen und grünen Paprikaschoten mit Öl und Zitronensaft.
Šiš-ćevap (Bos.) Spieße aus Rind- oder Lammfleischwürfeln, grünen Paprikaschoten, Zwiebeln, Tomaten und Kartoffeln, gebraten.
Štajerska kisela čorba (Slow.) Suppe aus Schweinsfüßen und -schwänzen und Gemüsen, vor dem Servieren mit Essig verfeinert.
Tarator od krastavaca (Maz.) Gurkensalat mit Joghurt.
Tavče (Maz.) Eintopf aus weißen Bohnen, Zwiebeln und Chili.
Zeljanica (Serb., Bos.) Spinatkuchen (siehe *gibanica*).

Jugoslawische Weine

Ćviček (Slow.) blasser Rotwein
Dingač (Dal.) schwerer süßer Rotwein
Fruškogorski biser (Woj.) weiß, manchmal moussierend
Grk starker Weißer, wie Sherry
Lutomer gehaltvoller Riesling
Posip (Dal.) guter Weißwein
Postup (Dal.) körperreicher Rotwein
Prokupac (Serb.) körperreicher Rotwein
Prošek (Dal.) Dessertwein
Ruzica dunkler Rosé
Traminac (Slow., Woj.) weiß
Vranac (Mont.) rot
Žilavka (Bos.) trocken, weiß

Gebräuchliche Ausdrücke

Cenovnik, jelovnik Menü.
Čaj Tee.
Hleb (Serb.) Brot.
Hreff Meerrettich.
Jaja Eier.
Kačkavalj Hartkäse, meist aus Schafmilch hergestellt.
Kafa Kaffee.
Kajmak (Serb.) Sauerrahm-Käse.
Kruh (Kro.) Brot.
Kunić Kaninchen.
Malinovac Himbeer-Likör.
Meso Fleisch.
Mleko Milch.
Patka Wildente.
Piletina Hähnchen.
Pirinač Reis.
Pivo Bier.
Plovka (Kro.) Wildente.
Puter Butter.
Račun Rechnung.
Riba Fisch.
Salata Salat.
Sir Käse.
Supa (Serb.) Suppe.
Šaran Karpfen.
Šećer Zucker.
Šljivovica Pflaumenschnaps.
Teletina Kalbfleisch.
Vino Wein.
Voće Frucht.
Voda Wasser.

Živeli! Prosit!
Prijatno! Guten Appetit!

Polen

Noch bis vor einem halben Jahrhundert galt die polnische Küche als besonders prachtvoll. Mit Ausnahme einiger weniger Rezepte, wie *bigos*, einem Jagdgericht, verdankte sie diesen Ruf hochnäsigen Meisterköchen, meist französischer Herkunft, im Dienste des Adels.

Heute hält man sich in Polen an die traditionelle Bauernkost, die von den feinen Leuten einst mißachtet wurde. Sie ist nicht aufregend, bietet aber allerhand Gaumenfreuden, zum Beispiel *barszcz* und *chlodnik*, vorzügliche Karpfen- und Hechtgerichte, herrliche Würste und Pilze, feine Brote und Kuchen. Wie es sich für ein Land, das einen Papst hervorgebracht hat, nicht anders ziemt, hat die Religion auch auf den Speisezettel abgefärbt: Spanferkel an Ostern, Hering an Sahne in der Fastenzeit und besondere Kuchen für die Festtage.

Hinsichtlich Getränke läßt sich nichts mit polnischem Wodka vergleichen. Ich bevorzuge die mit Ebereschenbeeren aromatisierte Sorte, doch sollte man alle versuchen. Die Polen mögen gern Honigwein, sogar mit Erdbeeraroma. Mir ist dieses Getränk zuwider; halten Sie sich lieber an Bier oder Importwein.

Das polnische Alphabet: a, ą, b, c, ć, d, e, ę, f, g, h, i, j, k, l, m, n, ń, o, ó, p, r, s, ś, t, u, w, y, z, ź, ż.

Babka «Großmutter»; rundes Gebäck.
★ **Barszcz** Berühmte Suppe, an Weihnachten serviert (wenn fleischlos gegessen wird) und an Ostern. Basiert auf Fleisch-, Fisch- oder Gemüsebrühe, getrockneten Steinpilzen und frischen Randen. *Kwas* und mit Salz und Zucker zerquetschter Knoblauch wird beigefügt.
Befsztyk tatarski Tatarbeefsteak.
★ **Bigos** Nationalspeise und Jägergericht. Eintopf auf Sauerkrautbasis mit Würsten, Speck,

getrockneten Pilzen, Rotwein und beliebigem Fleisch, meist Wild. Kann auch frischen Weißkohl enthalten.
Bliny Pfannkuchen aus Buchweizenmehl, serviert mit Butter oder Sauerrahm.
Botwina Sommersuppe aus jungen Randen samt Blättern und Stielen, Kalbfleischbrühe, Gemüsen, Zitrone, Sahne, Béchamelsauce und *kwas*. Serviert mit feingehackten Randen, hartgekochten Eiern, Dill, Petersilie und Schnittlauch.
Buraki Gekochte, «geriebene Randen» mit Äpfeln, Béchamelsauce und Sahne, heiß serviert.
Chlodnik Kalter Sommer-*barszcz*, Kalbfleischbrühe mit Randen, Gurken, Frühlingszwiebeln, Rettich und Dill in Sauerrahm, Essig, Zitronen und Randensaft.
Ciastka drożdżowe Tee-Brioches.
Comber sarni Wildrücken.
Ćwikla Geraffelte gekochte Randen mit Zucker, Salz, Meerrettich, Kümmel und Zitronensaft.
Flaki po polsku Gekochte, zerstückelte Kutteln und gekochte Gemüse in Brühe gegart. Mit Käse und Brotkrümeln bestreut.
Galareta z nóżek cielecych Kalbsfüße in Gelee.
Golonko Schweinsvorderfüße, in Wasser mit Gemüsen gekocht, serviert mit pürierten Erbsen oder Meerrettich und Essig.
Golabki «Kleine Tauben», Kohlrouladen, gefüllt mit Schweinefleisch, Reis und Zwiebeln, gebacken.
Kalafior z maslem Blumenkohl mit Butter und Brotbröseln.
★ **Kapuśniak** Schweinefleisch und -rippen in Brühe mit Gemüsen, geräucherten Würsten, Zwiebeln, Sauerkraut, Dill und Kümmel geschmort.
Karp po żydowsku In Wasser mit Gemüsen gekochter Karpfen, kalt in Gelee serviert.
w szarym sosie Karpfen, in Gemüsebrühe und Wein geschmort, in grauer Sauce serviert (siehe *szary sos*).
Kasza gryczana Buchweizengrütze.
Kisiel Fruchtgelee-Dessert.
Kluski ślaskie Nudeln aus Kartoffeln, Eiern und Kartoffelmehl.
Knedle z wiśniami Mit Kirschen gefüllte Knödel.
Kotlet schabowy Paniertes Schweinskotelett ohne Knochen.
Kotlety mielone Hamburger.
Krem Schlagrahm.
Krupnik Rindfleisch-, Gemüse- und Gerstensuppe mit Sauerrahm. Auch Name für Honiglikör.
Kruczeta nadziewane Mit Brot, Ei, Butter und Dill gefülltes gebratenes Hähnchen.
Lane ciasto Dünne Nudeln aus Eier und Mehl, in Suppe gekocht.
Lazanki Kleine, in Wasser gekochte Teigquadrate, serviert mit gebratenem Speck und geriebenem Käse.
Makownik Mohnsamenbrötchen.
Mazurek Sehr dünne, kleine Kuchen, belegt mit Datteln, Sultaninen, Nüssen usw., gebacken und mit Zucker bestreut.
Mizeria Gurken in Sauce aus Sauerrahm und Dill.
Móżdżek cielecy Kalbhirn.
Nerki cielece duszone w winie In Wein geschmorte Kalbsnieren.
Ozór wolowy w szarym sosie Kalte Rindszungenscheiben an scharfer *szary sos*.
★ **Paczki** Rumkrapfen, gefüllt mit Rosenkonfitüre.
Paprika naziewana Milde Paprika, gefüllt mit Hackfleisch, Reis und Zwiebeln, gebacken.
Pieczeń huzarska Rindsbraten, gefüllt mit Zwiebeln, Eiern und Brot im Ofen gegart.
Piernik Honigkuchen mit Nelken.
★ **Pierogi leniwe** Knödel aus Quark, Eiern und Mehl.
ruskie Mit Käse, Kartoffeln und Zwiebeln gefüllte Ravioli.
z miesem Fleischravioli.
Placki zeimniaczane Küchlein aus geriebenen Kartoffeln.
Poledwica wolowa z rusztu Gegrilltes Zwischenrippenstück vom Rind, serviert mit Dill und Meerrettich.
Schab pieczony roast Schweinelende, besteckt mit Nelken und mit Zwiebeln serviert.
Sernik Quarkkuchen mit Sultaninen.

Śledź w oliwie Hering in Öl.
Szary sos Süßsaure graue Sauce mit Gewürzen, Honigkuchen, Zucker, Zitronensaft, Mandeln, Sultaninen, Wein und Brühe.
★ **Sztuka miesa zapiekana** Gekochtes Rindfleisch und Gemüse, mit dicker Meerrettich-Sauce.
Tort makowy Mohnsamenkuchen.
Uszka «Kleine Ohren» – kleine Teigkissen, gefüllt mit Pilzen, Zwiebeln und Brotbröseln.
Wloszczyzna Jedes Gemüse, das in Wasser gekocht werden kann.
Zraziki w sosie Gebratenes Kalbssteak in Kapernsauce mit Sahne und Zitronensaft.
★ **Zrazy** Dünne Rinds-, Kalbs- oder Lammschnitzel, gebraten, dann geschmort in Sauce aus Zwiebeln und Pilzen.
Zupa grzybowa Pilzsuppe.

Gebräuchliche Ausdrücke

Bryndza Schafskäse.
Chleb Brot.
Chrzan Meerrettich.
Cielecina Kalbfleisch.
Cukier Zucker.
Dziczyzna Wild.
Geś Gans.
Grzyby Pilze.
Herbata Tee.
Jajko Ei.
Kaczka Ente.
Kawa Kaffee.
Kurczę Hähnchen.
Kwas Randensaft-Ferment (sauer).
Maslo Butter.
Mieso Fleisch.
Mleko Milch.
Or karta Menü.
Owoce Frucht.
Piwo Bier.
Rachunek Rechnung.
Ryba Fisch.
Ryż Reis.
Ser Käse.
Szczupak Hecht.
Szynka Schinken.
Smietana Sahne.
Watroba Leber.
Wieprzowina Schweinefleisch.
Wino Wein.
Woda Wasser.
Wolowina Rindfleisch.

Sto lat! Na zdrowie! Prosit!
Smacznego! Guten Appetit!

Rumänien

Trotz Drakula sind die Rumänen lebenslustiger als die Bulgaren, obschon auch sie 500 Jahre unter dem Joch der türkischen Herrschaft zu leiden hatten.

Die Rumänen kochen auch besser und abwechslungsreicher als die Bulgaren, vielleicht infolge ihres engen Kontaktes zu Ungarn. Siebenbürgen gehörte einst zur österreichisch-ungarischen Monarchie, Rumänien bezog somit im wahrsten Sinne des Wortes Nahrung von Ost und West.

Der frische und leichte rumänische Wein schmeckt für unser Empfinden vielleicht etwas zu süßlich. Achten Sie auf die Namen *Tirnave*, *Cotnari* (ähnelt einem leichten Tokajer), *Focsani* und *Murfatlar* (ist recht süß).

Das rumänische Alphabet: a, ă, b, c, d, e, f, g, h, i, î, j, k, l, m, n, o, p, q, r, s, ş, t, ţ, u, v, w, x, y, z.

Ardei copt românese Geschälte grüne Paprika, kalt, mit Sauce aus Essig, Olivenöl, Knoblauch und rotem Paprika serviert.

umplut cu carne Grüne Paprika, gefüllt mit Schweine- und Kalbfleisch, Reis und Ei, in Tomatensauce gebacken.

Biftec la grătăr Grilliertes Steak.

Budincă de ficat Leberpudding.

★**Carne de miel** Milchlamm, im Ofen mit Wein und Kräutern gebraten.

de vacă prăjită Roastbeef.

de vitel stil tărănesc Kalbfleisch nach Bauernart: Kalbfleischwürfel mit Zwiebeln und Chili angebraten und mit Brühe gegart.

★**Ciorbă** Saure Suppe, traditionsgemäß hergestellt mit saurem, gegorenem Weizenkleie-Saft.

de burtă Suppe aus Kutteln, Ei, Sahne und Gemüsen.

de perisoare Saure Suppe mit Kalb- und Schweinefleischkugeln, Gemüsen, Sauerrahm, Eigelb und Dill.

de peste Saure Fischsuppe mit Chillies, serviert mit *mamaliga.*

Cotlete de porc la gratar Gegrillte Schweinekoteletten.

★**Crap marinat** Karpfenstücke, gekocht mit Öl, Sellerie, Petersilie, Wein und Essig, dann zum Marinieren mehrere Tage stehen gelassen.

umplut Ganzer Karpfen, gefüllt mit gehackten Oliven, Fenchel, Petersilie, Knoblauch, Zitrone und Öl, gebacken.

Creeri de vitel fripti Paniertes Kalbshirn.

Ficat de pui cu ceapă Geflügellebern mit Zwiebeln und Petersilie in Weißwein geschmort.

Ficat de vitel umplut Kalbsleber mit Speck, Zwiebeln, Ei und Brotkrümeln gefüllt und geschmort.

Foi lica cu cremă dé ciocolată Schokoladekuchen.

Frigărui Mixed Grill aus Schweinefleisch, Leber, Nieren, Zwiebeln, Pilzen und Tomaten.

Fursecuri Kleine Kekse aus Walnüssen und Schokolade.

Gâscă prăjită Gebratene Gans.

★**Ghiveci (cu zarzavaturi)** Rumänisches Nationalgericht. Eintopf mit verschiedenen Gemüsen, im Ofen mit Öl und Brühe gebacken, manchmal auch mit Fisch oder Fleisch.

Grătar amestecat Riesiges Mixed Grill aus verschiedenen Stücken Schweinefleisch, Leber, Nieren, Hirn usw. und *mititei.*

Limbă de vacă afumata Geräucherte Rindszunge, meist an einer Sauce aus Tomaten, Zwiebeln, Öl und Oliven heiß oder kalt serviert.

Mămăligă (de aur) Das rumänische Nationalgericht auf viele Arten gegessen. Maismehlbrei wird beim Auskühlen dick.

★**Mititei** Hausgemachte Rindfleischwürste, grilliert.

Musaca cu pătlăgele vinete Traditionelles Gericht aus Schichten von gehacktem Schweine- und Kalbfleisch, Zwiebeln und Reis und gebratenen Auberginenscheiben und Tomaten, gebacken.

★**Pastramă** Geräuchertes, gesalzenes Lammfleisch, grilliert und mit *mămăligă* serviert.

Pătlăgele vinete tocate Brei aus Auberginen und Öl.

Perisoare de carne amestecată Kleine gebratene Kugeln aus Schweine- und Kalbfleisch.

Peste fript in hîrtie Kleine Fische, in Pergamentpapier über offenem Feuer grilliert.

Plăcinta cu carne tocată Dünner Strudelteig, mit gehacktem Fleisch gefüllt und gebacken.

Pui gătit tărăneste Hähnchen nach Bauernart, gebraten mit Zwiebeln, Chili und Sauerrahm.

Pui prăjit la tavă Geschmortes Hähnchen an Sauce aus Rahm und Dill.

Purcel mic la grătar Gebratenes Spanferkel.

Rată a la Romania Geschmorte Ente, im Ofen mit Sauerkraut gegart.

Salată de cartofi Kartoffelsalat.

Sarmale (Varză umplută cu carne) Kleine Kohlrouladen, gefüllt mit Hackfleisch, Zwiebeln und Reis, auf einem Sauerkrautbett, gebacken.

Satou Köstlicher Vanillepudding mit Zitrone und Weißwein.

Scrumbie marinată Marinierter Hering.

Supă de cartofi Kartoffelsuppe mit Gemüsen, Speck, Eigelb, Sauerrahm und Dill.

Tocana de carne de oaie Geschmortes Lamm mit Knoblauch.
de carne de vacă Rindfleischschmorgericht mit Knödeln.
ciobanului cu varză Eintopfgericht aus Sauerkraut, Zwiebeln. Schweinsrippen, mit Sauerrahm und Dill. Serviert mit *mămăligă*.
de porc Schweinefleischwürfel, geschmort mit Zwiebeln, Wein und Tomaten.
de pui cu tarhon Mit Wein und Estragon geschmortes Hühnerfleisch.
de vitel Kalbfleischwürfel, geschmort mit Knoblauch, Zwiebeln und Sauerrahm.
Torta cu ciocolată Schokoladekuchen.
cu nuci Walnußkuchen.
Vacă prăjită ála Bucuresti Gebratenes Rindfleisch, beim Garen mit Brühe und Sahne begossen. Sauce mit Sahne und Zitronensaft vermischt.
Varză ala Cluj Gericht aus Siebenbürgen: Schichten aus Sauerkraut, Reis und Zwiebeln, gehacktem Schweinefleisch, Rindfleisch und Schinken, mit Sauerrahm begossen, bedeckt mit Rahm und Dill gegart.
Vinete su carne Mit Zwiebeln, Knoblauch, Auberginenfleisch und Hackfleisch gefüllte Auberginen, mit Tomaten bedeckt gebacken.

Gebräuchliche Ausdrücke

Apă Wasser.
Bere Bier.
Brînză Weißer Ziegenkäse.
Cafea Kaffee.
Carne Fleisch.
Ceai Tee.
Clatite Süße Pfannkuchen.
Galuste, gogoase Knödel.
Lapte Milch.
Notă de plată Rechnung.
Orez Reis.
Ouă Eier.
Pîine Brot.
Suncă Schinken.
Tuică Pflaumenschnaps.
Unt Butter.
Vin Wein.
Zahar Zucker.

Noroc! Prosit!
Poftă bună! Guten Appetit!

Tschechoslowakei

Die Tschechoslowakei gab es vor 1918 in ihrer heutigen Form noch gar nicht, sie kann daher kaum eine eigene Küche haben. Jeder der verschiedenen Landesteile wurde seitens seiner Nachbarn beeinflußt: die Slowakei von Ungarn, und Böhmen und Mähren von Österreich. Daraus resultiert das für den Balkan typische Gemisch.

Tschechoslowakisches Alphabet: a, á, b, c, č, d, e, é, ě, f, g, h, ch, i, í, j, k, l, m, n, ň, o, p, q, r, ř, s, š, t, u, ů, ú, v, w, x, y, ý, z, ž.

Bramborová polévka Kartoffelsuppe.
Bramborové knedlíky Kartoffelknödel.
Bramborový salát Kartoffelsalat.
Debrecínská pečínka Geräuchertes, gebratenes Schweinefleisch, kalt serviert.
Dušená roštěnka Geschmorte Rindfleischscheiben in Zwiebelsauce.
Houskové knedlíky Faustgroße Knödel aus Mischung von Mehl, Eiern, Milch und Weißbrotwürfeln, in Scheiben serviert.
Hrachová polévka Erbsensuppe.
Jablkový závin Apfelstrudel.

★ **Kapr na černo** Traditionelles Weihnachtsgericht: pochierter Karpfen in schwarzer Sauce aus Fischsud, Heidelbeersaft, Bier, Zitronenschale, Zucker, Honigkuchen, Rosinen und Mandeln.
Karbanátky Eine Art Hamburger.
Kmínová polévka Dicke weiße Suppe mit Kümmelgeschmack.
Koláčky Küchlein aus Hefeteig, gefüllt mit Pflaumenkonfitüre, Quark oder Mandelpüree.
Koprová omáčka Dillsauce aus Mehl, Fett und Sauerrahm, zu gekochtem Rindfleisch serviert.
Kuře na paprice Hähnchen in Paprikasauce.
Makový dort Mohnsamenkuchen.
Míchaná zelenina Gemischte Gemüse.
Míchaný ovocný kompot Gemischtes Früchtekompott.
Nadívaná (plněná) rajská jablíčka Gefüllte Tomaten.
Okurkový salát Gurkensalat.
Oukrop Knoblauch-Kartoffelsuppe.
Pajšl na smetaně Beuschel in Rahmsauce.
Pečená husa se zelím Gebratene Gans mit Sauerkraut.
Pečená kachna Gebratene Ente.
Pečené kuře Brathähnchen.
Plněné papriky Paprikaschoten gefüllt mit Hackfleisch, mit Tomatensauce serviert.
Polévka s játrovými knedlíčky Fleischbrühe mit Knödeln aus Leber, Knoblauch, Zitronenschale, Ei und Brotbröseln.
Povidlový koláč Pflaumenmarmelade-Kuchen.
Pražská šunka Pragerschinken.
Pražský klobás Pragerwürste.
Rajská polévka s rýží Tomatensuppe mit Reis.
Segedinský guláš Ungarisches Gulasch.
Sekaná pečeně Gebratenes Hackfleisch.
(Smažený) řízek Paniertes Kalbsschnitzel oder Schweinsfilet.
Švestkové knedlíky Pflaumenknödel.
Svíčková na smetaně Marinierte Rindslende, gebraten und mit Sauerrahmsauce serviert.
Telecí pečeně Gebratenes Kalbfleisch.
Tlačenka s cibulí Preßkopf und Zwiebeln.
Tvarohový koláč Quarkkuchen.
Uzená šunka Rauch-Schinken.
★ **Vepřová pečeně** Mit Kümmel gebratenes Schweinefleisch.
Zadělávané žaludky Geschmorte Gänsemägen.
Zajíc na smetaně Hase in Sahnesauce.
Zavináč Rollmops.

Gebräuchliche Ausdrücke

Chléb Brot.
Cukr Zucker.
Čaj Tee.
Hovězí maso Rindfleisch.
Jehněčí Lammfleisch.
Jídelní lístek Menü.
Káva Kaffee.
Máslo Butter.
Maso Fleisch.
Mléko Milch.
Plzeňské pivo Tschechisches Bier aus Plzeň (Pilsen).
Ryba Fisch.
Sýr Käse.
Šunka Schinken.
Telecí Kalbfleisch.
Účet Rechnung.
Vejce Eier.
Vepřové Schweinefleisch.
Víno Wein.
Voda Wasser.

Na zdraví! Prosit!
Dobrou chut! Guten Appetit!

Ungarn

Die Ungarn zeichnen sich durch vielseitige Begabung und großen Einfallsreichtum aus. Sie sind ihren Nachbarn in mancher Hinsicht überlegen. Dies mag mit verschiedenen Umständen zusammenhängen. Die Ungarn gehören zum Beispiel einer andern Sprachgruppe an als ihre Nachbarn. Möglicherweise hat sie zudem auch die geographische Lage ihres Landes vor ungünstigen Fremdeinflüssen weitgehend bewahrt.

Wie die französische kennzeichnen auch die ungarische Küche sowohl raffinierte Finesse als Ursprünglichkeit. Man vergegenwärtige sich zum Beispiel den Kontrast zwischen einer reichhaltigen ungarischen Fleischsuppe, die als Vollmahlzeit gelten kann, und einer delikaten Fruchtsuppe. Der dem französischen Preßkopf durchaus ebenbürtige gepreßte Schweinskopf und Gerichte wie *vese velö tojassal* verleihen dem ungarischen Hors-d'œuvre einen besonderen Akzent. Man ißt in Ungarn vor allem Süßwasserfische, da das Land nirgends ans Meer grenzt. Die Karpfen, Hechte und Barsche schmecken traditionsgemäß großartig. Gulasch bedarf wohl kaum spezieller Erwähnung, doch mag seine Feinheit im Geburtsland überraschen. Auch die Gemüsegerichte munden ausgezeichnet. Mein Favorit ist *tökfözelek,* das den Markkürbis aus einer wässerigen Banalität in eine gastronomische Überraschung verwandelt.

Das ungarische Alphabet: a, á, b, c, cs, d, dz, dzs, e, é, f, g, gy, h, i, í, j, k, l, ly, m, n, ny, o, ó, ö, ő, p, r, s, sz, t, ty, u, ú, ü, ű, v, z, zs.

Hideg izelitö – Hors-d'œuvre

Bulgar saláta Gemischter Salat, nach Bulgarien benannt, eingedenk des Talents bulgarischer Gärtner.
Csuka sciki mártással Kalter Hecht mit Randensauce.
★ **Disznó sajt** Gepreßter Schweinskopf.
Házi pástétom Hauspastete.
Herz szalámi, pick szalámi Ungarische Salami.
Kaszinótojás «Kasino-Eier», hartgekochtes Eiweiß, gefüllt mit Anschovis, Eigelb, Sauerrahm und Senf, serviert auf Gemüsewürfeln mit Mayonnaise.
Liptói körözött Quark, vermischt mit Sahne, Kümmel, Butter, Paprika und Schnittlauch.

Tojásétlek – Eiergerichte

Debreceni rántotta Omelett mit grünen Paprikaschoten und Rauchwurst.
Gombás vese tojással Rühreier, Nieren und Pilze.
Rántotta zöldpaprikával Omelett mit grünen Paprikaschoten.
★ **Vese velö tojással** Kalbshirn, Nieren, Zwiebeln und Eier vermengt und mit Paprika gewürzt.

Levesek – Suppen

Eine Suppe gehört im Sommer und Winter zu einer echt ungarischen Mahlzeit. Sie wird oft mit einer Mehlschwitze gebunden. Die Magyaren-Hirten pflegten stets Pakete mit getrocknetem

Fleisch mit sich zu führen, aus dem sie auf ihren Wanderungen Suppen oder Ragouts zubereiteten. Die beliebten Fruchtsuppen werden meist kalt serviert. In Zuckerwasser gekochte Früchte werden mit Nelken, Zimt und Zitrone abgeschmeckt und mit saurer Sahne etwas gebunden.

Bableves csipetkével Suppe aus getrockneten Bohnen mit Rauchschinken-Brühe und Sauerrahm, mit feinen Nudeln serviert.
Barackleves Aprikosensuppe.
Borleves Weißweinsuppe mit Eigelb, Nelken, Zucker und Zitrone.
Burgonya leves Kartoffelsuppe.
Céklaleves Randensuppe mit Sauerrahm und Eigelb.
Erdélyi leves Siebenbürgische Fleischbrühe mit Sauerrahm, Eigelb, Dill und Schnittlauch.
Gombaleves Pilzsuppe.
Gulyásleves Nahrhafte Suppe wie *bogracs gulyás*, mit weniger Fleisch.
Hal leves Klare Fischsuppe.
★ **Kaporleves** Suppe aus Milch, Sauerrahm, Eigelb und frischem Dill.
Kelvirágleves Blumenkohlsuppe.
Köménymagleves «Medizinische» Suppe mit Kümmel, Zwiebeln und Ei; soll gut sein für den Magen.
Korbeley leves Heilsame Suppe mit Sauerkraut, Scheiben geräucherter Würste, Kümmel und Sauerrahm; gut gegen Kater.
Lebbencsleves Stücke von *lebbencs* (dünnem Teig), Speckwürfel, Zwiebeln und Paprika, gebraten und mit Kartoffelstückchen in Wasser gekocht.
★ **Meggyleves** Sauerkirschen-Suppe.
Palócleves Nahrhafte Suppe aus der Gegend von Paloc, mit Schaffleisch, Speck, Zwiebeln, Paprika, Knoblauch und Kümmel, Kartoffeln, grünen Bohnen und Sauerrahm.
Paradiscomleves Tomatensuppe mit Reis, mit Zucker bestreut.
Salátaleves Lattichsuppe mit Dill, Knoblauch, Molke, Sauerrahm und Essig.
Spárgaleves Spargelsuppe.
Zellerkrémleves Selleriesuppe.
★ **Zöldbableves** Herbe Suppe aus grünen Bohnen mit Essig, Paprika und Sauerrahm.

Tészták, Palacsinták – Klöße, Pfannkuchen und Nudeln

Die Ungarn verwenden verschiedene Suppenbeilagen (*levesbevalók*) in Form von Klößen, Nudeln und sogar Pfannkuchen.

Csipetke Klößchen aus Mehl und Wasser.
Daragaluska Klößchen aus Grieß und Eiern.
Darás metélt Grießnudeln.
Galuska Eierklößchen.
Gránátos kocka Vierecke aus gekochtem Teig, gemischt mit Kartoffeln, Zwiebeln und Paprika, gebacken.
★ **Hortobágyi palacsinta** Pfannkuchen, gefüllt mit gehacktem Kalbfleisch, Zwiebeln, Paprika und Sauerrahm. Mit Sauerrahm-Sauce serviert.
Májgombóc Klöße aus Leber, Brot, Zwiebeln, Eiern und Mehl.
Palacsintametélt Pfannkuchenstreifen als Suppeneinlage.
Szalonnás gombóc Speckklöße.
Tarhonya Magyaren-Spezialität: Aus Mehl und Eiern wird ein Teig geknetet und getrocknet (die Magyaren ließen ihn an der Sonne). Die entstandenen graupenähnlichen Kügelchen werden in Wasser gekocht und in der Suppe gegessen.
Tojáskocsonya Eierstich.
Turós csusza Nudeln, mit Sauerrahm, Rauchspeck und Quark bedeckt gebacken.
Vajgaluska Klöße aus Mehl, Eiern und Butter.
Zsemlegombóc Klöße aus Brot, Mehl, Eiern, Milch und Petersilie.

Hal – Fisch

★ **Halászlé** Diese Magyaren-Spezialität ist ein sehr feuriger Fischttopf. Stücke von Karpfen und anderen Süßwasserfischen werden langsam pochiert mit Zwiebeln, Paprikaschoten, Tomaten und Paprika.
Halpaprikás Karpfenwürfel, in Sauerrahm mit Zwiebeln und Paprika gekocht. Mit *galuskas* serviert.
Rácponty Serbisches Gericht. Karpfenstücke auf Kartoffelscheiben, mit Zwiebeln, Paprikaschoten und Tomaten bedeckt und mit Sauerrahm-Sauce gebacken.
Rántott ponty Panierte Karpfenstücke.

Fötelek – Hauptgerichte

Es gibt vier verschiedene Grundgerichte:
Gulyás Eintopf, immer aus Rindfleisch, Zwiebeln, Paprika, Kartoffeln und *csipetke;* keine Sahne.
Paprikás Eintopf mit dicker rosaroter Sauce aus Paprika und Sauerrahm.
Pörkölt Eintopf aus Fleischwürfeln, sehr dicker Sauce, Zwiebeln und Paprika; keine Sahne.
Tokány Lange, dünne Kalbfleischstreifen, im eigenen Saft gegart, mit wenig Zwiebeln und schwarzem Pfeffer. Ursprünglich wurde kein Paprika beigemengt, aber für heutige *tokány*-Gerichte wird er verwendet.

Bácskai rízses hús Reisgericht aus Schweinefleisch-Würfeln, Zwiebeln, grünen Paprikaschoten, Tomaten, Reis und Paprika.
★ **Bográcsgulyás** «Gulyás» bedeutet Hirt. Dieses berühmte Gulasch geht zurück auf die Magyaren. Es wird häufig immer noch in großen Kesseln oder *bogrács* zubereitet. Rindfleischwürfel, gehackte Zwiebeln, milde Paprikaschoten, Tomaten, Kartoffeln, Paprika, Chilipulver, Knoblauch und Kümmel werden mit Eierklößchen geschmort.
Borjú pörkölt Geschmorte Kalbfleischwürfel.
Csángógulyás Gulasch aus Rindfleischwürfeln, Zwiebeln, Knoblauch, Kümmel, Paprika, Paprikaschoten, Sauerkraut und Reis.
★ **Csikós tokány** Schweinefleischwürfel, langsam mit Speck, Zwiebeln, Paprikaschoten, Tomaten und schwarzem Pfeffer geschmort. Mit Sauerrahm und Knödeln serviert.
Erdélyi marhatokány Rindfleischtopf mit Speck, Zwiebeln, Tomatenpüree, Knoblauch und Weißwein.
★ **Fatányéros** Siebenbürgischer Eintopf aus verschiedenen Fleischsorten, auf Holzbrettern serviert, nach Art der Magyaren, die dieses Gericht im Freien aßen. Ähnlich einem Mixed Grill besteht es aus grillierten Stücken von Schweinefleisch, Speck, Rindfleisch und Kalbsfilet, mit gebratenen Kartoffeln.
Gundel tokány Geschmorte Streifen Rindsfilet, Gänseleber, Bohnen, Rührei und Zwiebeln.
Hagymás rostelyos Gebratenes Zwischenrippenstück mit Zwiebeln.
Herańy tokány Geschmorte Streifen von Rind- und Schweinefleisch mit Kräutern und Sauerrahm.
Hétžezér tokány Benannt nach den sieben Anführern, die die Magyaren nach Ungarn führten. Geschmorte Streifen Rind-, Schweine- und Kalbfleisch mit Zwiebeln, *lecsó* und Sauerrahm.
★ **Magyaros szüzérmék** Feuriges Gericht; gebratene Schweinsmedaillons, bedeckt mit Mischung aus gebratenen gehackten Zwiebeln, Kartoffeln, Chilipulver und Paprika.
Marhapörkölt Dicker Rindfleischtopf, mit Knödeln serviert.
Nyárson sült csirke Am Spieß gebratenes Hähnchen.
Pacalpörkölt Dicker Kutteltopf

mit Paprika, Zwiebeln, Knoblauch, Kümmel, grünen Paprikaschoten und Tomaten.
Pirított máj magyarosan Geschmorte Hühnerlebern mit Zwiebeln, Paprika, Paprikaschoten und Tomaten, mit Reis serviert.
Pörkölt csirke Hühnertopf mit Tomaten, grünen Paprikaschoten, Knoblauch, Paprika und Zwiebeln.
Rablóhús: «Räuberfleisch», Spieße mit Fleisch und Zwiebeln, über offenem Feuer gebraten.
Rántott sértes borda Panierte Schweinskoteletten.
Serpenvös rostelyos Schmortopf aus Beefsteaks, grünen Paprikaschoten, Tomaten, Zwiebeln, Kartoffeln, Knoblauch, Kümmel und Paprika.
Sertésborda parasztosan Geschmorte Schweinskoteletten, mit gebratenen Zwiebel-, Speck- und Kartoffelwürfeln.
Székelygulyás Gulasch aus Siebenbürgen mit Schweinefleisch und Sauerkraut.
Székely sertésborda Mit Zwiebeln, Paprika, Knoblauch und Kümmel geschmorte Schweinskoteletten, mit Sauerkraut und Sauerrahm, bestreut mit Dill serviert.
Temesvári sertésborda Gericht aus Schweinskoteletten mit Tomaten, Zwiebeln, Speck, milden Paprikaschoten und grünen Bohnen.
Zsiványpecsenye «Banditenfleisch», grilliertes oder am Spieß gebratenes Fleisch.

Köretek, Fözelékek – Gemüse

Gombapaprikás Gedünstete Pilze mit Sauerrahm, Paprika und Zwiebeln.
Káposztás kocka In Streifen geschnittener Weißkohl, in Speckfett mit Zucker und schwarzem Pfeffer gegart.
Kelkáposztafözelék Gekochter Wirsing mit Kümmel, Knoblauch und Kartoffelwürfeln.
Lecsó Farbiges Mischgericht aus milden Pfefferschoten, durchzogenem Speck, Zwiebeln, Tomaten und Paprika.
Liptó burgonya Gekochte Kartoffeln, mit *liptói*-Käse, Speck und Dill gebacken.
Paprikás burgonya Schiffförmige Kartoffeln mit gebratenen Zwiebeln, Paprika, Chili, Kümmel und Rauchwurstscheiben gedünstet.
Paraj fözelék Gehackter Spinat.
Párolt vörös káposzta Gedünsteter Blaukohl.
Rakott burgonya Schichten gekochter Kartoffelscheiben und Schichten gekochter Eierscheiben, überdeckt mit Sauerrahm und Brotbröseln gebacken.
Rakott káposzta Gekochtes Sauerkraut und Mischung aus gekochtem, gehacktem Schweinefleisch, gehackten Zwiebeln und Rauchwürsten aufgeschichtet; mit Sauerrahm beträufelt, im Ofen erhitzt.
Ropogos hagyma Gebratene Zwiebeln.
Savanyú káposzta Sauerkraut.
Sólet Gebackene Bohnen und Graupen, gemischt mit Zwiebeln und Paprika und etwas Rauchfleisch.
★ **Tökfözelék** Markkürbis-Streifen mit Zwiebeln gebraten und mit Sauerrahm, Dill und Essig gemischt.
Töltött káposzta Kohl, gefüllt mit gehacktem Schweinefleisch, Zwiebeln und Reis. Geschmort mit geräucherten Schweinsrippen und Sauerkraut, mit Sauerrahm serviert.
Töltött paprika Milde Paprikaschoten, gefüllt mit gehacktem Schweinefleisch, Reis und Zwiebeln.
Töltött paradicsom Mit Krebsen gefüllte Tomaten.

Saláták – Salat

Burgonyasaláta Kartoffelsalat mit Zucker, Salz, Essig, gehackter Petersilie und Zwiebelringen.
Céklasaláta Randensalat.
Fejes saláta Kopfsalat.
Káposztasaláta Kohlsalat mit Zwiebeln und Kümmel.
Karfiolsaláta Blumenkohlsalat.

Paprikasaláta Paprikasalat.
Paradicsomsaláta Tomatensalat mit Zwiebeln.
Töksaláta Salat aus gebratenen Kürbisstreifen in Joghurt und Zitronensaft.
Uborkasaláta Gurkensalat mit Knoblauch, Zucker und Pfeffer.
Vegyes saláta Gemischter Salat.
Zöldbabsaláta Salat aus grünen Bohnen.

Edességek – Desserts

Csúsztatott palacsinta Pfannkuchen mit Zucker- und Aprikosenfüllung.
Diós metélt Walnußnudeln.
★ **Dobostorta** Nach ihrem Erfinder benannte berühmte Spezialität aus dünnen Schichten Biskuit-Teig mit Schokoladefüllung und Karamelglasur.
Indiána fánk Mit Schokolade überzogene und mit Schokoladencreme gefüllte Windbeutel.
Lekváros derelye Teigtaschen, gefüllt mit Konfitüre, gekocht, mit Zucker, Zimt und gerösteten Brotbröseln bestreut.
Mákos metélt Mohnsamennudeln.
Rakott metélt Nudeln mit Mischung aus zerquirlten Eiern, Sauerrahm, Vanille, Quark, Sultaninen, Walnüssen und Konfitüre, gebacken.
palacsinta Mit süßer Füllung aufgeschichtete Pfannkuchen.
Rétes Papierdünner Teig mit verschiedenen Füllungen.
Rigó jancsi Mit Schokolade gefüllte Vierecke aus Biskuit-Teig.
★ **Somlói galuskas** Köstliche Spezialität aus drei Schichten Biskuit-Teig – Vanille, Walnuß und Schokolade. Mit Rum beträufelt, mit Sahne und Eiercreme, Walnüssen und Sultaninen gefüllt, mit Sahne und Schokoladensauce serviert.
Szilvás gombóc Pflaumenknödel.
Torta diós Walnußtorte.
Túrós gombóc Quarkknödel.
Túróscsusza Gekochte Teigstücke gemischt mit geschmolzener Butter, Quark, Sauerrahm und Speckkruste. Obwohl kein süßes Gericht, wird es in Ungarn trotzdem als Dessert serviert.

Ungarische Weine

Alföld-Region Größtes Anbaugebiet in der sandigen Großen Ebene.
Badacsony Hügeldorf am Ufer des Balaton-Sees.
Badacsonyi Kéknyelü: ausgezeichneter trockener Weißwein.
Szürkebarát: «Franziskaner» – gehaltvoller Weißwein.
Zöldszilváni: «grüner Sylvaner».
Balaton Produziert Weißweine aus der italienischen Rieslingtraube.
Balatonfüred-Csopak Gemischte Weinregion. *Füred* ist süßer und weniger feurig als *Csopak*.
Bársonyos-Császár Nördliche Region, die angenehm trockene, frische Weißweine produziert. Die berühmteste Stadt ist Mór.
Móri Ezerjó: trockener Weißwein.
Eger Bekannt für seine Rotweine.
Egri Bikaver: «Stierenblut» ist ein Verschnitt – Kadarka macht ihn stark, Médoc noir (Merlot) und Oporto, fein und dunkel.
Egri Leányka: erstklassiger halbsüßer Weißwein.
Matra hegyalia An den Südhängen des Mátra-Gebirges gedeihen beste Tischweine.
Mátraalya Debröi Hárslevelü: gehaltvoller Tischwein.
Mátraalya Muskotály: Muskateller.
Mecsek Südungarn. Die Stadt Pécs ist berühmt für ihre Schaumweine.
Pécsi Olaszrizling: köstlicher trockener Wein.

Somló Kleines Weinbaugebiet.
Furmint: trockener Weißwein.
Sopron Stadt unweit der österreichischen Grenze.
Soproni Kékfrankos: leichter Rotwein.
Soproni Leányka: trockener Weißwein.
Szekszard Im Süden Zentral-Ungarns.
Szekszardi Kadarka: rubinfarbig und angenehm, ein wenig herb.
Tokaji-hegyalia Diese Region produziert Weine von außergewöhnlicher Qualität. Der Süßigkeitsgrad der Tokajer wird in *puttonyos* gemessen. Je höher deren Zahl, um so süßer der Wein.
Tokaji Furmint: aus der klassischen Tokajer-Traube.
Tokaji Szamarodni: trockener Tokajer.
Tokaji aszú: Dessert-Wein.
Villány-Sikós Südliches Weinzentrum.
Villány Kadarka: sehr starker Rotwein, der rasch bleicht.
Villány Burgundi: erstklassiger Roter.

Gebräuchliche Ausdrücke

Baracklikor Aprikosenlikör (süß).
Barackpálinka Aprikosenbrandy.
Bárány Lammfleisch.
Bor Wein.
Csirke Hähnchen.
Cukor Zucker.
Étlap Menü.
Hus Fleisch.
Káve Kaffee.
Kenyér Brot.
Maj Leber.
Marha hus Rindfleisch.
Palpusztai Camembert-ähnlicher Käse.
Paprika Sammelbegriff für alle Arten Gemüsepaprika, frisch und in Pulverform.
Rizsa Reis.
Sajt Käse.
Sanka Schinken.
Sör Bier.
Számla Rechnung.
Tea Tee.
Tei Milch.
Vadas Wild.
Vaj Butter.
Viz Wasser.

Isten éltessen! Egeszségedre! Prosit!
Jó étvágyot kivánok! Guten Appetit!

Portugal

Aufgefordert, etwa ein halbes Dutzend portugiesischer Gerichte aufzuzählen, dürften die meisten Leute schon nach *bacalhau* (Stockfisch) und *feijao* (Bohnentopf) ins Stocken geraten. Die portugiesische Küche ist eine Sammlung eher langweiliger Gerichte, deren Qualität von den Generationen der in Armut lebenden Bevölkerung nicht gerade verbessert wurde. Die nach Portugal verbannten Könige dürften sich nach Möglichkeit sicher an den Speisezettel ihrer alten Heimat gehalten haben.

Natürlich haben bäuerliche Küchen stets den Vorteil, echt und einfach zu sein. Man bemüht sich, aus den örtlichen Produkten das Beste zu machen, ohne sie mittels unvertrauter Zutaten zu verfälschen. Die Landschaft Portugals ist großenteil unwirtlich – von Gestrüpp überwachsen im Nordosten, versengt und ausgedörrt im Süden. Eine Lösung bietet in beiden Fällen die Schweineproduktion. Spanferkel schmeckt in Portugal vorzüglich. Portugals Aktivposten sind die reichen Fischgründe im Nordwesten. Nebst zahlreichen Fischsorten bereitet man auch aus Neunauge interessante Gerichte zu. In Estremadura, der fruchtbarsten Landesgegend, ist Hummer exquisit. Man kocht hier auch mit Vorliebe Rindfleisch, meist Schmorgerichte.

Es empfiehlt sich, die einfach zubereiteten unkomplizierten Gerichte wie gebratenes Schwein, grillierter Fisch, Frischgemüse, Rebhühner und andere Wildspeisen zu wählen.

Während die wenigsten Leute über die portugiesische Küche Bescheid wissen, kennen alle den portugiesischen Wein. Porto ist einer der großen Weine der Welt. Die Portugiesen schenken dem Vintage Port, dem Jahrgangswein, weniger Aufmerksamkeit als dem Tawny Port. Ein Hersteller meinte: «Vintage Port hat Gott geschaffen, Tawny Port ist unser Werk, das Resultat vierzigjähriger Anstrengungen.» Man gewinnt den Tawny Port durch sorgfältigen Verschnitt und langjähriges Altern des Weins in Holzfässern. Ich empfehle allen Besuchern Portugals, von diesem Wein zu kosten, für den der Grundsatz gilt: Je älter, desto besser.

Tischweine aus Portugal sind, mit Ausnahme des *Mateus Rosé*, im allgemeinen nichts Besonderes. Als Sacheverell Sitwell vor rund dreißig Jahren diesen unbescholtenen kleinen Weinberg entdeckte, hat man aus den betreffenden Reben wohl alljährlich etwa 5000 Flaschen Wein hergestellt. Heute werden unter demselben Namen allwöchentlich auf der ganzen Welt 1 Million Flaschen eines schwächlichen, kohlesäurehaltigen Saftes verkauft. Doch in Portugal selber findet man eine Anzahl herrlicher Weine, vor allem den *vinho verde*, den Grünen Wein aus Minho. Ungeachtet seines Namens, der sich eher auf das Alter denn auf die Farbe bezieht, sind 70 Prozent des *vinho verde* Rotwein. Der beste Grüne Wein stammt aus Mançâo.

Ein weiteres großes Weinbaugebiet ist Dao, wo roter und weißer Wein produziert wird. Die Rotweine sind interessanter. Sie weisen dank der ungewöhnlich langsamen Gärung einen samtenen Geschmack auf. Daneben sind eine ganze Reihe bemerkenswerter Weine einen Versuch wert, unter anderem der starke, süße Aperitifwein *Carcavelos*, der süße *Moscatel* aus Setubal und der köstlich duftende, goldfarbene *Bucelas*.

Acorda Brotsuppe.
alentejana Brotsuppe mit Knoblaucharoma, aus Fischbrühe, Olivenöl, Koriander zubereitet.
Almôndegas Kugeln aus Kalb- und Schweinefleisch.
★ **Amêijoas à Bulhâo Pato** Mit Knoblauch und Koriander gekochte Muscheln.
Arroz acafrâo Safran-Reis mit Fisch und Hühnerfleisch.
de manteiga Mit Butter und Zwiebeln zubereiteter Reis.
doce Kalter Eier-Reis-Pudding, mit Zimt bestäubt.
Atum com arroz Reis mit Thunfisch, Kopfsalat, Tomaten und Oliven.
★ **Bacalhau** Der berühmte portugiesische Stockfisch. Es soll 365 Zubereitungsarten geben, eine pro Tag.
à Brás Mit Zwiebeln, Kartoffeln und Oliven gebraten und mit zerquirltem Ei serviert.
dourado Mit Tomaten, Petersilie, Knoblauch und Weißwein.
à moda de Minho In Kohlblätter gewickelt gebraten, mit gebratenen Zwiebeln und gekochten Tomaten, aber ohne die Kohlblätter serviert.
à transmontana Geschmort mit Speck, Petersilie, Knoblauch, Tomaten und Weißwein.
Beringelas fritas Bemehlte Auberginenscheiben in Öl gebraten.
Bolo de carne Hefebrotteig gefüllt mit Gemüse, Schinken, Hühnerfleisch und *chouriço* gebacken.
Caldeirada de peixe Fischtopf, in jeder Region anders zubereitet, enthält aber meist Weißfisch und Schalentiere, in der Algarve zudem viel Knoblauch.
Caldo verde Diese Kohlsuppe wird überall in Portugal sowohl zum Mittag- als auch zum Abendessen, meist mit *pâo de broa,* dunklem Maisbrot serviert.
Camarôes com vinho do porto Mit Zwiebeln und Portwein gegarte Garnelen, mit zerquirlten Eiern und Sahne bedeckt gebraten.
Cebolada à Portuguesa In Butter gebratene Zwiebeln mit Tomatenpüree, Knoblauch und Petersilie. Sauce zu Eiern oder Fisch oder Omelettenfüllung.
Chouriço Sehr beliebte, mit Paprika und Knoblauch gewürzte Würste.
Coelho à caçadora Mit Wein, Öl, Knoblauch und Lorbeer mariniertes Kaninchen, geschmort mit Zwiebeln, Speck und Pilzen.
Conchas de camarâo Garnelen in Béchamelsauce, bestreut mit Brotbröseln und Käse, in Muschelschalen gebacken.
★ **Cozido à Portuguesa** Schmorgericht aus verschiedenen Fleischarten, meist mit Rind-, Geflügelfleisch und Würsten, mit Reis und Gemüse in Fleischbrühe gekocht.
Creme pastor «Hirtensuppe»; gehacktes Gemüse, Schweinefleisch oder Speck, Eier und Sahne in Geflügelbrühe.
Dobrada à Portuguesa Kutteln mit weißen Bohnen und Würsten – eine Spezialität aus Lissabon.
Ervilhas guisadas Grüne Erbsen, beliebtes portugiesisches Gemüse, meist gedünstet, mit Zwiebeln und Kräutern serviert.
Escabeche de sável Drei Tage in Olivenöl mit Zwiebeln, Knoblauch, Kräutern und Wein marinierte Alsen, gebraten und kalt serviert.
Farófias Eiweißklöße, in heißer Milch mit Zucker und Zitronenschale gegart. Serviert mit Eiercreme, zubereitet aus der Milch und den Eigelb; gekühlt und mit Zimt bestreut.
Favas frescas em salada Salat aus gekochten Puffbohnen, mit Olivenöl, Knoblauch, Petersilie und Gewürzen angemacht.
★ **Feijâo guisado** Weiße Bohnen, mit Speck geschmort und mit Tomatensauce serviert.
verde à proviciana Grüne Bohnen, mit Zwiebeln, Knoblauch, Tomaten und *chouriço* geschmort, mit pochiertem Ei serviert.
★ **Frangos no espeto à moda de Minho** Am Spieß gebratenes Hähnchen, mit Olivenöl und Chilisauce eingerieben.
Gaspacho à alentejana Kalte Gemüsesuppe mit Alentejo-Brot, Wurst und Kümmel.
Grâo com espinafres Kichererbsen mit Zwiebeln und Spinat, oft mit Stockfisch serviert.

com tomates Kichererbsen in Püree aus Tomaten, Öl und Knoblauch.
★ **Iscas à Portuguesa** In Wein, Essig und Gewürzen marinierte Leber, gekocht mit *presunto* und Kartoffeln.
Lagosta à moda de Peniche Schichten von Hummer, Fleisch und einer Mischung aus Zwiebeln, Tomaten, Chili, Kräutern, Gewürzen und Wein, mit Portwein gebacken.
★ **Lampreia à moda de Minho** In Rotwein mit Zwiebeln und dem eigenen Blut geschmortes Neunauge.
★ **Leitâo assado** Am Spieß gebratenes Spanferkel. Spezialität aus dem Bairrada-Gebiet.
Linguiça Feine Knoblauchwürste, manchmal mit Brandy flambiert und mit Brot gegessen.
Lombo de porco à camponesa In Wein mit Kräutern und Gewürzen mariniertes Schweinsfilet, gebraten mit Kartoffeln und Zwiebeln.
Lula de caldeirada Mit Zwiebeln, Petersilie, Tomaten und Kartoffeln geschmorter Tintenfisch.
em sua tinta Tintenfisch, in der eigenen Tinte gekocht.
Morcela Würzige Schweine-Blutwurst.
Ovos especiais Quinta das Torres Gebratene Eier mit Béchamelsauce, paniert und schwimmend gebacken.
moles Mischung aus Eigelb, Zucker und Wasser; wird als Sauce oder Füllung verwendet, in Aveiro mit Zimt bestreut als Dessert serviert.
Pescada à Viriato Gebratener Weißfisch mit Kartoffelsalat.
Pudim flan Beliebtes Dessert, wie Karamel-Pudding.
Rissóis Reiskugeln, gefüllt mit dicker weißer Sauce mit Krabben, Stockfischstücken oder Kalbfleisch, paniert und gebraten.
Salmonetes grelhados à Setubalense Grillierte Seebarbe, Spezialität aus Setubal.
Salpicão Geräucherte pikante Schweinswurst.
Sardinhas no forno Frische, mit Öl beträufelte und im Ofen gebackene Sardinen.
Sonhos «Träume»; heiße Küchlein, manchmal mit Früchten in Sirup mit Zimtaroma serviert.
Torta de Viana Rouladenartiger Kuchen mit Füllung aus *ovos moles.*

Gebräuchliche Ausdrücke

Açucar Zucker.
Agua Wasser.
Alface Kopfsalat, Lattich.
Alho Knoblauch.
Amêndoas Mandeln.
Azeite Olivenöl.
Azeitonas Oliven.
Batatas Kartoffeln.
Batida Rum-Früchte-Cocktail.
Cabrito Zicklein.
Caça Wild.
Café Kaffee.
Cardapio, ementa Speisekarte.
Carne Fleisch.
Cebola Zwiebel.
Cerveja Bier.
Chà Tee.
Conta Rechnung.
Cordeiro Lammfleisch.
Figado, iscas Leber.
Fruta Frucht.
Frango, galinha Hähnchen, Huhn.
Gambas Garnelen.
Garrafeira Flaschenwein.
Gelado Eiscreme.
Hortaliça, legumes Gemüse.
Laranja Orange, Apfelsine.
Leite Milch.
Manteiga Butter.
Mariscos Schalentiere.
Maça Apfel.
Melão Melone.
Nata Sahne.
Pão Brot.
Peixe Fisch.
Polvo Krake.
Porco Schweinefleisch.
Presunto Schinken (geräuchert).
Queijo Käse.
Sopa Suppe.
Toucinho Speck.
Uvas Trauben.
Vaca Rindfleisch.
Vinho Wein.
branco, doce, do consumo, espumante, generoso weiß, süß, gewöhnlich, moussierend, stark.

do Porto Portwein, Dessertwein vom Douro.
rosado, seco Roséwein, trocken.
tinto Rotwein.
verde «grün», d.h. junger Wein.
Vitela Kalbfleisch.

Saude! Prosit!
Bom apetite! Guten Appetit!

Schweiz

Das Erfolgsgeheimnis der Schweizer Hotellerie liegt in der absolut zuverlässigen Hotelführung begründet. Nicht umsonst gelten Schweizer Hoteliers als die besten der Welt. Zudem befindet sich die renommierteste Hotelfachschule der Welt in Lausanne. Es braucht viel Pflichtbewußtsein und ein gutes Augenmaß, damit alles in geordneten Bahnen verläuft, Buchungen nicht verwechselt, Seifen rechtzeitig ersetzt, Duschanlagen gebührend überprüft, etwaige Stäubchen auf der Garderobe nicht übersehen werden. Sie sind weniger auf Erfindungen aus, die Schweizer Hoteliers. Sie haben auch nie eine eigene Küche kreiert. Doch Sie werden in der Schweiz gut essen. In ihrer korrekten Art haben die Schweizer die charakteristischen Gerichte aller Landesteile übernommen und servieren sie unverfälscht, wie sich's gehört.

Dank der besonderen Natur des Landes haben manche Gegenden und zahlreiche Ortschaften ihre kulinarische Eigenart bewahrt. Es ist aber nicht möglich, in einem Taschenführer all diese Spezialitäten aufzuzählen. Ich habe in meiner Liste die typischsten Schweizer Gerichte zusammengestellt, die man andernorts nicht findet. In der Schweiz sind die meisten Speisekarten in zwei der drei Amtssprachen – Deutsch, Französisch, Italienisch – abgefaßt. Im Kanton Graubünden werden die Gerichte oft zugleich in der vierten Landessprache, in Romanisch bezeichnet. Gewisse Gerichte, die auf dem Schweizer Speisezettel stehen, findet man daher in diesem Speisebrevier in Ländern gleicher Sprache, d.h. in den Kapiteln über Deutschland, Frankreich und Italien. Spätzli, eine beliebte Beilage zu Fleischgerichten, sind beispielsweise in Deutschlands Verzeichnis beschrieben.

Aargauer Rüeblitorte Hauptzutaten für diesen berühmten Kuchen aus dem deutschsprachigen Teil der Schweiz: Karotten und Mandeln. Der Kanton Aargau, ein wichtiges Gebiet für die Produktion landwirtschaftlicher Erzeugnisse, wird auch «Rüebliland» genannt.

Basler Lummelbraten Ein ganzes Rindsfilet mit Speck gebraten und mit frischen Gemüsen serviert. Einst eine Spezialität der vornehmen alteingesessenen Familien.

Mehlsuppe Suppe auf Basis von geröstetem Mehl, mit Käse; wird traditionsgemäß am frühen Morgen nach der Fasnacht (Karneval), zusammen mit der ebenfalls bekannten *Zwiebelwähe* gegessen.

★ **Berner Platte** Eintopfgericht aus verschiedenen Fleisch- und Wurstsorten mit Sauerkraut oder gedörrten Bohnen. Typisches Wintergericht.

Topf Gelberbssuppe mit Schweinsfüßen.

Birchermüesli Eines der bleibenden Resultate der Reform-Kochschule in der Bircher-Benner-Klinik im Jahr 1897. Hauptzutaten: Haferflocken, Milch, geriebene Äpfel und gehackte Nüsse, wobei noch alle frischen Früchte der Saison beigefügt werden können. Wird mit Joghurt, zum Frühstück oder als Mittagsimbiß gegessen. Schmeckt tausendmal besser als die Pakete mit Sägemehl, die unter diesem Namen verkauft werden.

Brunsli Biskuits aus Zucker, Mandeln, dunkler Schokolade, Gewürzen, Eiweiß und Kirsch. Weihnachtsgebäck.

★ **Bündnerfleisch** Korrekt *Bindenfleisch* genannt: in hauchdünne Scheiben geschnittenes Rindfleisch, in den Bündner Alpen auf 1500 Metern Höhe an der Luft getrocknet. Überraschend zart mit feinem Geschmack.

Bündner Gerstensuppe Sehr dicke Suppe mit Gemüsen, viel Gerste und geräuchertem oder gesalzenem Fleisch; Spezialität aus Graubünden.

★ **Busecca alla ticinese** Suppe aus kleingeschnittenen Gemüsen und schmalen Kuttelstreifen.

Cervelat, Chlöpfer Beliebte Wurst, kalt oder warm gegessen, gekocht oder grilliert.

Coppa Luftgetrockneter Schweinshals, schmeckt am besten in einem Grotto (typisches kleines Tessiner Restaurant) zu einem Glas Merlot.

Egli Süßwasserbarsch aus den Schweizer Seen.

Felchen Weißfisch, sehr zahlreich in den Schweizer Seen.

Filets de perche à la vaudoise Egli-Filets in Butter gebraten.

★ **Fondue** Dickflüssige, heiße Käse-Mischung aus verschiedenen Käsen, je nach Region. Fondue-Essen ist ein Erlebnis und mit verschiedenen Sitten und Gebräuchen verbunden. Wer beim Umrühren in der brodelnden Masse seinen an die Gabel gesteckten Brotwürfel verliert, muß die folgende Flasche Wein oder eine Runde Kirsch spenden. Die anwesenden Damen sind davon ausgenommen, sie müssen den verlorenen Brotwürfel mit einem Kuß bezahlen.

Käseschnitten Brotscheiben, mit Weißwein beträufelt und mit einer Scheibe Käse bedeckt, gebacken.

Käseschnitte Oberländer Art Brotscheibe, mit Butter und Senf bestrichen, mit einer Scheibe Schinken und einer Scheibe Emmentaler Käse bedeckt, im Ofen gebacken. Manchmal mit Spiegelei serviert.

Käsewähe Käsekuchen.

Leckerli Honigkekse mit kandierten Früchten und Mandeln, mit Zuckerglasur; Basler Spezialität.

Potée vaudoise Porree und Kartoffeln in Weißwein geschmort mit in Scheiben von *saucisson vaudois* serviert.

Quiche au fromage Siehe *Käsewähe*.

★ **Raclette** Walliser Spezialität; ein reifer Raclette-Käse wird entzwei geschnitten, die Schnittfläche vor ein Feuer oder eine andere starke Heizquelle gelegt, bis sie zu schmelzen beginnt. Der flüssige Käse wird rasch auf einen warmen Teller geschabt und mit einer Schalenkartoffel, Essiggurken und -zwiebeln gegessen.

Ramequins Kleine Käseküchlein.

Er bestellte Champagner, drei Flaschen Mumm & Co., Cordon rouge, très sec; dazu petits fours, köstliche, kegelförmige kleine Schlemmerbissen, mit farbigem Zuckerguß überkleidet, von zartestem Biskuitcharakter, im Innern benetzt von Schokolade- und Pistaziencreme... Er ließ Kaffee kommen nach dem Champagner, Mocca double, der wiederum von «Brot» begleitet war und von süßen Scharfheiten, Apricot Brandy, Chartreuse, Crème de Vanille und Maraschino für die Damen. Später gab es noch saure Fischfilets und Bier dazu, endlich Tee, und zwar sowohl chinesischen wie Kamillentee für solche, die es nicht vorzogen, beim Sekt oder Likör zu bleiben oder zu einem ernsthaften Wein zurückzukehren, wie Mynheer selbst, der sich nach Mitternacht zusammen mit Frau Chauchat und Hans Castorp zu einem Schweizer Roten von naiv-spritziger Art durchgeläutert hatte.

Thomas Mann *Der Zauberberg*

---

bourguignonne Modernes Gericht aus der französischen Schweiz. Rohe Fleischwürfel werden in heißes Öl und dann in eine von vielen kalten Saucen getaucht.

Rehpfeffer Eines der bekanntesten Schweizer Wildgerichte. Stark gewürztes Schmorgericht aus Rehfleisch. Auf gleiche Weise wird auch Hasenpfeffer und Hirschpfeffer zubereitet. In der Wildsaison im Herbst hat überdies jedes Gebiet seine eigene Spezialität.

Rohessspeck Roher geräucherter oder luftgetrockneter Speck.

★ **Rösti** Schalenkartoffeln, geschält, in dünne Streifchen geschnitten, in Butter goldbraun gebraten. Wurde einst zum Frühstück gegessen.

Salm nach Basler Art In Tranchen geschnittener Salm in Butter gebraten und mit viel gebratenen Zwiebeln serviert. Es gab einst so viel Salm und er war so billig, dass in Basel ein Gesetz verbot, den Bediensteten mehr als zweimal pro Woche Salm vorzusetzen.

Salsiz Luftgetrocknete Würste aus Graubünden.

St. Galler Festbratwurst Grillierte Kalbsbratwurst.

Schwyzer Käsesuppe Eher Käse- und Brotpudding als Suppe, mit frischem Bauernbrot und Bergkäse zubereitet. Wurde früher vor allem von den Älplern gekocht.

Trippa minestra Siehe *Busecca alla ticinese.*

★ **Wähen** Große, flache Kuchen, bedeckt mit Früchten, Käse oder Gemüse.

Zuger Rötel Saibling, vor allem in den Wintermonaten gefangen, zubereitet in Weißweinsud mit vielen frischen Kräutern und Sahne.

★ **Zürcher Leberspiessli** In Speckscheiben gewickelte und auf Spießchen gebratene, mit Salbei gewürzte Kalbsleberstücke, mit grünen Bohnen und Kartoffeln serviert.

Ratsherrentopf Kleine Filetstücke vom Rind, Kalb und Schwein mit Kalbsleber und -nieren, auf frischen Erbsen mit Karotten und Kartoffeln serviert.

Züri Gschnätzlets (Zürcher Geschnetzeltes) Fein zerschnittenes Kalbfleisch, Kalbsnieren und Pilze in Sahnesauce, meist mit *Rösti* serviert. Genießen Sie es und kümmern Sie sich nicht um die Aussprache; es bedarf jahrelanger Übung.

Käse, fromage, formaggio

Die Schweizer Alpweiden mit ihrem würzig duftenden Gras bilden die Grundlage für die herrlichen Milchprodukte. Schweizer Käse zählen zu den besten der Welt. Jedermann kennt den Gruyère und den Emmentaler, und sie munden in ihrer Heimat am allerbesten. Es gibt aber zahlreiche andere Schweizer Käsesorten, die außerhalb der Schweiz kaum bekannt sind: Appenzeller, Entlebucher, Hobelkäse, Raclettekäse, Saanen, Sbrinz, Schabziger, Schafkäse, Tête de Moine, Urseren, Vacherin fribourgeois, Vacherin Mont d'Or und Ziegenkäse.

Schweizer Wein

Schweizer Wein ist gut, doch nicht so überragend, daß jemand in Versuchung käme, ihn zu verpfuschen und für etwas anderes auszugeben. Es würde sich auch nicht lohnen, einzelne Sorten gegeneinander auszuspielen, beispielsweise einen Waadtländer Dorin für einen Walliser Fendant auszugeben. Er ist auch nicht so billig, daß ihn jemand mit einem Zusatz vermengt und als lokale Spezialität anpreist.

Was Sie in der Schweiz erhalten, ist echter, voller Sorgfalt produzierter guter Tischwein. Achten Sie unter anderm auf folgende Namen: Sion, *Domaine du Mont d'Or, Fendant Dézaley* und *Epesses* – alles Weißweine. Gute Rotweine stammen aus der italienischen Schweiz, zum Beispiel *Viti* und *Merlot.*

Skandinavien

Mit berechtigtem Stolz und einer gewissen Selbsterkenntnis verwahren sich die Skandinavier dagegen, einfach zusammen in einen Topf geworfen zu werden. Im Grunde handelt es sich ja auch um recht verschiedene Völker mit ausgeprägtem Eigencharakter. Da die Ernährungsweise eines Landes weitgehend von dessen geographischen Bedingungen abhängt, gleicht indessen die eine skandinavische Küche der andern notwendigerweise sehr stark. Es liegt am nördlichen Klima und den landeseigenen Produkten, daß man im Sommer das kalte Buffet, im Winter dagegen Eintopfgerichte mit Schweine- oder Schaffleisch, Rentier- oder Elchfleisch mit Kohl- und Wurzelgemüsen bevorzugt.

Der besondere Reiz der skandinavischen Kost liegt darin, daß sie im wesentlichen der Ernährungsweise der Fischer und Jäger entspricht, im Gegensatz zu den mehr landwirtschaftlich orientierten Küchen des westlichen Europa.

Dänemark

Von allen skandinavischen Ländern verdankt Dänemark hinsichtlich seiner Küche dem übrigen Europa am meisten. Die relativ stark von Deutschland beeinflußte dänische Kost ist schwerer und nahrhafter als diejenige seiner nördlichen Nachbarn. Die Dänen selber betonen einen gewissen französischen Einschlag aus nachnapoleonischer Zeit. Dem Ausländer scheint dies weniger einleuchtend, fallen ihm doch weit eher Schweinefleisch-Gerichte, Knödel, Bier-und-Brot-Suppe, gezuckerte Kartoffeln und Kohl an Sauce auf.

Fischgerichte, vor allem geräucherter Fisch, schmecken herrlich frisch, und ein dänisches Smørrebrød kann es vom ersten bis zum letzten Bissen mit einem schwedischen aufnehmen.

Als einziges skandinavisches Land kennt Dänemark etwas gelockerte Trinkgesetze. *Snaps* (Akvavit) und Bier sind jederzeit erhältlich. Als besonders wichtiges Wort merke man sich *tak* – danke. Waren Sie bei jemandem schon einmal zu Gast, begrüssen Sie ihn gleich mit *tak for sidst* (danke für das letztemal), und nach dem Essen bedanken Sie sich für die Mahlzeit: *tak for mad.* Wiederholen Sie Ihr Dankeschön beim Verabschieden und rufen Sie den Gastgeber am nächsten Tag an. Er wird sich über Ihr *tak for igar* (danke für gestern) bestimmt freuen. Die Dänen haben ein für manchen vielleicht etwas befremdliches Skal-Ritual (nur mit Akvavit, nie mit Bier). Jeder Tischgenosse trinkt einem andern zu, indem er ihm tief in die Augen blickt. Die Sache wird Ihnen nach wiederholtem Zuprosten immer leichter fallen.

Das dänische Alphabet: a–z, ae, ø, å.

Agurkesalat Dünn geschnittene Gurken, in Sauce aus Essig, Zucker, Salz, Pfeffer, Petersilie oder Dill.
Bankekød Geschmortes Rindfleisch.
Brunede kartofler Beliebte dänische Zubereitungsart für Kartoffeln, die gekocht und dann in Butter und Zucker gebraten werden. Karotten, Zwiebeln und Weißkohl werden ähnlich zubereitet.
Bøf med løg Hackfleisch mit brauner Sauce und gerösteten Zwiebeln serviert.
Danablu Dänischer Blaukäse.
Esrom Milder, butterartiger Käse.
Fiskefars Mischung aus gehacktem Fisch, Butter, Mehl und Rahm, kuchenförmig gebraten oder in der Form gebacken. Serviert mit verschiedenen Saucen und Kartoffeln.
Flæskesteg Gebratenes Schweinefleisch, meist mit Blaukohl und *brunede Kartofler* serviert.
Flæskeæggekage Ähnelt dicker Speckomelette.
Flæsk i kål Fleisch, meist Schweinefleisch und Kohl.
Fløderand Delikates Blancmanger in Ringform, gefüllt mit Fruchtkompott.
Forloren skildpadde Kompliziertes Gericht aus einfachsten Zutaten: Kalbskopf kombiniert mit *fiskefars, frikadeller* und Gemüsen in dicker Rahmsauce. Traditionellerweise wird das Kalbshirn ebenfalls beigefügt. Der Arbeitsaufwand für dieses Gericht ist so groß, daß es, falls Sie es in einem Restaurant finden, vermutlich aus einer Konservendose stammt.
Frikadeller Das typischste aller dänischen Gerichte, hergestellt aus einer Mischung von feingehacktem Kalbs- oder Rind-

und Schweinefleisch, zu Kugeln geformt und in Butter gebraten.
Frugtsuppe Früchtesuppe aus gedörrten Aprikosen, Pflaumen und Äpfeln, kalt oder warm als Vorspeise oder Dessert serviert.
Gravlaks Rohe Lachs-Filets, tagelang mit Gewürzen, einigen Tropfen Cognac und viel Dill mariniert.
Gule ærter Gelberbssuppe mit Speck, Gemüsen und Wurstscheiben. Fleisch und Suppe meist getrennt serviert.
Gåsesteg Gebratene Gans.
Hachis Gehacktes aus Fleischresten und Zwiebeln, mit Spiegeleiern und Kartoffeln serviert.
Hakkebøf Hamburger oder mit Hackfleisch gefüllte Teigkrapfen, meist mit Zwiebeln und Spiegeleiern serviert.
Havarti Milder, hellgelber Käse mit großen und kleinen Löchern, gilt als bester dänischer Käse.
Helleflynder Heilbutt.
Hellig tre konger kage «Kuchen der 12. Nacht», am 6. Januar gegessen. Enthält eine ganze Mandel. Wer sie findet, wird «König» des Abends. Es gibt auch ein traditionelles Festmahl, das um 23.00 Uhr serviert wird, mit Zwiebelsuppe mit *pølsegifler* (halbmondförmigen Wurstscheiben) beginnt, es folgen *tarteletter* (mit Leber und Pilzen gefüllte Blätterteigpastetchen) und Salzgebäck, bedeckt mit *rygeost* (geräucherter Käse mit Kümmelsamen) und *flødeost* (Rahmkäse) und natürlich Kuchen.
Jule risengrød Reispudding mit Mandeln, traditionsgemäß an Weihnachten vor dem Braten gereicht.
Klejner Fettes Weihnachtsgebäck.
Kogt torsk Gekochter Dorsch, oft mit Dill oder Petersilie und «Fischsenf» *(fiskesennep)* serviert.
Kransekager Fingergroße Marzipankuchen.
Krydret and Marinierte Ente.
Kråsesuppe Suppe aus Gänsefleisch, Gänseklein, Äpfeln und Pflaumen, mit Knödeln serviert.
Kyllingasalat Salat aus Geflügelfleischwürfeln, Nudeln, Tomaten, grünen Pfefferschoten, Lattich und Pilzen.
Kærnemælkskoldskål Süße Buttermilchsuppe, kalt mit Haferbiskuits serviert.
Kødboller Fleischklöße.
Kørvelsuppe Kerbelsuppe mit pochierten Eiern.
Labskovs Schmorgericht aus Rindfleisch, Kartoffeln, Karotten und Zwiebeln.
Lagkage Dünne Schichten aus Biskuitteig, mit verschiedenen Füllungen zusammengehalten, mit Schlagrahm serviert.
Leverpostej Leberpastete.
Linser Kleine, bedeckte Kuchen, mit Vanille-Creme gefüllt.
Makrel Makrelen, frisch und geräuchert.
Medisterpølser Würste aus Schweinefleisch, meist gekocht, dann gebraten und mit brauner Sauce (*brun sovs*), Kartoffeln und Salat serviert. Auch Straßenimbiß mit Brot und Senf von einem *pølsevogn.*
Melboller Mehlklöße in Suppen.
Mycella Milder Blaukäse.
Pandekager Pfannkuchen, gefüllt mit Früchten oder Erdbeerkonfitüre, mit Zucker bestreut, mit Schlagrahm oder Eis gegessen.
Plukfisk Fisch mit gehackten, hartgekochten Eiern an Rahmsauce.
Rejer Garnelen.
Rullepølse Gewürzte Lamm- oder Kalbsbrust oder Schweinebauch.
Rødbedesalat Gewürfelte Randen und Äpfel in Meerrettichsauce.
Rødgrød Pudding aus Mischung von Johannisbeeren, Himbeeren, Erdbeeren und manchmal Rhabarber. Wird mit Rahm (*fløde*) gegessen.
Rødkål Blaukohl, meist mit Äpfeln, Essig, manchmal Johannisbeergelee geschmort.
Rødspætte Scholle.
Røget gåsebryst Geräucherte Gänsebrust.
Samsø Dänischer Alltagskäse, mild mit kleinen Löchern.
Sandkage Beliebter Biskuit-Kuchen mit Brandy-Aroma.
Sildesalat Gewürfelte Salzheringe, Kartoffeln, Randen, Äpfel und Zwiebeln an dicker Sauce. Kalt serviert.
Skidne æg Hartgekochte Eier und gehackter Speck an einer Rahmsauce.

Skæbnekage «Schicksalskuchen», in der Silvesternacht gegessen. Eine Münze, ein Fingerhut und ein Ring werden im Kuchen eingebacken. Wer die Münze findet, wird im kommenden Jahr reich werden, wer den Fingerhut findet, wird ledig bleiben, wer auf den Ring stößt, wird sich verlieben.
Smørrebrød «Butterbrot», ein nichtssagender Name für eines der charakteristischsten Elemente dänischer Kost – belegtes Brot. Die Auswahl an *smørrebrød* ist enorm. Ein Restaurant in Kopenhagen bietet 200 verschiedene Sorten an. Es wird dafür normalerweise eine Vielfalt von Fischen verwendet: Aal, Lachs, immer Garnelen, Hering, gepökelt, gesalzen und mariniert, Gemüse, Fleisch und Fleischpasteten mit viel Mayonnaise und Saucen aller Art. Man hat auch die Wahl zwischen verschiedenen Brotsorten und süßer und gesalzener Butter. Alles wird schön farbig und dekorativ präsentiert. Das Getränk zu *smørrebrød* ist Bier, manchmal auch Akvavit.
Stegt and Gebratene Ente, meist mit Äpfeln und Pflaumen gefüllt.
Stegt flæsk Gebratene Scheiben von Schweinebauch, mit Petersilien-Sauce (*persille sovs*) serviert.
Stegte hjerrer Kalbs- oder Schweineherz, mit Butter und Petersilie gefüllt und gebacken.
Syltesild Gepökelter Hering.
Tybo Hartkäse, oft mit Kümmelsamen.
Wienerbrød Als «Wienerbrot», bezeichnen die Dänen das, was sonst jedermann «Dänisches Plundergebäck» nennt.
Æbleflæsk Speck mit gebratenen Apfelscheiben und Zwiebeln.
Æblekage Pudding aus Schichten von Zuckerkrümeln, Rahm und Äpfeln.
Æbleskiver Schwimmend gebackene Krapfen, mit Zucker bestreut.
Æggekage «Eierkuchen», Rühreier mit gehackten Zwiebeln oder Schnittlauch, Kartoffeln und Speck.
Øllerbrød Süße, heiße Suppe aus Brot und Bier – eine sättigende Mahlzeit. Wurde früher oft schon zum Frühstück gegessen, und jede Hausfrau hatte ihre eigene spezielle Zubereitungsart.
Ålesuppe Aalsuppe, meist mit getrockneten Früchten, mit dunklem Brot gegessen.

Gebräuchliche Ausdrücke

Akvavit, snaps Das dänische Nationalgetränk, ein Branntwein. der aus Kartoffeln oder Roggen destilliert wird. Wird aus kleinen Gläsern sehr kalt getrunken. Das erste Glas sollte in einem Zug gekippt werden, öfters gefolgt von einem Schluck Bier. Wird nie zu heißen Gerichten getrunken.
Brød Brot.
Bøf Rindfleisch.
Dild Dill, Gewürz für manch dänisches Gericht.
Dyreryg Wild.
Fisk Fisch.
Fløde Sahne.
skum Schlagsahne, zu den meisten Süßspeisen und Gebäcken gereicht.
Frugt Früchte.
saft Fruchtsaft.
Grønlangkål Kohl, beliebtes Gemüse, meist in dicker Cremesauce mit einer Prise Zucker zubereitet.
Grønsager Gemüse.
Gulerødder Karotten.
Hvidvin Weißwein.
Is Eiscreme.
Kaffe Kaffee.
Kage Kuchen.
Kalv Kalbfleisch.
Kartofler Kartoffeln.
Kaviar Kaviar.
Krydder Dicker weicher Zwieback, mit Butter und Konfitüre zum Frühstück gegessen.
Kylling Hähnchen.
Kød Fleisch.
Lam Lammfleisch.
Linse Linsen.
Lys øl Leichtbier.
Mælk Milch.
Mørkt øl Dunkles Bier.
Okse, bøf Rindfleisch.

Ost Käse.
Porrer Lauch, Porree.
Regningen Rechnung.
Rødvin Rotwein.
Røget geräuchert.
Skinke Schinken.
Smør Butter.
Småkager Kleine Biskuits oder Kuchen.
Snaps Siehe *Akvavit*.
Stegt Gebraten.
Sukker Zucker.
Svin Schweinefleisch.
Te Tee.
Vand Wasser.
Vildt Wild.
Æg Ei.
Øl Bier.
Østers Austern.
Ål Aal.

Skål! Prosit!
Velbekomme! Guten Appetit!

Finnland

Meine Großmutter hatte einst eine finnische Köchin, die außerstande schien, ein genießbares Gericht zuzubereiten. Auf die Frage, was sie denn eigentlich kochen könne, antwortete sie lakonisch: «Elch». Die Heidelbeeren, Waldpilze, Preiselbeeren und Rentierzungen, an die sie in ihrer Heimat gewöhnt war, gab es in Cheshire natürlich nicht.

Es sind die Naturprodukte der Wälder und Seen, denen die finnländische Küche ihren besonderen Charakter verdankt. Andererseits scheint angesichts der nur unbedeutenden Landwirtschaft die Kartoffel das einzig brauchbare Gemüse zu sein. Vielleicht haben die Finnen die Fruchtsuppen von Ungarn übernommen, weisen doch auch die Sprachen der beiden Länder eine gemeinsame Wurzel auf. Die Suppen munden jedenfalls ausgezeichnet. Leider bietet man in den Restaurants heute den Gästen vermehrt internationale Gerichte an.

Die Vorschriften für die Abgabe alkoholischer Getränke sind sehr streng, doch erhält man neuerdings Bier schon vormittags und Spirituosen nachmittags. Schnaps (schnapps) gibt es nur zu den Mahlzeiten. Auswärts konsumieren Finnen meistens Buttermilch und dünnen Kaffee zum Essen. In den eigenen vier Wänden macht man sich's allerdings an den langen Winterabenden auch bei anderer Tranksame gemütlich. Liköre aus Waldbeeren schmecken großartig, besonders der aus der arktischen Himbeere zubereitete *Mesimarja.*

Das finnische Alphabet: a–z, ä, ö.

Hampurilainen Hamburger.
Hiilillä paistettua silakkaa Über dem Feuer geröstete baltische Sprotten.
Jauhelihapihvi Rinds-Hamburger.
Kaalikeitto Kohlsuppe auf Milchbasis, mit Zwiebeln und Kartoffeln.
Kaalikääryleet Mit Reis und Hackfleisch gefüllte Kohlrouladen.
Kalakeitto Fischsuppe mit Zwiebeln, Kartoffeln und Milch, Gewürzen und Dill.
★**Kalakukko** «Fischhahn»; *muikku* oder andere kleine Fische mit Schweinefleisch in Roggenmehlteig gebacken; karelische Spezialität.
Karjalanpaisti Fleischeintopf.
Karjalanpiirakka Karelisches Gebäck aus Roggenmehl, mit Reis gefüllt, mit gehackten hart-

gekochten Eiern und Butter serviert.
Kesäkeitto Sommersuppe aus zarten Gemüsen, in Milch und Wasser gekocht, gewürzt mit Dill und Petersilie.
★ **Kiisseli** Klare Früchtesuppe als Dessert, aus Beeren und Zucker, mit Kartoffelmehl eingedickt, warm oder kalt serviert.
Kyljys Schweinssteak.
Lammaskaali Kohl- und Lammeintopf.
Lammin voileipä Heißes belegtes Brot.
Lanttulaatikko Gekochte pürierte Steckrüben, als Auflauf im Ofen goldbraun gebacken; Weihnachtsgericht.
Lasimestarinsilli Roher, leicht gesalzener Hering, eingelegt in Branntwein-Essig, mit Zwiebeln und Karotten, gewürzt mit Pfefferkörnern, Senfsamen und Lorbeerblättern.
Lihakeitto Suppe aus Rindfleisch, Kartoffeln, Karotten, Steckrüben und Zwiebeln, mit Gewürzmischung abgeschmeckt.
Lihamureke Hackbraten, in Scheiben serviert.
Lihapiirakka Schwimmend gebackene Krapfen, gefüllt mit Hackfleisch und Reis.
Lihapullat, lihapyörkykät Kleine gebratene Fleischkugeln, mit oder ohne braune Sauce serviert.
Lindströminpihvi Steak aus Hackfleisch und Randen.
★ **Makkara** Sammelbegriff für alle gekochten und rohen Würste, Salami, Aufschnitt usw. Wird öfters heiß in brauner Sauce serviert (*makkarakastike*). Echt finnisch, eher in Privathäusern als in Restaurants serviert.
Maksalaatiko Gehackte Leber, Reis, Zwiebeln, Eier und Milch als Auflauf gebacken, mit Preiselbeeren serviert.
Muikku Sehr kleiner Fisch aus Ostfinnland, gilt als Delikatesse.
Munakas Omelette.
★ **Mustikkapiirakka** Unbedeckter Heidelbeerkuchen, oft aus *pulla*-Teig.
Ohukaiset Kleine Pfannkuchen.
Oopperavoileipä Heiße belegte Brote mit Schinken und Spiegeleiern.
Perunalaatiko Geriebene, im Ofen gebackene Kartoffeln.
Pinaattilaatikko Spinat und Reis, mit Eiermilch übergossen und als Auflauf gebacken.
Poronkieli Rentier-Zunge, oft mit Zitronensauce serviert.
Poronkäristys Gehacktes Rentier-Fleisch, in Speckfett gebacken.
Puolukkapuuro Preiselbeersaft mit Grieß, mit dem Schneebesen flockig geschlagen.
Puuro Allgemeine Bezeichnung für Puddings aus Getreideflocken mit jeder Art von Flüssigkeit, meist heiß serviert.
★ **Rapu** Hummer (Juli bis September), mit Dill gekocht serviert.
Rosolli Salat aus kleingeschnittenen gekochten Gemüsen, Zwiebeln, Äpfeln, Essiggurken und Salzhering, garniert mit gehackten hartgekochten Eiern. Mit separat gereichter Sauce aus Rahm, Essig und Randensaft serviert.
Silakka Baltische Sprotten.
  laatikko Gratin aus Kartoffeln, baltischen Sprotten und Zwiebeln, mit Eiermilch übergossen und gebacken.
Silli Hering.
Taimen Forelle.
Tilliliha Kalbfleischgericht mit Rahm.
Uunijuustoa Rahmkäse, im Ofen gebacken, in Scheiben serviert.
Viili Eingedickte Sauermilch, mit Zucker und Zimt gegessen.

Gebräuchliche Ausdrücke

Alkupalat Hors-d'œuvre.
Appelsiini Orange.
Hauki Hecht.
Hedelmä Obst.
Häränliha Rindfleisch.
Jugurtti Joghurt.
Juusto Käse.
Jäätelo Eiscreme.
Kahvi Kaffee.
Kakku Kuchen.
Kala Fisch.
Kalja Alkoholfreies Malzgetränk.
Kana Hähnchen.
Keitto Suppe.

Kerma Rahm.
Kinkku Schinken.
Lakka Preiselbeeren.
Lampaanliha Hammel, Lamm.
Lasku Rechnung.
Leipä Brot.
Liha Fleisch.
Lohi Lachs.
Maito Milch.
Maksa Leber.
Mansikka Erdbeeren.
Marja Beeren.
Muna Ei.
Munkki Krapfen.
Mustikka Heidelbeeren.
Näkkileipä Knäckebrot.
Olut Bier.
Omena Apfel.
Paisti Braten.
Peruna Kartoffel.
Pihvi Steak.
Piimä Buttermilch.
Piirakka Gefüllte Pastete.
Porkkana Karotte.
Pulla Süßes Hefegebäck, Zopf oder andere Form, mit Kardamom-Aroma.
Punaviini Rotwein.
Puolukka Preiselbeeren.
Ravintola Restaurant.
Riisi Reis.
Ruokalista Menü.
Salaatti Salat.
Sianliha Schweinefleisch.
Sieni Pilze.
Sitruuna Zitrone.
Sokeri Zucker.
Tee Tee.
Tuoremehu Fruchtsaft.
Vadelma Himbeeren.
Valkoviini Weißwein.
Vasikanliha Kalbfleisch.
Vesi Wasser.
Viini Weine.
Voi Butter.
Voileipä Belegtes Brot.
pöytä Kaltes Buffet.

Kippis! Terveydeksi! Prosit!
Hyvää ruokahalua! Guten Appetit!

Island

Mit seinem kargen Boden ist Island fast gänzlich auf Fischfang – vor allem Dorsch und Hering – angewiesen. Manchmal steht auch ein Stück Lammfleisch (köstlich, wenn geräuchert), etwas Rind- oder Rentierfleisch auf dem Speisezettel. (Wie konnten die Engländer mit diesen paar hungrigen Menschen der Dorschfänge wegen einen kalten Krieg führen?) Das Schwergewicht liegt bei der isländischen Küche auf den Gemüsen.

Das isländische Alphabet: a, á, b, c, d, e, é, f, g, h, i, í, j, k, l, m, n, o, ó, p, q, r, s, t, u, ú, v, w, x, y, ý, z, æ, ö.

Bjor Bier (kaum erhältlich).
Braud Brot.
Fiskur Fisch.
Flatbraud Flachbrot aus Roggenmehl, zu Lammfleisch usw.
Glódádur sjávarréttur Mischung von grillierten Meerfrüchten, im Ofen mit Béchamelsauce und Käse überbacken.
★ **Hangikjöt** Geräuchertes Lammfleisch.
Hardfiskur Getrockneter Fisch.
Hörpudiskur Kammuschel.
★ **Hreindýr** Wildes Rentier, gebraten eine Delikatesse.
★ **Humar** Kleiner «Jungfrau-Hummer», man ißt nur den Schwanz.
Kaffi Kaffee.
Kjöt Fleisch.
Kjötsúpa Lammfleischsuppe mit Gemüse und Reis.
Matsedill Menü.
Mjólk Milch.
Nautakjöt Rindfleisch, meist getrocknet oder gesalzen.
Porskur Dorsch.
Reikningur Rechnung.
Rjúpa Berg-Schneehuhn.
Rækjur Garnelen.
Saltfiskur Gesalzener Dorsch, oft nur gekocht.

Síld Hering, auf verschiedene Arten serviert, oft mariniert.
Skyr Original-Vikinger-Gericht, joghurtähnliches Dessert, mit Zucker und Sahne serviert.
Sykur Zucker.
Te Tee.
Vatn Wasser.
Vin Wein.

Skal! Prosit!
Verdi per ad godu (Einzal)! Guten Appetit!
Verdi ykkur ad godu (Mehrzahl)! Guten Appetit!

Norwegen

Die Fischgründe Norwegens sind wenn möglich noch reicher als diejenigen Schwedens. Die Norweger sind geradezu versessen auf Dorsch, sei es daß sie ihn einfach mit Kartoffeln auftischen oder seinen Kopf, die Leber (gekocht und in Scheiben gebraten), den Laich oder sogar die Zunge für die vielfältigsten Gerichte verwenden. Man ißt am häufigsten Schweinefleisch. Die norwegische Version des *smörgasbord* ist das *koldtbord.*

Man kennt in Norwegen strenge Getränke-Vorschriften. In den Städten dürfen Spirituosen nicht vor 15 Uhr, an den Ferienorten nicht vor 13 Uhr verkauft werden. Auch an Wochenenden und Feiertagen gelten Restriktionen.

Das norwegische Alphabet: a–z, æ, ø, å.

Betasuppe Rustikale Hammelsuppe.
★ **Bløtkake** Biskuit, gefüllt mit Rahm und frischen Früchten oder Konfitüre, bedeckt mit dicker Creme.
Blåbær Blaubeeren.
Bringebær Himbeeren.
Drayle Mischung aus Quark und Molke, mit Sirup gesüßt.
★ **Dyrestek** Gebratenes Wild, oft mit Sauce aus Ziegenkäse und rotem Johannisbeergelee serviert.
Eggedosis Schwere, süße Eiersauce, mit Brandy oder Rum verfeinert, allein oder mit herben Früchten gegessen.
Elg Elch.
Ertesuppe Dicke Erbsensuppe.
Fenalår Getrocknetes, gesalzenes geräuchertes Hammelfleisch.
Fiskeboller Fischklöße, aus gleichen Zutaten wie *fiskepudding.*
Fiskepudding Geschuppter Fisch, Butter, Brotbrösel, Sahne und Gewürze in Form gegart.
Fisksuppe Fischsuppe; Fisch gekocht mit Karotten, Pastinak, Lauch, Zwiebeln, Lorbeerblatt und Sellerie, mit Sahne und Eigelb gebunden.
Flatbrød Flaches Brot, fast wie großes Biskuit.
Fløtevaffle Waffeln aus einem Sauresahneteig mit Ingwer oder Kardamom.
Fårerull Gewürzter, gepreßter Hammelrollbraten.
★ **Får i kål** Eintopfgericht aus Hammelfleisch und Kohl, gewürzt mit Salz und schwarzem Pfeffer.
Gammelost Brauner, scharfer Käse mit ausgeprägtem Aroma.
Gjetost Süßlicher Ziegenkäse.
★ **Gravlaks** In Salz marinierter Lachs.
Hellefisk Heilbutt.
Himmelsk lapskaus «Himmlisches Allerlei», frische Früchte und Nüsse mit Eiersauce.
Hummer Hummer.
Hvalkjøtt Walfleisch.
Kalvefilet Kalbssteak.
Kjøttkaker med surkål Fleischkugeln mit Sauerkraut.
Klippfisk Getrockneter, gesalzener Dorsch.
Kongesuppe Dicke Suppe mit

Fleischklößchen, Erbsen, Zwiebeln und Karotten.
Kransekake Kuchen für festliche Anlässe aus aufgeschichteten Marzipanringen.
Kylling Hähnchen.
Laks Lachs.
Lammekjøtt Lammfleisch.
★ **Lapskaus** Dickes Suppengericht aus Schweinefleisch und Gemüsen.
Lumpe Dünne Kuchen aus geriebenen Kartoffeln, Sahne und Mehl. Gebacken und mit Zucker und Marmelade serviert.
Lutefisk Dorsch in Pottaschen-Lauge getaucht. Kann mit Butter und Sahnesauce serviert werden.
Makrell Makrelen, oft mariniert und grilliert.
Multer Preiselbeer-Konserve als Dessert serviert.
Nøkkelost Halbharter Käse mit Nelken und Kümmelsamen.
Oksekjøtt Rindfleisch.
Pinnekjøtt Gepökeltes Hammel- oder Schweinefleisch, traditionsgemäß über einem Bett aus Birkenzweigen gedämpft. Jedes Fleischstück hat eine Rippe als «Handgriff».
Pultost Weicher Bergkäse, meist mit Kümmelsamen.
Puss pass Eintopfgericht mit Hammelfleisch und Kohl oder Wirsing mit Karotten und Kartoffeln.
Pølser Würste.
Rabarbragrøt Rhabarberkompott.
Rakørret Eingelegte Forelle.
Rekesaus Garnelen in Sauce aus Sahne, Milch, Butter und Zitronensaft, mit Dill aromatisiert. Serviert mit Fischgerichten.
Ribbe Schweinssteaks, meist gebraten und mit Sauerkraut serviert.
★ **Rype i fløtesaus** Schneehuhn an Rahmsauce.
Røket fisk Geräucherter Fisch.
Rømmegrøt Saurer Porridge.
Rädyr Wild.
Sild Hering.
Skalldyr Schalentier.
Spekemat Gepökeltes Fleisch.
Spekesild Salzhering.
Spekeskinke Rauchschinken.
Stekte hjortekoteletter Wildkoteletts, in Öl und Zitronensaft mariniert, gebraten, mit Johannis- oder Preiselbeeren serviert.
Svinekjøtt Schweinefleisch.
Torsk Dorsch.
med eggsaus pochierter Dorsch, serviert in Sauce aus gehackten, hartgekochten Eiern, Tomaten, Petersilie und Schnittlauch.
Tyttebær Preiselbeeren.
Tørrfisk Getrockneter Fisch.
Ørret Forelle, speziell braune.
Ål Aal.

Gebräuchliche Ausdrücke

Akevitt Branntwein aus Kartoffeln oder Gerste. Echter Akvavit sollte den Äquator zweimal passieren und wird oft in Fässern nach Australien und zurück spediert, um richtig zu reifen.
Brigg Fast alkoholfreies Bier.
Brød Brot.
Fisk Fisch.
Fjærkre Geflügel.
Fløte Sahne.
Forretter Hors-d'œuvre.
Grønnsaker Gemüse.
Kaffe Kaffee.
Kjøtt Fleisch.
Koldtbord Kaltes Buffet.
Krem Sauerrahm.
Kål Kohl.
Melk Milch.
Ost Käse.
Poteter Kartoffeln.
Regningen Rechnung.
Ris Reis.
Smør Butter.
Spisekartet Menü.
Sukker Zucker.
Te Tee.
Vann Wasser.
Vin Wein.
Øl Bier.

Skål! Prosit!
Velbekomme! Guten Appetit!

Schweden

In Schweden angekommen; befinden Sie sich im (König-) Reich der prächtigen Kanapees. Wie ihre Nachbarn essen die Schweden wenig auf einmal, dafür aber öfter. Zum Frühstück, *frukost*, gibt es kaltes Fleisch und Käse. Um 11.30 nimmt man den Lunch ein, meist in Form von *smörgas*, und *middag*, die Hauptmahlzeit, wird ungeachtet ihres Namens erst um ca. 17 Uhr aufgetischt. Um 21 Uhr ist es Zeit für *kvällsmat*, das Nachtessen.

Smörgasbord ist vermutlich Schwedens Prunkstück. Es kann bis zu fünf Gänge aufweisen. Zuerst Hering, oft eingelegt, aufgetischt mit Kartoffeln. Dann nochmals Fisch – Lachs, Sprotten, Aal und Sardinen. Danach gekochtes Rindfleisch, geräuchertes Rentierfleisch, Rindfleisch- oder Leberpastete. Es folgen Salat, Früchte oder Gemüse und zuletzt Käse.

Die Schweden sind streng hinsichtlich Trinksitten. Vor 12 Uhr sind keine Drinks erhältlich.

Das schwedische Alphabet: a–z, å, ä, ö.

Ansjovis Mit Gewürzen marinierte Anschovis.
Bakelser Feingebäck.
Biff Beefsteak oder Hackfleisch.
à la Lindström Hackfleisch, Zwiebeln, Randen, Kapern und Ei, gemischt und gebraten.
Björnbär Brombeeren.
Blodkorv Schwarzer Pudding.
Blåbär Heidelbeeren.
Bruna bönor Braune Bohnen, meist mit Schweinefleisch in klebriger süßsaurer Sauce.
Bräckkorv Geräucherte Schweinswurst.
Bräckt lax Panierte Lachs-Steaks.
Böckling Bückling.
Dillkött Lamm- oder Kalbfleisch, gekocht, in Dill-Eier-Sauce.
Dopp-i-gryta Schinken und Würste im Sud, in dem am Weihnachtsabend Brot getunkt wird.
Falukorv Leicht geräucherte Schweinswurstscheiben, gebraten.
Fasan Fasan.
Femöring med ägg Kleines Steak mit gebratenen Eiern und Zwiebeln.
Fiskbullar Fischkugeln an weißer Sauce.
Fisksoppa Fischsuppe.
Fläsk Schwein.
korv Dicke Schweinswurst.
Forell Forelle.
Frikadellen Gekochte Fleischküchlein.
Får Hammelfleisch.
Getost Weicher Ziegenkäse.
★ **Glasmästarsill** «Glasbläser-Hering»; Hering in Essig mit Karotten, Zwiebeln und Meerrettich.
★ **Gravad lax** Lachs mariniert mit Dill, Salz, Zucker und Pfeffer. Serviert mit einer Senf-Dill-Sauerrahm-Sauce.
Gröt Porridge (Haferbrei).
Hackad jägarbiff Kalbs-Hamburger mit Pilz-Sauce.
Hallon Himbeeren.
Hasselbackspotatis Kartoffeln, blättrig eingeschnitten, gebacken.
Havskräftor Salzwasserkrebs, meist mit Dill gekocht.
Helgeflundra Heilbutt.
Herrgårdsstek «Ritter-Steak», geschmorter Rindsbraten.
Hjortron Preiselbeeren.
Hovdessert Meringues und Schlagsahne mit geschmolzener Schokolade.
Hummer Hummer.
Höns Geflügel.
Inlagd sill Salzhering.
★ **Janssons frestelse** «Janssons Versuchung»: Auflauf aus Kartoffeln, Anschovis und Zwiebeln, mit Sahne im Ofen gebacken.
Jordgubbar Erdbeeren.
Jägarschnitzel Kalbs-Hamburger mit Pilzsauce.

Järpe Wald- oder Haselhuhn.
Kabeljo Gesalzener leicht getrockneter Stockfisch.
Kaffeebröd Süßes Hefegebäck.
Kalops Mit Lorbeerblatt, Zwiebeln und Gewürzen geschmortes Rindfleisch.
Kalvdans «Kälber-Tanz», Dessert aus frischer Kuhmilch, wie Eierrahm.
Kalvfrikassé Gekochte Kalbfleischwürfel an Dill-, Zitronen- oder Kapernsauce, mit Eigelb gebunden.
Kalvsylta Kalbssülze.
Kanelbullar Zimtbrötchen.
Kasseler Schweinsrippenstück, am Stück gebacken oder in Scheiben gebraten.
Kolja Frischer Schellfisch.
Kroppkakor Klöße aus Eiern, Mehl und Kartoffeln, gefüllt mit gehacktem Speck und Zwiebeln. Mit Rahm, geschmolzener Butter und wilden Preiselbeeren serviert.
Kryddsill Gewürzter, eingelegter Hering.
Kräftor Hummer. Im August, während der Hummer-Saison, gibt es Hummer-Parties.
Kycklinggryta Hähnchen-Pfanne.
ugstekt Mit Gewürzen oder Pilzen gebratenes Hähnchen.
Kåldolmar Kohlrouladen, mit Hackfleisch gefüllt und gebraten.
Kålsoppa Kohlsuppe mit Lammfleisch.
Köttbullar Gebackene Fleischkugeln, mit Pellkartoffeln und *lingon* serviert.
Köttfärsgrotta Hackbraten, manchmal gefüllt.
Köttfärsröra Hackfleisch, mit Zwiebeln und anderen Gemüsen gebraten.
Köttsoppa med klimp Fleischbrühe mit Klößen.
Lammkotletter Lamm-Koteletten.
Lapplandslåda Geräuchtes Rentierfleisch mit Pilzen, Zwiebeln und Kartoffeln, gebraten, dann mit Béchamelsauce, gebacken.
Lax Lachs.
Laxöring Forelle.
Lingon Wilde Preiselbeeren.
sylt Preiselbeer-Gelee, oft anstelle von Gemüsen verwendet.
Lutfisk Leng- oder Stockfisch.
Lövbiff Dünne Fleischscheiben.
Makrill inkokt Pochierte Makrelen mit Dill oder Lorbeer.
Matjessill Eingelegter Salzhering, im Sommer mit neuen Kartoffeln, Sauerrahm und Schnittlauch gegessen.
Mimosasallad Ananas, Tomaten, Äpfel, Birnen und Trauben in Mayonnaise.
Norrlandspudding Eintopf aus gebratenen Zwiebeln und Pellkartoffeln, darauf geräucherte Wurst, und Béchamelsauce gebacken.
Nyponsoppa Kalte Hagebuttensuppe, mit Schlagsahne und Mandeln serviert.
Nässelsoppa Suppe aus zarten Nesseln, in der halbe hartgekochte Eier schwimmen.
Orre Schwarzes Haselhuhn.
Ostfromage Cremepudding.
Ostlåda Gebackene Käse-Creme.
Oxjärpar Rindsrouladen, gefüllt mit Petersilie und Speck.
Oxsvanssopa Ochsenschwanzsuppe.
Pannbiff Hamburger.
Pannkakor Pfannkuchen
Parisersmörgås Gemischtes Hackfleisch auf geröstetem Brot, garniert mit Spiegelei.
Parisérvafflor Knusprige Gebäckscheiben, durch likörhaltige Buttercreme zusammengehalten.
Pastej Pastete, Kuchen.
Pepparkaka Gewürzter Ingwer-Kuchen.
Pepparrotskött Gekochtes Rindfleisch mit Meerrettich-Sauce.
Piggvar Steinbutt.
Plankstek Über Hickory-oder Eichenholzfeuer gebratenes Steak.
Plättar Kleine Pfannkuchen.
Pressylta Kalbs- und Schweinssülze.
Purjolökslåda med skinka och ost Gekochter Lauch, in Schinken gewickelt, mit Käse bedeckt und gratiniert.
Pytt i panna Gekochte Fleischwürfel, Zwiebeln und Kartoffeln, gebraten.
Raggmunkar Geriebene rohe Kartoffeln, vermischt mit Eiern und Milch gebraten.
Rapphöns Rebhuhn.
Renklämma Dünne Scheiben geräuchertes Rentier in ungesäuertem Brot.

Revbensspjäll Brustspitzchen.
Ripa Schneehuhn.
Ris à la Malta Gekochter, mit Rahm und Zucker gemischter Reis. Zu Früchten.
Risgrynsgröt Reisbrei mit Zimt und Zucker.
Rotmos Geriebene Kartoffeln.
Rulader Gerollte, gefüllte Fleischscheiben.
Rullsylta Schweine- oder Kalbsbauch, gewürzt, gerollt und gekocht. Kalt in Scheiben serviert.
Rådjur Wild.
Råkosttallrik Rohgemüse-Salat.
Räkor Garnelen.
Rödspätta Scholle.
Rökt lax Geräucherter Lachs.
Saftsoppa Dünne Früchtesuppe.
Sill Hering, meist Salzhering.
-sallad Zerstückelter Salzhering, Randen, Äpfel. Kartoffeln, gekochtes Fleisch und Zwiebeln, garniert mit harten Eiern und Rahm.
Sjömansbiff «Seemannstopf»; Rindfleisch, Zwiebeln und Kartoffeln als Eintopf.
Sjötunga Seezunge.
Skaldjur Schalentier.
Skarpsås Scharfe Sauce aus Eigelb, Senf, Öl, Essig und Rahm.
Slottsstek Gebratene Rindskeule mit Zwiebeln, Anschovis, Essig, Zucker und Rahm.
Slätvar Glattbutt.
Smultron Wilde Erdbeeren.
Smörgås Belegtes Brot mit verschiedenen Salaten, Fleisch, Fisch, Eiern und eingelegten Gemüsen, meist kalt serviert. Mittags mit Gabel und Messer als Teil des *smörgåsbord* gegessen.
Solöga Gehackte Anschovis, Zwiebeln, Randen und Kapern rund um ein Eigelb serviert.
Spettekaka Ursprünglich Hochzeitstorte von Skåne. Glatte Eier-Zucker-Creme wird langsam über eine runde Metallform gegossen, die sich vor einem Feuer dreht. Wird die Form entfernt, kann der Kuchen meterhoch sein.
Strömming Baltischer Hering.
Torsk Kabeljau, Dorsch.
Ugnsomelett Gebackene Eier-Milch-Mischung, mit würziger Sauce serviert.
Våfflor Waffeln.
Västkustsallad Meerfrüchte-Salat.
Ål Aal.
Ädelost Dessert-Käse.
Älgstek Gebratener Elch.
Äppelkaka med vaniljsås Schichten gerösteter Brotkrumen und Apfelsauce, serviert mit Eiermilch-Sauce.
Ärter med fläsk Gelberbssuppe mit Schweinefleischwürfeln.
Ättisksgurka Eingelegte Gurken.

Gebräuchliche Ausdrücke

Akvavit Branntwein aus Kartoffeln oder Roggen.
Brännvin Siehe Akavavit.
Bröd Brot.
Frukt Frucht.
Förrätt Hors-d'œuvre.
Grönsaker Gemüse.
Gås Gans.
Kaffe Kaffee.
Kakor Kuchen oder Biskuits.
Knäckebröd Knäckebrot.
Korv Wurst.
Kött Fleisch.
Lever Leber.
Matsedel Menü.
Mjölk Milch.
Njurar Nieren.
Nota Rechnung.
Rött vin Rotwein.
Skinka Schinken.
Smör Butter.
Socker Zucker.
Te Tee.
Vatten Wasser.
Vin Wein.
Vitt vin Weißwein.
Öl Bier.

Skål! Prosit!
Smaklig måltid! Guten Appetit!

Sowjetunion

In der Sowjetunion kann man nicht von einer einheitlichen Küche sprechen. Jede Sowjetrepublik kennt ihre eigene Bauernkost verschiedener Prägung – durch mongolische, über türkische bis zu polnischen Einflüssen. Typisch russische Gerichte bilden die Ausnahme. So stammt der für uns typisch russische *Borsch* ursprünglich aus Polen, und berühmte Gerichte wie *Soubaroff, Demidoff* und *Stroganoff* wurden von erfinderischen Franzosenköchen nach deren adeliger Herrschaft benannt.

Womit keineswegs gesagt ist, daß die Russen Kostverächter seien, im Gegenteil eingebürgerte Gerichte aus andern Ländern erhalten vielfach noch den besonderen Schliff. Als Tourist, vor allem bei Gruppenreisen, muß man allerdings mit schlechter Verpflegung vorlieb nehmen. Nach der üblichen Wartezeit von einer Stunde erhält man irgendwas in seinen Teller gekleckert. Einzelreisenden präsentiert man – ebenfalls nach einstündigem Ausharren – eine Menükarte. Ich habe daher eine Anzahl Gerichte zusammengestellt.

Es empfiehlt sich, die Bestellung exakt und detailliert anzubringen. Einer meiner Freunde lud zur Feier des Hochzeitstages seine Frau zu einem Essen in einem Moskauer Hotel ein. Er bestellte Kaviar, Toast, Butter, gehackte Zwiebeln, Eier, Zitronenschnitze – all die Zutaten, die man erfahrungsgemäß einzeln aufzählen muß, um sie zu bekommen. Nach der obligaten Wartefrist brachte der Kellner die gewünschten Zutaten. «Wo bleibt der Kaviar?» erkundigte sich mein Freund. «Tut mir leid», erwiderte der Kellner, «heute gibt es keinen Kaviar.»

Eine weitere Schwierigkeit besteht darin, von Getränke- und Speisekellner gleichzeitig bedient zu werden. Es gehört sozusagen zum guten Ton, Krach zu schlagen. Nur wer dezidiert und selbstsicher auftritt, wird vom Kellner respektiert. Verlangen Sie beim Betreten eines Restaurants als erstes den *Administrator* (Oberkellner).

Russischer Wein ist für unsern Geschmack vielleicht etwas zu süßlich. Man produziert in der Russischen Sowjetrepublik einen guten Riesling und in den Moldauischen und Ukrainischen Sowjetrepubliken einige trockenere Weine. Rotwein und Weißwein heißen **красное вино** (krasnoje vino) und **белое вино** (bjeloje vino), trocken **сухое вино** (sukhoye vino). Sollten Sie in Georgien essen, rate ich Ihnen: Bestellen Sie gleich zu Beginn eine Flasche Wein pro Person – das ist so üblich.

Das russische Alphabet: **А, Б, В, Г, Д, Е, Ж, З, И, Й, К, Л, М, Н, О, П, Р, С, Т, У, Ф, Х, Ц, Ч, Ш, Щ, Ъ, Ы, Ь, Э, Ю, Я**
а, б, в, г, д, е, ж, з, и, й, к, л, м, н, о, п, р, с, т, у, ф, х, ц, ч, ш, щ, ъ, ы, ь, э, ю, я

Закуски (zakuski) – Hors-d'œuvre

Die Hauptmahlzeit des Tages beginnt immer mit *zakuski,* wie bescheiden der Haushalt oder das Restaurant auch sei. Diese Tradition stammt aus Skandinavien und wurde durch Rurik, den ersten Wikinger Prinzen von Kiew, eingeführt und später durch die Russen in Frankreich als Hors-d'œuvre bekanntgemacht. Die Russen trinken zu *zakuski* immer Wodka.

Анчоусы с яйцами (anchoussi s yaitzami) Sardellen auf Eiern, mit Kopfsalat, Tomaten und Petersilie.
Баклажан с овощами (baklazhan s ovoshami) Aubergine-Würfel mit gehackten Zwiebeln, Karotten und Tomaten, kalt serviert.
Блины (bliny) Pfannkuchen aus Buchweizenmehl, heiß mit Schalen geschmolzener Butter, Sauerrahm und Kaviar serviert.
Заливное из рыбы (zalivnoye iz rybi) Fisch in Gelee.
из языка (iz yazika) Zunge in Gelee.
★ **Икра (ikra)** Kaviar, der schwarze ist Stör-, der rote Salmrogen.
Картофельный салат (kartofelni salat) Kartoffelsalat mit Zwiebelscheiben, Eiern und Sauerrahm.
салат с селедкой (salat s selyodkoi) Hering- und Kartoffelsalat mit Dill-Pickles, Eiern, Zwiebeln und Öl.
Огурцы в сметане (ogurtzi v smetane) Gurken in Sauerrahm.
Паштет (pashtet) Leberpastete.
Печенка в сметане (pechyonka v smetane) Mit Zwiebeln gebratene Hühnerlebern in Sauerrahm.
Помидоры с мясом (pomidori s myasom) Mit Mischung aus kaltem Fleisch, Schinken, gehackten Eiern und Mayonnaise gefüllte Tomaten.
Редиска в сметане (rediska v smetane) Feingehackter Rettich mit Sauerrahm.
Рыбная икра (rybnaya ikra) Makrelen- oder Heringlaich mit Öl und Zitrone.
Салат из копченой рыбы (salat iz kopchenoi rybi) Salat aus kaltem Räucherfisch mit Zwiebeln, Öl und Senf.
с курицей (s kuritzei) Gekochte Hühnerfleischwürfel, gemischt mit Kartoffeln, Karotten, Äpfeln, Gurken, Eiern, Oliven, Lattich und Dill.
★ **Селедка (selyodka)** Gesalzener Hering, auf viele Arten serviert: mit Eiern auf Schwarzbrot, mit Salat oder heißen Pellkartoffeln, mit Dill, Schnittlauch oder Frühlingszwiebeln bestreut.
Фаршированные артишоки (farshirovaniye artishoki) Mit Pilzen oder Garnelen und Kalbfleisch gefüllte Artischocken.
баклажаны (baklazhani) Auberginen, gefüllt mit gehacktem Hühnerfleisch oder Fleischresten, Brot, Eiern, Petersilie und Sahne.
перцы (pertzi) Mit gebratenen Zwiebeln und Karotten gefüllte grüne Paprikaschoten an Tomatensauce.
яйца (yaitza) Eiweißhälften gekochter Eier, gefüllt mit Kaviar, garniert mit Tomatenschnitzen, Dill und Frühlingszwiebeln.
Черные оливи (chorniye olivi) Gehackte entsteinte Oliven mit harten Eiern, Zwiebeln und Knoblauch, gemischt mit Öl und Essig.
Яйца с хреном (aitza s khrenom) Gekochte Eihälften, mit Sauce aus Mayonnaise, Meerrettich und Sauerrahm bedeckt.

Супы (supi) – Suppen

Абрикосовый суп (abrikosovi sup) Kalte Suppe aus gekochten Aprikosen, Zucker und Maismehl, mit Reis und Sauerrahm serviert.
Бозбаш (bozbash) Armenische Schafsuppe mit Schaffleischstücken, Äpfeln, Kartoffeln, Erbsen, Zwiebeln und Tomatenpüree.
Борщ (borsch) Diese berühmte Suppe variiert von Region zu Region; enthält meist Rindfleisch, Randen, Karotten, Kartoffeln und andere Gemüse.
★ **Ботвинья (botyinya)** Kalte Suppe aus Spinat, *kvass* und Brühe, welcher ein kleines Glas Sherry oder Champagner vor dem Servieren beigefügt werden kann. Wird auch als Fischsauce verwendet.
Вишневый суп (vishnovi sup) Kalte Kirschensuppe.

Клуковый и яблочный суп (klukovi i yablochni) Kalte Suppe aus Kronbeeren (große Preiselbeeren), Zucker, Äpfeln und Maismehl.
Креветкий суп (krevetki sup) Suppe aus Garnelen aus Dublin Bay, Zwiebeln, Dill, Reis und Sauerrahm.
Малекий суп (malyoki sup) Suppe aus Weißfisch, Pastinak, Porree, Sellerie, Zwiebeln und Buchweizenmehl.
Окрошка (okroshka) Kalte Suppe mit *kvass,* Kartoffeln, Rettich, Gurken, Fleischwürfeln, Schnittlauch und Sauerrahm.
Рассольник (rassolnik) Suppe aus Nieren und Gurken mit Karotten, Zwiebeln, Kartoffeln und Sauerrahm.
Солянка (solyanka) Suppe aus gekochtem oder gebratenem Fleisch, Gurken, Zwiebeln, Tomatenpüree und Oliven oder mit entgrätetem Weißfisch, Gurken, Karotten und Oliven.
Уха (oukha) Beliebte Suppe aus frischem Weißfisch, Karotten, Zwiebeln und Kartoffeln.
Харчо (kharcho) Suppe aus Rindfleisch, Tomaten, Tomatenpüree, Pflaumen, Korianderblättern, Petersilie, Knoblauch und Reis (Georgien).
Холодец (kholodetz) Kalte Suppe aus *kvass* oder Apfelwein, Brühe, Rüben, Gurken und Frühlingszwiebeln.
Чихиртма (chikhirtma) Georgianische Schafsuppe mit Zwiebeln, Safran und Koriander.
★ **Шампанский суп (shampanski sup)** Außergewöhnliche Suppe, zubereitet mit pochiertem Salm, mit Champagner beträufelt; mit Kaviar serviert.
Шурпа (shurpa) Turkmenische Schafsuppe mit Schaffleischstücken, Zwiebeln, Karotten, Kartoffeln und Tomatenpüree.
★ **(shchi)** Suppe aus frischem Kohl mit Sauerkraut, Karotten, Tomatenpüree und Sauerrahm.
Яблочный суп (yablochni sup) Kalte Apfelsuppe mit Himbeerkonfitüre, süßem Weißwein, Nelken und Brotbröseln.
Ягодный суп (yagodni sup) Suppe aus frischen Beeren mit Zucker, Sahne und Eigelb.

Пироги и пирожки (pirogi i piroshki) – Pasteten und Pastetchen

Вареники (vareniki) Ähnlich wie *pelmeni.*
Ватрушки (vatroushki) Pastetchen mit Füllung aus Hüttenkäse.
★ **Кулебяка (kulibyaka)** Pastetchen, gefüllt mit Salm, Reis, Zwiebeln, harten Eiern, Dill und Pilzen.
★ **Пельмени (pelmeni)** Ähnlich wie chinesische *dim sum.* Kleine Hefeteigküchlein, gefüllt mit Hackfleisch und Zwiebeln, in Brühe oder Wasser gekocht, mit Sojasauce, Butter, Senf und Essig gegessen.
Пирог с мясом (pirog s myasom) Fleischpastete aus Hefeteig.
Пирог с рыбой (s riboi) Fischpastete.
Пирожки с луком и яйцами (piroshki s lukom i yaitzami) Pastetchen, gefüllt mit Frühlingszwiebeln und Ei.
Расстегай (rastegai) Hefeteigpastetchen, gefüllt mit Zwiebeln, frischem Salm oder Hering.
Сырники (syrniki) Gebratene Teigtäschchen aus Hüttenkäse und geriebenen Kartoffeln, heiß mit kühlem Sauerrahm serviert.
Хачапури (khachapuri) Schmackhafte georgianische Brötchen, gefüllt mit Schafkäse und Joghurt.
Хинкали (hinkali) Georgianische Pastete, gefüllt mit gehacktem Schweine- und Rindfleisch und Zwiebeln.

Рыба (ryba) – Fisch

Fisch ist ein wichtiger Bestandteil der russischen Küche. Einerseits kommt er in den Binnenmeeren, Seen und Flüssen in überreichem Maße vor, andererseits ißt man ihn mit Vorliebe an kirchlichen Fasttagen.

Зразы (zrazy) Mit Pilzen, Zwiebeln und Petersilie gefüllte Fischfilets.
Камбала с шпинатом (kambala s shpinatom) Schollenfilets mit Spinat und gehackten Eiern.
Рыбные котлетки с грыбным соусом (rybniye kotletki s gribnym sousom) Fischsteaks mit Pilzsauce.
Сациви (satsivi) Spezialität aus Georgien: kalter Fisch in einer Sauce aus geriebenen Walnüssen, Knoblauch, Koriander, Zimt, Nelken und schwarzem Pfeffer.
Семга в мадире (syomga v madire) In Madeira gekochter Salm, mit Krebs-Sauce serviert.
Соте из трески (soté iz treski) Gebratene Brassen oder Flundern mit Knoblauch, Zwiebeln und Tomatensauce.
★ **Стерлядь по-русски (sterlyad po russki)** Gekochter Stör mit Sauce aus gebratenen Zwiebeln, Pilzen, Karotten, Pastinak, Kapern, Tomaten und gekochten Gurken.
Угорь в вино (ugor v vino) In Rotwein mit Zwiebeln und Zitronensaft gekochte Aalstücke.
Фаршированная камбала (farsherovaniya kambala) Scholle, gefüllt mit Brotbröseln, Butter, Petersilie, Garnelen, zerquirltem Ei und Muskatnuß.
Форель в вино (forel v vino) In Weißwein gekochte Forelle.

Мясо, птица и дичь (myaso, ptitza i dich) – Fleisch, Geflügel und Wild

Азу (azu) Schmorgericht aus Steak und Gemüsen.
★ **Аштарак толма (ashtarak tolma)** Mit Lammfleisch gefüllte Äpfel oder Quitten.
Бефстроганов (bef stroganoff) Benannt nach Graf Stroganoff, dessen Koch während eines Aufenthaltes in Nordsibirien feststellte, daß sein Rindfleisch so hart gefroren war, daß er es nur in dünne Streifen schneiden konnte. Es besteht heute aus dünnen Streifen erstklassigen Rindfleisches, Pilzen und Zwiebeln. Serviert mit Sauerrahm und Reis.
Буженина (buzhenina) In Bier gebackener Schinken.
Голубцы (golubtzi) Mit gehacktem Rindfleisch, Zwiebeln und Reis gefüllte Kohlblätter, mit Sauerrahm serviert.
Грузинский плоф (gruzinscki plof) Reispilaf mit Schaffleischstücken, Zwiebeln und Granatäpfeln.
Заяц жаренный в сухарях (zayetz zharini v suharyakh) Panierter Hase.
Индушка с каштанами и яблоками (indushka s kashtanami i vablokami) Gebratener Truthahn mit Kastanien- und Äpfelfüllung.
★ **Киевские котлеты (kievskiye kotletki)** Panierte Pouletsteaks, gefüllt mit Butterstückchen, gebraten.
Котлетки из свинины (kotletki iz svinini) Gebratene panierte Schnitzel aus gehacktem Schweinefleisch.
Кчуч (kchoutch) Mit getrockneten Aprikosen geschmortes Lammfleisch.
Мясной рулет с кашей и грибами (myasnoi rulet s kashei i gribami) Fleischrouladen mit Pilz- und Buchweizenfüllung.
Мясные ролики (myasniye roliki) Rindfleischscheiben, Speck, Karotten und Zwiebeln gerollt und gebraten.

Поросенок с кашей (porosyonok s kashei) Mit Äpfeln gefülltes Spanferkel, serviert mit Buchweizen- und Meerrettich-Sauce.
Рагу (ragu) In russischen Haushaltungen beliebtes Schmorgericht.
Рулеты (ruleti) Rouladen aus Hackfleisch oder geriebenen Kartoffeln, mit verschiedenen Füllungen.
Свинина отбивная с яблоками (svinina otbivnaya s yablokami) Schweinsfilet mit Äpfeln.
Тефтели (tefteli) Geschmorte Fleischkugeln.
Узбекский плоф (uzbekski plof) Reisgericht mit Schaffleisch, Karotten, Zwiebeln, roten Paprikaschoten und Äpfeln.
Утка с капустой (utka s kapustoi) Mit Kohl, Zwiebeln und Äpfeln geschmorte Ente.
★ **Фазан с грибами в сметане (faizan s gribami v smetane)** Fasan-Stücke in einer Sauce aus Pilzen und Sauerrahm.
Форшмак (forshchmak) Gehacktes Rindfleisch, Hering, Kartoffeln und Zwiebeln mit Eigelb und steifgeschlagenem Eiweiß gemischt, mit Brotbröseln und Käse bestreut gebacken.
★ **Цыплята табака (tsyplyata tabaka)** Ausgebeintes Hähnchen, halbiert und flachgedrückt, bedeckt mit Sauerrahm und Butter. Ursprünglich zwischen zwei heiße Steine gepreßt und gebraten.
Чакапули (chakapuli) Dickes georgianisches Lammgericht.
Чанахи (chanakhi) Geschmortes Lamm mit Kartoffeln, Tomaten, Bohnen, Auberginenscheiben und Koriander.
Шашлык (shashlyk) Schaschlik aus Fleischstücken, Pilzen und Zwiebeln an Spieß, grilliert oder in Folie im Feuer gebraten, mit Granatapfelsaft oder *tkemali* serviert.

Овощи и салаты(ovoshchi i salati) – Gemüse und Salate

Баклажан с орехами (baklazhan s orekhami) Auberginen in Sauce aus Walnüssen, Knoblauch, Koriander, Chili und Granatapfelsaft.
Вареные картошки в сметане (varenini ye kartoshki v smetane) Gebackene Kartoffeln mit Sauerrahm und Frühlingszwiebeln.
Грибы в сметане (gribi v smetane) Pilze in Sauerrahm.
Жареные огурцы (zharini ogurtzi) Mit Zwiebeln gebratene Gurken.
Кабачок жареный (kabachok zharini) Gebratener Markkürbis.
Капуста с ромом (kapusta s romom) Blumenkohl mit Rum-Sauce.
Картофельное кольцо с яйцом (kartofelnoye koltzo s yaitzom) Eier in Ring aus geriebenen Kartoffeln.
Квашеная капуста с грибами (kvashenaya kapusta s gribami) Sauerkraut mit Pilzen.
Лобио (lobio) Gericht aus Georgien: weiße Bohnen mit Nüssen.
Плоф (plof) Pilaf.
арарат (ararat) Pilaf mit Sultaninen, Aprikosen, Mandeln, gebackenen Äpfeln und Quitten.
Салат из зелени (salat iz zeleni) Grüner Salat mit Sauerrahm.
из яблок и сельдерей (iz yablok i seldere) Äpfel- und Sellerie-Salat.
Спинат с орехами (spinat s orekhami) Spinat mit Walnuß-Sauce und Granatapfelkernen.
Фаршированные картошки (fsherovaniye kartbshki) Mit Pilzen, Porree und Brotbröseln gefüllte Kartoffeln.
огурцы в сметане (orgutzi v smetane) Gefüllte Gurken und Sauerrahm.
Хморопатик (khomoropatik) Kaukasische Spargelküchlein.

Сладкое, печеные и торты (sladkoye, pecheniye i torti) – Desserts, Biskuits und Kuchen

Бублики (boubliki) Ring aus Hefeteig, heiß mit Butter oder halbiert und getoastet gegessen.
Вафля (vaflya) Waffeln.
Галушки (galuskhi) Ukrainischer Kuchen, mit großen Portionen Sauerrahm serviert.
Гозинах (gozinakh) Armenisches Honig- und Walnuß-Konfekt.
Каштановый пудинг (kashtanovi pudding) Kastanien-Pudding.
Кисель (kisel) Süßspeise aus saurem Fruchtsaft.
Кулич (kulich) Großes zylindrisches Spezialbrot mit Früchten, Mandeln und Safran.
Наполеон торт (napoleon tort) Leichter Kuchen mit Sauerrahm im Teig, in Schichten gebacken, mit Sahne gefüllt.
Ореховый пудинг (orekhovi pudding) Walnuß-Pudding.
★Пасха (paskha) Traditioneller pyramidenförmiger Osterkuchen, mit ungesalzenem Rahmkäse, Früchten und Mandeln hergestellt.
Пряник (prianik) Honigkuchen mit Gewürzen.
Пудинг из маков (pudding iz makov) Mohnsamen-Pudding mit Mandeln.
Торт из меринги (tort iz meringi) Kuchen aus Meringue, Sahne, Walnüssen und Brandy, garniert mit Nüssen und Schokolade.
Тянушки (tyanushki) Zuckerwerk.

Gebräuchliche Ausdrücke

Барашек (barashek) Lammfleisch.
Брага (braga) Honigwein.
Вино (vino) Wein.
Вода (voda) Wasser.
Водка (vodka) Wodka.
Говядина (govyadina) Rindfleisch.
Каша (kasha) Trockenes Buchweizen-Porridge.
Квас (kvass) Getränk aus gegärtem Roggenbrot und Hefe, wird auch für Brühe verwendet.
Кофе (kofe) Kaffee.
Курица (kuritsa) Hähnchen.
Лаваш (lavash) Armenisches Flachbrot.
Масло (maslo) Butter.
Меню (menu) Menü.
Молоко (moloko) Milch.
Пиво (pivo) Bier.
Рис (ris) Reis.
Сахар (sakhar) Zucker.
Сметана (smetana) Sauerrahm.
Счет (schyot) Rechnung.
Сыр (syr) Käse.
Творог (tvorog) Zwischending zwischen Hüttenkäse und Quark.
Телятина (telyatina) Kalbfleisch.
Ткемали (tkemali) Sauce aus sauren Pflaumen, Knoblauch und Koriander.
Чай (chai) Tee.

За ваше здоровье! (za vashe zdorovye) Prosit! Gesundheit!
Приятного аппетита! (pryatnovo appetita) Guten Appetit!

Spanien

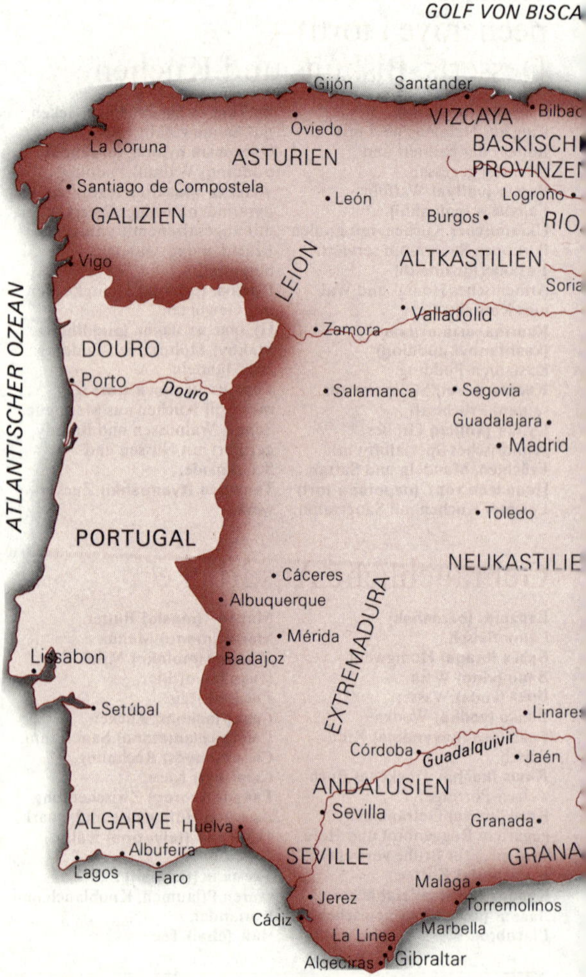

Die spanische Kochweise ist keine Küche mit bestimmten festen Regeln der Speisezubereitung. Doch sie besitzt Charakter und bietet manche Überraschung, insbesondere delikate Fisch- und Gemüsegerichte.

Im Grunde handelt es sich gleichsam um ein phantasievolles Kombinieren zufällig vorrätiger Zutaten. Nirgendwo sonst werden Fisch und Fleisch so unbekümmert vermischt. Keine zwei Spanier bereiten auch namhafte Gerichte auf dieselbe

Weise zu. Man hält sich an keine überlieferten Rezepte, das ist herrlich aufregend.

Mir scheint der Charme der spanischen Kost vor allem darin begründet, daß man für ihre Zubereitung keiner Küche bedarf. Ein Riesentopf und ein offenes Feuer genügen, um am Strand oder sonstwo im Freien ein herrliches Mahl hervorzuzaubern. Und jedermann ist herzlich willkommen, ob zum Festessen oder zum einfachen Picknick.

Auswärts essen

Die meisten Eßlokale unterstehen einer strengen staatlichen Qualitätskontrolle.

Die Restaurants (*restaurantes*) werden mittels Gabelsymbolen gekennzeichnet. Fünf Gabeln bedeuten ein Luxusrestaurant, nur eine Gabel ein viertklassiges Etablissement. Die ganztags geöffneten Cafeterias sind mittels Tassensymbolen eingestuft, und zwar von eins bis drei. Die Menüs teilt man in fünf Kategorien (*grupos*) ein. Jede Kategorie umfaßt eine bestimmte Anzahl Gerichte. Das Angebot variiert je nach Kategorie des Restaurants. Einfachere Lokale haben vielleicht nur zwei oder drei Menügruppen auf der Speisekarte. In allen Restaurants gibt es ein Touristenmenü (*menu turistico*).

Das spanische Alphabet: a, b, c, ch, d–l, ll, m, n, ñ, o–z.

Tapas y entremeses – Hors-d'œuvres

Vom gesundheitlichen Standpunkt aus betrachtet, sollte der Mensch wenig auf einmal, dafür aber öfter essen. Doch unsere gesellschaftlichen und alltäglichen Gewohnheiten stehen zu dieser rein medizinischen Auffassung im Widerspruch. Wir lieben gemütliche Mahlzeiten, und wer möchte schon achtmal am Tag in der Küche stehen?

In Spanien ißt man zweimal täglich zu völlig unpassenden Zeiten eine umfangreiche Mahlzeit, mit dem Ergebnis, daß man sich sehr oft tagsüber hungrig fühlt – was möglicherweise zur glücklichen Erfindung der *tapas* geführt hat.

Tapas sind pikante Kleinigkeiten, die in jeder Bar jederzeit erhältlich sind. Sie verkürzen das oft lange Warten auf das späte Mittagessen (*comida*) oder Nachtessen (*cena*).

Manche verdeutschen das Wort *tapa* mit «Löschblatt», im Sinne der russischen, stets zu Wodka servierten *zakuski*. Andere meinen, daß es «Deckel» heißt und mit der spanischen Angewohnheit zusammenhängt, das Trinkglas mittels einer Brotscheibe von Fliegen freizuhalten. Wie dem auch sei, die *tapas* munden jedenfalls vorzüglich, ja sie können, falls das Nachtessen bis Mitternacht auf sich warten läßt, geradezu lebensrettend sein.

Alcachofas a la vinagreta Artischocken, kalt serviert mit Sauce Vinaigrette.
Almejas en salsa de ajo Gekochte Venusmuscheln an einer Sauce aus Öl, Knoblauch und Petersilie.
Almendras tostadas Trocken geröstete Mandeln.
Anchoas en aceite Sardellen in Olivenöl.
Angulas Jungaale gebraten in Olivenöl mit Knoblauch und Chili.
Boquerones fritos Fritierte Sardellen.
Calamares a la romana Tintenfischringe in Fritierteig gebacken.
Caracoles en salsa Schnecken, geschmort in Sauce aus Zwiebeln, Knoblauch, Petersilie und Tomaten.
Chanquetes Kleiner sardellenähnlicher Fisch.
Chipirones a la plancha Tintenfischchen auf Grillplatte zubereitet, mit Knoblauch und Petersilie.

★ **Chorizo al diablo** (oder **al infierno**) Schweinswurst, in Weinbrand flambiert.
Ensaladilla Russischer Salat.
Gambas a la plancha Grillierte Garnelen mit Zitrone serviert.
Huevas aliñadas Kabeljaurogen.
Huevos rellenos a la española Hartgekochte, halbierte Eier, gefüllt mit verschiedenen Mischungen, wie Thunfisch und Tomatenpüree, mit Mayonnaise überzogen.
Lomo (de cerdo) Karreestück.
Mejillones en concha Miesmuscheln samt Schale in Wein gekocht, mit Brotkrumen, Zitronensaft, Butterflocken und Petersilie bestreut gebacken.
Pan con tomate y jamón Toast mit Tomatenmark und Olivenöl befeuchtet, mit Rohschinken belegt.
Pinchitos, pinchos Kleine Fleischspießchen.
Salchichón Salamiartige Wurst.

Sopas – Suppen

Calderada Galizische Fischsuppe, wie *Bouillabaisse.*
Caldo de pescado Fischbrühe, aus Weißfisch zubereitet.
  de pimentón Kartoffel-Fischsuppe mit grünen Paprikaschoten.
Consommé de gallina Hühner-Kraftbrühe.
Crema sevillana Feinpassierte Tomaten-Zwiebelsuppe mit gerösteten, roten Paprikastreifen.
Escudilla barrejada de Cataluña Gemüsesuppe mit Reis und Teigwaren.
Farro Gemüsesuppe aus Schinkensud mit Fadennudeln.
★ **Gazpacho** Spaniens berühmteste kalte Suppe aus Tomaten, Zwiebeln, Salatgurke, oft auch Weißbrot, mit etwas Essig, Olivenöl oder Mayonnaise, Knoblauch und einer Spur Kreuzkümmel. Garnitur: Tomaten, grüne Paprikaschoten, Salatgurke, Zwiebel und Weißbrot, klein gewürfelt, separat serviert.
Potaje a la riojana Suppe aus gesalzenem Stockfisch, weißen Rüben und Zwiebeln, gebunden mit Maismehl, abgeschmeckt mit Knoblauch und Muskatnuß. Mit gerösteten Brotwürfelchen serviert.
  de col Dicke, gebundene Kohlsuppe.
  de habas secas Suppe aus Dörrbohnen mit Speck und Schweinsschnörrchen.
  de judías blancas Dicke Suppe aus weißen Bohnen und Gemüse, oft mit Schweinswurst.
  madrileño Dicke Suppe aus Kichererbsen, Stockfisch und Spinat, gewürzt mit Chili und Safran.
Pote gallego Eintopf aus weißen Bohnen, Schweinefleisch, Würsten und Kohl, mit Kartoffelpüree gebunden. Wie bei vielen spanischen Gerichten, wird zuerst die Suppe, dann das Fleisch serviert.
Puré de cangrejos Krebssuppe.
  de garbanzos Kichererbsensuppe.
Purrusalda Baskische Stockfischsuppe mit Porree, Kartoffeln und Knoblauch.
Sopa a la barcelonesa Suppe aus geröstetem Brot mit Hackfleischkugeln und Bratensauce.
  a la mallorquina Dicke Gemüse-Brot-Suppe.
Sopa a la valenciana Fleischbrühe mit Schinken, Wurst und Reis.
  a la vizcaína Suppe aus Bohnen, Kürbis und Kohl.
  al estilo de Puigcerdá Spanische Bergsuppe aus Brot und Milch.
  Costa Brava Suppe aus verschiedenen Fischsorten.
  ★ **de ajo** Nahrhafte Knoblauchsuppe. Es gibt viele Varianten, alle enthalten ein Ei pro Person, meist Brot, Rosinen, Mandeln oder andere Zutaten.
  de ajo blanco Kalte Knoblauch-Mandel-Suppe mit Melonenschnitzen.
  de albóndigas a la catalana Fleischbrühe mit Tomatenmark, geröstetem Brot und Hackfleichkugeln.
  de Aragón Käsesuppe mit Kalbsleber.
  de bolitas Fleischbrühe mit

gebackenen Kartoffel- und Schinkenklößen.

de Cádiz Fischsuppe mit Reis.

de coles a la asturiana Kartoffel-Kohl-Suppe mit Brotkrumen und Käse bestreut überbacken.

de crema de ave Geflügelcremesuppe.

★ **de cuarto de hora** Suppe aus Austern, Muscheln, Fischen, Krabben, Reis, hartgekochten Eiern und Speck. Die Zutaten variieren.

de empanadillas Fleischbrühe mit fritierten kleinen Kalbfleisch- oder Schinken-Teigkrapfen.

de galets Suppe mit fritierten Schweinefleischkugeln und muschelförmigen Teigwaren (*galets*), serviert mit Käse.

de gambas Krabbensuppe mit Wein und Chillies.

de macarrones y almejas Muschelsuppe mit Makkaroni.

de mandonguilles a la catalana Hühnerbrühe mit Rindfleischbällchen.

Sopa de mejillones Muschelsuppe, oft mit Reis.

del norte Fleisch- und Hühnerbrühe mit Reis und Wurstscheiben.

de nueces Haselnuß-Mandelsuppe.

de pan con gambas Gemüsesuppe mit Krabben und dünnen Brotscheiben.

de patata rallada Kartoffelsuppe mit hartgekochtem, gehacktem Ei. *Rallada* heißt «gerieben».

de picadillo Suppe mit Reis, Schinken und hartgekochtem, gehacktem Ei.

de primavera Frühlingssuppe aus frischem, jungem Gemüse.

de rabo de buey Ochsenschwanzsuppe.

de rape Fischsuppe aus Seeteufel, gemahlenen Hasel- und Erdnüssen, Zwiebeln, Tomaten, Brotkrumen, gewürzt mit Knoblauch und Safran.

de vainas Suppe aus grünen Bohnen und Kartoffeln.

de vigilia Suppe aus Fischen, Muscheln und Reis (für Fasttage).

granadina Tomatensuppe mit Zwiebeln und Paprikaschoten, gewürzt mit Safran und Knoblauch, serviert mit Brotwürfeln.

leonesa Suppe aus Weizenmehl, Milch und Rinderfett, gewürzt mit Zimt, Zitrone und mit Eigelb gebunden. Mit Brotwürfelchen serviert.

Huevos – Eiergerichte

Greixera d'ous Eischeiben auf gemischtem Gemüse, Spezialität aus Mallorca.

Huevos a la alicantina Verlorene Eier in ausgehöhlten Kartoffeln, mit Krabbensauce.

a la andaluza Verlorene Eier mit Muscheln und Stockfisch auf Reis.

a la castellana Eier auf Hackfleisch, mit Béchamelsauce überzogen, mit Käse bestreut und gebacken.

a la catalana Spiegeleier auf Tomaten, gehacktem Schweinefleisch und Schinken.

a la flamenca Spiegeleier auf gebratenen Kartoffelwürfelchen, Grünerbsen, Bohnen, Zwiebeln, Wursträdchen (*Chorizo*), Rohschinken und roten Paprikaschoten.

a la gitanilla Eier gebacken mit Mischung aus Mandeln, Knoblauch, Brot, Gewürzen, Öl.

al Jerez Spiegeleier mit Nieren an Sherrysauce.

a la marinera Eier mit Schinken- und Geflügelfleischstreifen in Aspik.

a la menorquina Hartgekochte Eier an Mayonnaise, mit Seehecht oder Heilbutt mit Krabbenfüllung.

al nido Eigelb in ausgehöhlten Brötchen, in Eischnee gehüllt und gebacken.

al plato Spiegeleier auf Tomaten und gebratenen Wurstscheiben, mit Käse bestreut gebacken.

a la riojana Spiegeleier auf Wurstscheiben, Tomaten und Paprikaschoten.

a la santanderina Spiegeleier mit Grünerbsen und Spargeln.

a la sevillana Gebackene Eier auf Mischung aus Tomaten, Zwiebeln, Schinken.

a la valenciana Gebackene Eier auf Tomatenreis mit Pilzen und Käse.

con arroz Hartgekochte Eier, gefüllt mit Mischung aus Schinken, Eigelb und Weinbrand, auf Reis mit roten Paprikaschoten.

empanados Verlorene Eier, in Eigelb und Brotkrumen paniert gebacken.

en panecillos Eier in ausgehöhltem Brötchen, gebacken und garniert mit gehackten, hartgekochten Eiern und Petersilie.

escalfados Pochierte Eier.

fritos a la andaluza Gebackene Eier, serviert auf gebratenen Würstchen, Schinken und Artischockenherzen.

mallorquinos Gebackene Eier und rote Paprikawurst in Gemüsepüree angerichtet.

primavera Spiegeleier auf Grünerbsen, Tomaten- und Schinkenscheiben, mit Käse bestreut.

revueltos Rühreier.

revueltos El Coll Mit pürierten Tomaten gekochte Eigelb, im letzten Moment mit steifgeschlagenem Eiweiß vermischt. Sieht aus wie Erdbeerschaum.

Pastel de tortillas Sandwich aus 3 verschiedenen Eierkuchen (je mit Spinat, Zwiebeln und Tomaten), mit dicker Béchamelsauce zusammengefügt.

Pisto a la bilbaína Schaumig geschlagene Eier, mit Zucchini und grünen Paprikaschoten gebacken.

castellano Eierkuchen aus schaumig gerührten Eiern, Zucchini, roten Paprikaschoten, Zwiebeln, Tomaten, Kartoffeln und Schinken.

Tortilla a la barcelonesa Eierkuchen mit Hühnerleber und Schinken, serviert mit Käse- und Spinatsaucen und Tomaten.

alcarreña Eierkuchen mit Spargel, Wurst und Schinken.

al estilo de Badajoz Eierkuchen aus Wurstscheiben und Chillies.

al sacromonte Eierkuchen aus Hirn, Kalbsbries, Kartoffeln und Erbsen.

campesina Eierkuchen mit roten Peperoni, Pilzen und Tomaten. Die Eiweiß werden separat steifgeschlagen. Sehr luftiges Omelett.

coruñesa Speckomelett.

española Fast zu deftiges klassisches spanisches Omelett, oft mit Kartoffeln.

madrileña Omelett mit Schinken und Zwiebeln, garniert mit Kalbsbries.

murciana Omelett mit roten Paprikaschoten und Tomaten.

primavera Eierkuchen mit Schinken, Kartoffeln, Karotten, Spargel und Erbsen.

riojana Eierkuchen mit Schinken, Wurst und roten Paprikaschoten.

Arroz – Reisgerichte

Reis spielt in der spanischen Küche eine wichtige Rolle, oft als Basis eines Fisch- oder Fleischgerichtes. Heute ist der Reisanteil häufig bescheiden – ein Zeichen des zunehmenden Wohlstands. Ursprünglich überwog er gegenüber den andern Zutaten, wie dies in ärmeren Gegenden nach wie vor der Fall ist. Reisgerichte sollen sättigen. Eine Paella ist als Hauptgericht gedacht. Manchenorts nennt man sie einfach *arroz a la...*, Reis einer Gegend. Selbst die klassische Paella wird oft einfach als *arroz a la valenciana* serviert.

Arroz a la alicantina Reis mit Fisch, Artischocken und grünen Paprikaschoten.

★ **a banda** Safranreis mit Seeteufel und Schalentieren. Bekanntes Fischgericht in verschiedensten Variationen, oft mit mehreren Fischsorten.

a la mallorquina Reis mit Taubenfleisch, Muscheln, Bohnen, grünen Erbsen und Fisch, garniert mit *sobrasada* (Paprikawurst), gebacken.

a la marinera Reis mit Garnelen, Fisch, Muscheln und Tintenfisch, garniert mit roten Peperoni und Spargel.

a la murciana Reis mit Schweinefleisch, Peperoni und Tomaten.

a la primavera Reis mit Blumenkohl, Grünerbsen, Artischockenherzen und Spargel.

a la riojana Reis in Form, mit Wurst, Rohschinken und Tomatensauce.

a la zamorana Reis mit Schweinsfüßen, -ohr und -schnauze, Schinken, weißen Rüben und Zwiebeln.

gallego Reis mit Pilzen und Zwiebeln an Tomatensauce.

regencia Safranreis in Form, mit Schinkenstreifen, an Geflügellebersauce mit Pilzen serviert.

★ **Paella** Das weltbekannte spanische Reisgericht mit der herrlichen Farbe und dem feinen Safranaroma. Die klassische Paella wird *a la valenciana* zubereitet, mit Poulet, Schweinefleisch, Rohschinken, Würstchen, roten Paprikaschoten, Artischockenherzen, grünen Bohnen, Erbsen, Tintenfisch, Aal, Miesmuscheln, Garnelen oder Langustinen. Es gibt viele Abwandlungen. Im Landesinnern enthält die Paella vorwiegend Geflügel, Kaninchen, Würstchen, Schnecken, Schweine- und Lammfleisch oder sonst gerade vorrätige Zutaten; an der Küste dagegen gibt man vermehrt Fische, Muscheln und Schalentiere bei. Ihren Namen verdankt die Paella der Spezialbratpfanne, in welcher sie zubereitet – und oft auch aufgetischt – wird, einer schweren, runden Eisenpfanne mit zwei Griffen.

a la campesina Mit Schinken, Geflügel, Würstchen und Singvögeln (!)

a la valenciana Siehe *paella*.

alicantina Mit Kaninchenfleisch, Muscheln, Garnelen und roten Paprikaschoten.

bruta Mit Schweine- und Geflügelfleisch und Fisch.

catalana Mit Poulet, Schnecken, Bohnen, Erbsen und Artischocken.

de mariscos Mit Languste, Garnelen, Tintenfisch, Seeteufel und Tomaten.

Teigwaren und Pizza

Teigwaren sind keine spanische Spezialität. Dennoch findet man sie auf den spanischen Speisekarten, weil sie sehr begehrt sind. Hier die gebräuchlichen Bezeichnungen: *canalones, macarrones, noquis* (Gnocchi) und *espaghettis* (Spaghetti). Unter *fideos* versteht man *vermicelli* (Fadennudeln). In Mallorca gibt es eine Art Pizza, *coca mallorquina* genannt.

Pescado y Mariscos – Fisch und Meerfrüchte

Almejas Venusmuscheln.
Anchoas Sardellen.
Anguila Aal.
Arenque Hering.
Atún Thunfisch.
Bacalao al pil-pil Stockfisch mit Chillies.
Berberechos Entenmuscheln.
Besugo al horno Meerbrasse, gedünstet in Weißwein und Zwiebeln mit zerstoßenem Knoblauch und Pinienkernen.
Bogavante Hummer.
Boquerones Kleine Meerfische.
Caballa Makrelenart.
★ **Calamares en su tinta** Kleine Tintenfische, mit Zwiebeln gebraten, serviert in Sauce aus ihrer Tinte.
Calderata asturiana Frikassee

aus Meerbarben, Brassen, Makrelen, Schollen und Muscheln, mit Peperoni, Mandeln, Haselnüssen an Sherrysauce.
Camarones Kleine Krabben.
Cangrejo Taschenkrebs.
Centolla Große Spinnenkrabbe.
Centollos Siehe *centolla;* Das gekochte Krabbenfleisch wird zerkleinert, mit Tomaten, Sherry und Weinbrand sautiert und mit Butter verfeinert in den Schalen serviert.
Cigalas Langustinen.
Chipirones Kleine Tintenfische.
Chocos Tintenfische.
Erizos de mar Seeigel.
Fritura de pescados Gebackene Fische.
Gambas Garnelen (Krevetten).
Lamprea Neunauge.
★ **Langosta a la barcelonesa** Langustenstücke und Poulet an Tomaten-Mandel-Sauce.
Langostinos Langustinen.
Lenguado a la andaluza Seezungenfilets, gefüllt mit roten Peperoni und Petersilie, gerollt und pochiert. Auf Reis serviert mit Eierfrüchten, Tomaten und Peperoni.
a la vasca Seezunge, gebraten mit Kartoffelscheiben, mit Pilzen, roten Paprikaschoten und Tomatensauce.
★ **Marmitako** Baskisches Ragout aus Thunfisch.
Mejillones Miesmuscheln.
Merluza cosquera Seehecht mit Knoblauch angebraten, in Weißwein gedünstet, mit Muscheln und Grünerbsen.
Mújol Meerbarben.
Ostiones Kleine Muschelart, Austern ähnlich (gekocht gegessen).
Ostras Austern.
Pastel de pescado Fischschaumbrot aus Kabeljau oder Seehecht, in Kartoffelkruste gebacken, oft mit Tomaten und geriebenen Mandeln.
Pescadilla a la catalana Verschiedene kleine, gebackene Fische mit Paprikaschoten, Eierfrüchten und Tomaten.
Pescado a la sal Ganzer Fisch in Salzkruste im Ofen gegart. Diese alte Kochmethode ist momentan überall Mode, bei den Amerikanern für Steaks, bei den Franzosen für Hähnchen.
en escabeche Eingelegte Fische.
Pez espada Schwertfisch.
Pulpo Tintenfisch. Das Geheimnis spanischer Köche: Weinkorken mitkochen; sollen das Tintenfischfleisch zarter machen.
Salmón con ternera Salm mit Steak gebraten; gräßliches Gericht, um so mehr, als spanischer Salm nicht besonders gut ist.
Salmonete Rotbarbe (Rouget).
San Pedro Petersfisch.
Sardinas Sardinen.
Suquet de peix Fischragout mit Tomaten und Petersilie.
Trucha Forelle.
Vieiras a la gallega Jakobsmuscheln, mit Olivenöl, Knoblauch, Schalotten und Petersilie im Ofen überbacken.
★ **Zarzuela** «Operette», «Musical»; spektakuläres Gericht aus Miesmuscheln, Tintenfisch, Rotbarsch und Garnelen, oft auch noch Brassen, Heilbutt, Languste oder Langustinen an rezenter Tomatensauce mit Weinbrand. Wird in runder Tonform zubereitet und serviert.

Carnes y Aves – Fleisch und Geflügel

Rindfleisch, vor allem *vaca, toro* und *carne,* ist im allgemeinen nicht empfehlenswert, außer Sie besuchen eine Stadt mit einer Stierkampfarena. Dort bieten Spezialrestaurants – ich war vor Jahren in Jerez in einem solchen zu Gast – Menüs mit sechs bis acht Gängen an. Da wird Rindfleisch aller Gattung, von Hirn und Ochsenschwanz, über Hoden und Bries bis zu Rippen und Steaks, aufgetischt. Bei *ternera* handelt es sich um Kalbfleisch, das unserm Rindfleisch ähnelt. Schweinefleisch, *cerdo,* ist von erstklassiger Qualität, am allerbesten finde ich persönlich Lamm und Milchlamm.

★ **Albóndigas** Hackfleischkugeln.
Becadas a la barcelonesa Schnepfen, mit ihrer Leber und Trüffeln gefüllt, in Speckscheiben gehüllt, gebraten und mit Weinbrand flambiert.
Bistec al natural Steak, nature gebraten.
Cachelada Eintopf aus Wurst und Kartoffeln.
Cadera de toro Geschmorte Rindsrippen.
Caldereta de cordero Lamm-Schmorgericht.
extremeña de cabrito Kitz in Öl angebraten, mit Wein, roten Peperoni, Knoblauch und Kräutern im eigenen Saft geschmort.
Callos a la andaluza Eintopf aus Kaldaunen, Kalbsfüßen, Kichererbsen, Zwiebeln, Karotten, Schinken, mindestens 2 Wurstsorten, grünen Paprikaschoten, Tomaten und Kräutern, abgeschmeckt mit Muskatnuß, Safran und Knoblauch. In Asturien werden Schweinsfüße, rote Paprikaschoten und Chillies, in Madrid Kalbsschnauze, Porree und Wein zugefügt.
Capirotada Kaninchen, Huhn oder Rebhuhn in dicker Mandelsauce.
Capón a la vasca Kapaun mit würziger Füllung aus Wurst, Schweinefleisch und Haselnüssen, mit Sherry begossen gebraten.
★ **relleno a la catalana** Kapaun mit Füllung aus Dörrobst, Schweinsohr, Würstchen, Schweinefleisch, weißen Bohnen, Pinienkernen und Zimt.
Carne mechada a la andaluza Pfannengericht aus Rindfleisch, Mandeln und Oliven.
prensada Rindfleisch-Schinkenpastete.
Carnero verde Feingeschnittenes Lammfleisch, geschmort mit Petersilie, Pfefferminze, Pinienkernen und Lattich.
Cazuela a la catalana Breiartiges Gericht aus gehacktem Rindfleisch, Karotten, Zwiebeln, Tomaten und Wurst.
★ **Cocido madrileño** Eintopf aus Rindfleisch, Huhn, Speck, Schinken, Würsten, gepökelten Schweinsfüßen mit Kichererbsen und Gemüse. Das Fleisch wird mit Kichererbsen, das Gemüse mit den Würsten serviert. Die Kochflüssigkeit wird mit Reis gebunden und als Suppe gegessen. Grundrezept für Eintöpfe, *cocido* oder *pote.*
Codillo asado Gebratene Schweinskeule.
Codornices asadas Gebratene Wachteln.
Conejo «al ram» Schmorgericht aus Kaninchen und Schweinsrippchen.
Cordero al ajillo pastor Kleingeschnittenes Milchlamm, in Öl gebraten, in Weißwein mit Paprika, Knoblauch und Safran gedünstet; mit Pommes frites serviert.
lechal a la chilindrón Milchlamm, mit Tomaten, roten Paprikaschoten und Knoblauch geschmort.
★ **Criadillas fritas** Gebackene Stierhoden.
Croquetas a la española Schinken- und Schweinefleisch-Kroketten, oft mit Zimt gewürzt.
Chanfaina castellana Schweinslebern an Sauce aus geschmorten Zwiebeln, Tomaten, Knoblauch, Paprika und Schweinsblut.
Chocha a la viscaína Geschmorte Schnepfe.
Chuletas a la parrilla con ali-oli Gegrillte Lammkoteletts an Knoblauchmayonnaise.
a la riojana Lammkoteletts, geschmort mit Tomaten, Rohschinken und Paprikaschoten.
de cordero a la navarra Gebratene Lammkoteletts und Würstchen in Tomatensauce.
empanadas Panierte gegrillte Koteletts.
★ **Churrasco** Auf Holzkohlenfeuer gegrilltes Steak (Cordoba).
Empanadillas valencianas Kleine Teigkrapfen, gefüllt mit Rohschinken, abgeschmeckt mit Weinbrand und Anis, gebacken.
Escalopas a la zingara Kalbsschnitzel in Sherry.
Estofada de vaca Geschmortes Kuhfleisch.

Fabada asturiana Eintopf mit weißen Bohnen, meist auch mit Wurst, ursprünglich mit gepökeltem Rindfleisch (Asturien).
Faisán al modo de Alcantara Fasan, gefüllt mit Entenleber und Trüffeln, 3 Tage in Portwein mariniert, dann in Butter gebraten, mit Marinade abgelöscht und geschmort; mit Trüffelsauce serviert.
Filete con especias Rindsfiletscheiben mit Speck- und Schinkenstreifen belegt, in Öl gebraten, mit Wein abgelöscht, mit Nelken und Zimt gewürzt.
Fritura de pechugas de pollo Gebratene Pouletbrustfilets.
Gallina a la pimienta Huhn in Pfeffersauce, mit viel Knoblauch.
★ **en pepitoria** Hühnerragout an Sauce aus Wein, Mandeln, Safran, Knoblauch und Kräutern.
★ **rellena** Fleisch von sorgfältig ausgebeintem Huhn, gehackt mit Kalbfleisch und Schinken. In die Haut des Huhns gefüllt, mit Gemüse geschmort.
Ganso relleno de castaña Gebratene Gans, mit Kastanien gefüllt.
Guisado a la catalana Eintopf aus Rindfleisch, Wurst und Kartoffeln, mit Kräutern, Wein und Weinbrand abgeschmeckt.
a la mallorquina Eintopf aus Schaffleisch und Gemüse, rezent gewürzt und mit Mandeln.
Hígado a la asturiana Kleingeschnittene Leber, mit Zwiebeln, Tomaten, geriebenen Mandeln, Knoblauch und Wein gedünstet.
Jabalí estofado Wildschwein, mit Zwiebeln, Kräutern und Gewürzen geschmort.
Jamón con habas a la granadina Dünngeschnittener, luftgetrockneter Rohschinken, mit Puffbohnen gebraten.
Lacón con grelos Schweineschulter, mit weißen Rüben gekocht.
Lechazo asado Gebratenes Milchlamm.
Lechecillas de ternera Kalbsbries, in Weißwein mit Porree und Pilzen gedünstet.
Lechona asada vasca Gebratenes Spanferkel mit Füllung aus Brotkrumen, gehacktem Schweine- und Kalbfleisch, Kräutern und Zwiebeln, mit Weinbrand und Wein.
Lengua de ternera Kalbszunge, oft in Speck gewickelt, mit Zwiebeln und Pilzen gedünstet.
Liebre en cacerola Wildhase, im Topf geschmort mit Zwiebeln, Kräutern und etwas Essig.
★ **en estofado con judías** Wildhase, mit Bohnen geschmort, rezent gewürzt mit etwas Essig und Chillies.
Lomo a la riojana Schweinskarree in Tomatensauce.
de cerdo a la aragonesa Schweinskarree, mit Zwiebeln, Tomaten und Knoblauch gebraten, mit Wein abgelöscht.
de cerdo a la catalana Schweinskarree, mit weißen Bohnen gebraten, mit Bratensauce abgelöscht.
Manitas de cerdo rehogadas Gekochte Schweinsfüße, entbeint, paniert und gebacken.
Manos de cerdo a la asturiana Rote Paprikaschoten, gefüllt mit gehackten Schweinsfüßen, gebacken, manchmal mit Kastanien oder Linsenpüree serviert.
de ternera a la catalana Gekochte Kalbsfüße, entbeint, mit Tomaten und Zwiebeln gebacken.
Menestra de pollo a la bilbaína Pouletragout mit Gemüse.
Molde de sesos de corderito Schaumbrot aus Milchlammhirn.
Mollejas a la pollensina Kalbsbries gedünstet mit Zwiebeln, Karotten und Speck.
Morros de ternera a la viscaína Baskisches Gericht aus Kalbsbacke, mit roten Paprikaschoten, Zwiebeln und Wein gedünstet.
★ **Olla podrida** Don Quijotes «verdorbener Topf» ist eine Variante des *cocido madrileño*.
Pastel de conejo Kaninchenpastete in Kartoffelteig gebacken.
de Murcia Kalbfleisch, Wurstscheiben und Hirn, mit Blätterteig überbacken.
de pichones Taubenpastete; Tauben mit Schinken, Schweinefleisch, Speck und Gurken gefüllt.
Patas de cerdo a la parrilla Gegrillte Schweinsfüße.
Pato a la sevillana Kompliziertes Pfannengericht aus Ente, Zwiebeln, Tomaten,

Orangen, roten Paprikaschoten, Oliven, Kräutern, Knoblauch und Sherry.
Pavo adobado Truthahnfleisch, in Wein mariniert; mit Zwiebeln, Tomaten, Knoblauch und Kräutern geschmort.
Pecho de cerdo a la paisana Schweinsbrust, gefüllt mit gehacktem Schweinefleisch und Wurstbrät, gekocht, kalt serviert.
Perdices a la bilbaína Schmorgericht aus Rebhühnern und Gemüse, Kräutern, Gewürzen und Schokolade.
a la mallorquina Schmorgericht aus Rebhühnern, Kohl und Pilzen.
★ **con sardinas** Geschmorte, mit Sardinen gefüllte Rebhühner mit Tomaten. Die Sardinen werden vor dem Servieren wieder entfernt.
de capellán Kalbfleischröllchen, gefüllt mit Schinken und Paprikawurst, angebraten, in Wein und Fleischbrühe gedünstet und an gebundener Sauce serviert (Mallorca).
el torero Rebhühner, gebraten mit grünen Paprikaschoten und Tomaten.
Perdiz estofada Gedünstetes Rebhuhn.
Pichones con esparragos Tauben, gefüllt mit ihrer Leber und Spargel, in Wein und Fleischbrühe geschmort. Kalt serviert.
en escabeche a la marinera Tauben, in Essig mit Ingwer, Pfefferkörnern und Knoblauch gedünstet.
Pierna de cordero Lammkeule, gegrillt, gebraten oder im Topf mit Karotten, Wein und Kräutern geschmort.
Platito de cordero Geschnetzeltes Lammfleisch, geschmort mit Tomaten, Kartoffeln und grünen Erbsen, Mandeln, Safran und Kräutern.
Pollo al a chilindrón Gebratenes Poulet mit Tomaten und roten Paprikaschoten.
a la manchega Poulet, geschmort mit Oliven, Kohl und weißen Rüben.
a la vizcaína Poulet, geschmort mit roten Paprikaschoten und Tomaten.
Porcella asada Gebratenes Spanferkel (Balearen).
★ **Puchero de gallina** Gefülltes Geflügel an Hühnerlebersauce.
Rabo de toro Ochsenschwanz, mit Gemüse geschmort.
Riñones al Jerez Nieren an Sherrysauce.
en agujas Nieren, Schinken und Speck auf Spießchen.
Ropa vieja Gebratene Reste eines *cocido*.
Sesos en caldereta Kalbshirn, mit Schinkenscheiben umwickelt, in Weißwein gedünstet mit Pilzen und Schalotten.
Solomillo mechado Rindsfilet in Speck gehüllt, im Ofen gebraten, serviert mit Kartoffelpüree und panierten, fritierten Artischockenherzen.
Ternasco al horno de Aragón Milchlamm, im Ofen gebraten, mit Knoblauch.
Ternera a la jardinera Pfannengericht aus Kalbfleisch und Gemüse.
★ **borracha** Dicke Kalbsschnitzel, eingeschnitten und gefüllt mit Schinken, Petersilie und Nelken, in Weißwein geschmort und mit Zimt gewürzt.
en adobo Kalbfleisch, in Madeirawein und Zimt mariniert, in der mit Fleischbrühe verdünnten Marinade gedünstet, mit gehackter Petersilie serviert.
en agujas Kalbfleisch, Schinken und Speck auf Spießchen, paniert und gegrillt.

Verduras – Gemüse

Calabacines rellenos Zucchini, gefüllt mit Zwiebeln, Knoblauch und Tomaten, bedeckt mit Béchamelsauce und Käse überbacken.
Cazuela de habas verdes a la granadina Puffbohnen, Tomaten, Artischocken mit Safran, Kräutern und verschiedenen Gewürzen mit Ei überbacken.
Escalibada catalana Paprikaschoten, Auberginen und Tomaten über Holzkohlenfeuer

gegrillt, geschält, zerkleinert und mit Olivenöl, Petersilie und Knoblauch vermischt.
★ **Espárragos al estilo de Málaga** Gekochter Spargel, bestreut mit zerstoßener Mischung aus fritierten Pfefferschoten, Brotkrumen, Petersilie und Knoblauch, mit Ei überbacken.
Espinacas a la catalana Spinatblätter in Öl mit Knoblauch, Rosinen und Pinienkernen, oft auch mit Sardellen, sautiert.
Garbanzos salteados Gekochte Kichererbsen.
Guisantes a la bilbaína Grünerbsen, gekocht mit Zwiebeln und Kartoffeln.
Habas a la asturiana Bohnen, geschmort mit Karotten, Kartoffeln, Zwiebeln und Schinken, gewürzt mit Knoblauch, Wein und Paprika.
a la catalana Bohnen, geschmort mit Tomaten, Zwiebeln und Speck, gewürzt mit Knoblauch, Muskatnuß, Kräutern und Pfefferminze.
a la montañesa Schmorgericht mit Zwiebeln, roten Paprikaschoten, Schinken, Speck und Kräutern.
Judías encarnadas a la madrileña Rote Bohnen, geschmort mit Speck, Wurst, Zwiebeln und Knoblauch.
verdes Grüne Bohnen.
Menestra de acelgas Mangoldblätter, gefüllt mit gehacktem Schinken, Zwiebeln, hartgekochten Eiern, Mangoldstengeln, durch Mehl und Ei gezogen und gebacken.
de legumbres frescas Frisch gedünstete oder geschmorte Gemüse, oft mit verlorenen Eiern serviert.
Olla cordobesa Schmorgericht aus Kichererbsen und Kohl.
Patatas a la riojana Kartoffel-, Tomaten-, und Zwiebelscheiben, rote Paprikaschoten, Paprikawurst aufgeschichtet in Tonform mit Fleischbrühe gegart.
a la catalana Kartoffelscheiben, geschmort mit Paprika, Zwiebeln, Knoblauch und Lorbeerblättern.
y judías a la extremeña Schmorgericht aus Kartoffeln, grünen Erbsen, Tomaten und grünen Paprikaschoten und viel Knoblauch.
Pimientos rellenos de manos de cerdo Grüne Paprikaschoten, gefüllt mit Hackfleisch von gekochten Schweinsfüßen, gebacken.
Pisto Schmorgericht aus roten Paprikaschoten, Tomaten und Zucchini.

Postres – Desserts; Helados – Eiscreme; Pasteles – Patisserie; Frutas – Früchte

Albaricoque Aprikose.
Arroz con leche Milchreis, gewürzt mit Zimt und Zitrone.
Bizcochos borrachos Löffelbiskuits, in Wein getränkt, mit Zucker und Zimt.
★ **Brazo de gitano** «Zigeunerarm»; Biskuitroulade mit Marmelade, Creme usw.
Buñuelos Küchlein.
Caqui Kakipflaume.
Copa helada Eisbecher.
Churros Streifenförmiges Gebäck.
Ensaimada de Mallorca Schneckenförmiges Hefegebäck (Mallorca).
Flan caramelo Karamelpudding.
Frambuesas Himbeeren.
Granada Granatapfel.
Helado Eiscreme.
Higos Feigen.
Leche frita Feste Vanillecreme, in Rechtecke geschnitten, paniert gebacken und mit Zucker und Zimt bestreut.
Macedonia de frutas Fruchtsalat.
Mantecado Vanille-Rahmeis mit Schlagrahm.
Manzanas asadas asturianas In Weißwein geschmorte Äpfel mit Meringue mit Anisgeschmack.
Melocotón Pfirsich.
Naranja Orange.
Natillas Creme mit Zitronen-

und Zimtgeschmack, kalt serviert.
Plátanos fritos Gebackene Bananen, mit Zucker bestreut, mit Zitronensaft und Weinbrand beträufelt.
Polverones Kleine runde Biskuits mit Zimtgeschmack.
Rosquillas Ringförmige Küchlein mit Anisgeschmack.
Sandía Wassermelone.
Semifríos Halbgefrorenes Dessert aus Rahmeis, mit Biskuit, kandierten Früchten und Rahm.
Sierra Nevada Rahmeis-Dessert mit Meringue.
Tocino de cielo Kleine im Wasserbad gekochte Eierpuddinge mit Zitronengeschmack.
Torrijas Kleine Brotrechtecke, in Zuckersirup oder Milch getränkt, durch Ei gezogen und fritiert. Im Ofen mit Honig überbacken.
Turrón de Jijón Weicher Nougat aus Honig, gemahlenen Nüssen und Zimt.
Uvas Trauben.

Wein und andere Getränke

Der sicher berühmteste Wein Spaniens ist der Jerez (Sherry). Ein Branchenverzeichnis führt über 600 Jerezmarken auf, von denen *Tio Pepe* weltweit der bekannteste sein dürfte. Der Jerez stammt aus Andalusien, und Jerez de la Frontera ist die Stadt, die diesem edlen Getränk den Namen gab. Weitere wichtige spanische Weinbaugebiete sind (in der Reihenfolge ihrer Bedeutung): *Rioja, La Mancha* und *Cataluna* (Katalonien); es folgen *Galicia, Aragon, Valencia, Navarra, Centro, Murcia* und schließlich *Castilla la Vieja, Leon* (Baskenland), *Cantabria, Canarias, Baleares, Extremadura, Alava.* Exportiert werden vor allem die ausgezeichneten Weine aus dem Riojagebiet (*Rioja baja* und *Rioja alta*). Wer kennt nicht die wohlklingenden Namen: «Marqués de Riscal», «Marqués de Murrieta» usw. Gewisse Bodegas sind eine Garantie für gute Qualität, beispielsweise die Bodegas Franco-Españolas oder Paternina, um nur zwei davon zu nennen. Außer Weißweinen, Roséweinen und vor allem Rotweinen wird in Spanien auch sehr guter Schaumwein hergestellt, zum Beispiel in der Gegend von Panadés, wo diese Weine auf gleiche Art wie in der Champagne produziert und mit viel Sorgfalt gehegt und gepflegt werden.

Sangría ist ein beliebtes Getränk, eine Mischung aus Wein, Zucker, Mineralwasser, Fruchtsaft und Weinbrand. Eine spezielle Erfindung für Touristen, die aber von Weinkennern oder Weinsnobs kaum ernst genommen wird. Das Gegenstück in Bars ist *Sol y sombra* ein Cocktail aus spanischem Cognac (z. B. Fundador, Osborne, Terry und Anis, ein dem Pernod ähnliches Getränk). Der Drink soll gut sein, wenn man sich schlapp fühlt, hat aber seine Tücken!

Gebräuchliche Ausdrücke

Aceite Öl.
Aceitunas Oliven.
Agua Wasser.
Azúcar Zucker.
Buey Rindfleisch.
Café exprés Kaffee Espresso.
con leche Milchkaffee.
solo Schwarzer Kaffee.
Caza Wild.
Cebolla Zwiebel.
Cerveza Bier.
Cuenta Rechnung.
Ensalada Salat.
al estilo de nach Art von...
Jamón Schinken, *Jamon serrano* Rohschinken, luftgetrocknet.

Leche Milch.
Lista Speisekarte.
Mantequilla Butter.
Nata Schlagsahne.
Nueces Nüsse.
Pan Brot.
Platos combinados Auswahl an *tapas* oder Hauptgerichten.
Queso Käse.
Reserva Qualitätswein.
Salchichas Würste.
Seco trocken.
Té Tee.
Vino Wein.
blanco, dulce, espumoso, rosado, seco, tinto, weiß, süß, schaumig, rosé, trocken, rot.

¡ Salud! Prosit!
¡ Buen provecho! Guten Appetit!

Süd- und Mittelamerika

Mit Ausnahme Mexikos hat kein süd- oder zentralamerikanisches Land eine bemerkenswerte Küche entwickelt. Vielleicht fehlte den weiter südlich beheimateten Indianern eine der aztekischen vergleichbare Küche, auf der sie hätten aufbauen können. Ich fasse sie daher alle zusammen.

Vorwiegend von Spanien und Portugal beeinflußt, gleicht sich der Kochstil dieser Völker sehr stark, wobei ihn jedes Land je nach Klima und Bodenbeschaffenheit auf seine Art abgewandelt hat.

In der brasilianischen Küche spürt man zudem die Einwirkung der ehemaligen afrikanischen Sklaven. Es gibt ein brasilianisches Sprichwort: «Je schwärzer der Koch, um so besser das Essen.» Diese sogenannte «bahianische Kost» findet man in der Gegend von Salvador. Die Peruaner wissen aus Kartoffeln wahre Wunderwerke zuzubereiten. In Argentinien bildet natürlich Rindfleisch den Hauptbestandteil jeder Mahlzeit. In Surinam dominiert in hohem Maße der holländische und indonesische Einfluß.

Da die Kost der Argentinier, Paraguayaner und Uruguayaner sich weitgehend gleicht, kommt sie im Rahmen des Gesamtgebietes der Pampas zur Sprache.

Spezialgerichte und gebräuchliche Ausdrücke finden Sie in den Kapiteln über Spanien, Mexiko und Portugal.

Suppen

Ajiaco con pollo, ajiaco bogotano (Kolumbien) Hühnersuppe mit Kartoffeln.
Chupe de camarones (Peru) Suppe aus Kartoffeln, Milch, getrockneten Krabben, Chillies und Eiern.
Hervido (Venezuela) Suppe mit Hühnchen, Fleisch und Fisch.
Mondongo (Venezuela) Kuttelsuppe mit Gemüsen.
Peto (Kolumbien) Suppe aus Maiskörnern und Milch.
★ **San cocho** (Venezuela) Dicker Suppeneintopf aus Fisch, Kürbis, Maiskörnern, Tomaten, Zitronen, Kartoffeln und anderen Wurzelgemüsen.
Sopa criolla (Peru) Suppe aus Rindfleisch, Nudeln und Chili.
Tacaca Dicke Suppe mit Krabben und Knoblauch (Amazonas-Delta).

Hors-d'œuvres und Imbisse

Almojábanos (Kolumbien) Brötchen aus Maismehl, gefüllt mit weißem Käse.
Anticuchos (Peru) Spießchen aus Rinderherz mit grünen Pfefferschoten, über Holzkohle grilliert und mit scharfer Sauce bestrichen. Als Hors-d'œuvre oder Straßenimbiß konsumiert. Auch mit Geflügelleber oder Fisch.
Arepas (Kolumbien, Venezuela) Brötchen aus Maismehl, meist außen knusprig und innen noch weich. Manchmal wird vor dem Backen ein Stück Käse in den Teig gedrückt. Ausgehöhlt und mit Fleisch, Hähnchen und Käse oder Salat gefüllt, nennt man sie *tostadas.* An Ständen, *areperías,* verkauft.
Bollos pelones (Venezuela) *Arepa*-Teig, gefüllt mit Hackfleisch und gebraten oder in Wasser gekocht wie Knödel.
Buñuelos (Kolumbien) Gebratene Kugeln aus mit Käse gemischtem Maismehl, meist zum Frühstück gegessen.
Carimanolas (Panama) Ähnlich wie *empanadas.*
Chupe de mariscos (Chile)

Kammuscheln mit Sauce aus Sahne und Käse.
Empanadas (Kolumbien, Venezuela, Chile) Teigtaschen, gefüllt mit Hackfleisch, Zwiebeln, Eiern, Dörrfrüchten und Oliven. Als erster Gang mit Rotwein oder als Imbiß serviert.
Garullas Eines aus der Vielfalt von Broten in Kolumbien, gebacken aus Mehl mit Ei.
Hallacas (Kolumbien, Venezuela) Maismehl gemischt mit Rinds- oder Schweinefleisch, Gemüsen und Gewürzen, in Bananenblätter gewickelt und gekocht. Ähnlich wie mexikanische *tamales* und *humitas* in Ecuador und Peru.
Humitas (Chile, Ecuador, Peru) Maisteig mit gehackten Zwiebeln, milden Pfefferschoten, Gewürzen und oft Käse wird in die leere Maishülsen gefüllt und langsam in Milch oder Wasser gekocht.
Pan de horno (Chile) Grobkörniges Bauernbrot.
Roti (Surinam) Indianischer Pfannkuchen, gefüllt mit Hühnerfleisch und Kartoffeln.
Tequeños (Venezuela) in Teig gewickelte gebackene Käsestücke.
Tostones (Venezuela) Knusprig gebratene Bananenscheiben.

Fische und Schalentiere

Bobópara Ibeiji (Brasilien) Afrikanisches Gericht, ursprünglich bei religiösen Zeremonien als Opfergabe zubereitet. Brei aus getrockneten Krabben, Bohnen süßen Kartoffeln und Bananen. Die moderne Version enthält auch Tomaten, milde Pfefferschoten, Kokosnuß und viele Gewürze.
★ **Caldillo de congrio** Meeraal, bevorzugter Fisch der Chilenen, gedünstet mit Zwiebeln, Kartoffeln und Tomaten.
Carurú Bahianischer Eintopf aus Krabben, Okra, Zwiebeln, roten Pfefferschoten, Tomaten, Maniokmehl, Kokosmilch und *dendê* (Palmöl).
Centollas (Chile) Meerkrebse.
Chipi chipi (Venezuela) Kleine Muscheln.
Cholgas (Pampas) Riesenmuscheln, Spezialität aus Tierra del Fuego.
Cornalitos (Pampas) Gebratene Weißfische.
Muelas de cangelo (Kolumbien) Große Krebsscheren, Spezialität aus Cartagena.
Vatapa Bahianischer Eintopf aus getrockneten Krabben, Fisch, Erdnüssen, Kokosmilch und Palmöl.
Vindo de pescado (Kolumbien) Fischgericht, traditionellerweise in einer mit heißen Steinen ausgelegten Erdmulde gekocht.

Fleisch

Bife Rindfleisch, der Favorit und allgegenwärtig in den Pampas, wird in Unmengen konsumiert, meist in Form saftiger Steaks.
a caballo Steak mit zwei gebratenen Eiern darauf.
a lo pobre (Chile) Steak mit Kartoffeln, Zwiebeln und zwei gebratenen Eiern.
Carbonada criolla (Pampas) Kürbis, gefüllt mit Rindfleischwürfeln und gebacken.
Carne con cuero (Pampas) In seiner Haut gebratenes Rindfleisch.
Cazuela de ave (Chile) Suppeneintopf aus Reis, Maiskörnern, Hühnerfleisch, Bohnen, Kürbis und Gewürzen.
Churrasco (Brasilien) Rindfleischspieß, über Holzkohlenfeuer gebraten, mit Tomaten-Zwiebel-Sauce serviert.
Curanto (Chile) Mischung aus Schweinefleisch, Meerfrüchten und Gemüsen, in Erdlöchern gebacken.
Cuscuz paulista Spezialität aus Sâo Paulo, mit dem nordafrikanischen Kuskus verwandt:

gedünstetes Mais- und Maniokmehl mit Fleisch-Gemüse-Mischung und wenn möglich Fisch und Schalentieren.
★ **Cuy** Meerschweinchen, gebraten oder gebacken; die Nationalspeise Ecuadors, auch in Peru geschätzt.
★ **Empanada saltena** Bolivisches Nationalgericht: Mischung aus Hackfleisch, Hühnerfleisch, Oliven, Rosinen und Kartoffelwürfeln an scharfer Pfeffersauce, in großes Brötchen gefüllt.
★ **Feijoada** (Rio de Janeiro) Dicker Suppeneintopf aus schwarzen Bohnen und Rindfleisch-, Schweinefleisch- und Wurststücken, Schweineschwänzchen und -ohren. Mit Reis, *farofa* und Pfeffersauce serviert. Garniert mit Orangenschnitzen.
Galleto al primo canto (Brasilien) Junge Hähnchen, mit Wein und Öl bestrichen und am Spieß gebraten.
Lechón al horno (Bolivien) Gebratenes Spanferkel.
Matambre (Pampas) Riesen-Steak, aufgeschnitten, mit Spinat, harten Eiern, Karotten und Zwiebeln belegt, eingerollt und geschmort oder in Wasser gegart. Heiß oder kalt serviert.
Moksie metie (Surinam) Verschiedene Fleischsorten mit Reis.
Muchacho (Kolumbien) Mittelstück der Keule, gefüllt mit ganzen Karotten, Zwiebeln, Speck, harten Eiern, gewürzt mit Knoblauch und Kräutern und gebraten. Manchmal mit Lammfleisch zubereitet.
Pabellón criollo (Venezuela) Gehacktes Rindfleisch in Tomatensauce, serviert mit schwarzen Bohnen, Bananen und Reis.
Pachamanca (Peru) Fleisch und Gemüse in einem mit heißen Steinen und aromatischen Kräutern und Gräsern ausgelegten Erdloch gekocht.
Parilla criolla (Venezuela) Marinierte Rindfleischstücke auf der Straße über Holzkohle grilliert.
Parillada (Chile, Pampas) Fleisch und Innereien über Holzkohlenfeuer grilliert und mit Kartoffeln und Salat serviert.
Pastel de cambraye (Pampas) Hackfleisch gewürzt, gezuckert, mit Meringue und Pfirsichhälften garniert.
de choclo (Chile) Mischung aus Rindfleisch und Hühnchen mit Rosinen, Eiern und Zwiebeln, bedeckt mit Brei aus Mais, Milch und Zucker und gebacken.
Pato no tucupi Entenstücke in gehaltvoller Sauce. (Amazonas-Delta).
Picante de pollo (Bolivien) Mit Kartoffeln und Reis gebratenes Hähnchen, serviert mit Salat und Chillies.
Rijsttafel (Surinam) Siehe Holland.
Sarapatel Bahianischer Eintopf aus Schafs- oder Schweinsleber und -herzen, frischem Blut, Tomaten, milden Pfefferschoten und Zwiebeln.

Beilagen

Acara, acaraje Kleine Küchlein aus Bohnenbrei mit gehackten Krabben, Zwiebeln und milden Pfefferschoten, in Palmöl gebraten (Bahia).
Angú (Brasilien) Dickes «Porridge» aus Kokosmilch und Reismehl, zu Fleisch serviert.
Cambuquira (Brasilien) Gebratene Kürbisblüten.
Caraota negras (Venezuela) Schwarze Bohnen.
★ **Causa a la limeña** Kartoffelbrei, mit Zitronensaft, Öl, Zwiebeln und Chillies vermischt und mit frischen Gemüsen garniert (Anden).
★ **Culonas** (Kolumbien) Delikatesse aus gebratenen Ameisen aus dem Bucaramanga-Gebiet von Santander.
Farofa Mischung aus Maniokmehl mit vielen Zutaten in Butter oder Öl braun geröstet. Füllung für Fleisch und Gemüse oder Beilage.
Guasacaca (Venezuela) Pfeffersauce aus Avocados, Tomaten,

Limonensaft, harten Eiern, Chillies und Gewürzen, zu grilliertem Fleisch serviert.

Llapingachos (Ecuador) Geriebene, mit Käse vermischte gebratene Kartoffeln.

Metemgee (Guyana) Mischung aus Yamsbohnen, Kassawa und Bananen, in Kokosmilch gekocht.

Palacones de platano (Panama) Gebratene Bananen.

Palmitos (Brasilien) Palmherzen, in Salaten, Suppen und gebackenen Gerichten verwendet.

Papas Die in den Anden wachsenden Kartoffeln waren jahrhundertelang die Hauptspeise der Bevölkerung. Viele Indios essen sie gekocht, mit Chili gewürzt und wenn möglich von dicker Käsesauce bedeckt – eine Ergänzung aus der Kolonialzeit, in der die Indios die Käsezubereitung von ihren spanischen Besetzern erlernten.

chorriadas (Kolumbien) Gekochte Kartoffeln, bedeckt mit Käse, Zwiebeln und Tomaten und gewürzt mit Koriander – einem beliebten südamerikanischen Gewürz.

★ **a la huancaina** (Peru) Elegantere Version: gekochte Kartoffeln mit Käse- und Chili-Sauce, garniert mit Oliven, Zwiebeln, milden peruanischen Chillies (*mirasol*), hartgekochten Eiern und andern vorrätigen Zutaten.

Pirao (Brasilien) Porridge aus Mais- oder Reismehl und Kokosmilch, gekühlt serviert.

Porotos granados (Chile) Mischung aus gekochten Bohnen, Maiskörnern, gehacktem Kürbis, Knoblauch und Zwiebeln; indianisches Gericht.

Purée de apio (Venezuela) Püree aus einheimischem Wurzelgemüse (*apio*) mit Kastaniengeschmack, mit Butter und Gewürzen.

Sopaipillas (Chile) Gebratene Kürbisküchlein.

Desserts und Früchte

Chirimoya (Ecuador, Peru) Tropische Frucht mit rauher, grünlicher Schale, weißem Fleisch und schwarzen Kernen. Sehr süß. Oft «Erdbeere des Himmels» genannt.

Crema de abacate (Brasilien) Püriertes Avocado-Fleisch mit Limonensaft und Zucker, gekühlt serviert.

Cujado con melado (Kolumbien) Quarkdessert in Zuckerrohrsaft-Sirup.

Dulce de leche (Pampas) Mischung aus Milch und karamelisiertem Zucker.

Foo foo (Guyana) Afrikanisch beeinflußte Bananenkuchen.

Guanabana (Venezuela) Siehe Karibik.

Lechosa (Venezuela) Papaya.

Mamão (Brasilien) Papaya.

Maracuja (Brasilien) Passionsfrucht.

Mazamorra morada (Peru) Dessert aus Maismehl und Dörrfrüchten.

Pan de Pascua (Chile) Oster-Früchtekuchen.

Pepinos (Ecuador) Gurkenähnliche, aber süße Frucht.

Picarones (Peru) Teigkrapfen aus Kassawamehl, in Öl gebacken und mit Sirup getränkt.

Die südostasiatischen Länder unterscheiden sich in kulinarischer Hinsicht so wenig voneinander, daß ich sie zusammengefaßt habe. Die Kost basiert überall auf Reis, meist gekocht oder über Dampf gegart, oft ziemlich klebrig und zu wenig weich, in der Hoffnung, daß er im Magen aufquellen und hungrigen Menschen ein Gefühl der Sättigung geben werde. Man macht durchwegs reichlichen Gebrauch von Gewürzen, die meisten wohlbekannt, wie Chillies und Koriander, andere hingegen fremd anmutend, wie *laos*, eine Ingwer gleichende pulverisierte Wurzel mit Arzneigeschmack; Zitrusblätter; Tamarinde, eine Schote mit bitterem Geschmack für süßsaure Saucen; eine

Südostasien

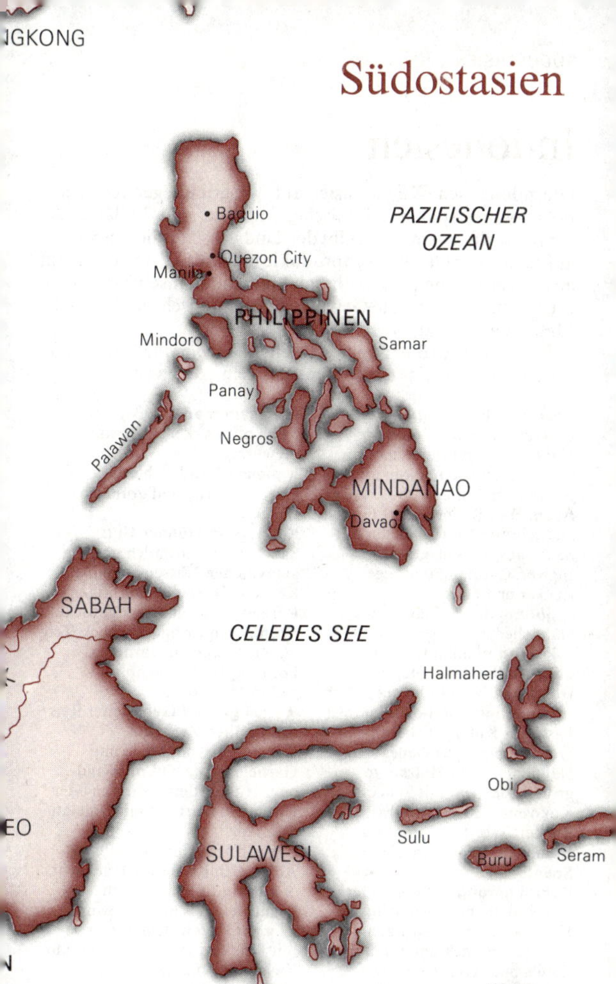

Fischpaste aus gesalzenen, getrockneten Garnelen (gleicht dem *garum*, das die alten Römer all ihren Speisen beifügten). In allen Ländern legt man auch großen Wert auf eine hübsche Präsentation der Speisen, die oft in ausgehöhlten Früchten oder Gemüsen inmitten von Blumen serviert werden.

Im übrigen werden alle Gänge einer Mahlzeit, einschließlich der Suppe, gleichzeitig aufgetragen. Zum Dessert gibt es stets Früchte, ausgenommen in Thailand. Vergessen Sie nie, daß man guten Manieren höchste Bedeutung beimißt. Die Bedienung mag langsam sein, doch stets ausnehmend höflich. Dasselbe erwartet man von den Gästen.

Indonesien

Die indonesische Küche basiert auf zwei grundlegenden Prinzipien, wobei später chinesische, indische und holländische Einflüsse dazukamen. Es gibt den landwirtschaftlichen Stil wie auf Java, der sich auf Eigenprodukte beschränkt, und den mehr auslandbezogenen Stil der handeltreibenden Inseln wie Sumatra, wo man importierte Gewürze und chinesische und indische Methoden schätzt.

Indonesisches Bier ist gut. Achten Sie auf *bintang baru.* In Bali produziert man einen scharfen Reiswein namens *baru.*

Acar ikan Eingelegter Fisch. Ganzer Fisch mit Gelbwurz eingerieben, gebraten und mit Chillies, Zwiebeln, Essig und Nüssen geschmort.
Ayam Bali Balinesisches Gericht aus gebratenem Hühnchen mit Sauce aus Nüssen, grünem Ingwer, Chillies, Sojasauce, Zucker und Essig.
  goreng Jawa Gebratenes Hähnchen.
  kuning In pikanter Sauce, ohne Chillies geschmortes Hähnchen, mit Gelbwurz gefärbt.
  panggang bumbu Rujak Mit Paste aus Kokosmilch und Gewürzen eingeriebenes Hähnchen, über Holzkohle grilliert, serviert mit Sauce aus Kokosmilch, Zitronengras, Zucker, Salz und Tamarinde.
Babi guling Gebratenes Spanferkel.
Bakmi goreng Beliebtes Gericht aus Nudeln, mit Zwiebeln, Knoblauch und Gewürzen gebraten, manchmal mit Hühnerfleisch oder Garnelen.
Bebek betutu Gewürztes Entchen in Bananenblätter gewickelt und auf glühender Kohle gebacken. Festliches Gericht aus Bali.
Dadar Jawa Javanesische Omelette.
És buah Tropische Früchte und Eis.
★ **Gado-gado** Salat aus gekochten Gemüsen. Bohnensprossen, Kohl, Bohnen, Kartoffeln, Gurken usw., kurz gebraten, mit hartgekochtem Ei und Erdnuß-Sauce.
Gulai ayam Hühner-Curry.
  ikan padang Fisch-Curry mit Gelbwurz, *laos,* Tamarinde, Chillies, Zitronengras und Kokosmilch.
Ikan sam manis Süßsaurer Fisch mit Zucker, Essig und Gewürzen.
  masak Bali Fisch mit Garnelenpaste und grünem Ingwer.
Kalio ayam Hühner-Curry; Sauce mit Kokosmilch und gemahlenen Nüssen angedickt.
Ketupat Gekochter klebriger Reis, in Kokosnußblatt gewickelt.
Krupuk Knuspriges Gebäck. Teig aus getrockneten Garnelen.
Lontong In Bananenblatt gedünsteter Reis.
★ **Nasi goreng** Gebratener Reis mit Chillies, Zwiebeln, Gewürzen, Knoblauch und Garnelenpaste. Oft mit Rind- oder Hühnerfleischstreifen oder Garnelen. Garniert mit Omelett-Streifen.
  gurih Reis, für spezielle Anlässe, in Kokosmilch gekocht.
  kuning In Kokosmilch gekochter Reis mit Gelbwurz.
  ★ **soto ayam** Hühnersuppe mit Reis und Gewürzen. Das mit Zwiebeln, Knoblauch und Gewürzen gekochte Hühnchen wird in Streifen geschnitten und zur Suppe serviert, mit hartgekochten Eiern, Bohnensprossen, gehacktem Kohl, Reis, *sambal* und Nudeln.
Opor ayam Mit Gewürzen in Kokosmilch gedünstetes Hähnchen.
Pangai bungkus Gewürzter Fisch in Bananenblatt gegart.
Pecel Schwach gekochtes Gemüse und hartgekochte Eier in Sauce aus Erdnüssen, Chillies, Zwiebeln, Knoblauch, Zucker und Garnelenpaste.
Perkedel Pastetchen gefüllt mit gebratenem oder grilliertem Fleisch, Chillies und gehackten Zwiebeln.

Rendang daging Scharfes Gericht aus geschmortem Fleisch, Nüssen und Gewürzen.
Rujak Javanesisches Gericht aus Früchten und Gemüsen.
Sambals Diese Beilagen sind meist feurige Saucen, in kleinen Mengen zur Ergänzung des Hauptgerichtes gegessen.
goreng hati Gebratene Leber in scharfer Chilisauce.
goreng telur Hartgekochte Eier, die in einer Chili- und Kokosmilch-Sauce ziehen konnten.
kacang Würzige Erdnuß-*sambal.*
kelapa Gemahlene Kokosnuß, gemischt mit Chillies und Garnelenpaste.
trasi Garnelenpaste gemischt mit Chillies, Zwiebeln, Zucker, Öl und Limonensaft, aus Java.
★ **Saté** Nationalgericht Indonesiens. Wird bei festlichen Anlässen serviert und an Straßenständen verkauft. Fleischwürfel oder Meerfrüchte, mit Gewürzen eingerieben, auf Bambusspießen grilliert. Mit scharfer Erdnuß-Sauce serviert.
ayam Entbeintes Hühnchen, mariniert mit Knoblauch und Sojasauce, grilliert.
daging Fleischstreifen mariniert und grilliert.
kambing bumbu kecap In Knoblauch, Zwiebeln, Sojasauce, Garnelenpaste und Öl marinierte Ziegen- oder Schaffleischwürfel.
pedang Würfel aus Herz, Leber oder Kutteln, mariniert und grilliert.
udang Garnelen auf Spießen, bedeckt mit Chili, Garnelenpaste und gemahlenen Nüssen, grilliert.
Sayur asam Süßsaure Gemüsesuppe.
lodeh Gemischte Gemüse in Kokosmilch, gewürzt mit Ingwer, Tamarine und Koriander.
Semur daging In Sojasauce mit Ingwer und Zucker gebratenes Fleisch.
Serundeng Erd- und Kokosnuß-*sambal* mit Ingwer und Zucker.
Singgang ayam Entbeintes, flachgedrücktes Hühnchen, mit würziger Paste bedeckt, in Kokosmilch geschmort, dann gebraten.
Soto ayam Würzige Hühnersuppe.
Tahu goreng kecap Gebackener Sojabohnen-Quark, serviert mit Bohnensprossen, Kohl, Gurken und würziger Sauce.
Tumis Gebratenes Gemüse mit Chillies, Zwiebeln und Knoblauch.
Urap Grünes Gemüse, serviert in würziger Kokosnuß-Sauce.

Gebräuchliche Ausdrücke

Air Wasser.
Blakhan Garnelenpaste.
Bon Rechnung.
Buah Frucht.
Gula Zucker.
Gulai Curry.
Jeruk Zitrusfrüchte.
Keju Käse.
Kelapa Kokosnuß.
Kopi Kaffee.
Mah mee, mee hoon Nudeln.
Mentega Butter.
Nasi Reis (gekocht).
Roti Brot.
Sayur Gemüse (in Brühe).
Sop, soto Suppe.
Susu Milch.
Teh Tee.
Telur Ei.
T(e)rasi Garnelenpaste (Java).

Selamat! Prosit!
Selamat makan! Guten Appetit!

Malaysia

Die traditionelle Kost in Malaysia ist der indonesischen sehr ähnlich, viele Gerichte haben auch die gleichen Namen. Schlagen Sie deshalb im Kapitel Indonesien nach, wenn Sie ein Gericht hier nicht vorfinden.

Ayam golek Ganzes Hähnchen in würziger Sauce mit Tomaten, Zwiebeln, Essig und Kokosmilch geschmort.
kecap Festliches Gericht aus gewürztem Hühnchen mit grünem Ingwer, Sojasauce, Knoblauch, Zwiebeln und Zitronengras.
kelantan Hühnchen, bestrichen mit Mischung aus Kokosmilch, Zwiebeln, Chillies und Garnelenpaste, grilliert.
Gulai daging lembu Rindfleisch-Curry mit kombinierten Gewürzen, in Kokosmilch und Tamarinden-Wasser geschmort.
Hai yup yue Schwimmend gebackene Fischwürfel, serviert mit Kokosmilch und Krebs-Sauce.
Jarp we mun yue Ganzer Fisch in Sauce aus Chili, Zwiebeln, Soja und Zucker, mit Schweinefleisch, gesalzenem Kohl und Pilzen geschmort.
yun yuk Rindfleischwürfel mit Zucker und Tamarinde mariniert, in Paste aus Nüssen, Garnelen und Ingwer gedreht und in Kokosmilch und der Marinade geschmort.
Jow ho yay Schwimmend gebackene, panierte Austern.
udang goreng Kleine schwimmend gebackene Garnelenküchlein.
Kachang bendi goreng Mit Garnelen, Nüssen, Chillies, Zwiebeln und Garnelenpaste gedünstete Okra.
Kelapa sayur In Kokosmilch gedünstete gehackte Gemüse.
Khow muck yue Tintenfisch-Streifen, gebraten mit Bambussprossen, Pilzen, Schweinefleisch und Gemüsen, in Sojasauce.
Laksa asam Nudeln in saurer, mit Tamarinde gewürzter Fischsuppe.
lemak Nudelsuppe mit Kokosmilch, Fisch, Bohnenquark, Bohnensprossen, Gurke, Lattich und Garnelen.
Masak lemak Kohl, in Kokosmilch und würziger Paste mit Garnelen gekocht.
Mee goreng Gebratene Nudeln mit zerkleinertem Hühnerfleisch, Garnelen und Gemüsen.
Otak otak Geschuppter Fisch, bedeckt mit Knoblauch, Chillies, Ingwer, Nüssen, Zucker und Gewürzen, in Bananenblätter gewickelt. Gedünstet oder über Holzkohle grilliert.
Panggang ikan bawal Kleiner Fisch, in Kokosmilch mit Zwiebeln, Knoblauch und Chili mariniert, in Bananenblätter gewickelt über Holzkohle grilliert.
Pisang goreng Bananenküchlein.
Popiah Papierdünner Teig, gefüllt mit Gemüsen, Garnelen, geschnetzeltem Schweinefleisch, Chillies und Knoblauch, gebraten.
Sambal blachan *Sambal* aus Chillies, Garnelenpaste und Zitronenblättern.
goreng ikan bilis Schmale getrocknete Fische, knusprig gebacken, mit heißer Chili- und Erdnußsauce serviert.
Satay Siehe *saté*, Indonesien.
ayam Mit Koriander, Kümmel, Nüssen, Chillies, Gelbwurz, Zitronengras, Anis und Zucker gewürztes gebratenes Hühnchen in Kokosmilch und Tamarindensaft.
Serikaya Ei- und Kokosnuß-Pudding.
Telor dadar Mit Chillies und Zwiebeln gewürztes Omelett.
Udang ubi Würzige Garnelen mit gebratenen Kartoffeln.

Gebräuchliche Ausdrücke

Air Wasser.
Bil Rechnung.
Daging Fleisch.
Gula Zucker.
Guleng Milch.
Hidangan Menü.
Ikan Fisch.
Kopi Kaffee.
Mentega Butter.
Roti Brot.
Teh Tee.
Wain Wein.

Syabas! Prosit!
Harap di-nikmati hidangan-hidangan! Guten Appetit!

Die Philippinen

Die Philippinen sind – für Südostasien sehr ungewöhnlich – von Spanien beeinflußt und, in der letzten Zeit, natürlich von den Vereinigten Staaten, aber das charakteristische Merkmal ihrer Küche sind Palmessig und eine fermentierte Fischpaste, die den Speisen einen eigenartigen sauer-salzigen Geschmack verleiht.

Bier ist gut, speziell San Miguel. Sonst versuchen Sie *tuba,* ein starkes Getränk aus Kokospalmensaft, oder *tapoy,* einen Reiswein.

★ **Adobo** Hühner- und Schweinefleisch-Stücke in Essig, Knoblauch, Lorbeerblättern, Salz und Pfeffer mariniert, gebraten.
Adobong sugpo Riesengarnelen, in Essig und Knoblauch mariniert, gebraten.
Balut Hartgekochte Enteneier mit halbentwickeltem Embryo; gilt als Delikatesse.
Bibingka Kuchen aus Reis, Kokosmilch und braunem Zucker, gebacken.
Gulaman Sülze aus frischen Früchten.
Halo-halo Flüssiges Dessert aus Eiscreme und Kokosmilch mit Früchten, Zuckermais usw.
★ **Kari-kari** Mit Zwiebeln und Knoblauch geschmorter Ochsenschwanz, eingedickt mit zerstoßenen Erdnüssen und Reismehl.
Lapu-lapu Fleischiger Weißfisch.
Lechon Am Spieß gebratenes Spanferkel.
★ **Lumpia** Rolle aus papierdünnem Teig, gefüllt mit zerkleinertem Gemüse, Fleisch und Garnelen, schwimmend gebacken. Manchmal kommt die Füllung in ein Lattichblatt gewickelt in den Teig.
Makapuno Besondere Kokosnußart mit kremigem, zartem Fleisch.
Pan de sal Salzige Brötchen.
Pancit guisado Nudeln mit Hackfleisch, Garnelen und Gemüsen.
Paksiw Saures Fischgericht mit Garnelen, bitterer Melone, Aubergine, Ingwer, Chillies und Essig.
Pata Gebratene Schweinshaxen.
Puto Süße gedämpfte Reisküchlein.
Rellenong alimango Krebspanzer, gefüllt mit Krebsfleisch und Frühlingszwiebeln, mit Eiermasse überbacken.
Sinampalukan Dicke saure Suppe mit Tamarindenblättern, Fisch oder Hühnchen und Gemüsen.
Sinigang Saure Suppe mit Meerfrüchten, Gemüsen und sauren Früchten.
Suman Zigarrenförmige Küchlein aus klebrigem Reis, in Kokosnußblätter gewickelt.
Tapa Schweine- oder Rindfleischscheiben, mariniert, getrocknet und gebraten.
Ukoy Kleine Teigküchlein mit gehackten Garnelen, geriebenen Süßkartoffeln und Kürbis.

Gebräuchliche Ausdrücke

Alak Wein.
Asugal Zucker.
Cape Kaffee.
Isda Fisch.
Karne Fleisch.
Kuwenta, Resibo Rechnung.
Menu, putahe Menü.
Tinapay Brot.
Tsaa Tee.
Tubig Wasser.

Mabuhay! Prosit!
Masaganang pagkain! Guten Appetit!

Thailand

Thailand bekam den europäischen Einfluß weniger zu spüren als einige seiner Nachbarn, dafür hat es manches mit Indien und China gemein. Aussehen und Präsentation der Speisen sind ebenso wichtig wie in Japan.

Ich habe in meinem Verzeichnis nicht die thailändische, sondern die uns vertraute Schrift verwendet, da man meiner Ansicht nach mit der ersteren kaum zurechtkäme.

Es lohnt sich, das Bier zu versuchen, das traditionelle *singha* und das neue *amarit.* Dasselbe gilt für den starken Whisky *mae khong.*

Haw mok Gehackter roher Fisch, bedeckt mit Paste aus Chillies, Zwiebeln, Zitronengras, Knoblauch Kokosmilch und Sojasauce, gedämpft.
Kaeng chued Klare Suppe, mit Reis und anderen Gerichten gegessen.
chued mu ba-chaw Klare Suppe mit Kugeln aus gehacktem Schweinefleisch und Gemüsen.
chued pla Klare Suppe mit Kugeln aus Fischfleisch.
chued wun sen Klare Suppe mit Feinnudeln, chinesischen Pilzen und grünem Gemüse.
masaman Moslemisches Curry aus Rindfleisch oder Hähnchen; Fleisch in Kokosmilch gegart, dann mit milder Curry-Paste vermischt.
nua Rindfleisch gebraten mit Zwiebeln, Knoblauch und Ingwer, dann mit milder Curry-Paste, Kokosmilch und Tomaten geschmort.
ped kai Hühnchen-Curry in Kokosmilch geschmort.
Kai tod Hühnerfleisch mit Mischung aus Knoblauch, Koriander und Pfeffersauce gewürzt und gebraten.
yang Mariniertes, grilliertes Hähnchen, mit pikanter Sauce serviert.
Kao lao luk chin Klare Suppe mit Fleischklößchen und Bohnensprossen.
pud Gebratener Reis mit Krebs-, Hühnchen- und Schweinefleisch, Ei und Zwiebeln und etwas Safran.
tom kai Hühnerfleischstücke in Brühe mit Reis gekocht.
Khai cheow Pfannkuchen.
luk kuey Schwimmend goldbraun gebackene Eier mit Zucker- und *nam-pla*-Sauce.
palo Gekochte Eier mit Knoblauch, Pfeffer, Zucker und Schweinefleisch.
Kung pao Grillierte Königskrabben mit Chillies und *nam pla.*
pud prik Mit Chillies gebratene Garnelen.
sadung fai Königskrabben mit Knoblauch und Kräutern, schwimmend gebacken.
Ma hor Halbierte Orangen oder andere Früchte, gefüllt mit würziger Schweinefleischmischung.
Mee krob Gebratene Nudeln mit Kräutern und Gewürzen, garniert mit Mischung aus Garnelen,

Schweine- und Hühnerfleisch und Gemüsen.
Muh daeng Zart gebratenes Schweinefleisch mit Sojasauce.
Nam pla Salzige Fischsauce.
prik Beißendscharfe Sauce aus getrockneten Garnelen, Knoblauch, *nam pla,* Chillies (*prik* heißt «Chillies»), wenig Zucker und Limonensaft. Tunke für Gemüse oder Fisch.
Nua pud prik Rindfleisch, geschmort in Chilisauce mit Knoblauch, Zucker und *nam pla.*
Ped yang Mit Fünfgewürzpulver, Pfeffer, Knoblauch und Sojasauce marinierte Ente, gebraten.
Peek kai namdang Gebratene Hühnerflügel in süßsaurer Sauce.
Pla chien Gebratener, gedünsteter Fisch in Chili- und Ingwer-Sauce.
Poh-taek «Fischersuppe»; Meerfrüchte und Pilze in saurer Brühe gekocht.
Pra ram long song Mit Knoblauch und Zwiebeln angebratener Fisch mit Gemüse gegart.
Pud thua ngork Gebratene Bohnensprossen mit Schweinefleisch, Garnelen, Zucker und *nam pla.*
Sarim Dessert aus süßen Sojabohnennudeln in Kokosmilch.
Sen mee Nudeln aus Reismehl.
Sungkaya Dessert aus Kokosmilch, Eiern und Zucker.
Tod man pla Gehackter Süßwasserfisch, gemischt mit grünen Bohnen und Curry-Paste, gebraten.
Tom yam kung Saure Suppe mit Zitronengras, Limonenblättern, Knoblauch, Chillies, Frühlingszwiebeln, *nam pla,* Pfefferminz- und Korianderblättern. Zuletzt werden Garnelen beigefügt.
Yam Bezeichnung für jeden angemachten Salat.

Gebräuchliche Ausdrücke

Ba-mee Eiernudeln.
Bai-set Rechnung.
Kanom pang Brot.
Kapi Garnelenpaste.
Karfay Kaffee.
Lao argoon Reiswein.
Maprao Kokosnuß.
Nam Wasser.
Nam cha rorn China-Tee.
Namtarn Zucker.
Nom Milch.
Nua Fleisch.
Pla Fisch.
Raikarn-aharn Menü.

Chern-duem krab! oder **Swadee!** Prosit! Gesundheit!
Koh hai im num samran! Guten Appetit!

Vietnam

Der Umstand, daß vietnamesische Kost besser bekannt wurde, ist wahrscheinlich das einzig Positive an der neueren Geschichte dieses Landes. Die vietnamesische Küche gleicht sehr stark der chinesischen, doch würzt man die Speisen stärker und pflegt sie – nach französischem Vorbild – sorgfältig zu verfeinern.

Ban canh Suppe mit Schinken, Garnelen, *nuoc mam,* feinen Nudeln, Frühlingszwiebeln und Koriander.
★**Bo can quay** Mit Sojasauce, Honig, Fünfgewürzpulver, Knoblauch, Zwiebeln und Öl eingeriebene Tauben, gebraten.
nhung dam Rindfleisch-Fondue: jeder nimmt einen Reispfannkuchen, legt gehackte Gewürze und Gemüse darauf, kocht einige Streifen Rindfleisch, legt sie auch auf den Pfannkuchen, rollt ihn auf und taucht ihn in *nuoc mam.*

Bun Sojabohnen, feine Nudeln und Fleischstreifen.
bo Mit Zwiebeln und Knoblauch gebratenes Rindfleisch, mit Erdnüssen bestreut, mit Nudeln.
Ca chien muoi xa Fisch, eingerieben mit Zitronengras, Öl, Knoblauch, Salz und Chillies, gebraten.
Canh chua Süßsaure Fischsuppe mit Tamarinde.
Cha gio oder **nem** Gebackene Reisteigrollen, gefüllt mit gehacktem Schweine- oder Hühnerfleisch, Nudeln, Bohnensprossen, chinesischen Pilzen, Krabbenfleisch, Zwiebeln und Knoblauch, in Lattich- und Pfefferminzblätter gewickelt und in *nuoc mam* getunkt.
Chao bao ngu Suppe aus Reis, Schweinefleisch und Abalone.
bot ban Fleischbrühe mit gehackten Zwiebeln, Rindfleisch und Tapioka.
ga Hühnersuppe mit Reis.
tom Kleine Kugeln aus gehackten Garnelen mit Knoblauch, Eiweiß und Öl, auf Zuckerrohrspießen grilliert, mit Pfefferminzblättern in dünnen Reisteigpfannkuchen gewickelt und in *nuoc mam* getaucht.
Chuoi chien Früchteküchlein.
duong thang In Karamelsauce gekochte Bananen.
Com Gewöhnlicher Reis.
dua Reis, in Kokosmilch gekocht.
ga Hähnchen, mit Zwiebeln, Knoblauch, Zitronengras und Sojasauce mariniert, gebraten.
rang Reis, mit Zwiebeln gebraten, serviert mit harten Eiern, Krabbenfleisch, Garnelen, Schinken usw.
Cua rang muoi Krebse, mit Knoblauch und Zwiebeln sautiert.
xao chua ngot Krebs, mit Zwiebeln, Schalotten, Knoblauch, Essig, Zucker und Sojasauce gegart.
Ga nuong ngu vi Hähnchen, mit Sojasauce, Fünfgewürzpulver, Honig und Knoblauch gewürzt, grilliert.
Goi gia Bohnensprossensalat, manchmal mit Krebsen, Garnelen usw.
Heo kho Zwiebeln und Schweinefleisch gehackt, sautiert in Karamelsauce, in Kokosmilch gegart.
lui Schweinefleischstreifen, mariniert in Sauce aus Zwiebeln, *nuoc mam*, Knoblauch und Öl, grilliert.
Hoa qua tron Exotischer Fruchtsalat.
Luon xao mien Mit Zwiebeln gebratener Aal und feine Nudeln.
Mang cua Suppe aus Krabbenfleisch und Spargelspitzen.
Nai nuong Mit Zitronengras, Chillies, Zwiebeln, Knoblauch, *nuoc mam* und Fünfgewürzpulver mariniertes Wildfleisch an Spieß grilliert.
Nuoc mam Salzige Fischsauce.
Pho Hanoi-Suppe; Nudeln, Garnelen, dünne Fleischscheiben und gehackte Zwiebeln in Fleischbrühe.
Tom sot cay Garnelen, mit Zwiebeln, Ingwer, Chillies, Tomaten und Essig.
Vit tan In Ingwer und Reiswein marinierte Ente, gefüllt mit Mischung aus Lotussamen, Pflaumen, Pilzen, Kastanien, Ingwer, Schalotten und Erdnüssen, gebraten.

Gebräuchliche Ausdrücke

Banh my Brot.
Bir Bier.
Ca Fisch.
Caphe Kaffee.
Duong Zucker.
Hoa don Rechnung.
Nuoc Wasser.
Qua Früchte.
Ruon Wein.
Thit Fleisch.
Thuc don Menü.
Tra Tee.

Canchen! Prosit!
Chuc an ngon! Guten Appetit!

Türkei

Gastronomisch gesehen bildet die Türkei eine Art Puffer zwischen Europa und Asien. Türkische Kost ist ein großartiges Durcheinander, und die Eßgewohnheiten des Landes sind eine verworrene Angelegenheit. Ursprünglich ein wanderndes Volk, haben die Türken gewisse Speisen, die deutlich von der Nomadenküche geprägt sind, beibehalten. Ein Beispiel dafür stellen die kleinen, mit Fleisch, Käse oder Gemüse gefüllten Teigpäckchen dar, die man ohne weiteres über einem Lagerfeuer kochen oder in einer Bodengrube backen kann. Man darf auch den Einfluß des alten Griechenlands, der Römer und Byzantiner nicht vergessen.

Vom Balkan und andern vom osmanischen Reich beherrschten Ländern wurden ebenfalls Speisen übernommen. Und nicht zuletzt machten sich auch die Auswirkungen des Islams geltend.

Von Rechts wegen trinken die Türken als Moslems keinen Alkohol. Trotzdem besteht in der Türkei eine florierende Spirituosenindustrie. Türkischer Wein kann vortrefflich sein. Man achte auf die Namen *Buzbag, Doluca, Kavaklidere* und *Trakya.* Beim sehr beliebten Anisbranntwein unterscheidet man drei Sorten: *yeni* sehr schwach, *kulüp* mittelmäßig, *altinbas* umwerfend stark. Man produziert auch einen passablen Wodka und einen mörderisch starken Brandy, *kanyak.* Wer sie mag, wird die süßen Liköre, vor allem Orangen- und Rosenblätter-Likör recht gut finden.

Das türkische Alphabet:
a, b, c, ç, d, e, f, g, ğ, h, i, j, k, l, m, n, o, ö, p, r, s, ş, t, u, ü, v, y, z.

Meze – Hors-d'œuvres

Arnavut ciğeri Gebratene Lammleberstückchen mit Paprika, Petersilie und Zwiebelscheiben.
Beyaz peynir Weißer Ziegenmilchkäse.
Beyin tavasi Gebratenes, mit Zitronensaft beträufeltes und mit Paprika bestäubtes Lammhirn.
★ **Börek** Teigtaschen oder -rollen (*cigara börek*), gefüllt mit Fleisch, Gemüse oder Käse. Börek wird auch als Hauptspeise, die süße Version als Dessert serviert.
Cacik Gurkenscheiben in Joghurt, mit Knoblauch, Minze und wenig Salz. Manchmal mit etwas Olivenöl.
Dolmalar Meist gefüllte Gemüse, Fisch, Schalentiere oder Hühnchen. Mit Reisfüllung kalt, mit Fleischfüllung heiß serviert und wie *börek* irgendwann im Verlauf einer türkischen Mahlzeit gegessen.
Fasulye pilâkisi Mit Zwiebeln geschmorte weiße Bohnen, kalt serviert.
Havyar Kaviar, relativ billig. (Schwarzes Meer).
Humus Pürierte Kichererbsen mit Knoblauch, manchmal auch mit Sesampaste und Paprika.
Kavun Melone, sehr beliebt, mit *beyaz peynir* und *raki* gegessen.
Köfte Kugeln aus gehacktem Lamm- oder Schaffleisch, heiß oder kalt gegessen.
Marul Lattich, oft zu einem Glas *raki* serviert, meist ganz, das Herz in einem Glas Zitronensaft.
★ **Midye dolmasi** Gehackte Muscheln mit Reis und Zwiebeln, in ihren Schalen serviert.
tavasi In Hefeteig getauchte, in Olivenöl gebratene Muscheln.
Pastirma Getrocknetes Rindfleisch, mit Kümmel, Knoblauch und Paprika gewürzt; dünn geschnitten gebraten, gebacken oder roh serviert.
Patlican salatasi Pürierte

Auberginen mit Knoblauch und Olivenöl.
tavasi yoğurtlu Gebratene Auberginen mit Joghurt.
Pohaca Kugeln aus Joghurt-Teig, gefüllt mit Mischung aus Sahnekäse und Petersilie, gebacken und heiß serviert.
Sardalya tavasi Gebratene Sardinen.
Yalanci dolma Gefüllte Weintraubenblätter.

Corbalar – Suppen

Bezelye çorbasi Erbsensuppe mit Minze und Joghurt.
Düğün çorbasi «Hochzeitssuppe», mit Schaffleisch, zerquirlten Eiern und Zitronen, garniert mit rohen Karottenstücken, Zimt und Paprika.
Eristeli çorba Klare Nudelsuppe.
Havuç çorbasi Suppe aus Hühnerbrühe und Karotten und angedickt mit Eigelb.
Irmik çorbasi Grießsuppe.
★ **Iskembe çorbasi** Dicke Kuttelsuppe mit roten Pfefferschoten, Eiern und viel Knoblauch, als Mittel gegen Kater gegessen.
Manti çorbasi Teigtäschchen, gefüllt mit gehacktem Lammfleisch, in Lammbrühe gekocht und mit Joghurt und Tomatenpüree serviert.
Mercimek çorbasi Linsensuppe mit Paprika.
Tarhana çorbasi Suppe aus Joghurt, Tomaten und Pfefferschoten.
Tavuk çorbasi Hühnersuppe.
Yayla çorbasi Rindfleischsuppe mit gehackten Zwiebeln, Petersilie, Minze und Joghurt.

Baliklar – Fisch

Alabalik Forelle.
Ancuez Sardelle.
Barbunya Seebarbe.
Dil baliği Seezuge.
Istákoz Hummer, Languste.
Istiridye Austern.
Kalkan Steinbutt.
Karagöz Brasse.
Karides Garnelen.
Kefal Meeräsche.
★ **Kiliç** Schwertfisch, saisonal von September bis November.
Kirlangic Knurrhahn.
Levrek firin Seebarsch, gefüllt mit gehackten Zwiebeln, Sellerie, Petersilie, Brotbröseln und Butter, gebacken, mit Zwiebel- und Tomatensauce serviert.
Lüfer Fisch, ähnlich Seebrasch.
Mercan Seebrasse.
Mersin baliği Stör.
Midye pilâkisi Mit Gemüsen gedünstete Muscheln, kalt serviert mit Petersilie und Zitronensaft.
Palamut Blaufisch.
Pilâki Geschmorte Fische und Gemüse.
Pisi Meerbutt.
Sardalya Sardinen.
Sazan Karpfen.
Ton baliği, torik Tunfisch.
Uskumru Makrelen.
★ **dolmasi** Die vom Fleisch getrennte Makrelenhaut wird gefüllt mit Makrelenfleisch, gehackten Zwiebeln, Nüssen, Rosinen, Gewürzen und Kräutern, paniert und gebraten.
papaz yahnisi In Folie mit Knoblauch, Tomaten, Zwiebeln und Petersilie gebackene Makrelen.
Yengeç Krebs.

Etler – Fleisch

Bahçivan kebabi Schmorgericht aus Schaffleischwürfeln, Zwiebeln, Karotten, Knoblauch, Tomaten, Pfefferschoten und Dill.
Beyin Lammhirn.
Bobrek Nieren.
★ **Cerkez tavuğu** Kleingeschnittenes Hühnerfleisch in Sauce aus gehackten Walnüssen, Knoblauch, Brotbröseln, Paprika und Hühnerbrühe.

Ciger Leber.
Dana Kalbfleisch.
Domuz Schweinefleisch.
★ **Döner kebab** Lammfleischscheiben in Öl, Kräutern und Gewürzen mariniert, abwechslungsweise mit Mischung aus gehacktem Lammfleisch, Kräutern und Ei auf Spieß gesteckt, der sich langsam vor einem Grill dreht. Ist das Fleisch gar, wird es auf einen Teller abgeschnitten.
Etli fasulye Mit Zwiebeln und Fleisch gekochte Bohnen.
yaprak dolmasi Mit gehacktem Lammfleisch gefüllte Weintraubenblätter, heiß serviert.
Fasulyeli paça Mit weißen Bohnen geschmorte Kalbsfüße.
Güveç Fleisch- und Gemüseeintopf, in Portionentöpfchen gebacken und mit Joghurt serviert.
Hindi Truthahn.
Hünkâr beğendi «Ihrer Majestät schmeckte es»; Lammfleischwürfel, geschmort mit Zwiebeln und Tomaten, serviert auf Auberginen-Püree.
Iç pilâv Gänseleberscheiben, mit Reis, Pinienkernen, Rosinen, Gewürzen, Tomaten und Zwiebeln gebraten.
Iskembe Kutteln.
nohutlu Kutteln, mit Kichererbsen, Knoblauch und Zwiebeln geschmort.
Kadin budu «Damen-Schenkel»; Kugeln aus gehacktem Lammfleisch, Reis, Eiern und Kräutern, pochiert, in Ei und Mehl getaucht und in Butter gebraten.
Kağit kebabi Lammfleisch und Gemüse in Papiersäcken gekocht.
★ **Keskec** Traditionelles Gericht aus kleingeschnittenem Hühnerfleisch und zerstoßenen Weizenkörnern, langsam bis zu porridgeartiger Konsistenz gedünstet. Serviert überdeckt mit geschmolzener Butter und Paprika.
Kiyma Hackfleisch.
Köfte Fleischkugeln.
Kokorec In der Türkei beliebter Straßenimbiß. Schweinsinnereien, über Holzkohle grilliert, mit Kräutern bestreut und zwischen zwei Brotscheiben gegessen.
Konya kebab Spezialität aus Konya. Lammfleischstücke langsam mit Frühlingszwiebeln, Lattich und Tomaten geschmort.
Lâhmacun Teigscheiben mit Hackfleisch bedeckt.
Manti Teigtäschchen, gefüllt mit Fleisch, in Brühe pochiert und mit Tomatensauce oder Joghurt mit Knoblauch serviert.
Parça kuslar Lammfleischscheiben, gefüllt mit gehacktem Lammfleisch, Zwiebeln und Tomaten, gerollt und gebraten.
Piliç Siehe *tavuk*.
Pirzola Kotelett, üblicherweise Lamm.
Siğir Rindfleisch.
Sis kebab Marinierte, am Spieß gebratene Lammfleischwürfel. Das Wort *sis* bedeutet auf türkisch «Schwert», da die Fleischstücke ursprünglich auf das Schwert gespießt und über dem Lagerfeuer gebraten wurden.
Sülün Fasan.
Tandir kebab Nur für besondere Anlässe zubereitet, weil dafür ein ganzes Lamm oder Schaf benötigt wird, das in einem Erdloch auf glühenden Kohlen, mit Erde bedeckt mehrere Stunden gegart wird.
Tausan Hase.
Tavuk, piliç Hähnchen.
izgara Grilliertes oder am Spieß gebratenes Hähnchen.
jölesi Entbeintes Hähnchen in klarem Geleee, dekoriert mit Nüssen und gehackter Petersilie.
Yoğurtlu kebab Lammfleischwürfel auf Toastbrot, pürierten Tomaten und Joghurt.
paça Mit Joghurt gegarte Kalbsfüße.

Sebze – Gemüse

Bamya Okra.
Biber Milde Pfefferschoten.
dolmais Gefüllte Pfefferschoten.
Domates Tomaten.
Domatesli fasulye Gedünstete Bohnen, bedeckt mit Tomatenpüree. Beliebtes Gericht, oft zum Frühstück gegessen.
Fasulye Bohnen.

Hiyar, salatalik Gurken.
★**Imam bayildi** «Ohnmächtiger Priester» – wegen dem Preis? dem Geschmack? Auberginen, gefüllte Zwiebeln, Tomaten, Knoblauch und Petersilie in Olivenöl gegart und kalt serviert.
Ispanak Spinat.
Kabak Zucchini oder Markkürbis.
Karnabahar Blumenkohl.
Karisik salata Gemischter Gemüsesalat.
Kuru fasulye pujaz Salat aus Butterbohnen.
Marul Lattich.
Patates Kartoffeln.
Patlican Auberginen.
Pirinçli ispanak Schichten von Spinat und Reis, mit Tomatensauce gekocht.
Sebze bastisi Schmortopf aus Auberginen, Tomaten, Pfefferschoten, Zucchini und Bohnen, mit Joghurt serviert.
Soğan Zwiebel.
Turlu Weiße Bohnen, Kartoffeln, Zwiebeln, Knoblauch, in Öl geschmort.
Yalanci, yaprak Weintraubenblätter.
Yesil salata Grüner Salat.
Zeytin Oliven.

Tatlilar – Desserts, Meyve – Früchte

Asure Traditioneller Pudding aus Mischung von weißen Bohnen, Kichererbsen, Reis, Trockenfrüchten, Zucker und Nüssen.
Baklava Blätterteig, gefüllt mit Nüssen und mit Sirup übergossen.
Bülbül yuvasi Zerstoßene Weizenkörner, Pistache-Nüsse und Sirup vermischt, mit Eiswasser serviert.
Cilek-kaymali Pürierte Erdbeeren mit Eischnee, Zucker, Sahne und etwas Orangenblütenwasser gemischt.
Dondurma Eiscreme.
Elmali börek Apfelgebäck.
Halva, helva Sehr süßes und krümeliges Konfekt; viele Sorten auf der Basis von Mehl, Honig, Zucker und Butter, auch mit Nüssen und sogar Käse.
★**Helvaci kabaği kompostosu** Köstlicher Pudding aus Kastamonu: pürierter Kürbis mit Zucker, gehackten Nüssen und Kokosnuß.
Kadayif, kedayif Paste aus zerstoßenen Weizenkörnern mit Sahne oder Nüssen gefüllt und in Sirup mit Orangenblütenaroma getränkt.
Kadin göbeği Wörtlich «Damen-Nabel»! Kugeln aus Biskuit-Teig in Sirup getaucht. Der ungewöhnliche Name könnte sich auf das vor dem Backen den Kugeln eingeprägte Grübchen, beziehen.
Karpuz Wassermelone.
Kavun Melone.
Kazan dibi Ähnlich wie Sahne-Karamel.
Keskul Pudding aus gemahlenen Mandeln, bestreut mit Pistache-Nüssen und Kokosnuß.
Lokum Türkischer Honig.
Muhallebi Beliebter Pudding aus Milch, gemahlenem Reis, Zucker und Rosenwasser; anders als der uns vertraute Reispudding, aber sehr gut.
Nar Granatapfel.
Portakal Orange.
Seftali Pfirsich.
★**Tavuk göğsü** Seltsam geformter Pudding aus Milch, gemahlenem Reis, Zucker und kleingeschnittenen Hühnerbrüsten, gekühlt und mit Zimt bestreut serviert.
Üzüm Weintraube.
Yoğurt tatlisi Joghurtkuchen, in Sirup getaucht, heiß mit Sahne serviert.

Gebräuchliche Ausdrücke

Ayran Joghurt-Getränk.
Bademli süt Milch mit Mandelaroma.
Bal Honig.
Bira Bier.
Boza Getränk aus gegorener Hirse.
Buz Eis.
Cay Tee.
Ekmek Brot.

Hesap Rechnung.
Kahve Türkischer Kaffee, serviert *sade* ungesüßt; *az sekerli* schwach gesüßt; *orta* mittelsüß; *sekerli* sehr süß. Der Kellner wird Sie fragen, wie Sie den Kaffee wünschen.
Peynir Käse.
Pide Flachbrot.
Pirinc Reis.
Raki Anis-Branntwein, meist mit Wasser verdünnt getrunken.
Salca Sauce.
Salep Süßes Milchgetränk.
Sarap Wein.
Seker Zucker oder Süßigkeiten.
Simit Ringförmiges Brot, mit Sesamsamen bestreut.
Su Wasser.
Süt Milch.
Tereyaği Butter.
Tursu Mixed Pickles.
Yahni Eintopf.
Yerli yemekler Einheimische Gerichte.
Yufka Brot (ungesäuert).
Zeytinyaği Olivenöl.

Serefe! Prosit!
Afiyet olsun! Guten Appetit!

Die Vereinigten Staaten

Die USA werden oft in zweierlei Hinsicht verleumdet. Erstens bemängelt man ihre Schnellkost, zweitens soll ihre Küche angeblich jeglicher Eigencharakter fehlen. Wenn Schnellkost so schlecht mundet, warum wurde sie dann allerorten so bereitwillig übernommen? Die erfinderischen Amerikaner waren pfiffig genug, recht bekömmliche Schnell-Imbisse zuwege zu bringen. Wer möchte schon die Hamburger, die Hot dogs und die Kentucky-Brathähnchen missen? Im übrigen bedenke man, was die Amerikaner aus dem simplen Sandwich kreierten: das leckere Club-Sandwich. Wir haben zum Bekritteln keinen Anlaß, es sei denn «Milch» habe nichts mit Kühen und Fleisch nur mit Sojabohnen zu tun.

Das zweite Arugment scheint absurd. Der amerikanischen Küche mag es an einem ein- für allemal identifizierbaren Stil mangeln, doch fehlt es ihr keineswegs an Originalität. Die im Laufe der Jahrhunderte in hellen Scharen ins Land geströmten Einwanderer bescherten ihr ein reiches Repertoire. Sie paßten die Kost ihrer alten Heimat den Boden- und Klimaverhältnissen der verschiedenen Gebiete an.

In meinem Verzeichnis beschränke ich mich auf solch abgewandelte Gerichte – die kreolische Küche im Süden; die mit der indianischen Art verschmolzene puritanische Kochweise New Englands; der spanische Einschlag im Südwesten; die holländisch-schweizerische Prägung in Pennsylvanien. Es gäbe noch weitere interessante Enklaven, beispielsweise den baskischen Einflußbereich in Idaho, Oregon und Nevada, ein gewisses dänisches Kolorit in Kalifornien. Ausgesprochene Nationalgerichte wie die mexikanischen Spezialitäten in Arizona und Kalifornien sind im Verzeichnis der USA nicht aufgeführt. Wer Amerika bereist, wird überrascht sein, wie häufig er sich veranlaßt sieht, Gerichte in den Kapiteln über China, England, Polen, Israel, Frankreich, Deutschland und Skandinavien nachzuschlagen.

Soups – Suppen

Black bean soup Suppe aus passierten Bohnen, Gemüse und Schinken, mit Zitronenschnitzen und harten Eiern serviert.

★ **Clam chowder** Berühmte Suppe aus New England. Enthält Venusmuscheln, gesalzenes Schweinefleisch oder Speck, Kartoffeln und Zwiebeln, wird mit schwarzem Pfeffer gewürzt und mit dem Muschelsaft verdünnt. Manchmal enthält sie auch Milch, Tomaten und gehackten Lauch oder z.B. in New York Knoblauch, im Süden Okra, Sellerie und Cayennepfeffer.

Corn chowder Mit Paprika gewürzte Suppe aus Maiskörnern, Kartoffeln, gesalzenem Schweinefleisch, im Süden mit Tomaten und in New England mit Käse.

Garbanzo soup Dicke Suppe aus Kichererbsen, gegart in Wasser mit Schinkenknochen, Zwiebeln, grünen Pfefferschoten, Öl, Knoblauch und spanischen *chorizo*-Würsten.

Gumbo Das bekannteste Gericht der kreolischen Küche. Der Name stammt vom kongolesischen Wort für Okra. Suppengericht aus vielen Zutaten, u.a. Wild, Geflügel und Meerfrüchte. Die besten Gumbos werden mit Schalentieren wie z.B. Krebsen und Garnelen zubereitet. Es gibt auch *gumbo z'herbes,* gekocht mit gemischten

Gemüsen und Kräutern. Andere Hauptzutaten sind Reis, Okra und Tomaten.
Philadelphia pepperpot soup Kutteln, Zwiebeln, Kartoffeln und Kräuter in gehaltvoller Brühe aus Kalbshaxen. Mit Klößchen serviert.
She-crab soup Krebsfleisch und Krebsrogen, gemischt mit Sahne und gehackten Zwiebeln und gewürzt mit Muskatblüten, Worcestersauce und trockenem Sherry. Stammt aus Süd-Carolina.

Fish – Fisch

Cape Cod turkey Kugeln aus Dorschfleisch.
Cioppino Kalifornischer Fischeintopf, der Hummer, Krebse, Garnelen, Muscheln und Weißfisch enthält.
Clam fritters Kleine Häufchen Teig mit gehacktem Muschelfleisch, Brotbröseln und Kräutern, mit steifgeschlagenem Eiweiß vermischt, gebraten.
★ **Clambake** Gehört zur amerikanischen Tradition einer Mahlzeit im Freien. Zubereitungs- und Eßritual sind genau festgelegt. Große Steine werden mit Stößen von brennendem Holz erhitzt, mit Algen und den Zutaten – Hummer, grünem Mais und Muscheln – abwechslungsweise belegt: die Hummer zuunterst, die Maiskolben in der Mitte und die Muscheln zuoberst. Das Ganze wird mit einem geteerten Segeltuch bedeckt. Nach rund anderthalb Stunden beginnt man zu essen, und zwar von oben nach unten. Jede Zutat ist, wenn man sich zu ihr «durchgegessen» hat, gerade richtig gekocht.
Crab imperial Mischung aus Krebsfleisch, Senf, Worcestersauce, Mayonnaise und hartgekochten Eiern, in Muschelschalen erhitzt und serviert.
Hangtown fry Kalifornisches Gericht; Austern, in Mehl und Ei getaucht und gebraten.
★ **Jambalaya** Kreolische Version von Pilaw: Reis gemischt mit Schalentieren, Bohnen, Fleisch oder vorrätigen Zutaten.
La médiatrice Ausgehöhlte Brötchen gefüllt mit kurz gebratenen Austern, heißer Sahne und Tabasco. Sollen von verspätet heimkehrenden Ehemännern erfunden worden sein, die auf ihrem Heimweg beim Bäcker frische Brötchen kauften und Austern hineinsteckten, um ihre Gattinnen zu beschwichtigen.
★ **Lobster Newburg** Hummer an Sahnesauce, mit Wein und Paprika oder Cayennepfeffer abgeschmeckt. Spezialität von Delmonico – dem Mekka des vornehmen New York im späten 19. Jahrhundert.
Lomo lomi salmon Hawaiianisches Gericht aus gekochtem Lachs, gemischt mit Tomaten und Frühlingszwiebeln, gekühlt serviert.
Lox and bagels Beliebtes New Yorker Frühstück jüdischen Ursprungs: geräucherter Lachs auf getoasteten *bagels* (siehe Brot), mit Rührei serviert.
New England boiled cod Gekochter gesalzener Dorsch, mit Béchamelsauce und harten Eiern serviert.
Oysters farcis Gehackte Austern in dicker Sauce aus Zwiebeln, Sellerie, Kräutern und Brotbröseln, gewürzt mit Cayennepfeffer, in der Schale serviert.
★ **Oysters Rockefeller** Spezialität von Antoine's – dem berühmten Restaurant in New Orleans – pochierte Austern auf Spinat mit Anisaroma, in ihren Schalen serviert.
★ **Soft shell crabs** Krebse, gefangen zur Zeit der Häutung, wenn sie ihren Panzer abwerfen. Meist vor dem Braten paniert. Der ganze Krebs kann gegessen werden.

Meat – Fleisch

Brunswick stew Eintopf aus Hühner- und Kalbfleisch mit vielen Gemüsen. Enthielt ursprünglich Eichhörnchen.
Chicken à la King Delmonico's, das Waldorf und Claridges in London beanspruchen alle für sich, dieses Gericht kreiert zu haben. Hühnerfleischwürfel in sahniger Pilzsauce, mit trockenem Sherry und Cayennepfeffer abgeschmeckt.
Chicken hash Frühstücksgericht: gehacktes Hühnerfleisch in Sahnesauce.
Chilli con carne Gericht aus Texas, von welchem sich die Mexikaner distanzieren: gehacktes Rindfleisch mit viel Chilipulver. Die Originalversion war ohne Bohnen.
Chitillins, chitterlings Gebackene Schweins-Innereien.
Grillade panée Kalbfleischstreifen, mariniert in zerquirltem Ei, Zwiebeln und Pfeffer, in Maismehl gewendet und schwimmend gebacken; ein kreolisches Gericht.
Hobo steak Filet-Steak, vollständig in Meersalz gehüllt und gebacken. Das Salz bildet ein robustes Gehäuse um das Fleisch, welches aufgeschlagen werden muß. Das Fleisch kommt wunderbar gebraten und gewürzt zum Vorschein. Ein teurer Spaß – bezahlte 50 Dollar dafür.
Hog's head cheese Preßkopf aus Schweinefleisch.
Kentucky burgoo Schmorgericht aus gemischtem Fleisch.
Lau lau Hawaiianisches Gericht aus gedünstetem gesalzenem Fisch, Schweinefleisch und Gemüsen.
Maryland Easter ham Gekochter Schinken mit Kräutern, kalt mit Essig serviert.
Maryland fried chicken Geflügelteile, in Butter und Speckfett gebraten und in dicker Sahnesauce mit Speckstückchen serviert.
Neckbones and corn mush Hackbraten aus Maismehl und Schweinefleisch, in Scheiben geschnitten und gebraten.
★ **New England boiled dinner** Eingesalzenes Rindfleisch, mit Kohl, Kartoffeln, Karotten, Randen gekocht und mit frisch geriebenem Meerrettich und Randen serviert.
Puaa Kalua Hawaiianisches Fest; ein ganzes Schwein in Grube gegart.
Red flannel hash Rindfleisch, Kartoffeln, Randen der charakteristischen roten Farbe wegen und Zwiebeln gebraten und zu Kuchen geformt.
Schnitz-un-gep Pennsylvaniadeutsches Gericht: Gedörrte Apfelschnitze mit Schinken oder anderem Schweinefleisch gekocht, mit Klößen serviert.
Scrapple Von den Pennsylvaniadeutschen *ponhaws* genannt: Schweinefleischstücke, mit Zwiebeln, Gewürzen, Kräutern und Maismehl geschmort, gekühlt gescheibelt und gebraten.
Smothered chicken Mit Milch gekochte Geflügelschenkel.
Son-of-a-gun stew Mit Zwiebeln und Chili geschmorte Kalbfleischabfälle.
Southern fried chicken In Backteig oder Buttermilch getauchte gebratene Geflügelteile.
Surf'n turf Eine Mischung, die keine ist: Steak und Schalentiere.
Tamale pie Amerindianisches Gericht; Schichten von Maismehl, gehacktem Rindfleisch, Zwiebeln und Tomaten im Ofen gebacken.
Virginia ham Schinken von mit Erdnüssen und Mais gefütterten Schweinen über Feuer aus Eichen-, Apfelbaum- und Hickory-Holz geräuchert, ein Jahr gelagert, oft gebacken.

Vegetables – Gemüse

Boova shenkel Pennsylvaniadeutsches Gericht; Kartoffelküchlein, wie Klöße in Schmorgericht gegart.
Boston baked beans Gekochte Bohnen, in Steinguttopf gebacken mit gesalzenem Schweinefleisch, Zwiebeln, Senf

und Melasse. Die Puritaner in Boston hielten sich strikt an den Sabat. Dieses Gericht wurde daher in großer Menge am Samstagabend zum Nachtessen gekocht, mit Fischkuchen am Sonntag zum Frühstück und nochmals zum Mittagessen aufgetischt. Resten aß man in verschiedenster Aufmachung während der Woche.
Caesar's salad Kopfsalat an Sauce aus fast rohen Eiern mit Salz, Pfeffer, Sardellen-Paste, Olivenöl und Zitronensaft. Serviert mit Brotcroûtons mit Knoblaucharoma und Parmesan.
Calas Gebratene würzige Reiskuchen.
Candied sweet potatoes Gekochte gescheibelte Süßkartoffeln, gebacken mit braunem Zucker, Butter, Zitronensaft und Wasser.
Coleslaw «kool sla», echt holländisches Gericht; gehobelter Kohl in Sauce aus Sahne, Zucker und Essig.
Dutch potatoes Ausgehöhlte, mit Wurstbrät gefüllte und in Speckscheiben gewickelte Kartoffeln, geschmort, unterm Grill gebräunt.
Fried green tomatoes Scheiben von unreifen Tomaten in Maismehl getaucht und gebraten.
Hash brown potatoes Kartoffelwürfel in Speckfett gebraten, zu Kuchen geformt, manchmal mit Milch, Sahne, Butter und gehacktem Speck. Aus dem Mittelwesten.
Hominy Maiskolben, durch die ersten Siedler von den Indianern übernommen. Langsam gegart, mit Butter, gebraten oder gebacken gegessen. Meist zum Fleisch anstelle von Kartoffeln serviert, aber auch zu Brot und Küchlein gebacken.
grits Gemahlener Mais gekocht, mit Butter vermischt und zum Frühstück serviert.
pudding Gemahlener Mais gekocht, mit Eiern und Sahne vermischt, gewürzt und im Ofen gebacken.
Hopping John Bohnen und Reis, mit Schinken oder Speck gekocht (siehe auch Karibik).
Saratoga chips Dünne Kartoffelscheiben.
Succotash Ursprünglich indianisches Gericht; Lima-Bohnen und Maiskörner, heute mit Sahne und wenn möglich mit gesalzenem Schweinefleisch gekocht. Die Indianer verwendeten Bärenfett.
Waldorf salad Gehackte Äpfel, Sellerie und Walnüsse mit Mayonnaise, serviert auf Kopfsalatblättern.

Desserts and Cakes – Süßspeisen und Kuchen

Ambrosia Schichten von dünnen Orangenscheiben, Zucker und Kokosnuß.
Baked Alaska Biskuitkuchenscheibe und Eiscreme in Eischnee gebacken.
Blueberry slump Heidelbeerklößchen mit Sahne.
Boston cream pie Zwei Schichten Biskuit-Kruste mit Eicremefüllung.
Chess pie Aus dem Süden stammende Torte, mit Eiercreme, Butter, Maissirup und Pekan-Nüssen gefüllt.
Crab lanterns Gestürzter Kuchen, mit Pfirsichen, Äpfeln oder Marmelade gefüllt.
Grunt Gedünstete Früchte, mit Klößen bedeckt.
Haupia Hawaiianischer Kokosnuß-Pudding.
Ice-cream Überall in Amerika beliebte Süßspeise in zahllosen Variationen.
Indian pudding Pudding aus Milch, Melasse, braunem Zucker, Gewürzen und Maismehl, serviert mit Sahne und Muskatnuß.
Key lime pie Aus Key West in Florida; ein Teiggehäuse, gefüllt mit Mischung aus Kondensmilch, Limonensaft, Eiern und Zucker, mit Eischnee bedeckt und gebacken. Kalt serviert.
Molasses pie Kuchen gefüllt mit Eicreme, Melasse und Buttermilch.
Pecan pie Teiggehäuse, gefüllt mit Eicreme und Pekannüssen.

Persimmon pudding Mischung aus Dattelpflaumen-Püree, Nüssen und Keksen. Kalt serviert.
Pumpkin pie Pürierter Kürbis, brauner Zucker, Eigelb, Sahne und Gewürze in Teiggehäuse.
Shoofly pie Teiggehäuse, gefüllt mit Mischung aus Melasse, Zucker und Gewürzen.
Snitz Kloes Stark gewürzter Pudding aus gedünsteten Früchten. (Pennsylvanien).
Strawberry shortcake Frische Erdbeeren mit Zucker zwischen zwei Teigplätzchen, bedeckt mit Schlagsahne.
Waffles Waffeln, mit Ahornsirup oder Honig und Butter serviert.

Bread – Brot

Anadame bread Einfaches Brot aus Hefeteig mit Maismehl und Melasse.
Bagels Runde ausgehöhlte Brötchen aus Teig, der zuerst gekocht und dann gebacken wird.
Beaten biscuits Eines der warm konsumierten Brote, die für die Mahlzeiten im Süden charakteristisch sind. Einfacher Teig, vor dem Backen bis zu tausend Mal mit einem hölzernen Hammer geschlagen.
Blueberry muffins Süße Brötchen, zum Frühstück oder mit dem *New England boiled dinner* serviert.
Brownies Schokoladennußplätzchen.
Buckwheat cakes Hefe, Melasse, Buchweizen- und Weizenmehl auf einem Blech gebacken und mit Ahornsirup zum Frühstück gegessen.
Hoe cake Maismehlbrot, ursprünglich auf einer Schaufel über offenem Feuer gebacken.
Hush puppies Einfache, auf dem Blech gebackene Brötchen aus Maismehl und Wasser.
Johnny cake Warmes Frühstücksbrot indianischen Ursprungs, auf Blech gebacken, mit Butter oder Ahornsirup serviert.
Poor boy Französisches Sandwichbrot zu Käse, Senf und Bier.
Pretzels Brezel, lange Streifen süßen Teiges gedreht, verknotet und gebacken.
Shortnin'bread Sättigendes Brot aus Mehl, Zucker und Butter.
Spoon bread Aus Maismehlmischung, heiß mit Butter als Beilage zu Fleisch gegessen. Vom indianischen Wort *suppawn,* eine Art Porridge.

Amerikanischer Wein und andere Getränke

Amerikanischer Wein ist heute in reichem Maße vorhanden, und er mundet ausgezeichnet. Am besten hält man sich an kalifornischen Wein, er ist den östlichen Sorten vorzuziehen. Die Amerikaner vermerken die Traubensorten auf den Flaschen. Die sechs besten Weine (in abnehmender Reihenfolge) sind: *Cabernet Sauvignon* (Rotwein); *Chardonnay* (Weißwein); *Johannisberg Riesling; Zinfandel, Gewürztraminer* und *Muscat.*

Achten Sie auf folgende Weinproduzenten: Beaulieu, David Bruce, Christian Brothers, Hacienda, Heitz, Inglenook, Charles Krug, Louis Martini, Robert Mondavi, Joseph Phelps, Martin Ray, Ridge, Sonoma Vineyards, Stag's Leap Wine Cellars, Stony Hill und Wente.

Amerikanischer Whiskey – Bourbon – wird aus Mais gebrannt und ist erstklassig (viel stärker, als wir es gewohnt sind).

Die Amerikaner haben sich stets auf Mischgetränke verstanden. Die Sache begann vermutlich mit dem Mint Julep (Bourbon, Sodawasser, Eis, Zucker und Pfefferminzblätter). Sie sind in ihrer Heimat stets reich an Überraschungen (in jeder Beziehung).

Gebräuchliche Ausdrücke

Bad apple Aubergine.
Broil grillieren.
Cafe brulot Gewürzter schwarzer Kaffee, flambiert mit Curaçao und Cognac.
Cookies Biskuits.
Demi-tasse Kleine Tasse Kaffee.
Eggs: Adam and Eve zwei Spiegeleier.
sunny side up gebratene Eier – das ungebackene Eigelb zuoberst.
Goobers Erdnüsse.
Green onions Frühlingszwiebeln.
Ground gehackt.
Jelly Marmelade.
Maple syrup Zuckerahornsirup.
Molasses Melasse.
Mulligan Schmorgericht.
Palmettos Palmherzen.
Pan fried sautiert.
Potato chips Kartoffelscheibchen.
Scallions Frühlingszwiebeln.
Sherbet Sorbet.
Swamp rabbit Bisamratte.
Variety meat Fleischabschnitte.
Yellow turnips Gelbe Rüben.

Weitere englischsprachige Ausdrücke siehe Kapitel über Großbritannien.

Ein Wort des Dankes

Ich danke den nachstehend genannten Personen und Institutionen für ihre Hilfe bei der Vorbereitung und Gestaltung dieses Buches:
Botschaft der Arabischen Republik Ägypten; Bridget Ardley; Australische Hochkommission; Belgische Botschaft; Eva und Joseph Berkmann; Bulgarisches nationales Büro für Tourismus; Sandy Carr; Dänisches Lebensmittelzentrum, London; Zelfa Draz, Sheba; Fiona Duncan; Finnische Botschaft; Christine Forth; George Foster; Pamela Gaghani; Gaylord of India Restaurant, London; The Great Britain U.S.S.R. Association; Lily Greenham; Nationale Touristikorganisation Griechenlands; Lady Harlech; Marie-Monique Huss; India Club; Touristikbüro der Indischen Regierung; Touristikbüro der israelischen Regierung; Isländische Botschaft; Italienisches Kulturinstitut; Catherine Jackson; Japanische Botschaft; Jugoslawisches nationales Büro für Tourismus; Kanadische Hochkommission; Kaya Korea Restaurant; Koreanische Botschaft; Willie Landels; Dinah Lee; George Lesov; Bernard Levin; Libanesisches Lebensmittelzentrum; Kenneth Lo; Lady Maclean; Malaysische Hochkommission; Ingrid Mason; Marokkanisches Büro für Tourismus; Melati Restaurant; Neuseeländische Botschaft; Königlich Niederländische Botschaft; Königlich Norwegische Botschaft; Botschaft der Philippinen; Portugiesische Botschaft; Mme. Rochon, Chez Solange; Evelyn Rose; Michel Roux, Rumwong Restaurant, Guilford; Botschaft der Volksrepublik Rumänien; Salvat Editores; Don Jaime Salvidar; Victor Sassie, The Gay Hussar; Caroline Schuck; Schwedische Botschaft; Shezan Restaurant; Sol e Mar Portuguese Restaurant; Uitgeverij het Spectrum bv; Hochkommission Sri Lankas; Swiss Centre Restaurants; Botschaft der Arabischen Republik Syrien; Informationsdienst Thailands; Königlich Thailändische Botschaft; Tschechisches Nationalhaus; Tunesisches nationales Büro für Tourismus; Botschaft der Volksrepublik Vietnam; Penelope Wacks.

Der Autor und die Herausgeber danken für die Reproduktionsgenehmigung für die nachstehend aufgeführten Texte: S. 5 aus *Complete Verse* von Hilaire Belloc, A.D. Peters and Co. Ltd.; S. 31 aus *Mein Land und mein Volk* von Lin Yutang, Curtis Brown Ltd.; S. 49, 52, 55 aus *Der Butt* von Günter Grass, Hermann Luchterhand GmbH & Co. KG; S. 46 aus *Die Blechtrommel* von Günter Grass, Hermann Luchterhand GmbH & Co. KG; S. 140 *Der Leopard* von Tomasi di Lampedusa, William Collins Sons & Co. Ltd. und Giangiacomo Feltrinelli Editore SpA; S. 145 aus *Sea and Sardinia* von D.H. Lawrence, Laurence Pollinger Ltd. and the Estate of the late Mrs Frieda Lawrence, Ravagli (UK) and Viking Penguin Inc. (US); S. 154 aus *The Surprise of Cremona* von Edith Templeton, Curtis Brown Ltd.; S. 135 aus *Selected Letters* von Pietro Aretino, S. 168/169, Penguin Books Ltd.; S. 183 aus *Under the Volcano* von Malcolm Lowry, Jonathan Cape Ltd. and the Executors of the Malcolm Lowry Estate (UK) and J.B. Lippincott Co. (US); S. 210 aus *Der Zauberberg* von Thomas Mann, S. Fischer Verlag GmbH.